彩图 1 日新月异的农户庭院养羊

彩图 2 前景广阔的牧区肉羊生产

彩图 3　蓬勃发展的规模化肉羊生产

彩图 4　工厂化设施养羊已见雏形

彩图 5　配套完善的饲草料加工生产体系

彩图 6　规模化羊场的 TMR 饲喂中心

彩图 7　高效精准的自动上料设备

彩图 8　精准控温的羔羊岛

彩图 9　规模化羊场的粪污收储新工艺

彩图 10　湖羊生产

彩图 11 阿勒泰羊群

彩图 12 阿勒泰羊与湖羊杂交后代

彩图 13　多浪羊群

彩图 14　多浪羊多胎型选育工作卓有成效

彩图 15　策勒黑羊群

彩图 16　策勒黑羊提纯复壮工作有序推进

彩图 17　皮山红羊群

彩图 18　全混草颗粒育肥生产效果好

彩图 19　有机肥生产市场好

彩图 20　种养循环势头好

彩图 21　津垦牧业肉羊研究院

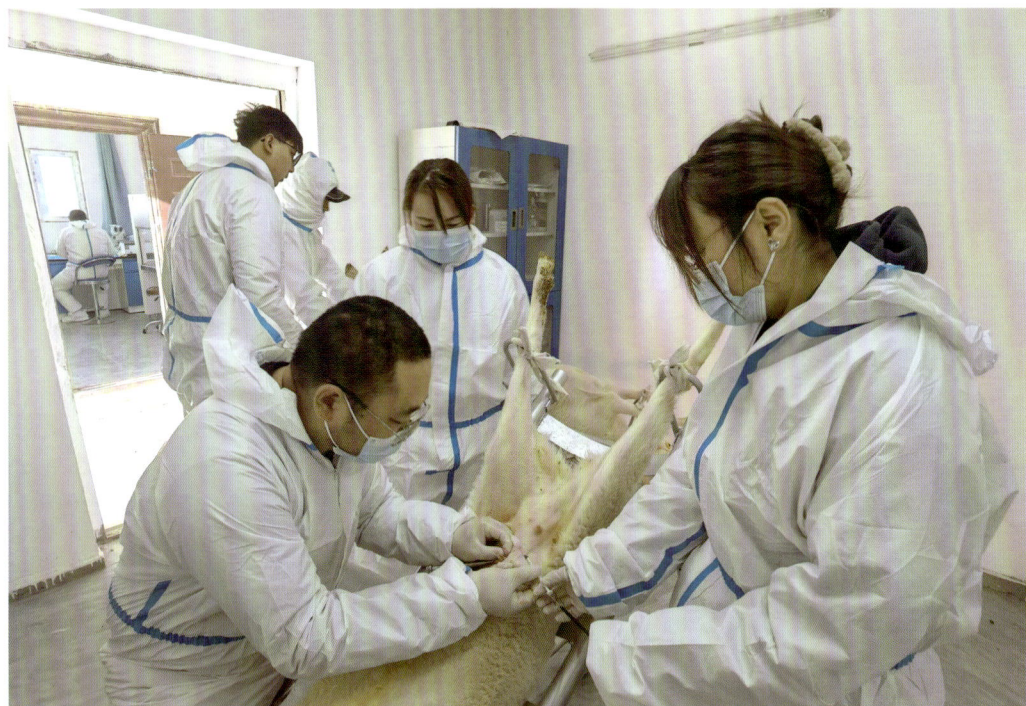

彩图 22　开展羊胚胎移植

彩图 23 开展技术培训

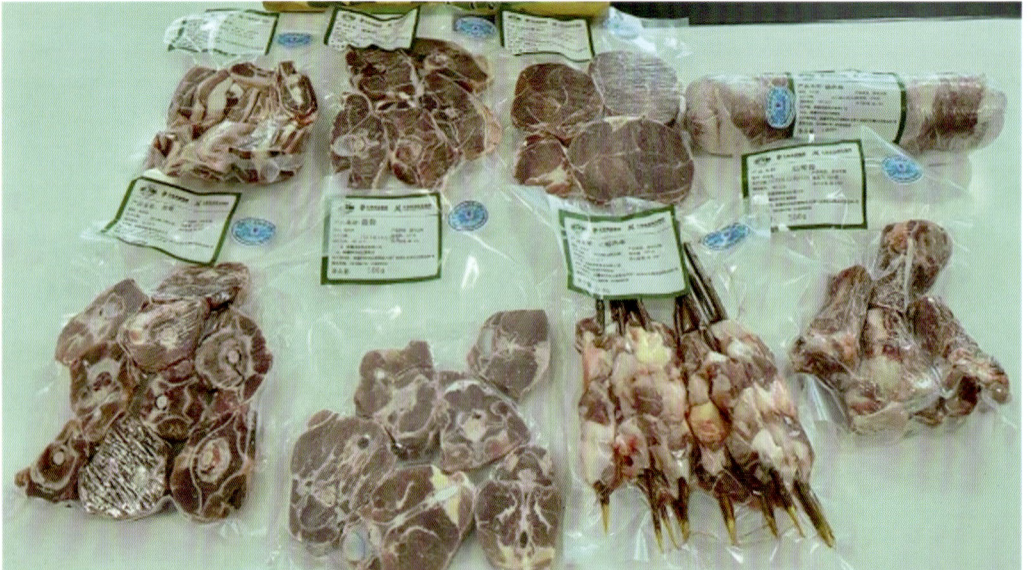

彩图 24 羊肉产品广受消费者青睐

新疆肉羊产业发展研究

刘娜娜　主编

中国农业出版社

北　京

图书在版编目（CIP）数据

新疆肉羊产业发展研究 / 刘娜娜主编. -- 北京：
中国农业出版社，2024.6.（2024.12 重印） -- ISBN
978-7-109-32308-7

Ⅰ. F326.33

中国国家版本馆 CIP 数据核字第 2024JU8598 号

新疆肉羊产业发展研究
XINJIANG ROUYANG CHANYE FAZHAN YANJIU

中国农业出版社出版

地址：北京市朝阳区麦子店街 18 号楼

邮编：100125

责任编辑：冀　刚

版式设计：书雅文化　　责任校对：吴丽婷

印刷：北京印刷集团有限责任公司

版次：2024 年 6 月第 1 版

印次：2024 年 12 月北京第 2 次印刷

发行：新华书店北京发行所

开本：700mm×1000mm　1/16

印张：18.5　　插页：6

字数：352 千字

定价：118.00 元

主　　编　刘娜娜

副 主 编　郑文新　杨会国　李　军

参编人员（按姓氏笔画排序）

马永仁　王　晶　王田田　牛青青　田国兵

冯　斌　刘志强　刘应进　刘佳佳　许承云

李　亮　李立军　杨建礼　吴静静　沙旦提·阿布都外力

张　杰　张云生　张建勋　张想峰　阿玛古丽·朱玛汉

阿岩·米尔卡马力　努尔扎提·瓦合提　罗　兰

郝　耿　袁　岑　高维明　曹宏斌　韩丽敏

森巴提·叶尔兰　鲁云峰　摆　晶　蒲　娟

潘丽莎　薛晓波

前　言

　　肉羊产业是新疆畜牧业中最具特色的优势产业和基础产业,羊肉作为新疆各族人民群众的主要肉食品,市场需求量巨大。大力发展肉羊产业,对调整优化畜牧业产业结构、繁荣农业农村经济、巩固脱贫攻坚成果、有效衔接推进乡村产业振兴、助力企农增收,具有重要的战略意义和现实意义。新疆维吾尔自治区党委、政府历来高度重视肉羊产业发展,尤其是"十四五"以来,自治区党委、政府坚持以习近平新时代中国特色社会主义思想为指导,全面贯彻党的二十大精神,贯彻落实中央经济工作会议、中央农村工作会议精神,制定《关于加快新疆肉羊产业高质量发展的实施意见》等系列指导文件,肉羊基础支撑条件稳步增强,产业融合发展持续加速,产业振兴行动成效显著,稳步提升了肉羊综合生产能力,肉羊区域化、规模化、产业化发展水平明显提高,肉羊产业实现了平稳、快速发展。宏观把握中国乃至世界肉羊产业发展概况,深入分析新疆肉羊产业发展现状,明晰新疆发展肉羊产业的优劣势,掌握新疆肉羊生产的效益、效率及影响因素,梳理国家和新疆实施的主要肉羊产业扶持政策,总结先进省份和新疆有关肉羊产业发展的典型案例,找出新疆肉羊产业发展存在的问题,提出新疆肉羊产业高质量发展的路径与对策建议,对进一步验证肉羊产业相关理论、拓宽肉羊产业发展的理论视野、推动新疆肉羊产业高质量发展、提高新疆羊肉产品在国内外市场竞争力、促进农牧民增收具有重要意义。

　　近年来,在新疆维吾尔自治区现代农业羊产业技术体系、自治区农区高效肉羊品种选育推广技术体系、自治区现代农业（畜牧）产业技术体系、自治区党委农办"三农"研究课题、自治区科协学会重点资助项目、自治区公益性科研院所项目等资助下，研究团队在梳理肉羊产业发展的理论渊源和肉羊产业发展研究的基础上，系统分析了世界、中国以及新疆的肉羊产业发展情况，深入开展了调查研究，形成了本书研究成果。全书共分为9个部分：研究概述，世界肉羊产业发展概况，中国肉羊产业发展概况，新疆肉羊产业发展条件分析，新疆肉羊产业发展现状，新疆肉羊生产经济效益评价及影响因素分析，新疆肉羊产业的发展形势、路径选择及对策建议，新疆肉羊产业的调研报告及典型案例和附录。

　　本书在全面分析肉羊产业相关理论的基础上，总结了国内外的相关研究进展，并对先进省份、地（州）、县（市）、企业、合作社、农户等开展了深入调研，整理和分析了大量的统计与调研资料，特别是采用了大量一手调研资料和真实案例。通过阅读本书，读者可以对新疆、国内相关省份乃至世界肉羊产业的发展有较为系统、全面的了解。尤其是第二章介绍了世界肉羊产业生产现状，新西兰、澳大利亚等先进养羊国家的发展情况及发展模式，对国外肉羊产业发展经验进行了总结，得到了对中国肉羊产业发展的启示；第三章介绍了中国肉羊产业的生产规模、生产区域分布、养殖成本收益，羊肉产品的进口、出口、贸易平衡及羊肉消费等情况；第八章形成了新疆农区肉羊产业发展调研报告、我国新疆肉羊产业融合发展调研报告、全国和新疆实施的主要肉羊产业扶持政策梳理报告、我国新疆与哈萨克斯坦畜牧业合作条件分析与对策建议等9份调研报告；肉羊产业发展典型案例部分对全国肉羊全产业链典型县——甘肃省环县、中国羊都——内蒙古巴彦淖尔市及相关省份的肉羊生产示范园区、肉羊全产业链企业、肉羊制种企业、现代化羔羊育肥场、规模化屠宰加工企业、肉羊加工出口企业、标准化养殖示范专业合作社、种草养羊亿元专业村、羊文化展示馆及新疆多胎肉羊养殖企业、肉羊全产业链建设企业、肉羊科技型企业、"2年3胎6羔"模式企业、羊产品精深加工企业等17个肉羊产业链主体做了重点介绍，并分析了经验做法，旨在为新疆肉羊产业链不同经营主体提供可借鉴的产业发展模式。

感谢中共新疆维吾尔自治区委员会农村工作办公室、新疆维吾尔自治区农业农村厅、新疆维吾尔自治区科学技术厅、新疆维吾尔自治区畜牧兽医局、新疆畜牧科学院及新疆畜牧兽医学会在项目资金、项目实施中给予的大力支持。感谢和田地区、喀什地区、阿克苏地区、阿勒泰地区等地（州）农业农村局、畜牧兽医局，感谢阿勒泰市、富蕴县、福海县、哈巴河县、青河县、和硕县、尉犁县、阿克苏市、沙雅县、拜城县、柯坪县、喀什市、疏附县、麦盖提县、巴楚县、和田市、和田县、墨玉县、洛浦县、于田县、策勒县、皮山县等县（市）农业农村局、畜牧兽医局及相关部门对调研工作的大力配合与支持；特别感谢内蒙古自治区农牧厅、甘肃省畜牧兽医局，巴彦淖尔市、五原县、临河区农牧局，环县农业农村局对调研工作的大力支持；感谢所有为项目调研进行对接、协调的领导、专家、企业家和同事们。衷心感谢国家肉羊产业技术体系李军教授团队对本书编写工作的大力支持。

因编者水平有限，书中难免存在一些疏漏和不足之处，恳请读者批评指正。

编　者

2024 年 1 月

目　　录

第一章
研 究 概 述

第一节 研究背景

肉羊产业是新疆畜牧业中最具特色的优势产业和基础产业,羊存栏量、出栏量和羊肉产量均居全国第二位。羊肉作为新疆各族人民群众主要肉食品,市场需求量巨大。大力发展肉羊产业,对调整优化畜牧业产业结构、繁荣农业农村经济、巩固脱贫攻坚成果、有效衔接推进乡村产业振兴、助力企农增收,具有重要的战略意义和现实意义。

新疆历来高度重视肉羊产业发展。尤其是"十四五"以来,自治区党委、政府坚持以习近平新时代中国特色社会主义思想为指导,全面贯彻党的二十大精神,贯彻落实中央经济工作会议、中央农村工作会议精神,先后制定《关于促进新疆畜牧业高质量发展的意见》(新党办发〔2020〕7号)、《关于加快推进新疆畜牧业高质量发展的通知》(新政办发〔2020〕82号)、《新疆草原畜牧业转型升级规划(2023—2030年)》(新政发〔2023〕21号)、《关于加快新疆肉羊产业高质量发展的实施意见》(新政办发〔2023〕24号)等系列指导文件,有力推动了新疆肉羊产业向质量并重、质效齐升的方向快速发展。

按照自治区党委、政府提出的"全面振兴畜牧业、稳步发展草原生态畜牧业"的总体要求,自治区农业农村厅和自治区畜牧兽医局研究制定《新疆羊产业发展问题分析及扩大羊肉产能增加市场供给的措施方案》,形成《新疆肉羊产业高质量发展的主要措施和政策建议》《关于破解多胎肉羊基数小和优质饲草保障能力不足等突出问题的建议报告》,明确发展方向和多项政策红利,深入实施《农区高效肉羊品种选育计划(2020—2025年)》。新疆各地出台了更加硬核的配套措施,推动新疆肉羊产业进入持续快速发展阶段,已成为保障畜产品供给、巩固脱贫攻坚成果、有效衔接推进乡村产业振兴、有效带动农牧民增收致富的重要支柱产业。

2019年,新疆筹建成立了农区高效肉羊品种选育推广体系。作为自治区六大产业技术体系之一，农区高效肉羊品种选育推广体系坚持以农区肉羊产业发展需求为重点，以农区专用品种培（选）育、良种繁育、群体改良、示范基地培育、技术培训为主线，以提高农区肉羊产业发展供种能力、整体生产水平和综合生产效益为目的，围绕产业链整合优势科技资源，建立了多专业、多学科纵横联合、协同创新的新体制，开展了共性技术和关键技术研究、集成、试验和示范。一是推进了地方品种资源保护利用工作。组织开展地方品种种质资源调查，对原始品种中特殊资源实施保种，新发现地方品种皮山红羊资源群1个，在策勒县、和田市、皮山县3个县（市）建立地方品种资源保护场4个。二是提升农区肉羊主导品种供种能力，发挥体系示范企业作用，引导体系示范企业由引种向供种转变。三是加快肉羊改良进程。采用"领衔专家＋试验站＋岗位专家＋示范企业＋行政部门"技术推广模式，依托津垦奥群、西域沐羊人、昆仑绿源羊管家等一批体系示范企业，探索建立"龙头企业＋扩繁场＋合作社＋农户"的分级经营联合体、"放母归羔"的"五统一"生产模式、"企业＋基地＋农户＋科技服务团"等产业化经营模式，助力农区肉羊产业进入快速发展阶段，联农带农成效显著。四是编写通俗易懂、图文并茂的口袋书、挂图，拍摄微视频等科普资料，借助抖音、"新疆种畜"等平台推送至项目区养殖户，更新和转变养殖观念。五是开展联合技术攻关。与科研院校合作，开展规模化设施养羊圈舍设计、高效繁殖模式、羔羊料优化配方、粪污资源化利用等技术研发集成，为农区肉羊产业高质量发展注入新动能。

2023年，新疆肉羊产业集群项目入选2023年优势特色产业集群建设名单。新疆肉羊产业集群项目重点在天山南坡的巴音郭楞蒙古自治州（以下简称巴州）、阿克苏地区、喀什地区、和田地区4个地（州）的10个县（市）实施。重点实施肉羊良种繁育提升、规模养殖扩容增量、产品加工及物流配送、区域特色品牌创建和技术支撑体系建设5项工程。项目总投资10.01亿元，其中申请中央财政奖补资金2亿元。项目分3年实施，2023年总投资4.78亿元，申请中央财政奖补资金1亿元。项目实施以来，聚焦补足肉羊产业发展短板弱项，推动肉羊产业链条升级，完善联农带农利益联结机制，有效提升了肉羊产业发展水平和质量效益。

近年来，新疆紧紧围绕肉羊产业发展方向和目标，农区在有条件的地方大力发展多胎（多羔）羊为主的标准化规模养殖，实施了一批肉羊增产示范工程，建设了一批肉羊产业强镇和现代肉羊产业园；牧区积极发展草地生态畜牧业，推进本地品种选育、草畜流转、规模经营、家庭牧场培育为主的草原畜牧业转型发展。肉羊基础支撑条件稳步增强，产业融合发展持续加速，产业振兴行动成效显著，稳步提升了肉羊综合生产能力，肉羊区域化、规模化、产业化发展水平明显提高，肉羊产业实现了平稳发展。

2023 年，新疆农村工作会议暨推进乡村振兴高质量发展大会更加明确提出，要深入实施畜牧业振兴行动，推进优质饲草料基地、标准化养殖基地、畜禽种业基地建设，实施肉羊综合产能提升工程，建设优质畜产品产业集群，推动畜牧业全面振兴，锚定了打造全国优质农牧产品重要供给基地的战略定位。新疆畜牧业发展进入春天。《关于加快新疆肉羊产业高质量发展的实施意见》（新政办发〔2023〕24 号），聚焦制约产业发展的瓶颈问题，进行顶层设计，作出部署安排，强调要坚持以习近平新时代中国特色社会主义思想为指导，深入贯彻落实党的二十大精神，贯彻落实习近平总书记视察新疆重要讲话重要指示精神，完整准确贯彻新时代党的治疆方略，贯彻落实自治区党委十届六次、七次全会精神，突出肉羊产业在建设优质畜（禽）产品产业集群中的作用，完善政策支持体系，实施肉羊综合产能提升工程，加快肉羊种业发展，提高饲草料保障能力，强化动物疫病防控，扶优扶强肉羊龙头企业，建设完善肉羊产业链，稳定草原牧区羊肉产能，大力发展农区多胎肉羊标准化规模养殖，努力将新疆建设成为国家肉羊产业发展优势区。该文件明确提出，到 2025 年，新疆肉羊规模化养殖比例达到 50%，羊肉产量持续增长、保障市场供应；到 2030 年，新疆羊肉综合生产能力稳步提高，发展优势更加突出。新疆肉羊产业迎来了前所未有的新机遇。

第二节　研究意义

一、理论意义

本研究有助于形成新疆特色的畜牧业经济发展思想和理论。畜牧业经济学是一门部门经济学，更是一门应用经济学，它运用经济学的有关理论，研究畜牧业产业再生产过程中的生产、交易、分配、消费规律。肉羊产业的研究是从产业出发，涉及不同的经营主体，将宏观与微观有机地结合起来，使相关产业理论更具有可操作性，肉羊产业的研究是对畜牧业经济理论体系的进一步细化和拓展。

本研究以"新疆肉羊产业发展研究"为题，系统分析世界肉羊产业发展概况、中国肉羊产业发展概况、新疆肉羊产业发展条件、新疆肉羊产业发展现状，开展新疆肉羊生产经济效益评价及影响因素分析，总结先进省份和新疆肉羊产业发展的典型经验，分析新疆肉羊产业发展形势，提出新疆肉羊产业高质量发展路径选择与对策建议，可以进一步验证肉羊产业相关理论，丰富实证研究的成果，拓宽肉羊产业发展的理论视野，具有重要的理论意义。

二、实践意义

从实践层面来看，第一，本研究有利于了解世界、中国、新疆肉羊产业发展概况。2000—2022 年，世界肉羊存栏、出栏和羊肉产量均呈上升态势，分别增长 31.4%、41.8% 和 44.9%。中国的绵羊出栏量和绵羊肉产量均居世界第一位，山羊出栏量保持世界第一，中国、印度同时是绵羊和山羊生产大国，澳大利亚、新西兰为绵羊生产大国，巴基斯坦、尼日利亚等国的山羊生产优势较为明显。2000—2022 年，中国肉羊存栏量、出栏量和羊肉产量均呈上升态势，分别增长 16.7%、71.1% 和 98.6%。中国肉羊生产划分为包括西北肉羊优势区域（新疆、宁夏、陕西、甘肃）在内的四大优势区域。年出栏 30 只以下的养殖场（户）为 886.3 万个，占全国养羊场（户）总数的 82.7%，小规模养殖场（户）仍是肉羊生产的主力。2005—2022 年，全国散养肉羊平均每只主产品产量略有上升，肉羊产值和总成本均呈上升趋势，净利润则有所波动。中国是羊肉净进口国，新西兰是中国羊肉进口的第一大国，以绵羊肉为主，主要进口品类为冷冻肉。新疆有地方羊品种 20 个，2000—2022 年，新疆肉羊存栏量、出栏量和羊肉产量均增幅明显，分别增长 30.8%、68.7% 和 61.9%。其中，增长主要来源于绵羊，山羊存栏量则出现下降。2015—2022 年，新疆散养肉羊主产品产量变动幅度不大，但单位羊产值和生产成本增幅则分别达到 43.1% 和 49.8%，利润下降明显。地（州）创新产业发展模式、县（市）探索联农带农模式、企业健全联农带农机制、养殖户开展精准饲养模式等，助推了肉羊产业可持续发展，2016—2023 年，新疆活羊均价上涨明显，增幅近 44%。羊肉价格总体呈现"跌—涨—跌"的趋势，新疆饲料价格总体上涨。

第二，本研究明晰了新疆发展肉羊产业的优劣势。新疆在发展肉羊产业方面，具有区位、资源、人文、规模、政策、市场、消费等优势和机遇，同时也存在规模化养殖比例低、改良绵羊成本高、养殖科技水平低、尚未形成完整的产业链、养殖成本高、羊肉价格不稳定、抵御风险能力不足等劣势和挑战。

第三，本研究有利于了解新疆肉羊生产效益（效率）及影响因素。不同生产方式下，肉羊生产的经济效益表现为牧区"放牧＋补饲"＞农区"茬地放养＋舍饲"＞牧区"放牧＋舍饲"。繁殖率、羔羊死亡率、销售价格、日均饲喂成本等都是影响肉羊养殖经济效益的因素，提高繁殖率、羊只销售价格，降低羔羊死亡率及饲喂成本，均可明显提高养殖经济效益。采用数据包络分析方法（DEA）对肉羊养殖企业的生产效率分析表明，44% 的肉羊养殖企业生产投入较为集中，生产要素或资金投入发挥了规模效应；而 19% 的企业技术效率不佳；31% 的企业较低的纯技术效率与规模效率值共同导致了其技术效率值的低下；6% 企业生产技术效率存在规模报酬递减现象，需要进一步整合资源，提高要素和资金的利用效率。对新疆羊肉价格波动特征及其影响因素的分析表明，新疆羊肉价格具有长期波动上涨的特征，呈现明显的周期性波动特征，具有明显的季节性波动特征。

第四，本研究找出了新疆肉羊产业发展存在的问题，提出了发展路径和发展建议。新疆肉羊产业尚存在产业发展科学谋划不足、经营主体实力不强、政策支持体系不完善、良种繁育体系不完善、饲草种植加工不足、科技服务偏弱、企农利益联结不紧密、产业延链增值不够等短板和弱项。在发展路径上，要健全良种繁育和生产母畜扩增体系、大力发展标准化规模养殖、提升产业化经营水平、加快优质饲草料产业发展、加大技术研发推广应用力度、加强动物疫病防控体系建设、保障畜产品质量安全、提升产业发展融资保险保障能力、健全保障机制。因此，本研究提出了政府与市场协同推动、加大龙头企业和新型经营主体培育、加强政策资金保障、完善良种繁育体系、加强科技服务、完善企农利益联结机制、提升产业化经营水平的发展建议。

第五，本研究形成了多个专题报告，对全国和新疆实施的主要肉羊产业扶持政策进行了梳理，总结了先进省份和新疆有关肉羊产业发展的典型案例。

综上所述，本研究对推动新疆肉羊产业高质量发展、提高新疆羊肉产品在国内外市场竞争力、促进生态环境和可持续发展、推进农业结构调整和农牧民增收都具有重要的现实意义。

第三节　理论基础

一、产业组织理论

产业组织理论是微观经济学的分支学科。产业组织理论是有关市场经济中企业行为和组织制度的学科。其研究内容可以分为 3 个主要方面：一是企业内部投入与产出的关系以及人与人之间的关系，现在人们通常称之为企业理论；二是不完全竞争市场与企业行为的关系，特别是寡头市场上企业与企业之间的关系；三是政府与企业的关系，包括规范研究和实证研究两方面的问题。

产业组织理论的研究对象就是产业组织。产业组织理论主要是为了解决所谓"马歇尔冲突"的难题，即产业内企业的规模经济效应与企业之间的竞争活力的冲突。

农业生产是自然再生产与经济再生产的结合，由于受到动植物自然生长规律的限制，农业生产主要是由农民采用家庭经营的方式组织的，当农民可以控制自然的影响，将季节性和随机事件的影响成功地转移到产出时，会使农业转向企业生产，未来家庭生产将集中于农业最具生物特性的生产阶段。同时，收割、牲畜等技术进步也会对农业生产组织选择产生影响。关于农业生产组织的决定因素，不同技术条件下适宜的经营规模是不同的，即由生产技术决定的最低生产成本对应的规模。在生产技术不发生改变的条件下，即使生产要素的所有权不同，有效率的实际生产也往往是由相同的微观主体组织的。在现代工厂化养殖技术出现之前，就算是规模较大的畜禽养殖场，也往往是将畜禽分为若干较小的规模租赁给农户，或者雇人来管理。由于生产过程难以推行标准化和监督，因而大多采用产品契约的方式，而非生产过程契约。肉羊屠宰加工环节则更多地体现出工业生产的特征，工厂化、企业化生产是其主要组织形式。屠宰加工最初也是以个人或者家庭的形式来组织的。随着畜牧业经济的发展和社会分工，屠宰加工对资本和技术的要求越来越高，从而由家庭生产逐渐转向企业化生产，而相关政策法规等也加速了这一进程，屠宰加工流水线设备与技术的发明与普及，工厂化屠宰加工的生产效率优势迅速显现，家庭生产逐渐退出，企业生产迅速扩张。虽然我国没有建立全国肉羊定点屠宰制度，但是部分省份和地区为规范肉羊屠宰加工行业，加强监督管理，制定实施了地方肉羊定点屠宰制度，加速了个人商业屠宰的退出。

二、规模经济理论

规模经济理论是经济学的基本理论之一，是指在一特定时期内，企业产品绝对量增加时，其单位成本下降，即扩大经营规模可以降低平均成本，从而提高利润水平。

从经济学的角度来看，亚当·斯密是规模经济理论的创始人，他在《国富论》中指出，劳动生产上最大的增进，以及运用劳动时所表现的更大的熟练、技巧和判断力，似乎都是分工的结果。由于劳动分工的基础是一定规模的批量生产，因此斯密的理论可以说是规模经济的一种古典解释。真正意义的规模经济理论起源于美国，它揭示的是大批量生产的经济性规模。马歇尔论述了规模经济形成的2种途径，即依赖于个别企业对资源的充分有效利用、组织和经营效率的提高而形成的内部规模经济和依赖于多个企业之间因合理的分工与联合、合理的地区布局等所形成的外部规模经济。他进一步研究了规模经济报酬的变化规律，即随着生产规模的不断扩大，规模报酬将依次经过规模报酬递增、规模报酬不变和规模报酬递减3个阶段。

此外，马歇尔发现了由"大规模"而带来的垄断问题，以及垄断对市场价格机制的破坏作用。规模经济与市场垄断之间的矛盾就是著名的"马歇尔冲突"。他指出企业规模不能无节制地扩大，否则所形成的垄断组织将使市场失去"完全竞争"的活力。之后，英国经济学家罗宾逊和美国经济学家张伯伦针对"马歇尔冲突"提出了垄断竞争的理论主张，使传统规模经济理论得到补充。

我国关于畜牧业的规模经济研究也开始起步。早期的研究主要侧重定性研究。近年来，从定量分析角度探讨养殖规模与经济效应关系的研究逐渐增多。不少学者的研究为养殖业中规模经济的存在提供了佐证，但也有一些学者指出了规模养殖的弊端，无论是种植业还是养殖业，规模经济的存在已经基本成为共识，但在我国人多地少的特殊国情下，农业规模经营的实现不仅涉及种植或养殖规模的扩大，还应与土地规模经营及农村劳动力转移有效结合起来。只有以规模经营为手段、以劳动力转移为推力、以农业科技水平不断提高为保证，以规模促增长、以增长促增收，才能最终实现农业现代化和农民收入水平的提高。

三、农户行为理论

农户就是农民家庭，是农村最基层的社会单位，主要依靠家庭劳动力从事农业生产，负责生产的决策者被称为户主。农户行为一般被认为是整个家庭成员的整体行动，以成员利益、行动目标、行为准则一致为基本前提，农户有能力进行有组织的决策行为，主要由户主具体领导和执行。

农户行为理论是指在农村社会中，农户在农业生产、资源利用、生活消费等方面的决策和行为模式。它主要关注农户在家庭经营、资源获取、市场交易等方面的行为规律和机制，是农村社会经济研究的重要领域之一。农户行为理论的核心主旨是探究农户行为的动因和影响因素，以及这些因素如何相互作用和影响农户的行为。

农户行为理论的研究范围广泛，包括但不限于农户的生产决策、资源利用、消费行为、借贷行为、市场交易等方面。在生产决策方面，农户需要考虑种植什么作物、种植面积大小、使用什么生产要素等问题。在资源利用方面，农户需要合理利用土地、水、劳动力等资源，以达到最大的生产效益。在消费行为方面，农户需要考虑家庭支出、食物消费、教育医疗等方面的支出。在借贷行为方面，农户可能需要向银行或信用社贷款来购买生产资料或应对突发事件。在市场交易方面，农户需要考虑出售产品的价格、销售渠道等问题。农户行为理论的研究可以帮助研究者更好地了解农户的生产经营状况、行为规律和影响因素，从而为政策制定和农业发展提供科学依据。

四、农产品价格波动理论

在众多的经济学家中，最先研究价格波动的学者是亚当·斯密。第一，研究分析价格本身的波动；第二，研究分析价格所围绕的波动中心。研究表明，市场的供需关系会影响价格波动。农产品价格形成与运行基于其价值。货币的价值、供给需求、国际及经济政策、消费者的消费习惯均是农产品价格形成的重要条件。农产品价格是否正常合理，会对生产、流通及消费环节产生影响，同时会影响农民的收入。

在现实生活中，农产品价格波动的现象很常见。并且，农产品价格产生波动的原因有很多：第一，国外农产品价格变化会对我国农产品价格产生影响，即以进出口的方式影响我国农产品的价格，还能通过期货市场进而对国内农产品价格产生冲击。第二，农产品在生产环节的各类成本费用会对农产品价格产生冲击，从而使其价格上涨。第三，消费者对农产品需求的增加，直接拉动了农产品价格的上涨。第四，自然灾害及疾病的影响，如地震、洪水等自然灾害会导致农产品产量骤降，非洲猪瘟等动物疾病也会使农产品价格产生变动。

五、比较优势理论

比较优势是指两国在生产过程中，由于生产要素、技术等因素的不同而出现相同产品之间生产成本的相对差异。比较优势理论是由大卫·李嘉图首次提出并用来解释国际贸易现象的理论。对国际贸易的原理作出最初解释的是英国古典经济学家亚当·斯密，他在 1776 年的著作《国富论》中提出绝对优势理论，即各国在生产技术上的绝对差异，造成劳动生产率和生产成本上的绝对差异，是国际贸易和国际分工的基础。如果一国在某种产品的生产上拥有更高的劳动生产率或更低的生产成本和价格，就称该国在这一产品上拥有绝对优势。后来学者们将绝对优势的范围扩大到所有的生产率，包括自然资源、气候环境等方面的差异。绝对优势理论认为，一国应该集中生产并出口那些自己拥有绝对优势的产品，进口不具有绝对优势的产品，其结果比什么都生产更有利。因此，从绝对优势理论可以看出，一国具有绝对优势的产品具有国际竞争力。

但是，绝对优势理论无法解释当一国在所有产品上都具有较高的生产率，而另一国在所有的产品生产上都低于其他国家时的国际贸易情况。为了更好地解释国与国之间的贸易，大卫·李嘉图进一步从相对生产效率的角度完善了亚当·斯密的绝对优势理论，并将其发展为比较优势理论。该理论认为，国际贸易的基础并不限于生产技术上的绝对差别，只要各国存在生产技术上的相对差别，就会出现生产成本和产品价格的相对差别，从而使各个国家都集中生产并出口具有比较优势的产品，进口其具有比较劣势的产品，从而获取比较利益。从相对优势理论可以看出，一国在其存在相对优势的产品上也存在着国际竞争力。

比较优势理论虽然指出了比较优势的存在，但将之归结为技术的不同而产生的结果。20 世纪瑞典经济学家俄林和他的导师赫克歇尔又进一步从生产要素比例的差别而不是生产技术的差别上，解释了生产成本和商品价格的不同，从而导致比较优势的产生。这就是要素禀赋理论。该理论认为，生产商品不仅需要劳动力，还需要资本、土地等其他的生产要素。而且，不同商品生产所需要的生产要素配置也是不同的。资本密集型产品的生产技术性要求较高，需要大量的机器设备和资本的投入，而劳动密集型产品的生产则需要大量的体力劳动。由于各国生产要素的储备比例和资源禀赋是不同的，有的国家资本相对雄厚，有的国家劳动力相对充足，因此产品生产的相对成本不仅可由技术差别决定，而且可由要素比例和稀缺程度的不同决定。一般来说，劳动力相对充裕的国家，劳动力价格相对便宜。因此，劳动密集型产品的生产相对成本比较低一些。而资本充足的国家，资本的价格低一些，生产资本密集型产品的成本相对较低。因此，比较优势的基础是生产资源配置或要素禀赋的差别。要素禀赋理论解释了生产要素禀赋不同的国家之间进行贸易的原因，但不能解释为什么大部分国际贸易发生在要素禀赋相同或相近的国家之间（如发达国家之间），以及同一产品在一个国家既出口又进口（称为产业内贸易）的情况，而这两种贸易在 20 世纪 60 年代以来发展很快。于是，便出现了解释这种现象的新贸易理论，如 M. V·波斯纳的技术差别理论和以弗农的产品生命周期理论为中心的新增长理论，这些理论把人力资本和技术等因素考虑进来，描述了发达国家的"夕阳"产业在贸易竞争中，由于技术外溢和低成本的吸引向发展中国家转移的过程，阐述了产业优势转移的可能性和原因。新贸易理论与传统比较优势理论的区别在于，前者力图从动态的竞争过程和发展的角度来解释竞争力的来源，而后者是从静态的竞争主体自身的比较角度来解释竞争力的来源。

第四节　文献综述及概念

一、肉羊生产环节的相关研究

国内学者对肉羊生产环节进行了很多研究。20 世纪 60 年代起，国际养羊业的主导方向发生了变化，各国养羊业经营模式由毛用转向肉毛兼用（浦亚斌等，2008），目前世界养羊业已发展到肉用为主的阶段。此转变促进了肉羊产业的快速发展。随着人们生活水平的不断提高和羊肉需求量的逐年增加，国外养羊业呈现产肉量与日俱增的特点。改革开放以来，我国在市场需求的拉动下和相关政策的推动下，肉羊产业也得到了较快的发展，在 20 世纪 80 年代末，我国羊肉产量就跃居世界第一位，超过了澳大利亚等传统的羊肉生产大国（邓蓉等，2006）。但我国羊肉产量占肉类总产量的比例仍较低（李紫琪等，2023）。虽然我国羊肉产量逐年增加，但羊只个体产肉水平较低，平均胴体重明显低于发达国家。世界出栏羊胴体重最高的是美国，其次是德国、澳大利亚和英国，并且呈逐年提高的趋势（贾志海，2011）。张林萍（2023）指出，这些年我国存栏量比较稳定，而出栏量呈现比较明显的上升趋势，目前我国肉羊产业进入了发展的快车道。2022 年，我国羊存出栏量和羊肉产量创历史新高。饲养方式上，我国农户小规模养殖仍然占主体（孙晓萍等，2003）。就生产区域来看，我国养羊业生产大致分为农区和牧区两大区域，自 20 世纪 80 年代以来，我国羊肉生产中心逐步由牧区转向农区（刘芳，2006；王兆丹等，2009）。我国牧区畜牧业资源极其丰富，草原、牛、羊资源尤为突出，是重要的畜产品生产基地（张立中，2005），但多数地区仍以粗放的终年游牧、半游牧、定居放牧饲养方式为主，由于没有受到保护和改良，草地退化严重、沙化、碱化（冯忠义，2008），这也使牧区养羊业发展受到了限制，农区肉羊产业得到了高速发展（张立中，2005）。2022 年，无论是农区还是牧区，肉羊产业规模化比例越来越高，在内蒙古、新疆、山东、河北等省份，大型的规模化养殖场越来越多（张林萍，2023）。当前，我国肉羊产业链发展不完善、肉羊胴体分割技术落后、羊肉去膻技术缺乏等问题同样制约了产业发展（李紫琪等，2023）。就我国养羊业技术发展道路，马章全等（2018）提出了一系列有针对性、有适用性的应用技术：一是肉羊生产系列技术配套和应用；二是饲草料生产加工技术的改造和更新；三是保健、防疫技术的完善与普及；四是宏观管理科学的协调与同步发展。现代化的管理和高技术的应用，是养羊业发达国家的成功经验，也是我国养羊业技术发展的必由之路。

就新疆肉羊产业生产环节来看，新疆作为我国羊肉生产大省之一，羊肉产量长期稳居全国第二位（努尔古再丽·阿力木等，2022）。因此，肉羊产业在新疆畜牧业中占有举足轻重的地位。近年来，全国受疫情影响及消费需求驱动，肉羊资源紧张，新疆肉羊产业得以快速发展，且新疆肉羊生产总体呈现规模化发展。就饲养方式来看，为缓解天然草原放牧压力，新疆大力实施草原生态建设，缩减放牧规模，在农区发展舍饲圈养，积极引导牧区牛羊养殖向农区转移（李会芳，2022），目前新疆肉羊生产模式为"牧区繁育，农区育肥"（罗鹏辉，2019）。2022 年，新疆肉羊产业稳步发展，存栏量和产肉量同比均有所上升，规模化养殖比重和生产效率均保持增加（罗兰，2023）。但目前新疆肉羊产业仍存在一些问题：多胎羊价格低迷，影响农户养殖积极性；饲草料价格上涨，肉羊生产利润空间收窄；育肥环节薄弱，市场竞争力不足；屠宰场开工率不足，规范化管理有待加强；经营主体的利益分配不均衡，影响养殖积极性；企农利益联结机制仍不健全，企业带动能力不强；空圈率高，养殖设施未充分利用（刘娜娜，2023）。

二、肉羊加工环节的相关研究

我国建立了一些大型肉羊屠宰企业，这些企业羊肉生产已经达到国际标准。但我国肉羊屠宰加工仍处于起步阶段，80% 以上的肉羊是手工或半手工屠宰和加工的（王军，2019）。就我国肉羊屠宰加工情况来看，多数屠宰场规模偏小，个体屠宰户普遍存在，屠宰场地的条件极差，其屠宰量占全国活羊屠宰量的一半以上（邓蓉等，2019）。近年来，为适应国内外市场对优质羊肉的需求，在肉羊产区已兴建一批较为现代化的、以内蒙古为代表的大型肉羊屠宰加工企业。例如，锡林郭勒盟牛羊肉产品加工具有广阔的开发前景，在华北、东北市场已占有相当的份额，但其存在企业规模小、布局分散、龙头骨干匮乏、生产条件差、产品档次低等问题（乌力吉，2011）。

就新疆来看，改革开放以来，在经济的扶持和政策的支持下，新疆畜产品加工业实现了迅速发展。但从整体来看，由于我国畜产品加工业发展时间较短、科技水平有待提高、管理机制有待完善，新疆畜产品加工发展也存在一定滞后性（阿米妮古丽·阿不来孜等，2022），新疆肉羊产业精深加工存在产业链较短且不够完整的问题（巴特尔，2012）。李会芳（2022）认为，主要原因是羊肉加工企业数量较多，但普遍规模较小、实力不强。现阶段新疆草原畜牧业的产品大多为简单的初级加工产品，牛羊肉以活体或胴体销售，低端产品和中间产品多，高端产品和终端产品少，资源优势难以体现，不能满足消费者的多元化需求。在利润分配方面，加工、批发、零售环节利润空间大且相对稳定，养殖环节利润空间小且不稳定。

三、肉羊产品贸易和消费环节的相关研究

从我国肉羊产品贸易来看，在21世纪世界羊肉贸易中，新西兰、澳大利亚和欧盟是羊肉出口量大国，出口量占世界羊肉出口量的91.9%，肉羊进口量以欧盟15国最多（何晓红等，2005）。随着我国贸易自由化程度的进一步提高、市场开放程度的不断加大、对羊肉产品需求的不断增加，且作为当前世界上最大的羊肉生产国，我国羊肉贸易呈现贸易总额和逆差持续扩大的趋势（李秉龙，2011；郑爽玉等，2023），并且我国肉羊贸易具有国际市场结构较为单一、向核心市场进出口所占比重过大的特点（郑爽玉等，2023）。

从我国羊肉消费来看，我国城镇居民各类畜产品消费占全国消费总量的比例大部分在50%以上，如奶类高达80.3%、牛羊肉60.7%、禽肉59%（生浩等，2016）。随着居民收入水平提升、消费结构升级以及城镇化进程的加快，我国居民羊肉人均消费量和消费总量呈波动增长的态势（陈甜等，2016）。2016年之后，我国羊肉产量虽在逐年上升，但人均羊肉年消费量有所回落（李紫琪等，2023）。丁丽娜（2023）指出，羊肉逐渐成为一种理想、安全的肉类，且城市羊肉消费增长幅度高于农村。其中，西北和华北地区城乡居民对羊肉更为青睐，这两个地区的羊肉消费量之和占全国消费总量的一半以上（郑爽玉等，2023）。就羊肉消费特征来看，羊肉消费具有明显的季节性。此外，羊

肉消费与牛肉价格和产量具有密切关系。有学者研究认为，羊肉可能属于牛肉的替代品（戴越等，2022）。同时，熊海谦等（2023）认为，虽然南方地区的肉羊市场规模较小，但季节性特征要比北方地区明显。

就新疆来看，近年来，随着人们生活水平的不断提高、新疆居民特有的饮食习惯、肉类消费结构的变化、消费渠道更加多元化以及旅游业的蓬勃发展，加之养殖成本中的饲草料成本在不断增加（徐光艳，2020），羊肉价格高位运行，新疆羊肉消费总体呈现不断增加的趋势（罗鹏辉，2019），2022 年受疫情等因素的影响，新疆城镇居民羊肉消费量明显减少，带动全疆羊肉消费量明显下降（鲁云峰等，2023；罗兰，2023）。

四、肉羊产业化方面的相关研究

苟佳鸿（2002）提出"生态价值产业链"的产业化经营模式。所谓肉羊产业化经营，即实现肉羊产业从繁育、饲养、加工、销售、防疫、信息到环保一体化。从肉羊产业发展来看，肉羊产业种养工商一体化是肉羊产业作为国民经济部门与畜牧业前部门（包括品种资源供应、饲养管理技术和信息技术服务部门）和畜牧业后部门（即畜产品加工、储藏、运输、销售等部门）相结合而形成的一种体现畜牧业再生产全过程的大规模综合经营系统。"生态价值产业链"的经营模式，包括种羊体系、饲料牧草体系、肉羊育肥体系、精深加工体系、卫生防疫体系、销售网络体系、信息服务体系、可持续发展体系共八大体系。肉羊产业化"生态价值产业链"是一项规模宏大的系统工程，其社会效益和经济效益源于政府、龙头企业、农户、社会组织、消费者等交流、合作、共享与融合。吴桂林（2003）认为，养羊产业化过程实质上也是传统放牧养羊向现代工厂化养羊转变、粗放经营向集约经营转变的过程。养羊产业化必须坚持以市场为导向、以科技为先导，它的每一步发展都离不开科技进步的支撑，每一项科技成果的诞生和应用都会对现代养羊业和产业化的发展起到推动作用。

史志诚（2000）指出，国外畜产经营的表现形式有农户家庭经营、合作社经营、一体化经营、股份合作经营以及跨国公司经营等。家庭经营发展趋势是农户经营规模不断扩大，走合作经营或联合经营的道路。周应恒（2003）提出，发达国家的畜牧业已实现了产加销一体化，以产业链上的龙头企业为中心有效整合各种资源，提高市场应对能力与综合竞争力。陈彤（2008）提出了发展畜牧产业化的思路：一是抓加工、抓产品增值、抓龙头建设、抓基地建设，扩大经营规模，推进畜牧业产业化进程；二是培育和完善市场体系；三是采取多元化、多层次的市场营销战备，巩固老市场，开拓新市场。

就新疆来看，刘娜娜等（2023）认为，新疆抓住政策红利，发展多样的肉羊养殖模式。阿勒泰地区通过建立湖羊种畜场，精细化管理，形成了公司规模养殖湖羊模式（分群饲养、高床养殖、漏粪板刮粪板、注重日常管理、加强疾病预防和淘汰、羔羊成活率高）、中等规模依托原有圈舍养殖湖羊的合作社模式、小户养殖湖羊模式。阿克苏地区通过推广多羔种公羊、推行规模肉羊养殖企业集约化工厂养殖、"农业经济组织联合体"多模式发展农区肉羊养殖，按照"七统一"要求，为养殖户提供技术服务，建立全产业链，全力打造千万多羔肉羊优势区，促进肉羊产业可持续发展。和田地区通过多胎肉羊示范工程推进养殖技术入户、四级架构肉羊产业发展、推广多胎肉羊品种改良等增收方式，示范推广"四良一规范"综合配套技术，辐射带动农户开展肉羊科学养殖。喀什地区规范良繁中心运营，确保带农增收。巴州开展纯繁、经济杂交，通过标准化规模养殖增量、产业化聚集发展提质、品牌化拓展市场增效的发展路径，利用杂交优势，通过纯繁提高繁殖性能，获取最大的经济效益。

五、羊肉价格相关研究

国内学者对羊肉价格波动特征及价格影响因素进行了大量研究。就羊肉价格影响因素来看，大部分研究主要从生产、流通、消费、替代品冲击、畜禽禁养政策、自然灾害等方面对羊肉价格影响因素进行较为全面的研究（康海琪等，2020；张蕾等，2019；董娜等，2023；余红等，2020；谷红阳，2023）。还有学者通过对我国牛肉市场价格变化分析，认为牛肉与羊肉价格之间具有关联效应（田露等，2012）。反之，也有学者认为，羊肉价格波动会对羊肉供给、居民羊肉消费以及中国居民消费价格指数（CPI）产生影响（康海琪，2020）。大部分学者认为，羊肉价格波动具有随机波动性、季节性、周期性等特征（刘山水等，2022；丁存振等，2017；余红等，2020）。

就新疆来看，有些学者主要从生产成本不断增加、流通环节过多、消费需求的快速增长使供需不平衡问题日益突出等方面，对新疆羊肉价格波动问题进行了研究（杨奎花等，2013；余红等，2012；刘勇国，2014）。2022年，新疆与全国羊肉市场价格保持一致性下跌，本地羊肉价格总体高于外调羊和多胎羊，且降幅略低于外调羊和多胎羊。活羊价格明显下降，本地羊价格高于多胎羊，本地羊和多胎羊价格差别与区域、政策、养殖水平有关，外调活羊价格呈下降趋势，且低于本地活羊价格，南疆外调羊占比大且80%为直接屠宰（刘娜娜等，2023）。

六、肉类食品安全问题的相关研究

肉类食品安全问题主要由畜禽病和畜禽饲料引起。畜禽病的用药问题是导致我国肉羊产品药残超标的主要原因，而饲料添加剂的不合理投放同样会引起严重的肉类食品安全问题。保证肉类食品安全可以从3个方面着手：一是减少畜病，方法是建立无疫病区，净化饲养环境；二是严格遵守兽药使用规定，避免违规、超量用药；三是严格饲料管理，遵守饲料添加剂使用规定。黄宝续（2008）在建立无规定疫病区方面作了深入研究。他认为，在我国建立无规定疫病区十分必要。无规定疫病区建设是国际通用和公认的动物卫生措施。WTO‐SPS协议第六条规定，各成员应承认病虫害非疫区和低度流行区的概念，以促进国际贸易更专业化。但同时指出，出口成员声明其境内某些地区是非疫区或低度流行区时，应提供必要的证据，对这些地区的规定，应依据地理、生态环境、流行病学监测以及动植物卫生措施等因素。张仲秋（2023）对关于严格遵守兽药使用规定，保证动物源性食品的安全问题作了详尽的分析。动物源性食品的安全问题是指来源于动物可食用组织的食品被人摄入后引起的安全问题。主要涉及可食用组织中兽药和农药的残留、有毒有害物质、致病性微生物等。世界各国为了保护本国的动物卫生健康和保障动物源性食品对人的安全，在冻肉贸易中对动物疾病和兽药残留两项指标都提出了相应的要求。我国肉类产品的出口仅占生产量的很小份额，绝大部分是国内消费。环境污染和滥用药物的恶果可能会危及子孙后代。王建华（2023）分析了我国饲料管理和饲料添加剂的使用问题。随着我国饲料工业的迅速崛起和市场经济的发展，国外一些在本国限用或淘汰的饲料和饲料添加剂进入我国；国内一些新研制的饲料和饲料添加剂在安全性、有效性和对环境影响不十分清楚的情况下就贸然投产，部分饲料产品有害残留物严重超标。为了适应我国饲料工业化发展的形势，适应饲料新产品开发研究和产业化的需要，制定国家级饲料安全卫生标准以及促生长剂、药物有效成分分析标准，形成从原料、预混料、浓缩料、配合饲料到最终产品的完整配套检测技术，尽快与国际接轨。

七、农产品竞争力相关研究

近年来，随着我国加入世界贸易组织，国内研究者和生产者都对农产品国际竞争力的问题表现出极大关注，各类出版物上对国外竞争力理论和研究方法的介绍逐渐多了起来。国内的农产品国际竞争力实证研究主要有两条路径：一是以比较优势理论为基础，以比较优势代表竞争力，主要的研究方法包括生产成本比较、价格比较、国内资源成本法等；二是计算分析农产品在国际贸易中的市场表现，并就二者的内在联系进行一定的分析。程国强（2021）从进出口表现和国内资源成本两条线分析了我国农产品竞争力。在贸易表现方面，研究表明，我国农产品的主要出口市场是亚洲和欧洲，主要进口市场是北美洲和亚洲，出口市场的集中程度比进口高。我国农产品国际贸易最大的顺差来自亚洲。产品当中最具出口优势的是中间产品和消费者导向产品，二者都是劳动密集型的；进口最多的依次是大宗产品、消费者导向产品和中间产品，进口产品的土地密集型特征并不明显。这项研究将农产品竞争力表现主要归因于比较优势，采用了比较优势度（国内资源成本系数变形）、社会净收益、有效保护率、地区比较优势指数等指标，对我国主要农畜产品的比较优势和地区优势进行分析，结果表明，我国在糖料、园艺产品、畜产品、烤烟、大米等产品上具有比较优势，而油菜籽、棉花、小麦、玉米不具有国际竞争力。杨军等（2013）从生产成本和价格的角度对我国大宗农产品、畜牧产品、水果蔬菜这3类农产品的竞争力情况作出了判断。他们以农产品价格作为价格竞争力的体现，并认为价格由生产成本和流通费用两部分构成。其中，前者是竞争力产生差异的主要原因，后者反映体制对价格竞争力的影响。研究认为，我国在猪肉、鸡肉、水果、蔬菜等产品上有价格竞争力，而在大宗农产品上不具备价格竞争力。我国的畜产品在价格上有明显的竞争力，而且这种价格优势是在高成本饲料粮的基础上实现的，这说明在价格上还有潜力可以发挥。乔娟（2019）为我国农产品国际竞争力的分析构造了一个相对比较完整的研究框架，并利用该框架对我国主要家畜及肉类产品、主要新鲜水果的国际竞争力情况作出了分析。这个框架包括反映竞争结果的国际竞争力现实指标、国际竞争力的直接影响因素和间接影响因素以及国际竞争力的深层次影响因素3个层次。国际竞争力现实指标采用市场占有率等以进出口数据为基础的指标，用生产者价格指数时间序列的比较反映价格竞争力情况，用品种结构、质量安全、生产规模、加工程度等指标的国际比较说明非价格竞争力情况。陈永福（2001）对我国蔬菜出口的贸易绩效、贸易结构以及世界蔬菜市场的价格波动特征进行了分析研究，研究表明，我国对日本蔬菜出口主要还是来自与日本市场品种接近、距离近等原因产生的成本优势，但国内企业间的恶性价格竞争不仅使自己在盈利上处于不利地位，还开始引发进口国的"倾销抵制"。魏金义等（2015）通过对中美两国柑橘生产的产量、生产能力、品种结构、加工程度、消费习惯等多方面进行对比研究，认为中美两国在柑橘生产上具有互补性。因此，短期内对美开放柑橘市场不会对国内柑橘业形成太大冲击，但会加剧国内柑橘市场的竞争程度。潘文卿（2018）利用贸易竞争指数和产业内贸易指数对我国农产品进出口情况进行分析，认为大部分农产品具有出口竞争优势，进出口结构符合我国的要素资源禀赋，进出口中存在优势强化和劣势强化的现象；我国农产品总体的产业内贸易呈上升趋势，其中，农业纺织品原料和植物产品产业内贸易较为发达。

八、相关概念

畜牧产业是从事动物饲养繁殖和动物产品生产、加工、流通的产业。随着经济社会的发展，畜牧业产生了交易和加工，皮革、乳制品以及肉食品加工业不断发展，从而增加了畜产品的附加值，逐渐形成了科技、生产、加工、销售融为一体的产业，构成了现代畜牧产业的雏形，并逐步成为一个独立的物质生产部门。

　　肉羊产业作为畜牧产业中的重要组成部分，是指从饲草料生产、羊只生产、产品加工、产品贸易到产品消费纵向链上各个紧密衔接而构成的一系列经济活动的集合。

第二章
世界肉羊产业发展概况

第一节　世界肉羊产业生产现状

　　长期以来，羊是人类皮毛和肉食的主要来源，羊毛也是人类最早利用的天然纤维之一。随着历史的变迁和社会经济的发展，棉麻、化纤等纺织业对羊毛纺织业产生了一定冲击。与此同时，人们对羊肉的消费需求不断提高，肉羊生产从以毛用羊为主逐渐转向毛肉兼用羊为主，并进一步向以肉用羊为主过渡。肉羊的养殖在世界范围分布广泛。其中，绵羊饲养主要集中在亚洲、大洋洲、欧洲以及非洲等地区。近年来，欧洲、大洋洲和美洲的绵羊养殖规模有所下降，而亚洲、非洲养殖规模有所上升。山羊饲养地区则相对集中，主要在亚洲和非洲部分国家。近年来，全球羊只生产规模呈现不断增长的态势，但各地区变动趋势存在差异。下面对世界肉羊产业生产和主要生产国的情况进行概述。

一、世界肉羊产业生产概况

（一）存出栏情况

　　2000—2021年，世界肉羊存栏量呈稳步上升的态势，从18.2亿只增长至24.0亿只，增幅达到31.9%，年均增长率达到1.3%。其中，绵羊存栏量从10.7亿只增长至12.9亿只，山羊存栏量从7.6亿只增长至11.1亿只，增幅分别为20.6%和46.1%，年均增长率分别为1.8%和0.9%。可见，世界肉羊存栏量增长的贡献主要来源于山羊，且山羊存栏量的比重仍在不断上升，2021年已达到46.4%，较2000年上升了4.8个百分点。

　　2000—2021年，世界肉羊出栏量也呈逐年上升的态势，从7.9亿只增长至11.2亿只，增幅达到41.8%，年均增长率为1.7%，均高于存栏量的发展速度。其中，绵羊出栏量从4.8亿只增长至6.2亿只，山羊出栏量从3.1亿只增长至5.0亿只，增幅分别为29.2%和61.3%，年均增长率分别达到1.2%和2.3%。与存栏量情况类似，在出栏量的增长中，山羊的贡献度较大，且20多年来，山羊出栏数量的占比不断提高，2021 年达到 44.8%，较 2000 年提高了 5.3 个百分点（图 2-1）。

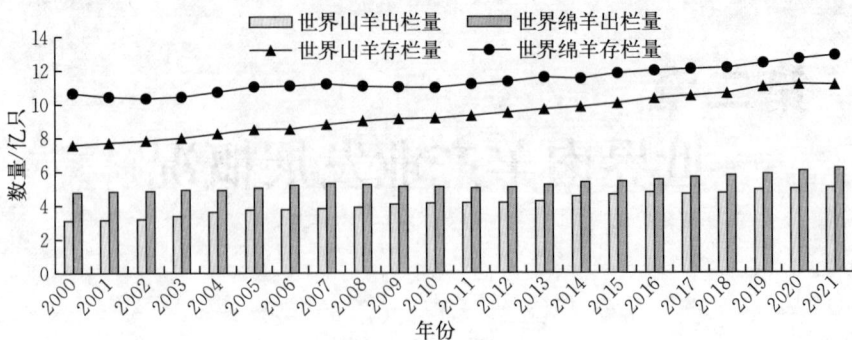

图 2-1　2000—2021 年世界羊只存出栏量变动情况

数据来源：联合国粮食及农业组织数据库。

（二）羊肉和羊毛产量情况

2000—2021 年，世界羊肉产量从 1 128.6 万吨增长至 1 636.8 万吨，增幅达 45.0%，年均增长率为 1.8%，高于存出栏量增速。其中，绵羊肉产量从 747.5 万吨稳步增长至 996.0 万吨，山羊肉产量从 381.1 万吨增长至 639.8 万吨，增幅分别达到 33.2% 和 67.9%，年均增速分别为 1.4% 和 2.5%。可见，山羊肉的快速增长对羊肉总产量增长的贡献更大。与肉羊存出栏量情况类似，2000—2021 年，山羊肉产量占羊肉总产量的比重同样稳步上升，从 33.8% 上升至 39.1%，增长了 5.3 个百分点。与此同时，世界羊毛产量整体呈缓慢下降的态势，从 231.6 万吨下降至 176.3 万吨，降幅达到 23.9%，年均下降 1.3%，主要受到主产区产能下降、合成纺织业冲击、市场需求抑制等诸多因素影响（图 2-2）。

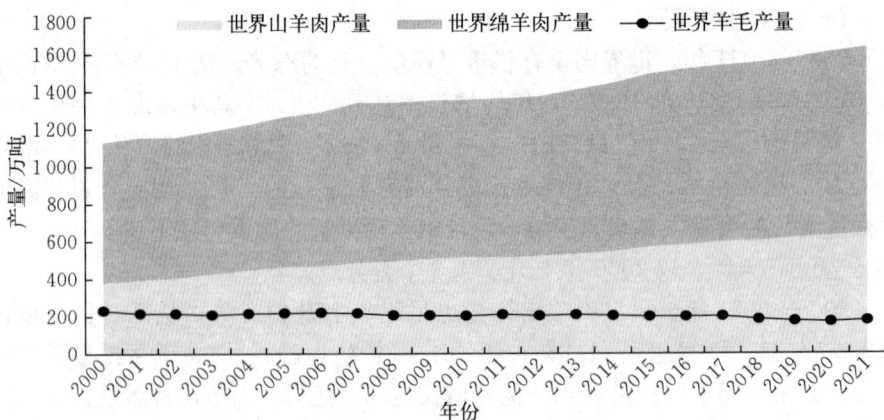

图 2-2　2000—2021 年世界羊肉及羊毛产量变动情况

数据来源：联合国粮食及农业组织数据库。

二、主要生产国生产概况

绵羊和山羊养殖在全球均有分布，但不同地区主要饲养品种存在差异，考虑到不同地区饲养品种存在差异，下面将分别概述世界主要绵羊和山羊生产国的生产情况。

（一）绵羊生产情况

世界上饲养绵羊的国家主要位于亚洲、非洲、大洋洲以及欧洲。中国多年来一直是全球绵羊存栏量和出栏量最多的国家，而且近年来中国绵羊存出栏量在世界总量中的占比不断提升（图2-3）。2021年，中国绵羊存栏量和出栏量占世界绵羊存栏量、出栏量的比重分别为14.5％和31.6％，较2000年分别提高了2.2个百分点和10.4个百分点。澳大利亚和印度绵羊养殖规模仅次于中国。印度存出栏量在世界总量中的比重变动幅度不大，2021年分别为5.6％和3.8％；但澳大利亚的绵羊存栏量在这段时间内的占比大幅下降，存栏量占比从11.1％降至5.30％，出栏量占比从6.9％下降至4.2％。伊朗和苏丹的世界总量占比排名波动幅度不大，绵羊存栏量和出栏量占比都略微下降，存栏量占比分别下降了1.6个百分点和1.1个百分点，出栏量占比分别下降了1.8个百分点和1.3个百分点。尼日利亚的绵羊存栏量占比从2.4％小幅度上升至3.8％，排名则从世界第10位逐步进入前5位；出栏量占比从2.2％上升至3.2％，排名从世界第9位上升至第5位。此外，新西兰绵羊出栏量虽然之前基本保持在世界前3位，但2019年之后被印度取代，排名下滑至世界第4位。

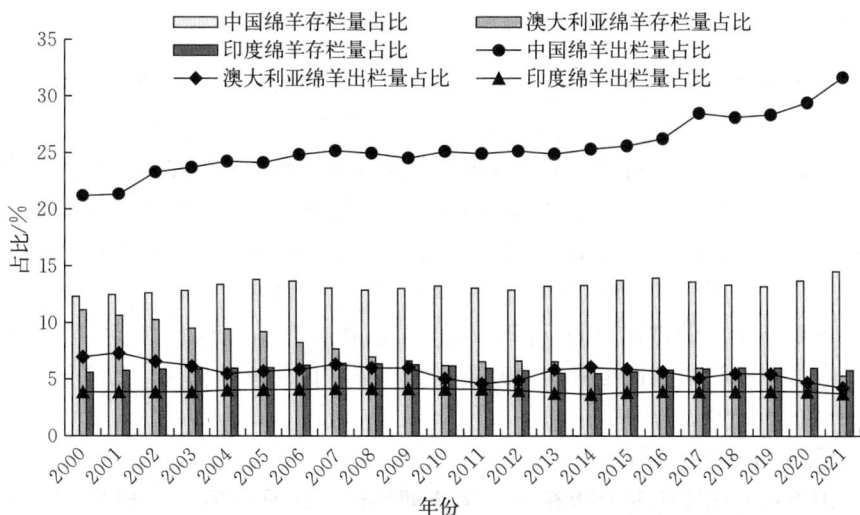

图2-3　2000—2021年世界主要绵羊生产国存出栏量占世界比重变动情况

数据来源：联合国粮食及农业组织数据库。

中国、澳大利亚、新西兰、英国、印度、苏丹、土耳其等国家是主要的绵羊肉生产国。2000—2021 年，中国、澳大利亚和新西兰的绵羊肉产量一直保持着世界前 3 名的水平，但只有中国实现了产量和占比双增。20 多年来，中国绵羊肉产量遥遥领先，是位居世界第 2 位的澳大利亚的 3 倍，其在世界绵羊肉产量中的占比从 2000 年的 18.0%增长至 2021 年的 26.3%。而澳大利亚、新西兰、英国、印度和苏丹的绵羊肉产量都在小范围内波动（图 2-4）。其中，澳大利亚波动最大，2000—2021 年绵羊肉产量在世界产量中的占比从 9.1%下降至 6.6%，而新西兰从 7.2%下降至 4.6%，英国更是从 5.1%下降至 2.7%，而印度的产量占比则相对稳定。

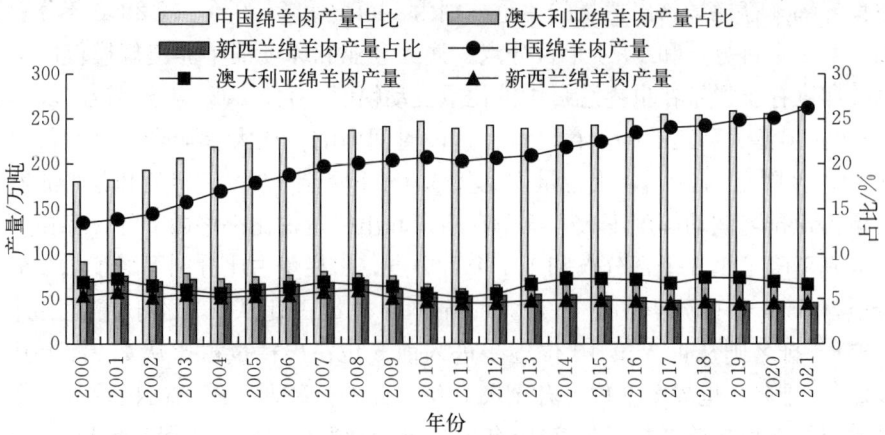

图 2-4　2000—2021 年世界绵羊肉主要生产国产量及占比变动情况
数据来源：联合国粮食及农业组织数据库。

羊毛产量的分布情况与绵羊肉类似。中国、澳大利亚、新西兰、伊朗、英国、土耳其等是主要的羊毛生产国。2000—2021 年，中国、澳大利亚和新西兰一直保持世界前 3 名的水平。其中，中国和澳大利亚的产量水平相近，均占世界羊毛产量的 20%左右；中国自 2009 年超越澳大利亚，在世界羊毛产量排名中居第 1 位，此后除 2018 年之外，其余年份一直位居世界第 1 位。世界排名第 3 位的新西兰羊毛产量是中国和澳大利亚产量的 1/3 左右，近年来，其在世界羊毛产量中的占比不断下降，2021 年达到 7.1%，较 2000 年下降了 4 个百分点。伊朗和英国近年来在世界第 4 位和第 5 位的位置交替，两国羊毛产量占世界总产量的 3.5%左右。

（二）山羊生产情况

山羊饲养国家主要分布在亚洲和非洲地区。2002—2006 年和 2008—2016 年，中国一直保持着山羊存栏量世界第 1 位的水平，其余年份印度占据第 1 位。20 多年间，两国山羊存栏量占世界山羊存栏量的比重整体呈波动下降的

态势，且中国下降幅度更为明显。2000—2021 年，中国山羊存栏量占比下降
了 7.6 个百分点，印度则下降了 2.0 个百分点。但从出栏量来看，中国和印度
一直分别保持世界第 1 位和第 2 位的水平，中国出栏量在世界总量中的占比相
对稳定，基本保持在 33% 左右；而印度呈下降的态势，2021 年占比为
10.9%，较 2000 年下降了 4.1 个百分点（图 2-5）。尼日利亚和巴基斯坦山羊
存栏量则交替排名世界第 3 位和第 4 位，尼日利亚、孟加拉国和巴基斯坦山羊
出栏量则交替排名世界第 3 位和第 4 位。尼日利亚山羊存栏量占比呈先升后降
的态势，从 5.6% 升至 7.4%，然后又降至 6.9%，而巴基斯坦山羊存栏量占
比在 7% 上下波动。孟加拉国和苏丹维持在世界前 10 名的水平，目前其山羊
存栏量占有率不足 5%，出栏量占有率仅为 6% 左右。

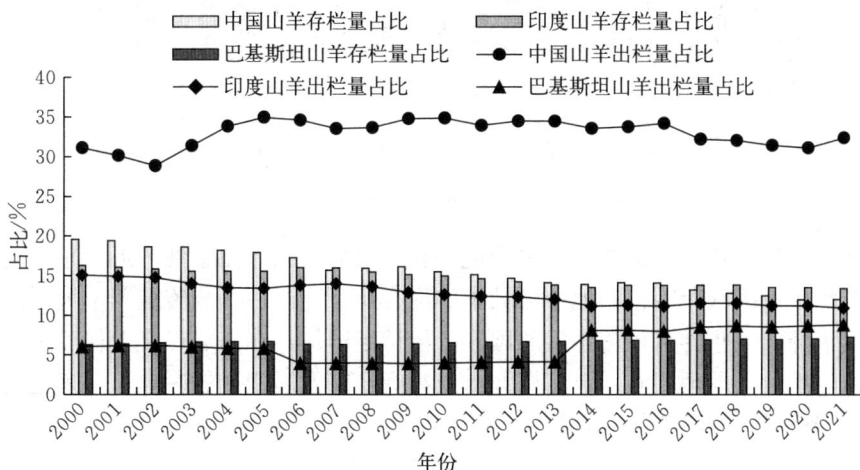

图 2-5　2002—2021 年世界主要山羊生产国存出栏量占世界比重变动情况
数据来源：联合国粮食及农业组织数据库。

中国、印度、巴基斯坦、尼日利亚、孟加拉国、苏丹等国家是世界山羊肉
的主要生产国。2002—2005 年以及 2011—2021 年，中国、印度和巴基斯坦一
直位居世界前 3 名，而 2006—2010 年，尼日利亚曾代替巴基斯坦进入世界前
3 名的位置。中国在山羊肉产量上的领先地位十分显著，且与其他国家的差距
不断拉大。20 多年间，中国山羊肉产量世界占比最低为 33.9%，但仍比印度
高出 22.0 个百分点，且当年山羊肉产量是印度的 2.8 倍。2021 年，中国山羊
肉的世界占有率已达到 40.8%，而排名第 2 位的印度仅为 8.6%，山羊肉产量
也仅为中国山羊肉产量的 21.0%（图 2-6）。

综上所述，世界主要的肉羊生产大国包括中国、印度、澳大利亚、新西
兰、巴基斯坦、尼日利亚等国家，但各国生产品种存在较大差异。其中，中
国、印度同时是绵羊和山羊生产大国，澳大利亚、新西兰为绵羊生产大国，巴

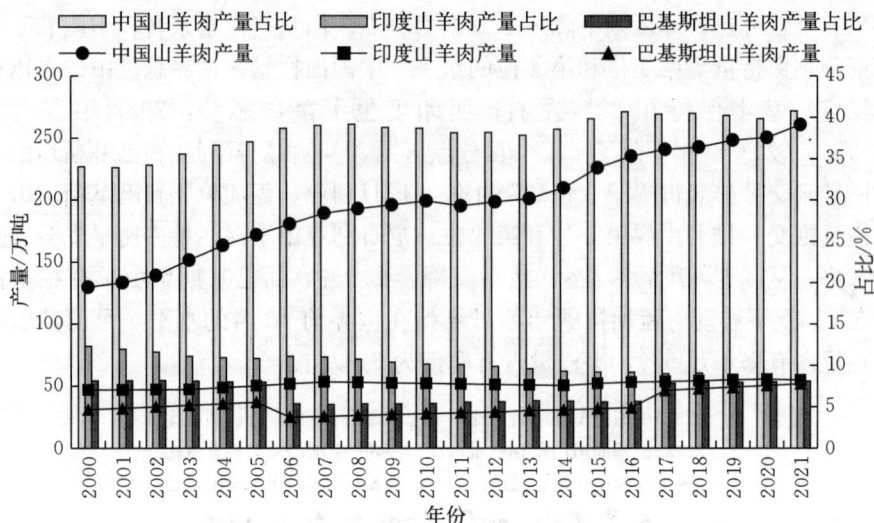

图 2-6 2000—2021 年世界山羊肉主要生产国产量及占比变动情况

数据来源：联合国粮食及农业组织数据库。

基斯坦、尼日利亚等国的山羊生产优势较为明显。同时注意到，近年来，肉羊生产的优势区有所转移，地理区域集中度有所下降，一部分传统养羊大国产能有所下降，一些排名稍微靠后的国家产能持续增加，在一定程度上保障了全球养羊产能。受地理气候、自然资源以及社会经济发展变迁的影响，未来全球肉羊生产格局或将迎来新一轮转变。

第二节　先进养羊国家发展情况及发展模式

当前，我国羊业发展正处于生产方式转型和产业结构调整的关键阶段，对标羊业发达国家产业发展情况，总结其发展模式，借鉴其发展经验，对推动我国羊业高质量发展和羊业强国建设具有重要意义。下面主要对新西兰、澳大利亚羊业发展概况和发展模式及特点进行分析。

一、新西兰羊业

新西兰是典型的小而开放的经济体，多年来，农业是新西兰经济发展的支柱产业，其畜牧业在世界范围内处于先进水平，畜牧业产值在其农业总产值中的比重高达 80%，畜产品外贸活跃，每年出口大量优质的牛羊肉、羊毛、奶制品至亚洲、美洲等地区。作为新西兰最重要的产业之一，养羊业对新西兰经济发展发挥着巨大的推动作用。

（一）发展概况

新西兰属于温带海洋性气候，四季温差不大，同时降水丰富，北岛年均降水量为 1 000～1 500 毫米，南岛年均降水量为 600～1 000 毫米。新西兰地形以山地和丘陵为主，适合发展畜牧业，畜牧业用地面积约为 11.5 万千米²，将近占国土面积的一半[①]，人工草地主要混播黑麦草、三叶草、高羊茅等，牧草产量和质量较高。南岛是主要的养羊区，北岛养羊业发展相对缓慢。19 世纪以来，当地农民积极开展羊品种培育，新西兰比较有代表性的品种有肉毛兼用型半细毛羊品种考力代、占全国羊只数量 2/3 的罗姆尼羊、肉毛兼用型地毯毛羊德拉斯代等。新西兰草场由农场主租赁并进行家庭式管理，农场主采用划区轮牧的放牧方式，一方面，大大减少了畜牧业设施设备及劳动力的投入；另一方面，有利于草场维护管理，有效实现在提高草场单位面积承载牲畜量的同时避免草场退化。

18 世纪末到 19 世纪初，新西兰作为英国的殖民地，是英国毛纺织工业的原料供应基地，之后新西兰陆续建立了养羊场，由此拉开了其羊业发展的序幕。进入 20 世纪后，新西兰畜牧业作为主要经济部门得到了快速发展，牛羊养殖数量迅速增长，乳制品和牛羊肉成为新西兰最主要的出口产品。随着 20 世纪末新西兰加入世界贸易组织，新西兰畜牧业发展呈现由单一产品竞争转向多元化竞争格局的趋势，加上畜牧业战略性结构调整，奶牛等其他畜种的养殖规模不断扩大。

2021 年，新西兰绵羊肉产量在全球排名第 3 位，在新西兰肉类生产中排第 2 位（第 1 位和第 3 位分别为牛肉和禽肉）；羊肉品类主要为绵羊肉（占羊肉总产量的 99.6%），其中，羔羊肉居多，大羊肉较少。近年来，受市场需求变动、生产成本上升和自然灾害等因素的影响，新西兰羊业产能整体有所下降。2000—2021 年，新西兰绵羊存栏量从 4 226.0 万只下降至 2 573.3 万只，降幅达到 39.1%；绵羊肉产量从 53.8 万吨下降至 45.4 万吨，降幅达到 15.6%。与此同时，羊肉的全球占有率近年来也有所下降，2021 年绵羊肉产量占比为 4.6%，较 2000 年下降了 2.6 个百分点。羊毛产量总体也明显下降，从 25.7 万吨下降至 12.6 万吨，降幅高达 51.0%，在世界羊毛总产量中的占有率也下降了 4 个百分点（图 2-7）。此外，新西兰羊肉出口竞争力极强，在世界羊肉出口市场上占据主导地位（2022 年羊肉出口量占世界出口总量的 30.3%），主要出口目的地为中国以及欧洲国家。近年来，新西兰羊肉出口量在 41 万吨上下波动。

---

① 数据来源：新西兰统计局。

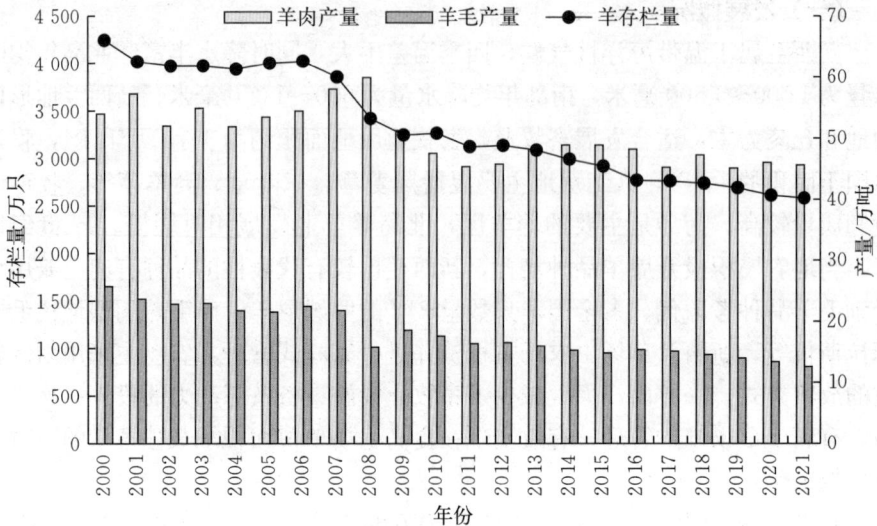

图 2-7　2000—2021年新西兰羊存栏量、羊肉产量及羊毛产量变动情况
数据来源：联合国粮食及农业组织数据库。

（二）发展模式及特点

1. 产业市场化程度高　1984年，新西兰开始推行农业经济市场化改革，主要将农业管理部门制定政策和提供服务的职能分开，农业服务机构管理采用市场化运作，科研机构实行公司制改革，同时通过制定法律法规保证市场秩序的良好运行（蔡伟等，2014）。在市场化改革措施下，政府部门办事效率提高，农产品贸易市场化程度进一步加深；同时，农业科技研发系统、农业科技推广系统和农业科技教育培训系统等农业科技创新体系不断得到完善，有效地提高了劳动生产率和资源产出率。

2. 产业专业化分工程度高　新西兰羊业经营主体以家庭农场为主，农场经营规模高达数千公顷甚至上万公顷。随着农场经营规模的不断扩大以及农业生产商品化的快速发展，生产专业化分工越来越细。领先的科研水平为羊业发展提供支撑，发达的种业为羊业发展培育内生动力。例如，在品种选育上，通过多年的选育和优良品种引进，新西兰羊几乎全部是良种，选育品种不仅具有较强的环境适应能力，还具有较高的繁殖和生长性能。在饲喂管理方面，草场全部围栏化实行划区轮牧，养殖和草场管理实行高度机械化，航空施肥水平位居世界前列；可追溯系统构建完善，牲畜全部佩戴电子识别耳标。

3. 产业组织化程度高　新西兰畜产品加工企业普遍采用与农场主合作经营的模式，由农场主与生产加工、销售企业形成合作体，各合作方互持股份。近年来，随着行业内不断整合兼并，合作经营企业的规模越来越大。此外，新西兰拥有完整的农业社会化服务体系，内容涉及生产、经营、加工、运输、销售、金融、保险、科技、税务、教育、防疫等各个方面。例如，新西兰养羊协会将科学研究者与牧场经营者联系起来，提供优良品种、市场信息、先进技术，开拓市场、加工产品、开展科研等服务，对农场主提供产前、产中、产后的全过程指导，以此来保护和促进羊业的发展。

二、澳大利亚羊业

澳大利亚的畜牧业发展水平一直位居世界前列，是世界上最大的羊肉出口国，也是世界第二大绵羊生产国。丰富的牧场资源、得天独厚的气候条件为澳大利亚畜牧业的发展奠定了重要基础，羊业优势尤为突出，被称为"骑在羊背上的国家"。

（一）发展概况

澳大利亚四面环海，横跨两个气候带，北部属于热带，南部属于温带。东南沿海和西南沿海地区属于温带和亚热带气候，适合居民生活；而内陆地区基本为草原和沙漠，气候干旱少雨，土地贫瘠。南部高雨量区多数牧场规模较小，以家庭经营为主，饲养美利奴绵羊等。北部干旱地区主要是由大公司进行集中经营模式，饲养适应干热气候的品种，如安哥拉山羊等。根据联合国粮食及农业组织数据，澳大利亚农牧业用地面积约 3.8 亿公顷，约占国土面积的50%，其中 90% 以上是天然草场；澳大利亚 6 个州的生产情况差异较大，其中维多利亚州和新南威尔士州的羊业产能较强。

2021 年，澳大利亚绵羊肉产量排名世界第 2 位，在澳大利亚肉类总产量中排第 3 位（第 1 位和第 2 位分别为牛肉和禽肉）；羊肉品种以羔羊肉为主，且近年来呈增长态势。2000—2021 年，澳大利亚羊业产能不断波动。羊存栏量从 12 045.7 万只下降至 7 198.1 万只，降幅高达 40.2%；其中，绵羊存栏量下降了 42.6%，而山羊存栏量增加了 1.1 倍。羊肉产量从 69.1 万吨下降至67.3 万吨，降幅达到 2.6%；其中，绵羊肉产量下降了 3.4%，山羊肉产量增长了 54.2%。近年来，随着中国、印度等国绵羊产量的快速提升，澳大利亚绵羊产量的全球占有率有所下降，2021 年存栏量占有率为 5.3%，较 2000 年下降了 5.8 个百分点，而绵羊肉占有率为 6.6%，较 2021 年下降了 2.5 个百分点。2000—2021 年，澳大利亚羊毛产量呈波动式下降的态势，2021 年羊毛产量为 34.9 万吨，较 2000 年下降了 48.1%，占世界羊毛总产量的比例也从29.0% 下降至 21.9%（图 2-8）。澳大利亚羊肉出口竞争力极强，在世界羊肉出口市场上与新西兰共同位居前列（2022 年出口量占世界出口总量的38.4%），主要出口市场为中国、美国和沙特阿拉伯等国家。近年来，澳大利亚羊肉出口量总体在 45 万～50 万吨波动。

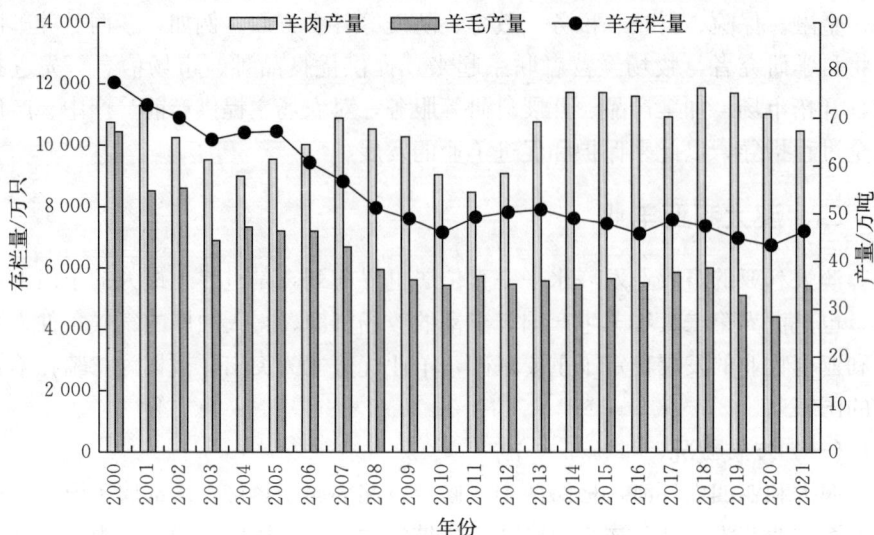

图 2-8 2000—2021 年澳大利亚羊存栏量、羊肉产量及羊毛产量变动情况
数据来源：联合国粮食及农业组织数据库。

（二）发展模式及特点

澳大利亚政府在不同时期，通过灵活的政策引导羊业转型升级，其发展模式已完成由粗放型到集约型的过渡，产业已基本实现现代化、规模化和可持续发展。

1. 草地可持续化发展 澳大利亚以天然草地为基础，采用天然草原放牧、建立饲料草基地相结合的方式实现畜牧业和草业的共同发展。一方面，通过培育优质牧草品种，采用飞机播种与施肥等方式建设人工草地并实施草地改良；另一方面，采用草场围栏模式，将划区轮牧与季节休牧相结合，提高了单位面积草场的牲畜承载量。此外，澳大利亚采用混合农业的方式，有效利用农时并根据市场需求决定种养比例，如在年降水量较低的畜牧区、在天然草场低密度饲养羊只；在年降水量中等的农牧区，种植小麦并养羊；在年降水量较高的农区，则通过人工草场种植小麦、甘蔗等高产作物并高密度饲养羊只（卢全晟等，2018）。

2. 生产标准化、机械化、信息化 澳大利亚畜牧业采用先进的规模化育肥技术并坚持因地制宜的放牧制度，养殖规模效应不断凸显。大部分农牧场机械化程度很高，部分大型农牧场采用信息化手段管理草场和畜群，如通过计算机、互联网和大数据等技术，详细汇总记录牲畜每日体重、饲料投喂、营养配比等指标并及时分析收集的数据，通过高度的机械化控制、高水平的自动管理清楚地掌握牲畜的实时生长情况，在保证牲畜质量的同时，大幅度降低生产成本。

3. 产销合作模式多样化 澳大利亚专业协会的服务功能十分完善，行业协会等各类中介组织不仅帮助农民了解农产品市场行情、签订购销合同等，还提供围栏建设、配种、疫病防治等技术服务。合作社是澳大利亚畜牧业一体化经营最主要的形式，包括传统农业合作社和公司型合作社两类。在传统农业合作社经营中，合作社统一收购储藏、加工运输进而销售，市场议价能力较强，从而能够以较高的价格和较大的规模进行产品销售，进而帮助合作社和农民实现盈利。一些农民已经在合作社的支持下开始探索畜牧产品互联网销售模式。在公司型合作社经营中，企业与农民主要以订单模式建立合作关系，企业将研发的育种、饲养、加工等技术用于农民生产以直接提高畜产品质量，农民则将产品销售给企业进而获得可观的收益。

4. 产业发展保障机制完善 澳大利亚羊业全产业链的可持续发展离不开完善的产业发展保障机制。一方面，行业协会和科研机构发挥引导作用。澳大利亚的畜牧业行业协会在监督畜产品质量安全、加强产业间的信息交流、开拓国际畜产品市场、协助国家制定产业发展方针政策等方面发挥了重要作用，直接促进了产业链各环节和行业间的协调发展。与此同时，科研院所积极发挥引擎作用，提供诸如良种引繁、疾病防治、检疫监测及产品保鲜运输等方面的服务。另一方面，标准化管理体系的建设和立法支持为产业发展保驾护航。澳大利亚政府从改良选育、育肥饲养、疫病防控、屠宰加工、检验检疫、产品存储与运输等各环节制定严格的安全管理标准，并建立了成熟、完善、严格的全产业链质量安全管理控制体系，行业协会也制定了相关的产品等级标准、养殖标准等管理规范。此外，澳大利亚畜牧业相关的法律法规较为完善，如澳大利亚政府制定了与合作社相关的各项立法，还对草场建设、水源利用、森林砍伐和环境保护等作出了详细的规定。

第三节 国外肉羊产业发展经验及启示

一、发展经验

澳大利亚和新西兰的羊业发展经验和模式为其他国家羊业发展树立了良好的典范，其发展经验可总结如下。

1. 重视品种改良，广泛应用自动化等先进科学技术 羊业质量效益和竞争力的提升关键在于良种，培育优良品种，开展杂交优势利用，是加快发展肉羊产业的关键措施。澳大利亚、新西兰两国注重优良品种的培育，繁育技术位居世界前列。国家通过大量的科研经费投入，组织科研院所、高校和企业共同研发，采用先进技术进行肉羊品种的选育和改良，还将互联网、大数据技术应用到遗传与繁殖力的研发中。同时，积极在生产、加工和销售环节应用科学技术，提高机械化率和自动化水平，注重饲养的精细化、科学化管理，以保证羊只健康生长，实现节本增效。

2. 注重草场科学管理，加强优质牧草的培育 澳大利亚、新西兰两国对草场生态的可持续发展高度重视，并不一味地追求牲畜个体的高产，而是致力于提高单位面积草场生产效率，在保障产量稳定的前提下，实现成本的最小化。联合农学家、土壤学家、动植物遗传学家等开展研究，为提高草地承载能力、提高羊只产能共同努力。成立牧草种子经营公司和种子繁殖农场，关注牧草品种的选育、繁殖、加工等，发展人工种植和改良草地，在土地翻耕以及牧草播种、施肥、收割等各个环节实现全过程机械化，提高草地利用率和产出率。草场管理主要以家庭牧场为基本单位，实行围栏、划区轮牧、休牧等放牧制度，以草定畜，推动草地生态的可持续发展。

3. 着力提高产业的规模化、产业化、组织化程度 首先，以家庭牧场为单位，发展适度规模养殖，有利于科技推广和经济效益的提升。其次，积极建设集养殖、生产、对外销售等于一体的完备产业链，将繁育、饲料生产、育肥、加工、运输、流通、消费等各环节联结成可协调的发展链条，进行全面统一的管理调配，以销定产、以产促销，保障信息流、资金流、商品流畅通。最后，通过养羊协会、合作社等组织将分散的生产者组织起来，发挥对接市场的桥梁作用，推动"产学研"结合，提高社会化服务水平。

4. 发挥政府扶持保障作用，建立健全畜牧业法律法规 澳大利亚、新西兰两国政府公共部门采取措施，通过财政补贴、经费支持、鼓励扶持中介组织发展等，从设施设备提供、技术推广、疫病防治、屠宰加工、市场营销等方面保障和促进羊业发展。同时，不断健全产业链各环节所涉及的法律法规，对产业进行法治化和标准化管理，从根源上保证了畜产品质量安全。

此外，近年来，澳大利亚、新西兰等国家通过高新前沿技术与集成创新，不断提高羊业智慧水平。同时，依托现有产业基础和资源禀赋，通过"互联网＋""物联网＋"等技术手段实现了产业间的跨界融合，催生了一些满足个性化消费需求的新业态。例如，在传统羊奶酪和羊奶粉加工品的基础上，创新开发以羊奶为原料的糖果等食品以及护肤品和化妆品等；研发新型羊毛（纤维）来代替一般保温材料、绝缘材料以降低生产成本和环境污染等。以上也体现了未来世界肉羊产业的发展趋势和动向。

二、启示

近年来，中国肉羊产业的综合生产能力持续增强，产量整体呈增长趋势。但与澳大利亚、新西兰等羊肉生产大国相比，中国肉羊单产处于中等水平，羊肉产品国际竞争力较弱。此外，中国肉羊产业生产方式以小规模家庭生产经营为主，规模化、标准化程度有待提升。虽然中国羊肉产品在绝对产量、品种多样性等方面有一定优势，但与发达国家相比，中国生产成本较高，同时存在机械化、信息化、智能化水平低等问题，需要进一步从产业发展短板出发，加大科技投入，有效降低成本，提高生产效率。

1. 着重提升供种能力和饲养环境以提高单产水平　一是着重提升自主供种能力。重点对地方羊品种的生长、繁殖和肉品质等性状开展选育与新品种培育，开展系统性联合育种，提升自主供种能力；推进良种登记和性能测定，对育成品种开展持续选育，重点提高繁殖性能、肉用性能和饲料转化率。二是完善羊舍环境系统。通过无线网络传感等技术对羊舍环境信息进行自动跟踪监测与控制，保障肉羊良好的生存环境。大力培育各个牧区适宜的牧草品种，从资源利用、经济效益等方面出发，采取措施发展饲草作物和建设人工草地。

2. 着重提高饲料转化率和降低致死率以提高投入产出率　积极引导传统养殖户变革传统生产方式，提高生产效率。一是建立肉羊高效健康育肥技术。继续完善肉羊饲养标准，提高饲料转化率。二是加强对母羊产前监测系统、自动哺乳装置等设施设备的研发，以提高母羊繁殖率和羔羊成活率。三是进一步研究肉羊疾病疫苗，加快检测技术研发，加强技术推广应用等，以降低主产区肉羊重要疾病致死率，提高群体动物疫病知识普及率。

3. 着重建设全产业链和社会化服务体系以提高产业化和组织化水平　通过新建、并购、联合等方式培育一批龙头企业，加大对养羊协会、合作社等组织的扶持，建立协同机制和竞争机制，让养殖户稳定融入社会化大生产链条之中。统筹设计和规划畜牧业生产社会化服务体系。合理规划覆盖产前、产中、产后产业链环节的生产性服务体系。加快培育专业服务公司、服务型农牧民合作社、供销合作社、农村集体经济组织等服务组织，开展多种形式的社会化服务。

4. 加快建立健全畜牧业法律法规，完善法制监管体系　借鉴国外畜牧业管理法治经验，完善从饲料、种畜禽、兽药（疫苗）生产，到饲养、加工、运输等全产业链各个环节的法规。同时，扩充监督执法队伍建设，加大对饲料添加、畜禽疫病防治、畜产品加工业生产规范等方面的执法监管力度，从根源上提高肉羊产品的市场形象和市场竞争力。

第三章
中国肉羊产业发展概况

第一节　中国肉羊产业生产概况

改革开放以来，中国畜牧业稳步发展，尤其是进入 21 世纪后，畜牧业进入全新发展阶段，2000—2022 年中国畜牧业总产值从 7 393.1 亿元增长至 40 652.4 亿元，增长了 4.5 倍；肉类产量从 6 013.9 万吨增长至 9 328.4 万吨，增幅达到 55.1%。作为畜牧业的重要组成部分，近年来，在国家政策的大力支持下，肉羊产业综合生产能力不断提高，肉羊养殖规模化、标准化程度大幅提升，生产情况持续向好发展。

一、生产规模情况

（一）存出栏量及产品产量

从存栏量来看，中国羊年底存栏量整体呈波动上升的态势，从 27 948.2 万只上升至 32 627.3 万只，总体增长了 16.7%。其中，绵羊年底存栏量从 13 002.6 万只上升至 19 403.0 万只，占羊只总存栏量的比重从 46.5% 上升至 59.5%，上升了 13 个百分点；而山羊存栏量近年来稳定在 1.3 亿~1.4 亿只，波动幅度较小（图 3-1）。从出栏量来看，2000—2022 年，中国羊出栏量整体呈上升态势，从 19 653.4 万只上升至 33 624.0 万只，增长了 71.1%。其中，2010—2022 年增速有所下降，共增长了 25.4%。从出栏率来看，2000—2022 年，中国羊出栏率从 70.4% 上升至 105.2%，增长了 34.8 个百分点。其中，2017 年首次超过 100%，达到了 102.9%，此后继续缓慢增长，进一步体现了肉羊产业综合生产水平有所提高。

从羊肉产量来看，2000—2022 年，中国羊肉产量从 264.1 万吨增长至 524.5 万吨，增长了 98.6%。其中，仅 2011 年羊肉产量出现负增长，但近 10 年来羊肉产量增速明显下降。从羊肉占肉类总产量比重来看，2000—2022 年，羊肉产量占全国肉类生产的比重整体稳中有升，变化幅度不大，基本维持在

5.0%，2022 年达到 5.6%，仅较 2000 年增加了 1.2 个百分点（图 3-2）。

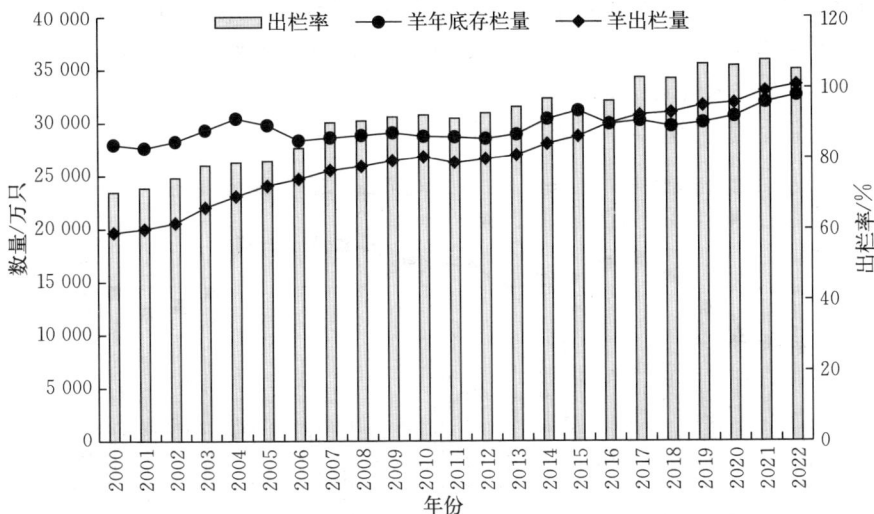

图 3-1　2000—2022 年中国羊存出栏量及出栏率变动情况

数据来源：国家统计局。

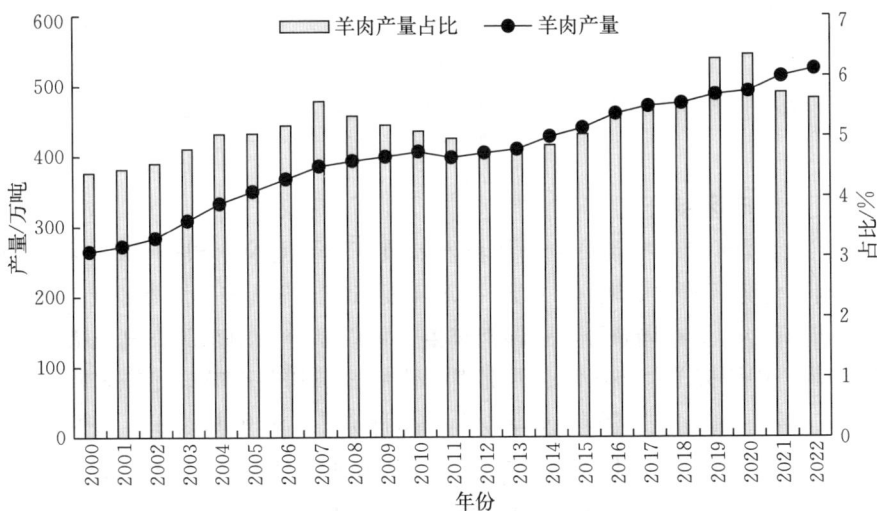

图 3-2　2000—2022 年中国羊肉产量及占肉类总产量比重变动情况

数据来源：国家统计局。

从羊毛产量来看，2000—2022 年，羊毛产量整体增长明显。其中，山羊粗毛产量从 3.3 万吨下降至 2.5 万吨，降幅达 24.2%；而绵羊毛产量从 29.3 万吨增长至 35.6 万吨，增幅达 21.5%。其中，半细羊毛产量占比从 29.0% 增长至 43.5%，但细羊毛产量占比则从 40.1% 减少至 19.3%，由此也体现出中国羊毛生产结构的变动。从羊绒产量来看，2000—2022 年，羊绒产量整体呈现波动式增长态势。其中，2000—2016 年整体快速增长，从 1.1 万吨增长至 1.9 万吨，增长了 72.7%，达到历史新高，此后受国内外需求下降、国内养殖户养殖积极性下降等原因，产量持续下降，2022 年羊绒产量达到 1.5 万吨，较 2016 年下降了 22.3%（图 3-3）。

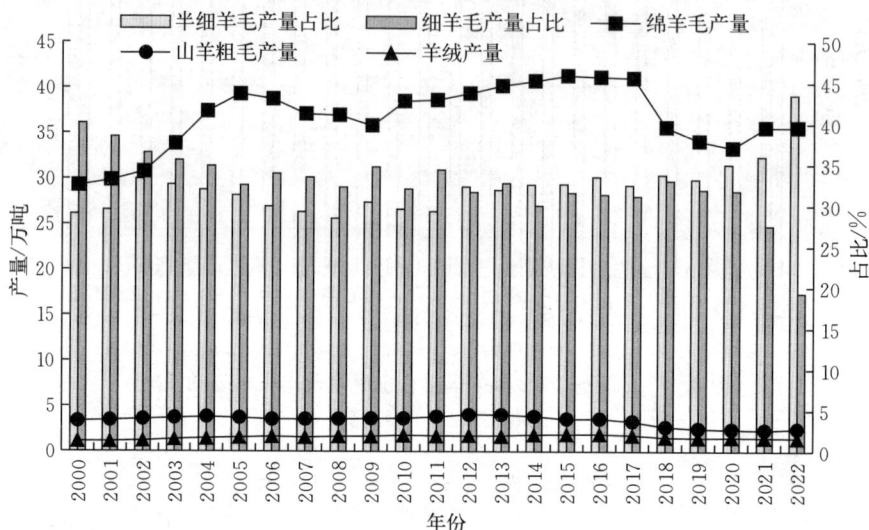

图 3-3 2000—2022 年中国羊毛和羊绒产量及占比变动情况

数据来源：国家统计局。

（二）生产区域分布

科学合理布局对推动产业高质量发展具有重要意义。根据 2003 年发布的《肉牛肉羊优势区域发展规划》以及 2008 年发布的《全国肉羊优势区域布局规划（2008—2015 年）》布局划分，中国肉羊生产可以划分为中东部农牧交错带肉羊优势区域、中原肉羊优势区域、西北肉羊优势区域和西南肉羊优势区域四大优势区域。各区域的地理气候、水草资源、品种资源、养殖基础和养殖模式等均存在较大的差距，因此肉羊生产的定位和主攻方向也有较大的差异（表 3-1）。

表 3-1 区域布局规划具体省份划分情况

划分区域	省份	区域定位
中东部农牧交错带肉羊优势区域	山西、内蒙古、辽宁、吉林、黑龙江	以发展高档肉羊生产为主；除满足本区和周边市场，可向俄罗斯等周边国家出口
中原肉羊优势区域	河北、山东、河南、湖北、江苏、安徽	生产和消费集中，重点发展秸秆舍饲；主要市场为北京、天津、上海等大中城市

（续）

划分区域	省份	区域定位
西北肉羊优势区域	新疆、宁夏、陕西、甘肃	传统生产区域，但不宜扩大规模，重点进行品种优化；以清真产品为主，以本区消费为主，可向中东、西亚地区出口
西南肉羊优势区域	四川、重庆、云南、贵州、湖南	以山羊养殖为主；在满足南方居民消费的基础上，可开拓东南亚、南亚市场

注：根据《"十四五"全国畜牧兽医行业发展规划》，全国肉羊养殖优势产区的划分上略有调整，鉴于数据的可得性，本部分仍采用原四大优势产区的区域划分标准。

从品种分布情况来看，中国绵羊、山羊品种资源类型十分丰富，分布范围广泛，经过数千年的驯化、培养和选育，在不同的生态类型下形成了对当地自然环境适应性很强的品种和类群。中东部农牧交错带是草地农业和耕地农业的协同发展带，精饲料和秸秆资源丰富，该优势区域肉羊品种个体大、产肉多、抗逆性强，适应草原的生态条件和游牧加补饲的饲养条件。该优势区域拥有较多优质的本土草原羊品种，主要包括蒙古羊、苏尼特羊、乌珠穆沁羊、呼伦贝尔羊、乌冉克羊等；改良新品种主要包括巴美肉羊、昭乌达肉羊、察哈尔羊、乾华肉用美利奴等。中原肉羊优势区域养羊历史悠久，具有丰富的饲草秸秆资源和劳动力资源，养殖基础条件好。该优势区域羊遗传资源丰富，具有适应性强、繁殖率高的优点并且具有独特的生产性能，主要的本土优良品种包括黄淮山羊、小尾寒羊、湖羊等；杂交新品种主要包括鲁西黑头羊、黄淮肉羊和鲁中肉羊等。西北肉羊优势区域为传统肉羊生产区域，气候条件复杂，天然草地资源丰富，生产方式以天然草场放牧为主。该优势区域肉羊品种适应西北寒冷的气候条件，抗逆性强，多有肥厚的脂尾，羊肉品质好。该优势区域绵羊品种主要包括藏羊系、蒙古羊系和哈萨克羊系三大类型，山羊有西藏山羊、新疆山羊、中卫山羊等。西南肉羊优势区域地理环境复杂，多丘陵山地，气候湿润，草山草坡面积大，但地方养殖规模整体偏小。该优势区域地方特色山羊品种资源非常丰富，以产肉为主、肉皮兼用，具有性成熟早、耐湿热、肉质好等优点。本土优良品种主要包括大足黑山羊、马头山羊、麻城黑山羊、成都麻羊、贵州黑山羊、贵州白山羊、云岭山羊等；通过国外良种与当地山羊杂交已经培育出南江黄羊、简州大耳羊、云上黑山羊等多个肉用型山羊新品种（旭日干等，2017）。

从产能来看，2000—2022 年四大优势区域羊肉产量基本保持连续增长，从 248.27 万吨增长至 490.32 万吨，增幅为 97.5%。中东部农牧交错带肉羊优势区域从 48.91 万吨增长至 151.63 万吨，羊肉产量已经跃居四大优势区域第一位，同时也在四大优势区域中增长最明显。中原肉羊优势区域在 2005 年达峰值（157.03 万吨）之后急剧下降至 2006 年的 101.6 万吨，此后该优势区域的羊肉产量虽有所回升但增长缓慢，2022 年达到 139.85 万吨。西北肉羊优势区域羊肉产量从 53.74 万吨稳步增长至 119.92 万吨，增加了 1.2 倍。西南肉羊优势区域的羊肉产量最少，但整体呈快速上升趋势，且远高于全国羊肉产量增幅，从 34.23 万吨增长至 78.92 万吨，增长了 1.3 倍。从各产区羊肉产量占全国总产量的比重来看，20 多年来中原肉羊优势区域羊肉产量占全国羊肉产量的比重大幅下降，2022 年降至 26.66%，较 2000 年下降了 15.52 个百分点，较 2010 年下降了 2.12 个百分点；而中东部农牧交错带肉羊优势区域对全国羊肉产量的贡献略有增加，2022 年占比为 28.91%，是四大优势区域中羊肉产出贡献最大的优势区域，较 2000 年上升了 10.39 个百分点。西北肉羊优势区域产量占比变动较为稳定，西南肉羊优势区域近年来增长较为明显，2022 年两个优势区域的羊肉产量占比分别为 22.86% 和 15.05%，较 2000 年分别增加 2.51 个百分点和 2.09 个百分点（表 3 - 2）。

表 3 - 2　2000—2022 年四大优势区域羊肉产量及占全国比重

年份	中东部农牧交错带肉羊优势区域		中原肉羊优势区域		西北肉羊优势区域		西南肉羊优势区域		合计	
	产量/万吨	占比/%	产量/万吨	占比/%	产量/万吨	占比/%	产量/万吨	占比/%	产量/万吨	占比/%
2000	48.91	18.52	111.39	42.18	53.74	20.35	34.23	12.96	248.27	94.01
2005	101.89	23.40	157.03	36.10	88.09	20.20	50.85	11.70	397.86	91.40
2010	118.70	29.24	116.84	28.78	77.11	18.99	54.15	13.34	366.80	90.35
2015	125.05	28.42	128.19	29.14	92.98	21.14	60.94	13.85	407.16	92.55
2020	146.98	29.86	129.75	26.36	105.38	21.41	75.97	15.43	458.08	93.06
2022	151.63	28.91	139.85	26.66	119.92	22.86	78.92	15.05	490.32	93.48

数据来源：根据国家统计局数据整理计算。

此外，20 多年来，四大优势区域羊毛和羊绒产量也呈现出先增后减的态势，近年来四大优势区域产量占全国的比重超过 90%。2022 年，绵羊毛、山羊粗毛以及羊绒产量的占比分别为 93.93%、94.98% 和 94.13%。具体而言，羊毛和羊绒产量最多的均为中东部农牧交错带肉羊优势区域，羊毛产量约占全国的 50%，羊绒产量约占全国的 60%，且近年来羊毛和羊绒占比均有所上升；西南肉羊优势区域产量相对较少，占比均不足 2%，波动相对稳定；中原肉羊优势区域产量占比下降明显，而西北肉羊优势区域整体有所上升，尤其是羊绒产量贡献率上升较为明显（表 3 - 3）。

表 3 - 3　2000—2022 年四大优势区域羊毛和羊绒产量占全国比重

单位:％

类别	区域	2000 年	2005 年	2010 年	2015 年	2020 年	2022 年
绵羊毛	中东部农牧交错带肉羊优势区域	39.21	40.65	45.84	46.77	48.20	48.93
	中原肉羊优势区域	18.68	17.88	12.40	12.80	7.08	9.77
	西北肉羊优势区域	30.47	31.97	32.54	35.10	35.83	33.62
	西南肉羊优势区域	2.08	2.06	2.43	2.01	1.92	1.61
	合计	90.44	92.56	93.21	96.68	93.03	93.93
山羊粗毛	中东部农牧交错带肉羊优势区域	18.87	33.27	29.68	43.68	45.53	48.32
	中原肉羊优势区域	51.03	35.15	44.27	28.54	19.82	15.64
	西北肉羊优势区域	19.21	20.91	17.47	23.19	25.68	29.44
	西南肉羊优势区域	1.68	1.58	1.37	2.12	2.41	1.58
	合计	90.79	90.91	92.79	97.53	93.44	94.98
羊绒	中东部农牧交错带肉羊优势区域	43.95	58.91	62.00	59.07	61.95	61.64
	中原肉羊优势区域	20.81	14.52	14.75	13.45	7.90	6.42
	西北肉羊优势区域	20.86	17.62	17.92	22.05	22.17	25.48
	西南肉羊优势区域	0.23	0.17	0.26	0.86	0.68	0.59
	合计	85.85	91.22	94.93	95.43	92.70	94.13

数据来源：根据国家统计局数据整理计算。

二、规模化养殖情况

近年来，受生态环保等政策要求、养殖成本上涨、市场价格周期波动等方面影响，小规模散户养殖加速退出，肉羊养殖规模逐渐向大中型规模发展，全国规模化养殖呈持续增长态势。2021 年，中国肉羊养殖场（户）数达到1 071.7 万个，较 2010 年减少了 50.5％。其中，年出栏 1 000 只以上的大型羊场数量达到 1.1 万个，较 2010 年增长了 77.7％；年出栏 30 只以下的养殖场（户）为 886.33 万个，较 2010 年减少了 55.2％，但仍占全国养羊场（户）总数的 82.71％。可见，在未来较长的时间内，小规模养殖场（户）仍是肉羊生产的主力（表 3 - 4）。

表3-4　2010—2021年各规模肉羊养殖场（户）数量及占比

年份	1～29只		30～99只		100～499只		500只及以上	
	数量/万个	占比/%	数量/万个	占比/%	数量/万个	占比/%	数量/万个	占比/%
2010	1 979.52	91.37	160.20	7.39	24.63	1.14	2.10	0.10
2015	1 453.49	87.27	162.46	9.75	44.94	2.70	4.60	0.28
2020	924.48	84.18	129.17	11.76	41.01	3.73	3.59	0.33
2021	886.33	82.71	137.37	12.82	44.06	4.11	3.91	0.36

数据来源：《中国畜牧兽医年鉴》。根据中国《全国畜牧业发展第十一个五年规划》，将肉羊养殖规模初步划分为4个类别：年出栏1～29只为散养，年出栏30～99只为小规模，年出栏100～499只为中规模，年出栏500只及以上为大规模。

三、养殖成本收益情况

（一）产出及收益

近10多年来，全国散养肉羊平均每只主产品产量略有上升，肉羊产值和总成本均呈波动上升趋势，净利润有所波动。具体来说，2005—2022年，全国散养肉羊平均每只主产品产量从40.40千克增加到45.98千克，增加了13.8%；平均每只肉羊产值由308.43元上涨到1 539.15元，增加了4.0倍；平均每只肉羊总成本由260.63元上涨到1 437.96元，上涨了4.5倍；最终使得养殖净利润从47.80元/只上涨至101.19元/只，上升了1.1倍，但成本利润率从18.34%下降至7.04%，减少了11.3个百分点（表3-5）。其中，2015—2016年成本利润率均为负数，降幅较为明显。这主要与2014年我国集中暴发的小反刍兽疫相关，疫情导致羊肉价格断崖式下跌，而成本变动幅度较小，因此出现亏损的情况。

表3-5　2005—2022年全国平均散养肉羊成本收益变动情况

项目	2005年	2010年	2015年	2020年	2022年
主产品产量/（千克/只）	40.40	41.39	43.24	45.66	45.98
产值/（元/只）	308.43	775.41	936.08	1 573.63	1 539.15
总成本/（元/只）	260.63	639.67	1 002.11	1 367.84	1 437.96
养殖净利润/（元/只）	47.80	135.74	−66.03	205.79	101.19
成本利润率/%	18.34	21.22	−6.59	15.04	7.04

数据来源：《全国农产品成本收益汇编》。

（二）投入及成本

从散养肉羊的养殖成本来看，生产成本可大体分为物质与服务费用和人工成本两部分，物质与服务费用大约占总成本的60%，人工成本则占40%。2005—2022年，全国散养肉羊物质与服务费用从145.24元/只增加到904.96

元/只，增长了 5.2 倍。其中，仔畜费用增幅最大，增长了 7.0 倍。从成本构成来看，物质与服务费用中，仔畜费用最多（2022 年占物质与服务费用的63.7％），其次是精饲料、青粗饲料及饲料加工费等饲料相关费用（占比32.1％），水费、燃料动力费、医疗防疫费等其他直接费用的占比较少，约为2.9％。2005—2022 年，人工成本从 115.10 元/只增长至 533.0 元/只，其中家庭用工折价增幅较雇工费用增长较为明显。此外，人工成本主要为家庭用工折价，2022 年占比为 97.1％，这也表明了目前家庭劳动力仍是肉羊养殖的劳动力主体（表 3-6）。

表 3-6 2005—2021 年全国平均散养肉羊费用和用工变动情况

单位：元/只

项目	2005 年	2010 年	2015 年	2020 年	2022 年
物质与服务费用	145.24	443.40	579.79	859.16	904.96
直接费用	134.86	436.68	570.72	847.69	894.09
仔畜费用	72.00	249.91	342.84	588.96	576.83
饲料相关费用	52.61	167.31	206.32	229.97	290.70
其他直接费用	10.25	19.46	21.56	28.76	26.56
间接费用	10.38	6.72	9.07	11.47	10.87
人工成本	115.10	196.27	422.32	495.04	533.00
家庭用工折价	112.46	191.78	416.36	480.54	517.48
雇工费用	2.64	4.49	5.96	14.50	15.52

数据来源：《全国农产品成本收益汇编》。

第二节 中国肉羊产业贸易概况

中国是典型的羊肉生产和进口大国、出口小国。近 10 年来，羊肉进口贸易规模不断扩大，而出口贸易规模呈波动性缩减的趋势，贸易逆差有不断扩大的态势。下面将基于自加入世界贸易组织以来中国羊肉产品进出口贸易数据，从进出口区域分布和品类以及进出口贸易规模两方面分析羊肉产品进出口贸易情况。

一、进口情况

（一）进口区域分布及品类

从进口来源来看，中国羊肉主要进口来源国为澳大利亚、新西兰、乌拉圭等国家。2010 年之前，中国羊肉进口量较小且进口来源较为分散。2011 年之后，中国羊肉进口逐渐向澳大利亚和新西兰两国集中，并呈不断增长的态势，2022 年从两国进口的羊肉已经占中国羊肉进口总量的 95％以上。新西兰是中国羊肉进口的第一大国。2022 年，中国从新西兰进口的羊肉数量为 19.5 万吨，占进口总量的 54.5％。此外，2022 年中国在阿根廷和冰岛也有少量的羊肉进口（分别为 324.9 吨和 78.5 吨）。随着"一带一路"合作的进一步深化，未来中国羊肉进口来源有望进一步拓宽。

从羊肉进口品类来看，近 10 年来，中国进口羊肉的品类非常集中，以绵羊肉为主，还有少量的羔羊肉，山羊肉进口量很小；主要进口品类为冷冻肉，包括冻带骨绵羊肉、冻去骨绵羊肉、冻整头及半头绵羊肉和冻整头及半头羔羊肉等，冷鲜肉进口极少，自加入世界贸易组织以来，冷鲜肉进口量占比均值不到 1％，主要原因在于冷鲜肉进口保质期较短且运输成本较高。

（二）进口量及进口额

近 10 年来，中国羊肉进口规模呈现波动增长的态势，尤其是 2010 年以来中国羊肉进口快速增长，并于 2012 年成为全球第一大羊肉进口国。2000—2010 年，羊肉进口规模缓慢增长，进口量从 1.8 万吨增长至 5.7 万吨，进口额从 0.14 亿美元增长至 1.57 亿美元，分别增长了 2.2 倍和 10.2 倍。从 2011 年开始，羊肉出口规模快速增长并经历了"M"形波动，2014 年羊肉进口规模达到一个小高峰，进口量高达 28.3 万吨，进口额高至 11.3 亿美元。2016 年进入小低谷，进口量和进口额分别降至 10.2 万吨和 5.7 亿美元，分别较 2014 年下降了 64.0％和 49.6％，此后羊肉进口规模进入回温阶段。并于 2021 年达到新的历史最高点，进口量和进口额分别增至 41.1 万吨和 23.8 亿美元（图 3-4）。

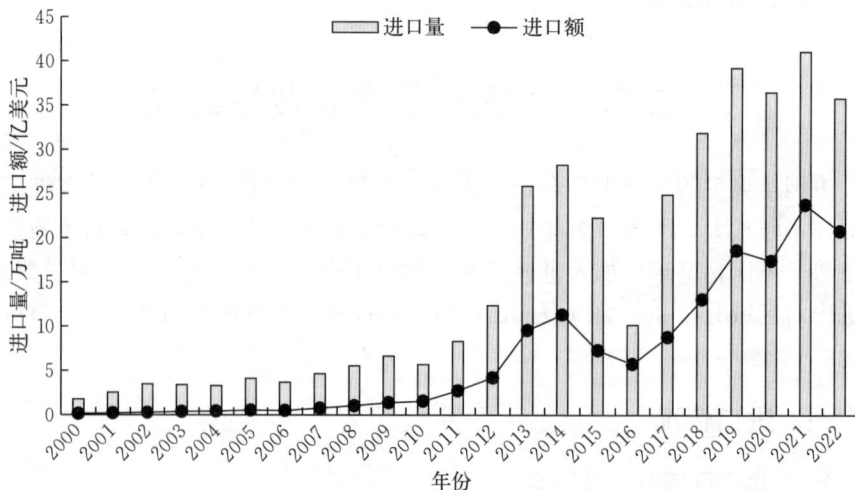

图 3-4　2000—2022 年中国羊肉进口量和进口额变动情况

数据来源：联合国贸易数据库。

2022 年，中国羊肉进口规模有小幅回落，进口量和进口额分别达到 35.8 万吨和 20.8 亿美元，分别较 2021 年下降了 12.9% 和 12.6%。羊肉进口规模的大幅度变动主要是由于突发事件（如 2014 年小反刍兽疫、2018 年非洲猪瘟、2020 年新冠疫情）导致的国内价差变动、羊肉需求变动、国际物流成本和进口防疫限制等诸多因素。

二、出口情况

（一）出口区域分布及品类

从出口去向来看，与进口相比，中国羊肉出口规模很小且出口市场分布比较集中，主要包括柬埔寨、越南等周边国家，以及阿联酋、科威特和约旦等中东国家和地区。中国香港是中国羊肉最主要的出口目的地，始终保持在羊肉出口的前 3 位。相对而言，近年来，中国对科威特、阿联酋等国家的羊肉出口规模不断下降，目前出口至其他国家的羊肉出口量占总出口量的比重不足 10%。2022 年，向中国香港出口的羊肉总量达到 1 441.6 吨，较 2021 年下降了 11.32%，但出口量所占比例仍保持最大，达到 89.7%。中国澳门的羊肉出口规模整体较为稳定，2010 年之前年均出口量为 200 吨左右，2011 年以后出现波动式下降，整体在 100 吨左右波动，但近 2 年降幅较快，从 2020 年的 115.1 吨迅速下降到 2022 年的 25.1 吨，年均下降幅度高达 52.2%，2022 年对中国澳门的羊肉出口量在总出口量的占比已经下降至 1.6%。此外，2022 年中国对科威特的出口量骤增，科威特成为中国第二大羊肉出口国，羊肉出口量达到 87.9 吨，相较 2021 年扩大了 23.4 倍。

从羊肉出口品类来看，中国羊肉出口以山羊肉为主，近 20 年来，山羊肉出口比例均值为 48.2%，出口占比最高曾达到 79.8%。从具体品类来看，中国羊肉出口品类较为丰富，主要集中在鲜冷冻山羊肉、冻带骨绵羊肉、冻去骨绵羊肉三大类，占羊肉出口总量的 97% 以上。其中，鲜冷冻山羊肉所占羊肉出口份额最大。但由于整体出口规模较小，各品类出口量绝对值的变动也相对有限。

（二）出口量及出口额

中国羊肉出口规模总体较小，且受国内外形势的影响而出现频繁的波动，整体呈现快速上升而后下降的态势。2000—2006 年，羊肉出口总量整体呈直线上升趋势，由 2000 年的 4 156.2 吨增长至 2006 年的 33 352.1 吨，出口额由 567.9 万美元增长至 6 675.6 万美元，分别增长了 7.0 倍和 10.8 倍；此后，羊肉出口总量断崖式下降，继而在 2010 年、2017 年和 2021 年出现小幅回升。2022 年，中国羊肉进口规模较 2021 年又有所下降，出口量为 1 607.6 吨，出口额为 1 932.8 万美元，分别较 2021 年下降了 19.2% 和 22.3%（图 3-5）。

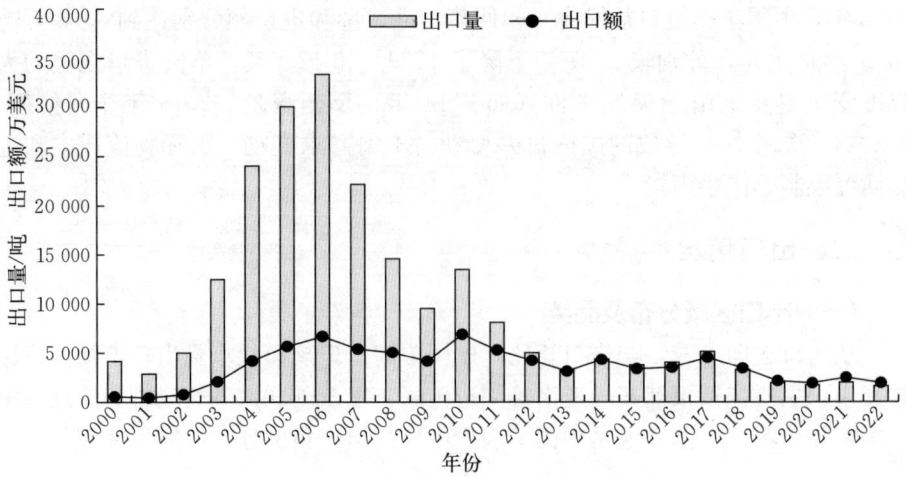

图 3-5　2000—2022 年中国羊肉出口量和出口额变动情况

数据来源：联合国贸易数据库。

三、贸易平衡情况

自 1990 年起，中国羊肉进口规模逐年增加，但出口规模则先增后减。因此，中国逐步从羊肉净出口国转变为净进口国。由于出口规模太小，因此中国羊肉净进口规模的波动与进口规模的波动趋势相近（图 3-6）。类似地，净进口规模的变动也经历了先缓慢上升再呈"M"形变动的趋势。2000—2010 年，

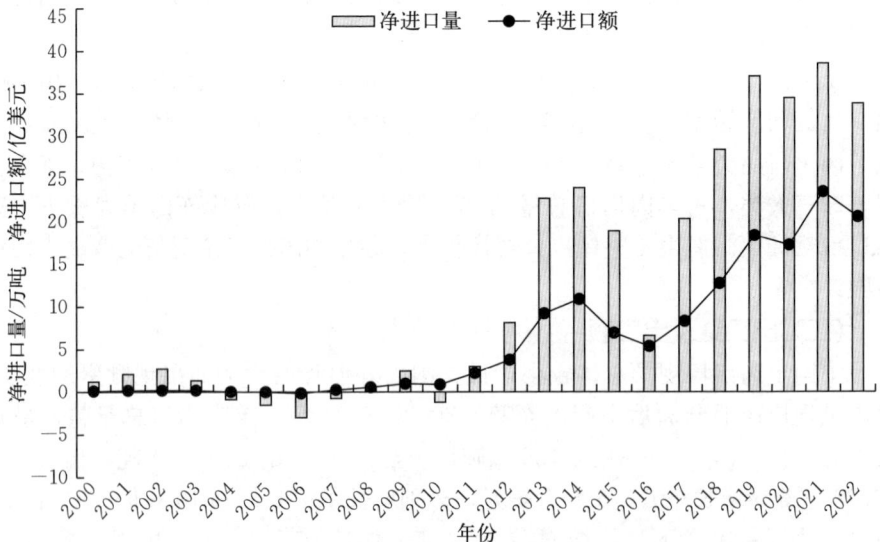

图 3-6　2000—2022 年中国羊肉进出口贸易逆差变动情况

数据来源：联合国贸易数据库。

羊肉进出口额差距不明显，其中 2004—2007 年表现为贸易顺差；2011 年之后，羊肉贸易逆差迅速扩大，2014 年贸易逆差达到第一个小高峰 10.9 亿美元，到 2016 年下降至 5.4 亿美元，但仍比 2012 年大；2017 年之后，贸易逆差开始回升且增速较快。2021 年，中国羊肉进出口贸易逆差额创历史最高值，达到 23.5 亿美元；2022 年贸易逆差额达到 20.6 亿美元，净进口量达到 33.9 万吨，分别较 2021 年下降了 12.6% 和 12.2%。

第三节　中国肉羊产业消费概况

居民肉类消费情况主要受产品价格、居民收入水平以及饮食习惯等因素影响。近年来，随着居民生活水平的不断提高，人们对食物的营养摄入和膳食结构也越来越关注。近年来，国内外市场对羊肉需求旺盛，羊肉消费进入持续发展时期，羊肉市场整体呈供给偏紧的情况。下面将概述近 20 多年来全国羊肉产品消费数量及消费结构情况。

一、羊肉消费规模情况

（一）城乡居民人均消费情况

从人均消费量来看，城乡居民户内羊肉消费量整体呈波动上升的态势，分别在 1.5 千克和 1.0 千克上下浮动。具体而言，2000—2022 年，城镇居民人均户内羊肉消费量从 1.4 千克增长至 1.5 千克，增幅达到 7.1%；而农村居民人均户内羊肉消费量从 0.6 千克增长至 1.3 千克，增长了超 1 倍。虽然城镇居民的羊肉消费量高于农村居民，但二者之间的差距逐步缩小。此外，城镇居民羊肉户内消费波动更为频繁，而农村居民羊肉户内消费波动幅度更大（图 3-7）。

从消费的区域分布情况来看，羊肉消费偏好存在明显的地区差异性，且产销地不一致。总体来看，羊肉消费主要集中在我国西部地区，2022 年，居民户均羊肉消费最大的省份为新疆，达到 13.9 千克，是全国平均水平的近 10 倍；其次为西藏和内蒙古，均值为 6.6 千克。同时注意到，2022 年羊肉产量排名前 5 名的省份中，除了内蒙古和新疆，其余 3 个分别为河北、甘肃和山东，但其对应的羊肉人均消费量排名分别为第 10 位、第 9 位和第 14 位。中部地区农业较为发达，粮食和秸秆等饲草料产品资源丰富，加之羊肉屠宰、加工技术相对发达，运输便捷，供应链较为完善，因此是主要的羊及羊肉调出区。

（二）消费总量情况

从消费总量来看，近年来，随着居民羊肉消费不断增加以及人口总量的不断增加，羊肉消费总量总体呈现上升趋势。2000—2022 年，全国居民羊肉户内消费总量从 111.3 万吨增长至 201.9 万吨，增幅达 81.4%；其间略有波动，

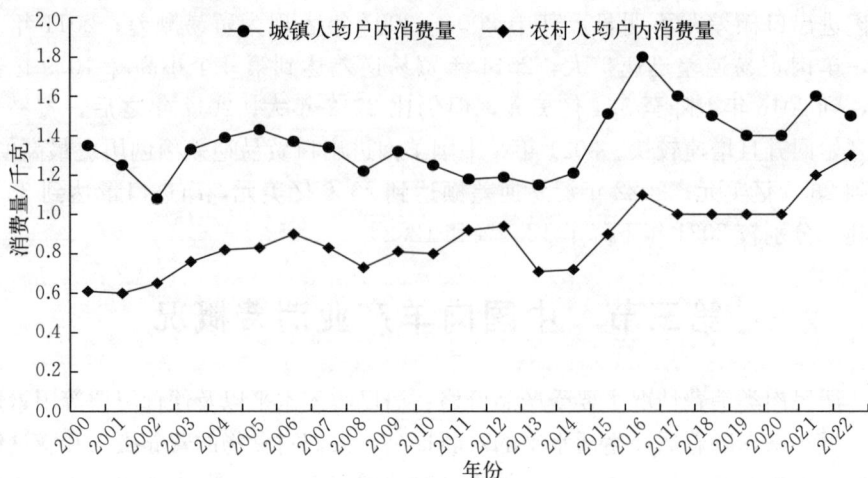

图 3-7 2000—2022 年中国人均户内羊肉消费量变动情况

数据来源:《中国统计年鉴》。

与城乡居民消费变动的趋势较为一致。2000—2022 年,伴随着城镇化的快速推进,城镇人口持续增长,而农村人口则不断下降,2011 年城镇居民人口数量首次超过了农村。在此期间,虽然农村居民人均羊肉消费量不断增长,但由于人口数量的缩减,使得农村居民户内羊肉消费总量仍低于城镇居民,且二者的差距不断增大。2000—2016 年,城镇居民的消费总量由 62.0 万吨上升至147.5 万吨,增长了近 1.4 倍,此后至 2019 年,消费量持续下降到 123.8 万吨,下降了 16.1%。2020—2021 年有所回升,但 2022 年又较 2021 年有所下降,降至 138.1 万吨。相对而言,农村居民羊肉消费总量变动较为平缓,由49.3 万吨上升至 63.8 万吨,总增幅为 29.4%(图 3-8)。

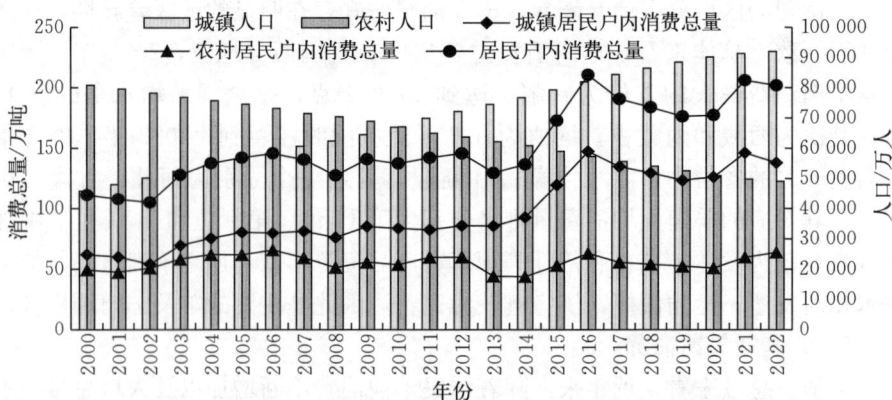

图 3-8 2000—2022 年城乡居民户内羊肉消费总量变动情况

数据来源:《中国统计年鉴》。

二、肉类消费结构情况

从居民对畜禽产品的消费结构来看，猪肉和禽类消费占比最大，约占畜禽产品总消费量的90%，牛羊肉消费量相对较少。2022年，全国居民人均户内猪肉和禽肉消费量分别为26.9千克和11.7千克，而牛肉和羊肉的消费量分别仅为2.5千克和1.4千克，较2000年增长了约1.4倍。城乡差异同样体现在肉类消费结构上（表3-7）。2022年，城镇居民猪肉、禽类、牛肉、羊肉人均消费量占比分别为61.0%、27.9%、7.5%和3.5%，农村居民的人均消费量占比分别为66.3%、26.9%、3.8%和3.1%。从消费结构的变动趋势来看，近20多年来，城乡居民的肉类消费结构整体相对稳定，且猪肉消费比重有明显下降，而禽类表现出明显上升，牛肉和羊肉消费占比变动幅度不大。其中，农村居民消费结构的变动幅度要大于城镇居民。例如，2022年农村居民猪肉消费的占比与2000年相比下降了10.8个百分点，禽肉上升了10.6个百分点，城镇居民对应比例分别为下降了4.6个百分点和上升了6.6个百分点。以上数据也从侧面表明，在居民饮食结构中，猪肉与禽肉相互替代性较强，但羊肉、牛肉的相互替代性以及牛肉和羊肉对其他肉类的替代性相对较弱。

表3-7　2000—2022年中国城乡居民人均户内肉类消费量变动情况

单位：千克

年份	猪肉		禽类		牛肉		羊肉	
	城镇居民	农村居民	城镇居民	农村居民	城镇居民	农村居民	城镇居民	农村居民
2000	16.73	13.28	5.44	2.81	1.98	0.52	1.35	0.61
2005	20.15	15.62	8.97	3.67	2.28	0.64	1.43	0.83
2010	20.73	14.40	10.21	4.17	2.53	0.63	1.25	0.80
2015	20.74	19.45	9.45	7.11	2.35	0.84	1.51	0.90
2020	19.00	17.10	13.00	12.40	3.10	1.30	1.40	1.00
2022	26.00	28.10	11.90	11.40	3.20	1.60	1.50	1.30

数据来源：《中国统计年鉴》。

此外，各区域的肉类消费结构也同样存在差异。2022年，人均户内猪肉消费量最多的省份为重庆和四川，分别达到45.8千克和38.3千克，但猪肉消费量占比最多的为贵州和云南，分别达到78.5%和72.9%；禽类消费量和消费占比最多的省份均为海南，消费量为26.3千克，对应比例为43.6%；羊肉消费量最多的为新疆，达到13.9千克，在肉类消费总量中占比也最高，为45.0%，比排名第2位的宁夏高出24.8个百分点；牛肉消费量最多的为西藏，达到 23 千克（对应比例为 61.5%），是排名第 2 位的青海的 2.3 倍（表 3-8）。上述结论进一步表明，居民的肉类消费偏好，尤其是牛羊肉消费偏好的地域性非常明显。

表 3-8　2022 年各省份居民人均户内畜禽产品消费情况

排名	猪肉		禽类		牛肉		羊肉	
	消费量	占比	消费量	占比	消费量	占比	消费量	占比
1	重庆	贵州	海南	海南	西藏	西藏	新疆	新疆
2	四川	云南	广东	广西	青海	青海	西藏	宁夏
3	广东	重庆	广西	广东	新疆	宁夏	内蒙古	西藏
4	湖南	四川	安徽	安徽	宁夏	新疆	宁夏	青海
5	云南	山西	重庆	江苏	上海	北京	青海	内蒙古

数据来源：《中国统计年鉴》。

第四章
新疆肉羊产业发展条件分析

第一节　优势分析

一、区位优势

新疆地处亚欧大陆腹地，在历史上是古丝绸之路的重要通道，是第二座"亚欧大陆桥"的必经之地，周边与俄罗斯、哈萨克斯坦、吉尔吉斯斯坦、塔吉克斯坦、巴基斯坦、蒙古、印度、阿富汗八国接壤，是中国与邻国接壤最多的省份，经国家批准对外开放的口岸有 17 个，其中，航空口岸有乌鲁木齐航空口岸、喀什航空口岸 2 个；陆地边境口岸有 15 个，包括新疆与蒙古的边境口岸 4 个、新疆与哈萨克斯坦的边境口岸 7 个、新疆与吉尔吉斯斯坦的边境口岸 2 个、新疆与巴基斯坦的边境口岸 1 个、新疆与塔吉克斯坦的边境口岸 1 个。其中，霍尔果斯、阿拉山口、巴克图、吉木乃、红其拉甫、伊尔克什坦口岸和乌鲁木齐国际机场、卡拉苏口岸、喀什航空口岸对第三国人员、货物、交通工具开放。这使得新疆成为中国与中亚国家和其他国际伙伴开展经贸合作、人员往来和文化交流的重要门户。此外，2023 年 11 月 1 日，中国（新疆）自由贸易试验区挂牌成立，是中国在西北沿边地区设立的首个自由贸易试验区，实施范围 179.66 千米^2，包含乌鲁木齐、喀什、霍尔果斯 3 个片区，这为新疆融入国内国际双循环、服务"一带一路"核心区建设、助力创建亚欧黄金通道和中国向西开放桥头堡作出积极贡献。新疆战略位置重要，区位优势凸显，这对于新疆羊肉的进出口以及新疆肉羊产业的发展来说是非常有利的条件。

二、资源优势

新疆属于温带大陆性气候，温差较大，日照时间充足，年日照时间可达 2 500～3 500 小时，具有独具特色的大冰川，共计 1.86 万多条，总面积 2.4 万多千米^2，占全国冰川面积的 42%，冰储量 2.58 亿米^3，冰川融水约占地表水资源总量的 1/3，是天然的"固体水库"，人均水资源占有量位居全国前列，拥有广阔的大草原，农业用地面积为 5 171.57 万公顷。其中，牧草地面积为 3 571.02 万公顷，牧草地面积占农业用地面积的 69.05%（图 4 - 1），是我国五大牧区之一，草原牧草品种丰富，优质牧草也很多，有着世界上公认的优良牧草，如羊茅、梯牧草、鸭茅、紫花苜蓿、黄花苜蓿、鹅冠草等。这些天然的农牧业发展资源，为新疆的肉羊产业发展提供了优质条件。因此，新疆生产的羊肉色泽鲜红、肉质鲜嫩、营养丰富、肉味纯正无膻味、绿色无污染，深受消费者的喜爱和欢迎。

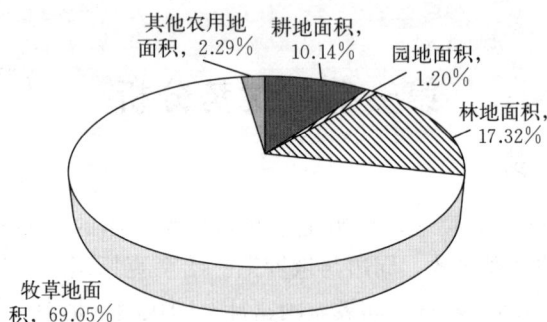

图 4 - 1　新疆农业用地利用现状结构

　　新疆肉羊遗传资源丰富，现有羊品种 34 个。其中，地方品种 14 个、培育品种 6 个（表 4 - 1）、引入品种 14 个，新疆地方绵羊品种占全国地方绵羊品种的 1/3。良好的品种资源优势，为新疆肉羊产业多元化发展提供了重要品种保障。北疆的哈萨克羊、阿勒泰羊、巴什拜羊，南疆的多浪羊（刀郎羊）、巴音布鲁克羊、巴尔楚克羊、罗布羊，这些品种已经非常有名气。除此之外，柯坪羊肉、玛纳斯萨福克羊肉、裕民巴什拜羔羊肉和策勒羊肉已先后入选全国"名特优新"农产品。新疆羊肉地域性品种的品牌效益日益凸显。

表 4 - 1　新疆肉羊地方品种与培育品种资源

14 个地方品种		6 个培育品种
哈萨克羊	和田羊	新疆细毛羊
阿勒泰羊	柯尔克孜羊	新吉细毛羊
巴尔楚克羊	罗布羊	中国美利奴羊
巴什拜羊	塔什库尔干羊	中国卡拉库尔羊
巴音布鲁克羊	吐鲁番黑羊	苏博美利奴羊
策勒黑羊	叶城羊	疆南绒山羊
多浪羊	新疆山羊	

数据来源：《国家畜禽遗传资源品种名录（2021 年版）》。

三、人文优势

新疆既是羊肉主产区，也是羊肉主销区，羊肉占居民肉类消费总量的40％以上，高于全国37个百分点。新疆是一个多民族聚居的地区，共有56个民族聚居于此。其中，维吾尔族、汉族、哈萨克族和回族4个民族人口均超过100万人（表4-2）。手抓羊肉、烤全羊、烤羊肉等特色羊肉烹饪是少数民族最喜欢的食品，也是逢年过节、婚丧嫁娶的必备食品。2022年，新疆羊肉人均占用量23.34千克，与全国人均占有量3.63千克相比，高19.71千克。

表4-2　新疆各民族人口数量统计

民族	人数/万人	民族	人数/万人
维吾尔族	1 144.9	锡伯族	4.31
汉族	826.95	满族	2.77
哈萨克族	158.67	乌孜别克族	1.88
回族	102.01	俄罗斯族	1.18
柯尔克孜族	20.42	达斡尔族	0.69
蒙古族	17.92	塔塔尔族	0.51
塔吉克族	5.05	其他民族	15.06

数据来源：《新疆统计年鉴》。

四、总体规模优势

我国是羊肉生产大国，已成为世界上羊肉产量最多的国家。目前，世界羊肉年均总产量1 400万吨，我国羊肉产量在460万吨左右，占总产量的1/3左右，稳居世界第1位。新疆是我国重要的肉羊产区，肉羊产业也是新疆畜牧业中最具特色的优势产业和传统基础产业。如表4-3和表4-4所示，2022年，新疆羊肉产量占全国羊肉产量11.6％，羊存栏量、出栏量和羊肉产量均居全国第2位，在新疆肉类产量中，羊肉产量占比大于猪肉产量和牛肉产量；2022年末，牛羊猪存栏量5 985.65万头，其中，羊存栏量4 825.21万头，占牛羊猪总存栏量的80.61％；牛羊猪出栏量4 431.30万只，其中，羊出栏量3 404万只，占牛羊猪总出栏量的76.82％；猪牛羊禽肉产量190.94万吨，其中，羊肉产量60.72万吨，占猪牛羊禽肉总产量的31.80％。2022年，新疆肉羊全产业链综合产值706亿元，其中，一产产值460亿元、二产产值210亿元、三产产值36亿元。

表 4 - 3　全国和新疆 2018—2022 年羊肉产量与肉类总产量

年份	全国/万吨		新疆/万吨		羊肉人均占有量/(千克/人)	
	羊肉产量	肉类产量	羊肉产量	肉类产量	全国	新疆
2018	475.07	8 624.63	59.38	161.95	3.38	19.57
2019	487.52	7 758.78	60.32	170.75	3.46	19.84
2020	492.31	7 748.38	56.98	173.68	3.49	18.51
2021	514.08	8 989.99	60.44	198.73	3.64	19.98
2022	524.53	9 328.44	60.72	204.69	3.71	20.38

数据来源：国家统计局。

表 4 - 4　2018—2022 年新疆畜产品产量情况

年份	肉类产量/万吨	猪肉产量/万吨	牛肉产量/万吨	羊肉产量/万吨	羊肉产量占肉类产量比重/%
2018	161.95	38.10	41.97	59.38	36.67
2019	170.75	37.62	44.52	60.32	35.33
2020	173.68	37.51	43.99	56.98	32.81
2021	198.73	49.85	48.5	60.44	30.41
2022	204.69	57.01	49.37	60.72	29.66

数据来源：《新疆统计年鉴》。

第二节　劣势分析

一、规模化养殖比例低

近年来，新疆通过政策引导和各渠道资金支持，肉羊产业整体规模不断扩大，肉羊养殖户数量占比不断增多。但整体来看，生产主体仍然是年出栏百只以下的小型肉羊养殖户。2022 年，新疆（不含新疆生产建设兵团）现有肉羊养殖场（户）117 万多个，肉羊养殖规模在 100 只以下的有 111 万多个，占肉羊养殖场（户）总数的 95%；新疆达到国家规模标准年出栏 100 只以上的肉羊养殖场（户）5.7 万个，占肉羊出栏量的 40.5%，较全国肉羊饲养规模化率低 6.2 个百分点。小型肉羊养殖模式对肉羊疫病防治来讲存在一定的风险和隐患，没有科学、标准的肉羊养殖管理体系，会使得羊肉产品不稳定，而且给疫病防治、畜产品质量安全管理等带来不利影响。此外，家庭小规模饲养也造成肉羊个体偏小、生产周期长等问题。据调研，绝大多数养殖场（户）仍然采用落后粗放的育肥方式。普遍存在着低营养价值的农作物秸秆比例过高、缺乏优质饲草料、秸秆利用率低、饲草不进行加工就直接饲喂、饲喂时间不规律、饲草料配合比例不合理、冬季圈舍气温过低等问题，在一定程度上制约了新疆肉羊产业化发展。

二、生产成本高

根据《全国农产品成本收益资料》数据，如表 4-5 所示，2022 年，新疆散养肉羊总成本较 2015 年增加 546.62 元，增幅 49.8%。其中，仔畜费增加 257.06 元，增幅 40.7%；饲料相关费用增加 96.76 元，增幅 37%；人工成本增加 176.15 元，增幅 107.6%；净利润减少 23.13 元，降幅 19.6%。而成本增加的主要原因是人工、饲料等成本费用增加，导致总成本上涨，利润下降。

表 4-5 2015 和 2022 年新疆散养肉羊成本收益

项目	2015 年	2022 年	增幅/%
总成本/元	1 097.16	1 643.78	49.8
仔畜费/元	630.88	887.94	40.7
饲料相关费用/元	261.62	358.38	37.0
人工成本/元	163.72	339.87	107.6
净利润/元	118.20	95.07	−19.6

数据来源：《全国农产品成本收益资料》。

三、养殖科技水平仍较低

为推动示范场发挥好示范引领作用，带动周边养殖场（户）尤其是中小养殖场（户）提升标准化生产水平，加快构建现代养殖体系，推进畜牧业高质量发展，农业农村部组织开展了 2022 年畜禽养殖标准化示范创建活动，全国共有 207 家畜禽养殖场被认定为 2022 年畜禽养殖标准化示范场。其中，山东省有 17 家，四川省有 14 家，新疆仅有 6 家（肉羊养殖标准化示范场有 3 家）。新疆作为重要的肉羊主产区，养殖标准化示范场的数量明显不足。

四、尚未形成完整的产业链

完整的肉羊产业链应由生产（养殖）、加工、运输和销售等部分组成。此外，涉及肉羊养殖户、饲草料种植户、运输商、屠宰初加工企业、羊肉深加工企业和零售商等多方主体。新疆羊肉产品仍以屠宰后的生鲜羊肉为主，羊肉制品品种单一，加工程度低，缺乏深加工和知名羊肉品牌，肉羊产业链各个环节之间连接并不紧密，尚未形成完整的产业链，不利于新疆肉羊产业化发展。

第三节　机遇分析

一、政策扶持力度大

自治区党委十届三次全会以来，多次明确提出要实施畜牧业振兴行动，将建设优质畜（禽）产品产业集群作为构建现代化产业体系"八大产业集群"之一进行安排部署。自治区党委、政府主要领导作出一系列重要指示批示，多次研究部署肉羊、饲草产业发展等工作。2023年，自治区党委农村工作会议暨推进乡村振兴高质量发展大会明确提出，要深入实施畜牧业振兴行动，推进优质饲草料基地、标准化养殖基地、畜禽种业基地建设，实施肉羊综合产能提升工程，建设优质畜产品产业集群，推动畜牧业全面振兴，锚定了打造全国优质农牧产品重要供给基地的战略定位。《关于加快新疆肉羊产业高质量发展的实施意见》中明确提出，到2025年，新疆肉羊规模化养殖比例达到50％，羊肉产量持续增长、实现自给；到2030年，新疆羊肉综合生产能力稳步提高，建成全国肉羊产业发展典型示范区和羊肉优势产业区。新疆畜牧业发展进入春天，尤其是肉羊产业迎来了前所未有的政策扶持新机遇。

二、市场需求稳定增长

羊肉是新疆各族人民群众的主要肉食品，由图4－2来看，2015—2021年，新疆居民人均全年肉类及其制品消费量呈现增长趋势；并且，在新疆居民人均全年肉类及其制品消费量中，羊肉人均消费量占比最大，可以说羊肉的人均消费量决定着新疆居民全年肉类及其制品消费量。"十四五"时期，我国将加快形成以国内大循环为主体、国内国际双循环相互促进的新发展格局，城乡居民消费结构进入加速升级阶段。随着国民经济的快速发展，我国居民的收入

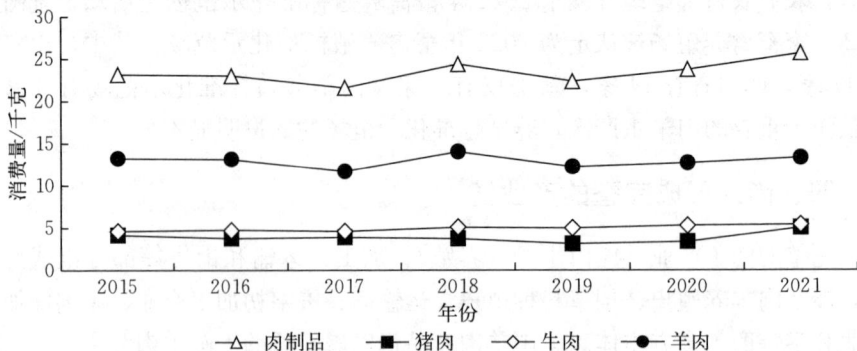

图4-2　2015—2021年新疆居民人均全年肉类及其制品消费量趋势

数据来源：《新疆统计年鉴》。

在不断提高，居民的饮食结构正在发生改变，正在由温饱型向营养型转变，羊肉作为一种具有较高营养价值的肉食产品，人们对其消费需求也会逐渐增加。

三、旅游人口拉动消费潜力大

自 2018 年 8 月 25 日在乌鲁木齐召开新疆旅游发展大会，首次提出大力实施"旅游兴疆战略"以来，新疆旅游业已呈井喷式发展，丰富的自然旅游资源、独具特色的美食使得各地的游客慕名而来，羊肉串、手抓羊肉、烤全羊等深受游客喜爱。2015—2022 年，新疆接待旅游总人数趋势见图 4-3。2019年，新疆接待游客历史性地突破了 2 亿人，较 2015 年增加了 1.4 亿人。受疫情等因素影响，2020 年开始，新疆旅游人数波动明显。但总体来看，旅游潜力大。游客带动了新疆旅游和经济的发展，促进了居民收入的增加。由于新疆牛羊肉，特别是羊肉享誉国内外，来疆游客主要以消费羊肉为主。若按每人消费羊肉 1.5 千克、牛肉 1 千克计算，2019 年新疆 2 亿旅游人口牛羊肉消费量达到 50 万吨，其中，羊肉消费量 30 万吨，占 60%。随着新疆旅游业的发展，新疆肉羊业将迎来前所未有的发展机遇。

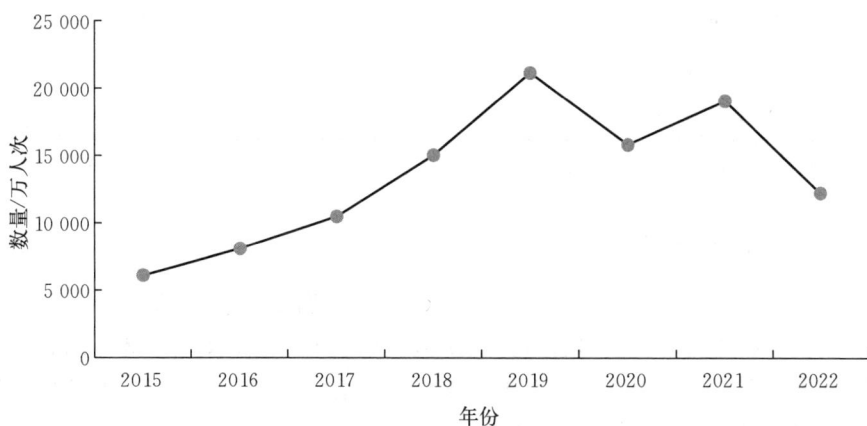

图 4-3 2015—2022 年新疆接待旅游总人数趋势

数据来源：《新疆统计公报》。

第四节 挑战分析

一、养殖成本高

天然草原本是新疆畜牧业生产的资源优势和特色，但由于极端气候和过度放牧等因素，部分地区出现了大规模的草原退化和荒漠化现象。因此，草畜平衡是遏制草原退化的根本之策。目前，各地区已按照本地区情况，限制了放牧区域。但随着退牧还草工程、草原生态保护政策的推进，羊肉消费呈现持续增长之势，而羊肉产业的发展离不开饲草料种植，同时，苜蓿、青贮、燃料、人工等生产资料价格也在增长。目前，新疆肉羊养殖以散养为主，1 只散养肉羊到出栏平均需要喂养饲草料 511.09 千克，每只肉羊物质与服务费用需要 1 306.58 元（表 4－6），高出河北、黑龙江、山东、河南、陕西、宁夏各地区平均每只肉羊物质与服务费用 418.93 元。在直接费用中，除去仔畜费外，精饲料费和青粗饲料费占比最大，分别是河北、黑龙江、山东、河南、陕西、宁夏各地区平均费用的 1.12 倍和 1.57 倍。对于小散户的肉羊养殖来说，饲料费用成本较高使得肉羊养殖效益空间进一步压缩，这严重制约着新疆肉羊产业的发展。

表 4－6　2022 年新疆饲养业散养肉羊成本费用

单位：元/只

项目	各地区平均	新疆
物质与服务费用	887.65	1 306.58
其中：仔畜费	574.08	882.35
精饲料费	201.78	226.26
青粗饲料费	68.46	107.41

数据来源：《全国农产品成本收益资料汇编》。

二、羊肉价格不稳定

新疆是我国第二大肉羊生产基地，也是最主要的羊肉消费地之一，新疆羊肉价格变动对全国羊肉价格有直接的影响。如表 4－7 所示，2023 年新疆羊肉平均价格为 64.9 元/千克，比全国羊肉平均价格低 14.7 元/千克，与全国羊肉平均价格差持续增大。其中，2021 年新疆羊肉平均价格为 75.0 元/千克，新疆羊肉价格达到了历史的最高位。此外，根据研究分析，新疆羊肉价格波动会受到季节影响。例如，在春季的 1—3 月，受寒冷气温和春节等节假日消费需求的影响，新疆羊肉价格会不断上涨，且达到此年份的价格高位；4 月开始，节假日消费需求下降，羊肉价格也会有小幅下降；5—6 月，随着新疆活羊上山和舍饲培育出栏量下降，羊肉价格一般会微幅回升；到秋季的 7 月，前一年冬季的羔羊体格逐渐符合出栏标准，出栏量增加，羊肉价格呈现下降趋势；随着年底进入秋冬季，气温下降，消费需求会有所增长，进入消费旺季，羊肉价格会再次回升。新疆羊肉市场不仅与国内羊肉市场有差异，新疆内部区域之间的羊肉价格也具有较大的差异。因此，新疆羊肉价格没有形成体系，羊肉价格不能平稳波动，对于新疆肉羊产业发展来说，是一个巨大的挑战。

表 4－7　2017—2023 年新疆羊肉平均价格变化

单位：元/千克

年份	全国	新疆	较全国低
2017	55.9	48.1	7.8
2018	62.3	55.8	6.5
2019	72.1	63.4	8.7
2020	80.5	71.0	9.5
2021	84.2	75.0	9.2
2022	82.9	68.9	14.0
2023	79.6	64.9	14.7

数据来源：农业农村部畜牧兽医局官方网站、2017—2023 年新疆畜产品及饲料集市平均价格。

三、抵御风险能力不足

受羊肉产能增长相对缓慢和羊肉刚性消费增长的影响，新疆羊肉供给相对偏紧，特别是近年来随着新疆旅游业快速发展，羊肉消费需求激增。2022 年，从疆外调入活羊 402.6 万只（生产母羊 69.8 万只）。新疆缺乏深加工和知名羊肉品牌，羊肉加工深度远远低于国内其他省份平均水平。此外，初加工羊肉还存在保鲜期和货架期短的问题，导致新疆羊肉附加值低、溢价能力有限。新疆羊肉地理标志品牌较少，羊肉多为个体户销售，消费群体主要集中于新疆本地居民，缺乏羊肉进出口相关渠道，相比国内其他省份，新疆肉羊产业发展竞争力不足。

第五章
新疆肉羊产业发展现状

第一节　新疆肉羊生产特点

一、羊品种及分布

新疆羊品种资源多,分布广泛。其中,新疆地方羊品种和培育品种有20个,占全国羊品种数量的 8.2%,北疆羊品种有 5 个,南疆羊品种有 15 个。新疆畜牧业中,羊存栏量最大,占家畜存栏量的80%以上。地方羊品种存栏前 3 位依次为哈萨克羊、多浪羊、阿勒泰羊。哈萨克羊主要分布在北疆3 地(州)各县,多浪羊主要分布在喀什地区,阿勒泰羊主要分布在阿勒泰地区。山羊群体数量最多的品种为新疆山羊,广泛分布于新疆各地农牧区(表 5-1)。

表 5-1　新疆主要羊品种分布

序号	品种	主要分布区域
1	多浪羊	分布于新疆喀什地区,少部分在阿克苏、和田、昌吉
2	和田羊	洛浦、策勒、于田、民丰、和田等县
3	阿勒泰羊	阿勒泰地区的福海、富蕴、青河、哈巴河、布尔津、吉木乃等县及阿勒泰市
4	巴什拜羊	裕民、托里、额敏、塔城
5	哈萨克羊	分布于北疆3地(州)各县
6	巴音布鲁克羊	巴州的和静、和硕、焉耆、博湖、轮台等县及库尔勒市
7	柯尔克孜羊	分布于克孜勒苏柯尔克孜自治州(以下简称克州)
8	塔什库尔干羊	主要分布于帕米尔高原东部山区和塔什库尔干塔吉克自治县(以下简称塔县)的达布达尔乡、马扎种羊场、牧林场、塔什库尔干乡、提子那甫乡、塔合曼乡、瓦恰乡、马儿洋乡,克州阿克陶县也有分布

序号	品种	主要分布区域
9	吐鲁番黑羊	分布于吐鲁番盆地的吐鲁番市、托克逊县、鄯善县
10	叶城羊	分布于新疆昆仑山和喀喇昆仑山高原下的叶城县及其余泽普、莎车、皮山县毗邻地区
11	巴尔楚克羊	分布于巴楚县的阿纳库勒乡、多来提巴格乡、夏马勒乡及夏马勒牧场
12	策勒黑羊	主要分布于和田地区的策勒县
13	罗布羊	主要分布于沿塔里木河流域的尉犁地区
14	新疆山羊	分布于全疆各地
15	新疆细毛羊	昌吉回族自治州（以下简称昌吉州）、乌鲁木齐市、巴州、阿克苏地区，青海、甘肃、内蒙古、辽宁、吉林、黑龙江等地也有分布
16	中国美利奴羊	新疆、内蒙古以及东北三省
17	新吉细毛羊	主要分布于新疆、吉林、甘肃、辽宁、黑龙江的西部和内蒙古兴安盟地区
18	苏博美利奴羊	主要分布于阿克苏拜城县
19	中国卡拉库尔羊	分布于新疆的库车、沙雅、尉犁、轮台、阿瓦提等县和北疆准噶尔盆地摸索湾地区的新疆生产建设兵团（以下简称新疆兵团）农场，以及内蒙古鄂尔多斯市鄂托克旗内蒙古白绒山羊种羊场
20	疆南绒山羊	主要分布于塔里木盆地边缘

二、肉羊生产情况

（一）羊存栏

从存栏量来看，2000—2022 年，新疆羊年底存栏量从 3 690.21 万只上升至 4 825.21 万只，总增长率为 30.8%，增长主要来源于绵羊，山羊存栏量则出现下降。就具体品种来看，绵羊存栏量由 2000 年的 3 103.51 万只增长至 2022 年的 4 348.78 万只，增长了 40.1%。2000—2022 年，山羊存栏量从 586.7 万只下降至 476.43 万只，下降了 18.8%，2020 年下降至最低点的 364.1 万只（图 5 - 1）。绵羊与山羊的数量差从 2 516.81 万只增长至 3 872.35 万只，绵羊出栏量占比从 84.1% 增长至 90.1%。

根据新疆统计数据，从羊存栏的区域分布来看，2022 年，羊存栏量最多的为阿克苏地区，占新疆总量的 17.0%；其次为喀什地区和伊犁哈萨克自治州（以下简称伊犁州），分别占 14.5% 和 13.1%；和田地区排名第 4 位，占 10.8%；其他地（州）则均低于 10%；新疆兵团排名第 7 位，占新疆总量的

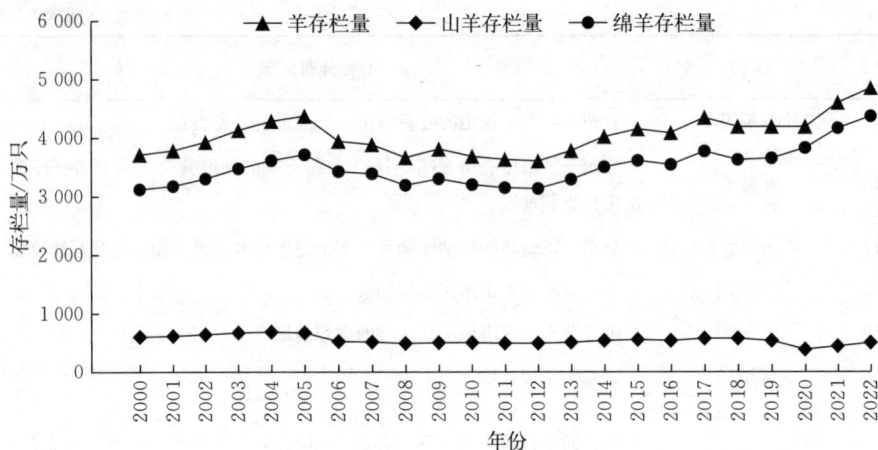

图 5-1 2000—2022 年新疆羊存栏量变动情况

数据来源：《中国统计年鉴》。

7.72%。近 10 年来，阿克苏地区和喀什地区羊只数量增长明显，存栏量排名在第 1 位和第 2 位交替。2021 年以前，喀什地区排名第 1 位；2021 年开始，阿克苏地区反超喀什地区，排名第 1 位。

（二）羊出栏

从出栏量来看，2000—2022 年，新疆羊出栏量大幅增长，从 2 017.36 万只上升至 3 404.02 万只，增长了 68.7%，整体呈"M"形波动，年均增幅为 2.5%（图 5-2）。2000—2004 年持续增长且增幅较大，年均增长 8.4%；2005 年之后，羊出栏量有所下降，至 2010 年出现一个小低谷；2009—2019 年，新疆羊出栏量总增长率为 34.1%，年均增长 3.3%，虽然总增速有所下降，但年均增速有所上涨。2020 年，由于疫情原因，肉羊出栏量有所下降，由 2020 年 3 509.5 万只下降至 2022 年 3 404.02 万只。从出栏率来看，2000—2022 年，新疆羊出栏率从 56.2% 上升至 74.5%，增长了 18.3 个百分点，年均增幅 1.4%，但与全国出栏率相比，尚处于落后地位。近 10 年来增速有所上涨，年均增幅为 1.6%；2014 年，新疆羊出栏率首次达到 91.2%，此后出栏率也保持在 85% 上下，表明新疆肉羊产业生产水平和经济效益仍有上升空间。

根据新疆统计数据，从羊出栏的区域分布来看，2022 年，羊出栏量最多的为喀什地区，约占新疆总量的 15.71%；其次为新疆兵团和阿克苏地区，分别占 15.04% 和 14.36%；伊犁州排名第 4 位，占 12.74%；和田地区排名第 5 位，占 10.05%；其他地（州）则均低于 10%。与存栏不同，近 10 年来，喀什地区排名始终保持第 1 位；自 2014 年开始，新疆兵团稳居第 2 位；阿克苏地区自 2014 年开始保持第 3 位，出栏量并未随 2021 年存栏量的大幅增加而增

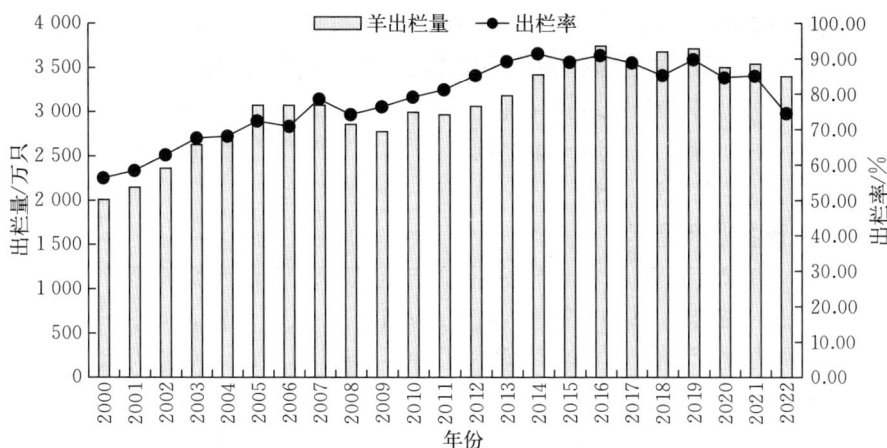

图 5-2　2000—2022 年新疆羊出栏量及出栏率变动情况

数据来源：《中国统计年鉴》。

加。由此可见，新疆兵团的出栏率较高。

（三）羊肉产量

从羊肉产量来看，2000—2022 年，新疆羊肉产量从 37.5 万吨增长至 60.72 万吨，增长了 61.9%，年均增长 2.3%。虽然羊肉产量有小幅波动，但总体呈"增—降—增"的态势。从羊肉占全国肉类比例来看，2000—2022 年，羊肉产量占新疆肉类总产量的比重从 41.67% 下降至 29.7%，整体呈下降趋势，近 10 年来，羊肉产量占新疆肉类总产量的比重基本维持在 35% 上下，2022 年为近 20 多年来的最低（图 5-3）。

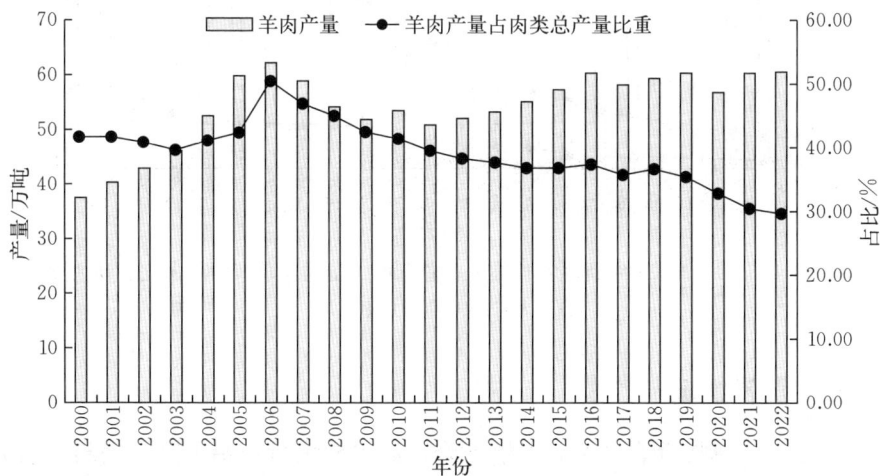

图 5-3　2000—2022 年新疆羊肉产量及其占肉类总产量比重变动情况

数据来源：《中国统计年鉴》。

根据新疆统计数据，从羊肉生产的区域分布来看，2022 年，羊肉产量最多的为新疆兵团，占比 16.09%；喀什地区排名第 2 位，占新疆总量的14.43%；再次为阿克苏地区和伊犁州，分列第 3 位和第 4 位，分别占14.36% 和 12.99%；和田地区排名第 5 位，占 9.61%。由此可见，新疆兵团的羊肉出肉率要高于地（州）。

（四）畜牧业产值

2000—2022 年，新疆农林牧渔业总产值从 487.2 亿元增长至 5 469.0 亿元，增长了 10.2 倍；其中，畜牧业产值从 114.5 亿元波动性增长至 1 305.3亿元，增长了 10.4 倍，在全国排名第 15 位；近 5 年来，增幅较为明显，平均增幅达到 16.8%，2022 年增幅略有下降，为 3.1%。从畜牧业产值占新疆农林牧渔业总产值的比重来看，2000—2022 年，该比重整体在 24% 上下波动，近两年来略有上升。这也进一步表明了新疆畜牧业在第一产业中的地位相对稳定（图 5-4）。从产值的区域分布来看，根据《新疆统计年鉴（2022）》，新疆兵团的农林牧渔业产值及畜牧业产值均最高，其次为喀什地区和阿克苏地区，2021 年这 3 个区域农林牧渔业总产值占新疆的比重为 59.3%，畜牧业产值占新疆的比重为 45.2%。

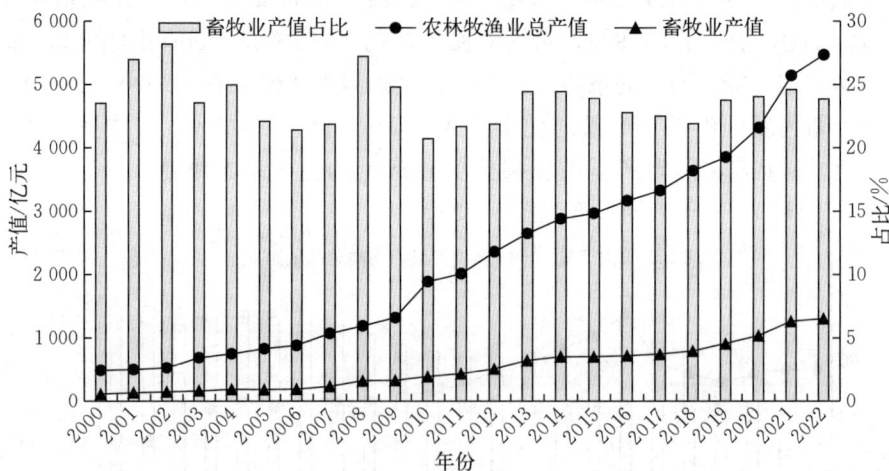

图 5-4 2000—2022 年新疆农林牧渔业总产值、畜牧业总产值及占比变动情况
数据来源：《中国统计年鉴》。

三、贸易情况

2022 年，新疆活羊调入量大幅下降，活羊调出量小幅下降。据新疆畜牧兽医局统计，2022 年，从疆外调入活羊 402.6 万只，同比减少 26.8%，羊肉自给率从 84% 提高到 88%。主要从甘肃、内蒙古、山西、山东、青海等地调

入，甘肃已成为西北地区最大的活羊交易集散地，其他省份活羊经由甘肃中转交易后入疆。调入活羊规模较大的地区为喀什、和田两个地区，调入量分别占新疆调入量的 36％ 和 35％，主要用于屠宰和繁殖母羊。伊犁、塔城、阿勒泰等地以高端分割羊肉调往广东、河南、广西等地约 29 万只。

四、规模化生产情况

肉羊产业是新疆传统基础产业和特色优势产业。近年来，随着肉羊产业结构不断优化，全国规模化养殖呈持续增长态势，受养殖成本、饮食习惯及扶贫政策等因素影响，新疆肉羊规模化率呈"增一降一增"的态势。近年来，肉羊养殖规模逐渐增长，但整体规模、经营水平还有待进一步提高。根据新疆统计数据，2022 年新疆（不含新疆兵团）有肉羊养殖场（户）117 万多个，达到国家规模标准年出栏 100 只以上的肉羊养殖场（户）5.7 万个，占肉羊出栏量的40.5％，较 2013 年增长 3.8 个百分点，较全国羊饲养规模化率低 6.2 个百分点（图 5-5）。2022 年新疆（不含新疆兵团）年出栏 3 000 只以上规模羊场159 家，年出栏肉羊 117 万只。其中，南疆 97 家，出栏 70 万只；北疆 51 家，出栏 40 万只；东疆 11 家，出栏 7 万只。可见，近年来，南疆农区舍饲为主的地区肉羊产业规模化水平不断提高。

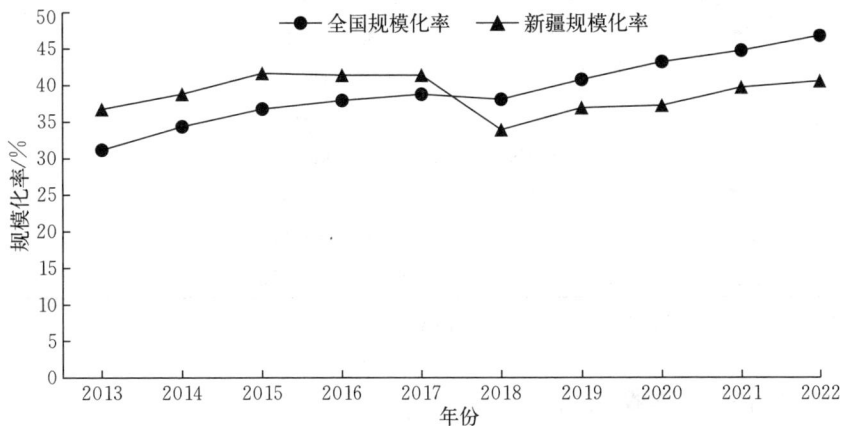

图 5-5　2013—2022 年全国和新疆肉羊规模化率变化情况

数据来源：《中国畜牧兽医统计（2013—2022）》及行业数据统计整理。

五、品牌建设情况

新疆较为重视品牌的培育和发展，羊肉品牌已经产生了一定的辐射带动效应，不仅带动了新疆肉羊产业的发展，还促进了地区经济建设。作为我国传统的养羊优势区，新疆拥有丰富的肉羊种质资源。根据国家知识产权局和全国地理标志农产品查询系统数据，新疆拥有 11 个羊和羊肉地理标志品牌，具体包括阿勒泰羊、玛纳斯萨福克羊、吐鲁番黑羊、巴尔楚克羊 4 个羊地理标志品牌和喀什羊肉、哈密羊肉等 7 个羊肉地理标志品牌（表 5-2）。为了进一步发挥品牌效应，增加产品附加值，新疆大力实施品牌发展战略，促进农牧民增收成效显著。一是做大"乡域优品"线上销售，拓宽羊肉等农副产品销售渠道，通过开发打造多种类、多层次礼盒包装等，不断满足消费者新需求。各地积极参与融入新疆生鲜供应链体系建设，为肉羊产业发展提供更长久、更可持续发展的活力。二是加强对本土农牧民、合作社管理指导，保障羊肉的有机绿色品质。同时，各地积极引导知名企业参与引领当地肉羊产业发展，提升产品精深加工水平，借助已有成熟的市场销售渠道，推进产品入驻各连锁超市，提高在快销、中端、高档 3 个消费层次中的知晓率、美誉度。

表 5-2　2023 年新疆羊和羊肉地理标志品牌汇总

产品名称	产地	证书持有者	登记年份
吐鲁番黑羊	吐鲁番市	吐鲁番市人民政府	2012
阿勒泰羊	阿勒泰地区	阿勒泰地区人民政府	2012
喀什羊肉	喀什地区	喀什农村合作经济组织协会	2012
玛纳斯萨福克羊	昌吉州	玛纳斯县动物疾病预防控制中心	2013
和田一牧场羊肉	和田地区	新疆兵团第十四师一牧场	2015
木垒羊肉	昌吉州	木垒哈萨克自治县牛羊产业协会	2015
尉犁罗布羊肉	巴州	尉犁县金秋胡杨旅游协会	2015
柯坪羊肉	阿克苏地区	阿克苏地区人民政府	2016
尼雅羊肉	和田地区	民丰县畜牧兽医站	2017
哈密羊肉	哈密市	哈密市畜牧工作站	2019
巴尔楚克羊	喀什地区	喀什农村合作经济组织协会	2022

数据来源：全国地理标志农产品查询系统、国家知识产权局。

六、养殖成本收益情况

从养殖成本收益情况来看，2015—2022 年，新疆散养肉羊主产品产量变动幅度不大，整体在 55 千克/只上下浮动，2022 年为 54.54 千克。但单位羊产值提升幅度较大，从 1 215.36 元/只增长至 1 738.85 元/只，增幅达到 43.1％。与此同时，单位羊生产总成本从 1 097.16 元/只增长至 1 643.78 元/只，增幅达到 49.8％，高于单位产值增幅，所以导致单位净利润从 118.20 元下降至 95.07 元，成本利润率从 10.77％下降至 5.78％。从具体的成本构成来看，2022 年新疆散养肉羊的仔畜费为 887.94 元/只，较 2015 年增长了 40.7％，在总成本中的占比高达 54.0%，但该比重较 2015 年下降了 3.5 个百分点；饲料相关费用占比为 21.8%，仅次于仔畜费；人工成本主要来源于家庭用工折价，占总成本的比重为 20.7%，较 2015 年上升了 5.8 个百分点（表 5-3）。

表 5-3　2015 年和 2022 年新疆散养肉羊成本收益变动情况

项目	2015 年	2022 年
主产品产量/(千克/只)	54.95	54.54
产值合计/(元/只)	1 215.36	1 738.85
总成本/(元/只)	1 097.16	1 643.78
仔畜费	630.88	887.94
饲料相关费用	261.62	358.38
人工成本	163.72	339.87
净利润/元	118.20	95.07
成本利润率/%	10.77	5.78

数据来源：《全国农产品成本收益资料》。

七、消费情况

从畜产品消费情况来看，受文化和生活习俗影响，新疆居民的畜产品消费结构与全国情况差异较大。居民人均牛羊肉和奶类消费量较大，尤其是羊肉，是全国人均户内消费量的 10 倍，在全国各省份中位居第 1 位，较排名第 2 位的内蒙古还要多 7.3 千克。近年来，虽受疫情等诸多因素影响，但新疆的肉类消费仍呈现小幅上涨。与 2015 年相比，2022 年新疆羊肉的人均消费量上升了0.7 千克，羊肉消费占肉类消费的比重保持在 50% 以上，仍是居民消费的主要肉食品（表 5-4）。

表 5-4　2015—2022 年新疆居民人均肉类消费情况

类别	2015 年		2019 年		2022 年	
	新疆	全国	新疆	全国	新疆	全国
肉类/千克	23.2	26.2	22.4	26.9	26.7	34.6
猪肉	4.2	20.1	3.1	20.3	4.9	26.9
牛肉	4.6	1.6	5.0	2.2	6.1	2.5
羊肉	13.2	1.2	12.2	1.2	13.9	1.4
羊肉占比/%	56.9	4.6	54.5	4.5	52.1	4.0

数据来源：《中国统计年鉴》。

注：根据统计口径，此处的人均消费量主要指人均户内消费量。

第二节 新疆肉羊产业发展重点与区域布局

一、产业发展重点

北疆、东疆及巴州牧区稳定生产母羊基数，突出品种改良，积极发展家庭牧场、养殖合作社，扩大冬春羔和经济杂交生产规模，加快畜群周转，实现稳产增效；北疆农区以专用肉羊品种和多胎（多羔）羊为主，大力推进经济杂交和标准化规模养殖，实现高效生产。南疆以发展多胎（多羔）羊为主，加快地方良种羊提纯复壮，促进经济杂交，稳步提高产能，满足本地消费。

已初步形成北疆牧区、南疆北部山区年出栏 1 000 万只优质地方品种肉羊、300 万只肉毛兼用羊优势产区，南疆塔里木盆地存栏 500 万只多浪羊等地方品种肉羊优势产区和南北疆农区存栏 500 万只多胎（多羔）羊优势产区。

二、区域布局

（一）肉羊养殖县（市）布局

新疆已初步形成肉羊重点县（市）51 个。其中，北疆地区（23 个）：伊宁县、霍城县、尼勒克县、巩留县、新源县、昭苏县、特克斯县、塔城市、额敏县、乌苏市、裕民县、和布克赛尔蒙古自治县（以下简称和丰县）、阿勒泰市、福海县、富蕴县、博乐市、精河县、温泉县、昌吉市、木垒哈萨克自治县（以下简称木垒县）、奇台县、呼图壁县、玛纳斯县。南疆地区（26 个）：和静县、轮台县、尉犁县、且末县、库车市、沙雅县、拜城县、温宿县、阿瓦提县、乌什县、阿图什市、阿克陶县、喀什市、疏附县、疏勒县、伽师县、英吉沙县、莎车县、叶城县、巴楚县、皮山县、墨玉县、和田县、洛浦县、策勒县、于田县。东疆地区（2 个）：哈密市伊州区、巴里坤哈萨克自治县（以下简称巴里坤县）。2022 年，饲养量 100 万只以上的县（市）已达 19 个。其中，饲养量在 200 万只以上的县（市）5 个，100 万～200 万只的县（市）14 个。百万只肉羊养殖县（市）情况见表 5-5。

表 5-5　百万只肉羊养殖县（市）情况

序号	县（市）名称	所在地（州）	2022 年饲养量/万只
1	拜城县	阿克苏地区	228.93
2	叶城县	喀什地区	221.82
3	和静县	巴州	208.16
4	库车市	阿克苏地区	202.86

（续）

序号	县（市）名称	所在地（州）	2022年饲养量/万只
5	墨玉县	和田地区	200.70
6	新源县	伊犁州	197.70
7	莎车县	喀什地区	192.10
8	温宿县	阿克苏地区	175.81
9	伽师县	喀什地区	156.00
10	伊宁县	伊犁州	147.02
11	乌什县	阿克苏地区	146.07
12	沙雅县	阿克苏地区	142.22
13	尼勒克县	伊犁州	138.34
14	特克斯县	伊犁州	136.70
15	霍城县	伊犁州	131.05
16	巴楚县	喀什地区	120.36
17	于田县	和田地区	112.82
18	皮山县	和田地区	111.52
19	策勒县	和田地区	107.59

（二）肉羊养殖基地布局

已初步形成以湖羊、澳湖羊、哈萨克羊、萨福克羊、阿勒泰羊、巴什拜羊、皮山红羊、多浪羊、巴音布鲁克羊、吐鲁番黑羊等肉羊养殖及育肥基地40多个，存栏能繁母羊60多万只，年出栏肉羊160多万只。主要肉羊养殖基地情况见表5-6。

表5-6　主要肉羊养殖基地情况

养殖基地名称	所在地	所属企业	饲养规模/万只	
			能繁母羊	出栏量
澳湖羊、湖羊、澳洲白、杜泊羊养殖基地	和田地区策勒县	新疆津垦奥群农牧科技有限公司	6.0	15.0
澳湖羊养殖基地	和田地区于田县	和田津垦牧业科技有限公司	8.0	20.0
湖羊和皮山红羊养殖基地	和田地区皮山县	新疆西域沐羊人农牧科技有限公司	3.0	7.0
规模化育肥基地	和田地区和田市	新疆和美农牧业科技发展有限责任公司	0.0	6.0
湖羊养殖基地	和田地区墨玉县	墨玉县三宝养殖农民专业合作社	0.5	1.1

（续）

养殖基地名称	所在地	所属企业	饲养规模/万只	
			能繁母羊	出栏量
湖羊养殖基地	喀什地区巴楚县	巴楚安欣牧业有限责任公司	6.0	15.0
湖羊养殖基地	喀什地区麦盖提县	新疆麦腾牧业科技发展有限公司	3.0	7.0
多浪羊养殖基地	喀什地区麦盖提县	新疆刀郎阳光农牧科技有限公司	0.7	1.8
湖羊养殖基地	喀什地区喀什市	喀什中昆新农业有限责任公司	1.4	35.0
湖羊养殖基地	喀什地区伽师县	新疆西域牧羊农业开发有限公司	1.7	4.4
湖羊养殖基地	阿克苏地区乌什县	新疆振鑫农牧科技有限公司	3.8	8.4
细毛羊养殖基地	阿克苏地区拜城县	拜城县兴科农牧业有限责任公司	1.5	1.0
湖羊养殖基地	阿克苏地区柯坪县	天下牧业（柯坪）有限公司	1.0	2.2
湖羊养殖基地	阿克苏地区沙雅县	沙雅县新幸福畜牧服务专业合作社	0.7	1.4
湖羊养殖基地	阿克苏地区阿克苏市	阿克苏信诚牧业有限责任公司	0.5	1.1
湖羊养殖基地	巴州和硕县	新疆兴牧源农业有限责任公司	0.4	0.3
小尾寒羊养殖基地	巴州博湖县	博湖县湖畔寒羊扩繁养殖专业合作社	0.3	0.6
湖羊养殖基地	巴州尉犁县	尉犁县同富养殖农民专业合作社	0.4	0.8
规模化育肥基地	巴州和硕县	新疆硕牧养殖有限公司	0.0	1.0
多胎羊养殖基地	克州阿图什市	新疆祥泰牧业有限责任公司	1.0	2.5
湖羊养殖基地	伊犁州新源县	巩乃斯种羊场	0.3	0.8
湖羊养殖基地	阿勒泰地区富蕴县	富蕴县新疆富绿源农业科技有限公司	1.0	2.6
湖羊养殖基地	阿勒泰地区哈巴河县	新疆北园春众联畜牧科技有限责任公司	2.0	5.2
湖羊养殖基地	乌鲁木齐市	新疆雪峰奥群羊业发展有限公司	1.2	3.0
湖羊养殖基地	乌鲁木齐市米东区	新疆敖羚羊业养殖有限公司	0.3	0.8
湖羊养殖基地	昌吉州昌吉市	新疆上品美羊科技有限公司	0.5	1.5
湖羊养殖基地	哈密市巴里坤县	巴里坤健坤牧业有限公司	0.4	1.0
哈萨克羊育种基地	伊犁州新源县	新疆巩乃斯种羊场有限公司	0.8	0.6
哈萨克羊繁育基地	伊犁州特克斯县	阿贺卓勒农牧科技发展有限责任公司	1.5	1.1
哈萨克羊繁育基地	伊犁州昭苏县	伊犁州昭苏马场	0.4	0.3
哈萨克羊生产基地	克拉玛依市独山子区	克拉玛依市 独山子绿丰农牧发展有限公司	0.6	0.4
阿勒泰羊养殖基地	阿勒泰地区福海县	聚合农牧业科技有限公司	5.0	3.5
巴什拜羊繁育基地	塔城地区裕民县	新疆谢利盖畜牧有限责任公司	1.5	1.1
巴音布鲁克羊 繁育基地	巴州和静县	和静县巴音布鲁克种羊场	1.5	1.1

（续）

养殖基地名称	所在地	所属企业	饲养规模/万只	
			能繁母羊	出栏量
吐鲁番黑羊生产基地	吐鲁番市托克逊县	托克逊县风城国营牧业有限公司	0.5	0.4
萨福克羊养殖基地	喀什地区莎车县	莎车县立林生态农业科技有限公司	0.72	2.4
哈巴河县良繁基地	阿勒泰地区哈巴河县	新疆雪峰奥群羊业发展有限公司	0.16	0.3
精河县良繁基地	博尔塔拉蒙古自治州（以下简称博州）精河县	新疆雪峰奥群羊业发展有限公司	0.24	0.5
沙雅县万只种羊场	阿克苏地区沙雅县	沙雅雪峰奥群羊业发展有限公司	0.3	0.4
喀什市良繁基地	喀什地区喀什市	新疆奥群牧业有限公司	0.25	0.5
巩乃斯种羊场	伊犁州新源县	巩乃斯种羊场	2.2	0.7
湖羊养殖基地	阿勒泰地区青河县	青河县阿克达拉湖羊养殖基地	0.3	0.5

（三）重点县（市）产业布局

1. 尉犁县　尉犁县有养殖合作社 45 家、规模以上畜禽养殖场（小区）12 家、肉羊存栏 1 000 只以上的合作社 11 户、罗布羊种羊场 1 个。拥有活畜交易市场 1 家、牛羊屠宰场 1 家。尉犁县成功探索出政府引导、村党组织领办、农民自愿、企业主体市场运作的"国有畜牧公司＋村党组织领办合作社＋农户"发展模式和利益联结机制，组建国有畜牧公司 1 家、村党支部领办合作社 8 家，以肉羊产业高质量发展为目标，挖掘发展潜力，拓展增产空间。2022 年，全县村党支部领办合作社优质生产母羊存栏达 1.5 万多只，全县多胎羊存栏已达到 3.5 万多只。尉犁县在全县范围内打造肉羊生产基地，支持有机肉羊全产业链项目，推进育、繁、养、宰、销一体化融合发展，实现招商引资与本地养殖业资源优势、特色畜产品品牌创建有机结合。

2. 和硕县　和硕县有羊养殖合作社 26 个、牛羊养殖小区 7 个、肉羊存栏 1 000 只以上的养殖场（户）12 个、巴音布鲁克种羊场 2 个、牛羊屠宰场（点）2 个。和硕县有着良好的畜牧业发展基础，近 3 年粮食面积基本稳定在 18 万亩*以上，主要以小麦、玉米为主。每年可产生 30 万～40 万吨的秸秆饲料。天然草地总面积 1 013.6 万亩，可利用面积 551.49 万亩，核定天然草原理论载畜量为 10 万只绵羊。近年来，和硕县采用"企业＋农户＋科技""农民专业合作社＋农户＋科技"的经营模式，不断加大科技投入，建立科技示范基地，引进新品种不断进行试验、示范、推广。

3. 沙雅县　沙雅县高度重视肉羊产业发展，先后制定出台《沙雅县

---

* 亩为非法定计量单位。1 亩＝1/15 公顷。

2021—2025 年现代畜牧业高质量发展实施方案》等政策文件，构建了"种羊场供应种羊＋二级繁育场快速扩充种群＋养殖场（户）生产商品肉羊"的三级良种繁育体系，形成了以"前期优质供种＋全程技术服务＋后期回收加工"为基础的肉羊产业发展模式，实现了肉羊引育繁推一体化、种养加销一条龙的肉羊全产业链发展，营造了"政府推动、企业带动、群众主动"的全社会参与的浓厚氛围。沙雅县建成多羔肉羊二级繁育场 5 座，培育千只以上肉羊养殖合作社 36 个，新建生物安全二级实验室 1 座，聘用 16 名工作人员开展畜牧兽医技术服务工作，采用"村聘、乡管、县考"方式聘用村级动物防疫员 240 人，开展畜禽免疫及诊疗服务，每月稳定收入 3 000 元以上，政府购买动物防疫社会化服务覆盖率达到 100%，确保了畜禽防疫密度和防疫质量。沙雅县累计投入 2.25 亿元，建设饲料加工厂、肉羊繁育基地、肉羊屠宰加工厂等基础设施，落实规模养殖、贴息贷款等一系列扶持政策，带动社会资本投入 5 亿元以上。

4. 乌什县　乌什县以"兴羊增牛促禽、降本提质增效、产业化经营"为突破口，制定畜牧业补贴优惠政策，制定并下发《乌什县优质母畜补贴办法（试行）》，对母畜购入、保险、调运运费、贷款等给予政府补贴，形成了畜牧业发展长效支持机制，极大地调动了广大养殖主体发展畜牧业的积极性。乌什县引进沃地生态农业科技有限公司年产 20 万吨有机肥加工项目，实施振兴牧业年出栏 20 万只湖羊养殖基地建设项目，促进肉羊产业发展。

5. 柯坪县　柯坪县已建成羊产业标准化养殖小区 3 个，建成 3 联体标准化羊圈 1 栋，引进年屠宰加工 30 万只羊的屠宰场 1 座，在柯坪县阿恰勒镇规划建设 1 个集养殖、屠宰、分割、加工、交易于一体的产业发展园区 1 处，园区规划面积 7 500 多亩，园区养殖主要以多胎肉羊繁育为主，标准化圈舍建筑面积近 100 万米^2。柯坪县利用湖州援疆机遇，引进湖羊基础母羊近 10 000 只，联合浙江农林大学、新疆畜牧科学院等单位根据当地实际情况，采用杜泊公羊和湖羊母羊杂交得到杜湖杂交"小花羔"，解决了柯坪县本地肉羊繁育慢这一瓶颈。

6. 麦盖提县　麦盖提县已建成存栏 2 000 只多浪羊原种场 1 座、存栏 1 万只多浪羊良繁中心 1 个、存栏 2.5 万只湖羊良种繁育中心 1 个、麦腾牧业 3 万只湖羊养殖基地 1 座。全县有肉羊养殖合作社 183 家，其中备案的肉羊合作社（养殖场）12 家，规模以上畜禽养殖场（小区）45 家，肉羊存栏 1 000 只以上的合作社 21 户，多浪羊良种繁育基地 1 座。全县拥有活畜交易市场 7 个、牛羊屠宰加工基地 1 家。麦盖提县有着良好的畜牧业发展基础，是喀什地区肉羊养殖大县。特别是多浪羊，以生长发育快、体格大、肉质鲜美、遗传性稳定、繁殖率高等优良特性而被誉为"羊中之王"，是国家重点推广的地方优良畜种，被农民称为可靠便利又不降利息的"活银行"。

7. 巴楚县　巴楚县建设存栏 20 万只的肉羊养殖基地 1 座、屠宰加工能力达到 30 万头只的牛羊屠宰冷链加工厂 1 座、年产 12 万吨的饲料加工厂 1 座、年产 10 万吨秸秆加工厂以及饲草料交易市场等，推动产业集聚。同时，巴楚县色力布亚活畜交易市场已经成为南疆最有影响力的交易市场之一，巴尔楚克羊享誉疆内外。

8. 皮山县　皮山县有养殖龙头企业 2 家、养殖合作社 18 家、规模以上畜禽养殖场（小区）10 家、肉羊存栏 1 000 只以上的合作社 12 家、活畜交易市场 1 家、牛羊屠宰场 1 家。皮山县坚持农牧结合、草畜配套，突出政府引导，全力推进科学养畜示范工程，形成良种母畜扩群增量的长效支持机制，采用 500 元/只直接补助的方式调动养殖主体购买良种母畜的积极性。皮山县支持有机肉羊全产业链项目，推进育、繁、养、宰、销一体化融合发展，实现招商引资与本地养殖业资源优势、特色畜产品品牌创建有机结合。

9. 墨玉县　墨玉县有养殖合作社 113 家、规模以上畜禽养殖场（小区）34 家、肉羊存栏 1 000 只以上的合作社 8 家、活畜交易市场 1 家、牛羊屠宰加工基地 1 家。墨玉县和田羊以品优、肉美闻名。

10. 于田县　于田县有羊养殖合作社 93 家、规模 10 万只以上多胎肉羊养殖场 1 家、肉羊存栏 1 000 只以上的合作社 5 家、活畜交易市场 5 家、牛羊屠宰场 2 家。通过不断探索，津垦牧业已建立"龙头企业（县级养殖总场）＋乡级扩繁分场＋村级合作社＋农户联合体"的 4 级构架模式，并在于田县中的 13 个乡（镇）建成 13 个标准化扩繁养殖分场，建立起以澳湖羊等品种为主的多胎肉羊扩繁体系，形成"放母归羔""快速育肥""联合体养殖""托养分红"等多种养殖受益模式，直接带动 5 120 户 20 992 人，带动本地已脱贫户就业 414 人，人均月工资 2 340 元。津垦牧业在于田县成立津垦通和农牧业公司，在其中的 14 个乡（镇）设立饲料配送服务站，在 156 个村设立饲料服务配送点，根据羊的不同生长阶段营养需求科学配料、按需饲养，按市场价将精补料出售给农户，降低农户饲养成本。按照政府引导、企业带动、养殖户参与的模式，该企业与农户采用公羊互换和人工授精技术社会化服务相结合的方式，有效解决了养殖户缺少良种公羊的问题，保障了生产母羊多胎性，提升了多胎肉羊良种率、整体生产水平和综合生产效益。

第三节　新疆肉羊产业关键技术应用分析

加快肉羊养殖技术的应用，是实现肉羊规模化养殖、标准化生产、增加活羊及羊肉产品市场供应，推动肉羊产业高质量发展的重要保障。本节分别从多胎肉羊杂交改良技术、养殖机械化、羊肉加工产业化等方面介绍了新疆肉羊产业关键技术的应用现状及对策措施。

一、新疆多胎肉羊杂交改良技术应用分析

受草畜平衡、禁牧等影响，新疆天然草原载畜量受限，无增畜空间。因此，仅仅依靠增加羊只存栏量，提高羊肉产量的生产模式受到极大限制。繁殖力性状是绵羊的重要经济性状之一，也是绵羊多产、高产的基础，繁殖力的高低直接决定肉羊养殖的生产效率和经济效益。因此，一直以来，繁殖力性状是绵羊育种者和生产者关注的焦点性状。

（一）新疆多胎肉羊杂交改良技术应用概况

1. 绵羊多胎性状应用分析　　绵羊多胎性状主要是由定位于第 6 号染色体上的 $BMPR-IB$ 基因第 A746G 碱基突变导致形成多胎 $FecB$ 基因，是已知的绵羊高繁殖力主效基因。小尾寒羊或湖羊母羊携带纯合 $FecB$ 基因（BB）的个体产羔率约为 250%，杂合型母羊（B+）产羔率约为 200%。在绵羊育种方面，通过 $FecB$ 基因标记辅助选择育成多胎肉用细毛羊、鲁西黑头羊、巴美肉羊等新品种（系），缩短了育种时间，节省了育种成本。在绵羊经济杂交利用方面，将多胎基因 $FecB$ 通过杂交导入阿勒泰羊、巴什拜羊，杂交后代产羔率达到 160%～170%，并保留了本地品种羊的放牧性和适应性，深受农牧民的喜爱。假如新疆农区和半农半牧区开展多胎 $FecB$ 基因导入杂交 1 000 万只母羊，每只母羊产羔增加 0.5 只，每年即可多获得 500 万只羔羊。因此，实施新疆绵羊多胎 $FecB$ 基因杂交和遗传改良，将成为新疆肉羊产业振兴、羊肉增产、养殖增效的重要技术手段和有效路径。

2. 绵羊多胎经济杂交技术示范与推广　　利用体格健壮、生长良好、携带 $FecB$ 基因纯合的多胎品种绵羊，如湖羊、小尾寒羊公羊，杂交新疆本地羊群体，生产的杂交后代个体多胎性好，放牧性能强，并且具有杂交优势，非常适合新疆农区、半农半牧区的农牧民饲养，提高了养殖经济效益，节省了大量饲草料成本。以阿勒泰羊与小尾寒羊杂交后代羊（以下简称阿寒杂交后代羊）为例，依据 2015 年阿勒泰地区饲草料、人工、活羊和羊肉销售价格为标准，以 200 只生产母羊为单位计算经济效益，每年可获得经济效益 4.82 万元。

（1）阿寒杂交后代羊体形外貌、生长发育情况。由图 5-6 可以看出，阿

种公羊　　　　　　　　母羊　　　　　　　　羔羊

图 5-6　阿寒杂交后代羊体形外貌特征

寒杂交羊体形外貌与阿勒泰羊、小尾寒羊相似，以花色被毛为主，个体早期生长速度较快，推测可能为品种间杂交优势的结果。阿寒杂交后代羊生长发育性能测定情况如表5-7所示。

表5-7 阿寒杂交后代羊生长发育性能测定

年龄	性别	体重/千克	体高/厘米	体长/厘米	胸围/厘米	胸宽/厘米	胸深/厘米	管围/厘米
4月龄	母羊	29.46±5.55	60.77±2.71	71.31±4.48	80.31±6.51	22.92±2.40	28.85±3.36	7.23±0.56
	公羊	33.75±4.50	62.75±1.26	70.00±1.63	81.50±4.43	23.50±3.51	30.25±2.63	7.75±0.50
8月龄	母羊	45.25±3.40	69.75±4.99	80.50±3.32	94.50±4.65	27.75±2.06	32.50±3.42	8.75±0.50
	公羊	47.44±4.21	70.33±3.35	80.22±2.86	95.67±5.50	25.56±4.13	34.56±2.01	8.44±0.73

（2）阿寒杂交后代羊产羔情况（图5-7）。

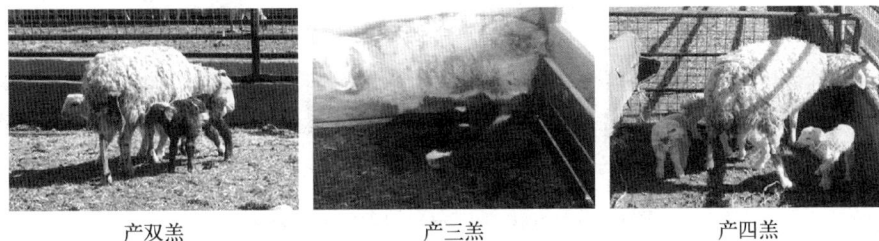

产双羔　　　　　　　　　　产三羔　　　　　　　　　　产四羔

图5-7 阿寒杂交后代羊产羔情况

阿寒杂交后代羊性成熟较早，7~8月龄即可发情配种，具有常年发情的特性。在阿勒泰地区春、秋两季均可配种产羔，头胎母羊产羔率约为150%，经产母羊产羔率为170%~180%（表5-8）。

表5-8 阿寒杂交后代羊繁殖性能统计

季节	母羊数/只	产羔数/只	成活羔羊数/只	繁殖率/%	繁育率/%
春季	147	256	232	174.1	157.8
秋季	74	133	104	179.7	140.5

3. 绵羊多胎 *FecB* 基因纯合型群体繁育技术应用　新疆推广应用了以绵羊多胎 *FecB* 基因小片段法高分辨率熔解曲线技术（SA-HRM）为基础的羔羊早期基因筛选技术和多胎 *FecB* 基因纯合群体繁育技术，在羔羊出生10~30日龄进行基因筛选，选留纯合型个体，去势、育肥、淘汰杂合型或野生型（B++）个体，可节省两年的饲养管理成本。利用多胎 *FecB* 检测技术，选择符合品种特征的多胎基因纯合型公羊，与纯合型母羊群体实施精准选配，繁育的后代公母羊均为多胎基因纯合型个体，提高了群体的产羔率和遗传稳定性。

2022 年 1 月，研究人员采用绵羊多胎 *FecB* 基因分型技术首次检测到皮山红羊多胎性状是由绵羊多胎主效 *FecB* 基因决定，通过选留携带多胎基因的个体，并将多胎 *FecB* 基因 BB 型或 B＋型公母羊实施精准选配，增加群体多胎 *FecB* 基因频率等技术，已将皮山红羊产羔率由 130％提高至 180％，为今后新疆农区、半农半牧区多胎肉羊产业的发展提供了优秀良种来源（图 5-8、图 5-9）。

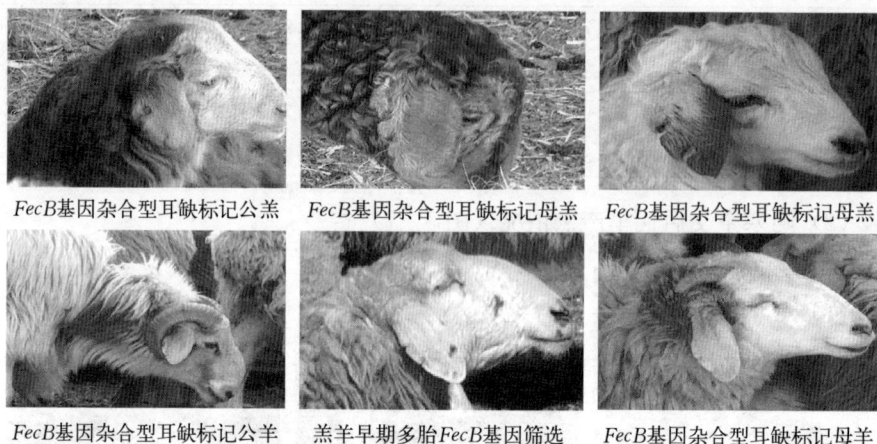

FecB基因杂合型耳缺标记公羔　　　FecB基因杂合型耳缺标记母羔　　　FecB基因杂合型耳缺标记母羔

FecB基因杂合型耳缺标记公羊　　　羔羊早期多胎FecB基因筛选　　　FecB基因杂合型耳缺标记母羊

图 5-8　*FecB* 基因杂合型个体耳缺标记

湖羊纯合群体(碧邦羊业)　　　皮山红羊纯合群体(西域沐羊人)　　　策勒黑羊纯合群体(津垦奥群)

图 5-9　绵羊多胎 *FecB* 基因纯合群体

4. 绵羊多胎 *FecB* 基因检测技术产业化推广与应用　　新疆联合高校科研院所、畜牧技术推广单位、养殖企业和广大农牧民建立绵羊多胎基因检测的科技成果转化与推广应用技术服务平台，为多胎肉羊育种、扩繁、生产、推广等方面提供全方位技术支持，共同推进多胎肉羊产业向前发展。研究人员利用 SA－HRM 技术对多胎肉羊群体进行大规模筛选，共检测样品 50 000 多份，以个体多胎 *FecB* 基因型为依据实施选留或淘汰，提高了群体产羔率，使得优秀基因和先进技术快速转化为现实生产力和经济效益。

研究人员利用 DNA 熔解曲线原理成功建立了绵羊多胎基因 *FecB* 检测的小片段高分辨率熔解曲线技术，准确率达到 98％以上，检测效率达到 500 样/

（人·天），样品检测平均耗时仅需 3 小时，并具有成本低、灵敏度高、重复性好等优点，技术工艺流程和操作步骤完备，达到市场化推广应用的标准和要求。绵羊多胎 *FecB* 基因检测分型方法比较见表 5-9。

表 5-9　绵羊多胎 *FecB* 基因检测分型方法比较

基因检测方法	PCR-RLFP 法	PCR-SSCP 法	Taqman 探针法	SA-HRM 法
准确性	95%	98%	98%以上	98%以上
成本	8 元/样	10 元/样	40 元/样	20 元/样
送检耗时	15 天/1 000 只	15 天/1 000 只	10 天/1 000 只	3 天/1 000 只
污染程度	高	高	闭管无污染	闭管无污染
人员素质要求	硕士	硕士	本科	普通人员
自动化程度	低	低	高	高
结果分析	人工	人工	自动分析	自动分析

（二）新疆多胎肉羊发展存在的问题

1. 新疆多胎肉羊舍饲养殖的成本增加　湖羊和小尾寒羊在原产地（江苏、浙江和山东等地）养殖方式为舍饲饲养，引入新疆后，不能适应新疆草原条件下的放牧饲养，需要建造专门的圈舍，供给相应的饲草料，在饲喂、配种、产羔等生产环节，还得由专门人员进行管理，极大地增加了养殖成本。

2. 新疆多胎肉羊生产的疫病防控风险　目前，新疆饲养的多胎绵羊多为山东、河北和内蒙古引进的小尾寒羊，以及从江苏、浙江引进的湖羊为主。这些多胎品种羊被引入新疆后，其多胎性和生长发育同原产地接近。但由于新疆的气候环境和养殖方式与原产地有很大的不同，导致发病率和死亡率明显增高，极大地增加了养殖的疫病风险，影响了多胎肉羊生产的经济效益。

（三）新疆多胎肉羊发展对策与建议

1. 大力推广绵羊多胎经济杂交技术　当前，新疆的养羊业处于由传统粗放式饲养向依靠科技创新的现代化养羊业发展，从草原放牧方式向舍饲、半舍饲方式过渡的重要时期。多胎绵羊品种的生产和利用方式是育种学家、管理者和养殖户共同关注的重要问题，应采用适宜的方法将多胎性状导入当地绵羊品种，达到快速增产、增收的效果，同时大大降低劳动力和资金成本。

2. 完善新疆多胎肉羊遗传改良繁育体系　建立结构合理、功能明确、快捷有效和廉价实用的绵羊繁育新体系，逐步有组织、有计划地开展多胎品种羊的改良和选育，实现绵羊多胎性状本地化。

3. 强化多胎羔羊培育工作　强化多胎绵羊的产羔、育羔护理工作，加强多胎妊娠中后期母羊的营养供给，保证母羊产羔后具有哺乳双羔的营养供应。同时，重视多胎羔羊产后的照料，以及吃初乳、哺乳和卫生保健等工作。

二、新疆肉羊养殖机械化发展情况

我国肉羊规模场养殖总体机械化率达 38% 左右，但放牧和农户散养仍占很大比例，其机械化程度非常低。因此，我国肉羊养殖整体机械化率应低于 30%，新疆肉羊养殖机械化率同样低于 30%。肉羊产业的发展对保障消费者饮食需求具有密切的联系，新疆羊肉市场与全国羊肉市场也有着密切联系，加大新疆工厂化高效肉羊养殖机械化应用意义重大。

（一）新疆肉羊养殖机械化应用概况

肉羊养殖共涉及 7 个环节，分别是饲料（草）收获与加工环节、饲喂环节、环境控制环节、粪污资源收集与处理环节、畜产品采集环节、消杀防疫环节、病死畜禽无害化处理环节。本部分着重从饲草料加工与投送、环境控制、粪污收集 3 个关键环节进行介绍。

1. 饲草料加工与投送环节

（1）TMR 全混合日粮制备机。国内加工企业自行研发制造的具有国产品牌的固定式 TMR、牵引式 TMR 机型，已基本能够替代国外品牌设备，自走式 TMR 机型也在部分企业生产应用（图 5-10）。

固定式TMR　　　　　　　　　　牵引式TMR

自走式TMR

图 5-10　TMR 全混合日粮制备机分类

（2）全混合日粮精准配置设备。近年来，中央厨房、精准饲喂技术不断被提出并受到青睐，在传统 TMR 设备基础上，进行信息化改造、智能化升级，形成全混合日粮精准配置设备。新疆农业科学院农业机械化研究所畜禽养殖工程与装备技术团队针对 2 万只以内肉羊养殖规模，建立肉羊养殖场全日粮精准配制技术应用场景模式（图 5-11）。

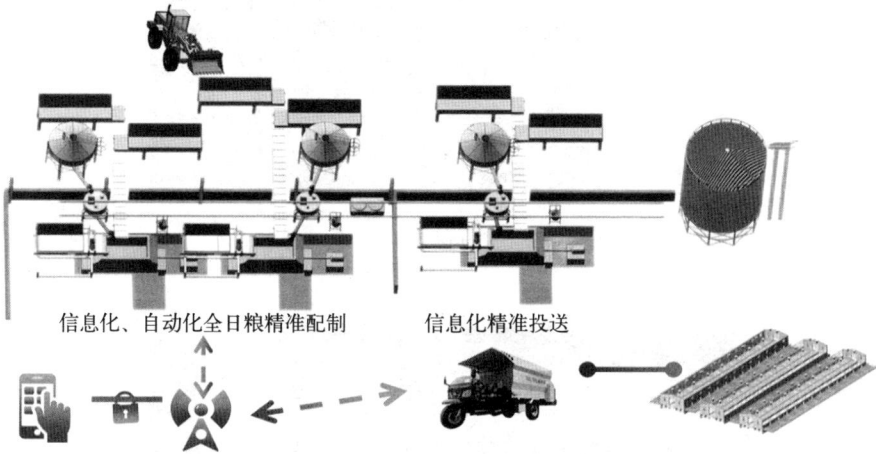

信息化、自动化全日粮精准配制　信息化精准投送

图 5-11　工厂化肉羊精准饲喂技术示意图

全混合日粮精准配置设备有以下特点：1 个全混合日粮加工单元配方所需精料、青贮、秸秆、苜蓿、水、菌液等的加工量自定、自动添加、自动称重，只需铲车供料，多台 TMR 可共用 1 套玉米精料添加系统；每个单元加工数据可保存、可传送，实现远程控制和数据的处理应用；配方中秸秆、苜蓿、精料、青贮、玉米采用各自减量后添加配置，水、菌液采用流量计计量；将水、菌液添加纳入 PLC 管理，首次在全日粮加工中自动化计量添加菌液。

（3）投料设备。小规模养殖场以人工饲喂为主（图 5-12）。中、大规模养殖场生产中常用投喂料机械主要是以柴油或电池为动力的 3 轮或 4 轮撒料车（图 5-13）。

新疆农业科学院农业机械化研究所畜禽养殖工程与装备技术团队围绕精准饲喂技术，在投料设备基础上研发全日粮精准投料设备，增设称重、自动控制系统、信息采集与反馈系统，实现肉羊养殖过程中全日粮的精确投送、圈舍识别与报警、信息采集与反馈。

2. 环境控制环节

（1）圈舍大环境。肉羊养殖场圈舍大环境调控主要是暖季通风换气和冷季保温增温，调控设备一般较为简易，多以羊舍门窗等自然调节为主。在新疆冬季最冷的三九时节，规模化羊场会加设电热风炉或燃煤热风炉来达到增温的效果（图5-14）。

图5-12　小规模养殖场人工撒料

图5-13　单边四轮撒料车

图5-14　圈舍内外加装加热设备

　　（2）羔羊生存小环境。新疆农业科学院农业机械化研究所畜禽养殖工程与装备技术团队针对冬季圈舍内温度低导致的羔羊感冒、腹泻致死率高问题，研发出温控羔羊岛，创建了1个适合10～15只羔羊趴卧休息的自动控温羔羊生活小环境，大幅度地提高了冬季初生羔羊存活率（图5-15）。

图5-15 温控羔羊岛

3. 粪污收集环节

（1）铲车舍内清粪。羊床漏粪地板下设置集粪池，粪污存满后，人工将漏粪地板拆除，用铲车将羊床下粪污铲除，然后再人工安装漏粪地板（图5-16）。在这种收集方式下，羊粪会在圈舍内储存较长一段时间，圈舍内有害气体尤其是氨气会增加，加大羊只生病概率。

图5-16 典型铲车清粪设施

（2）刮板清粪＋集粪池＋铲车、挖机取粪。羊床下设置刮板清粪设备，刮板将羊粪从羊床下刮出后，羊粪集中在圈舍入口的集粪池中（图5-17）。通过铲车或挖机定期将集粪池中的羊粪清理转运。这种收集方式需要在集粪池设计初期考虑铲车或挖机的工作尺寸。由于铲车和挖机体积较大，集粪池边角会储存余粪，清理不彻底。

（3）刮粪板＋二级输送、提升清粪设备。新疆农业科学院农业机械化研究所畜禽养殖工程与装备技术团队研发二级不锈钢输送、提升清粪设备

图 5-17 典型集粪池设施

（图 5-18）。将清粪通道刮出的粪污用水平方向的刮板设备进行收集以及水平输送，在端头使用二级刮板设备对粪污进行提升，最后装车转运。该二级粪污输送、提升设备主要由水平方向的刮板输送槽和输送电机以及斜向的提升刮板输送槽和提升电机组成，每段刮板输送部件分别用单独的电机控制，并且两段速率不同、刮板间隔不同，解决了单级刮板提升时转角处粪污堆积的问题，使水平输送和提升速率比更加合适、收集效率更高，最终实现粪污收集全程机械化。

图 5-18 不锈钢二级输送、提升清粪设备

（二）新疆肉羊养殖机械化应用分析

1. 存在的主要问题

（1）不同规模养殖场机械化普及率不均衡。少数大型规模化养殖企业有强大的资金支持，同时管理者具有先进的经营和管理理念，科技投入高，关键养殖环节机械化、自动化应用水平较高；多数中小规模养殖企业仍维持相对传统的作业模式，只是以简单的机械替代人力，人工作业仍然存在。

（2）不同养殖环节和工序的机械化程度差距大。不同规模养殖企业的管理者都认识到饲料加工机械是肉羊产业各项工作开展的基础。因此，诸如TMR、撒料车等饲料加工机械的应用率已达到 90％以上。但环境调控、粪污收集与处理等工艺步骤的机械化程度相对较低。部分小型养殖场采用自然通风，环境控制效果不明显；圈舍内漏粪地板应用普遍，但机械化清粪设备应用水平不高。

（3）各环节机械装备智能化水平低。部分大型规模化养殖场部分环节进行了设备升级改造，虽然实现了机械化、自动化作业，但是全产业链智能化、数字化水平仍有待提升。

2. 对策措施

（1）加快推进畜牧机械与多胎肉羊养殖工艺融合发展。加快推进机械装备与多胎肉羊养殖工艺相结合，从圈舍设计、栏舍结构、设施配套、品种选育、养殖流程等多胎肉羊生产工艺环节上，配套适用、实用、高质、高效的机械装备，最大限度提升机械化水平，达到机艺融合、相辅相成。

（2）加快推进多胎肉羊养殖各环节机械装备均衡发展。针对不同养殖场实际情况、不同的养殖工艺，采用"一场一策"的方式选型配套机械装备。通过关键环节机械装备的试验示范带动作用，增强养殖场更新机械装备的意识，弥补环境调控、粪污收集与处理等环节发展弱项，促进养殖各环节机械装备均衡发展。

（3）加快推进工厂化肉羊养殖全程机械化。加快推进饲草料收获加工与投送、环境控制、畜产品采集、病死畜禽处理、粪污收集处理利用等环节全过程机械化。提高中小养殖场（户）饲草料加工与投送、环境控制及粪污收集处理等环节机械化水平，补齐全程机械化短板。

（4）加快推进畜牧机械装备数字化、智能化升级。推进"互联网＋"畜牧业机械化，支持在肉羊养殖各环节重点装备上应用实时准确的信息采集和智能管控系统，支持鼓励养殖企业进行物联化、智能化设施与装备升级改造，促进畜牧设施装备使用、管理与数字化技术深度融合，从而提高农区肉羊养殖机械装备智能化发展水平。

三、新疆羊肉加工产业化发展情况

羊肉加工业是实现肉羊养殖业提质增效、农民就业增收、拓展肉羊养殖业产业链条、带动上下游产业发展的民生支柱产业，在国民经济发展中占有重要地位。大力发展羊肉加工业，是充分发挥新疆畜牧业资源优势、促进跨区域带动、延长产业链、实现肉羊养殖业成片连带发展的重要举措，是变资源优势为商品优势、培育主导产业、展现区域特色、形成优势产业的重要途径，是有效保障肉类供应、提高人民生活水平、保障食品安全的重要抓手，是补齐肉羊养殖业发展短板、促进畜牧业高质量发展的重要内容，是实施乡村振兴战略、实现"产、加、销"一体化融合发展的重要举措。

（一）新疆羊肉加工技术应用概况

羊肉加工共涉及 6 个环节，分别是屠宰分割环节、保质保鲜环节、精深加工环节、品质控制环节、包装环节、储运环节。本部分着重从屠宰分割、保质保鲜、品质控制 3 个关键环节进行介绍。

1. 屠宰分割环节

（1）羊胴体分割方法。

二分体分割法：将羊胴体沿脊柱中线纵向切成两片，或者沿着第 12 对肋骨与第 13 对肋骨之间的脊椎横向切成前半段和后半段两部分，得到二分体（图 5 - 19）。

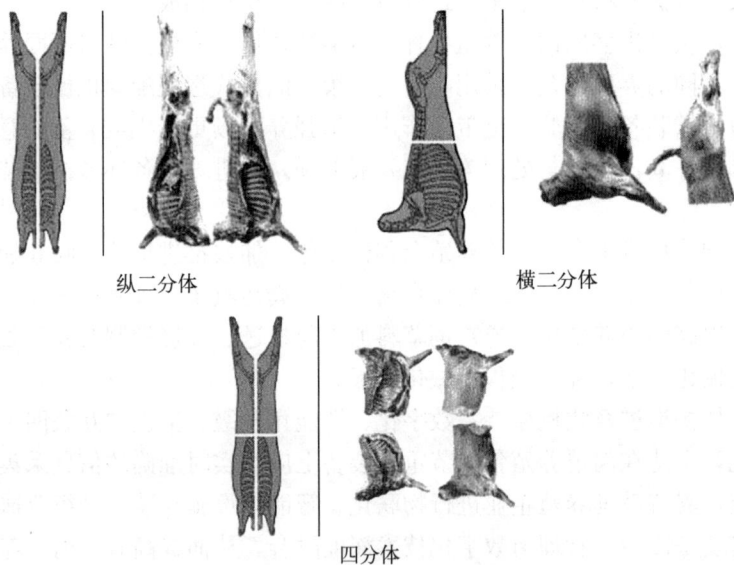

纵二分体　　　　　　横二分体

四分体

图 5 - 19　羊胴体分割示意图

四分体分割法：从二分体沿指定肋骨弓（第 6 根肋骨与第 7 根肋骨之间，或者腰椎与胸椎连接处）切至腹边缘，得到的前、后半部分（图 5 - 19）。

套叠羊胴体分割法：将胴体在腰荐结合处沿脊柱短轴方向切开胴体背侧缘，折断脊柱，把后腿折叠塞进胸腹腔后，得到套叠羊胴体。

（2）带骨羊肉分割技术。带骨羊肉有 13 种分割部位肉，分别是后腿肉、带骨臀腰肉、鞍肉、背腰肉、方切肩肉、肩脊排、前腿肉、胸腹肉、全肋排、

仔排、羊颈、前腱子和后腱子（图5-20）。在分割部
位肉的基础上，又派生了7种次分割部位肉，分别是
腰脊排、背脊排、法式肩脊排、腹肉、部分胸肉、法
式前腱子和法式后腱子。具体分割要求如下。

后腿肉：从二分体腰荐结合处直切至腹胁肉的腹
侧得到的后半部分，去除腹胁肉、淋巴结、腺体、外
周脂肪和腱尖。

带骨臀腰肉：从后腿距髋关节指定距离处垂直切
割所得到的前部分。

鞍肉：从羊胴体腰荐结合处沿脊柱中轴线垂直方
向从背侧切至腹胁肉的腹侧，从指定的肋骨处（第6
根肋骨与第7根肋骨之间）切断胸椎，再沿脊柱长轴
方向切至胸腹侧指定位置，切除前四分体后所得
部分。

背腰肉：从二分体第6腰椎切至髂骨头，再切至
腹胁肉的腹侧，在指定的肋骨处沿脊柱垂直方向切断
椎骨，切除前四分体，沿脊柱长轴方向距外脊腹侧指
定距离处切开，切除胸腹肉后所得的部分。在第13
胸椎处垂直切断后可得前、后两部分，分别是背脊排
和腰脊排。

方切肩肉：从前四分体第3颈椎和第4颈椎之间
切除羊颈，再从第1胸肋结合处沿脊柱长轴方向切除
胸肉和前腱子后所得的部分。

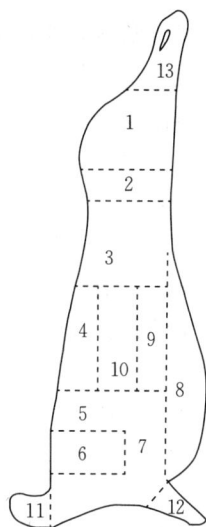

图5-20　带骨羊肉分割
　　　　示意图
1. 后腿肉　　2. 带骨臀腰肉
3. 鞍肉　　　4. 背腰肉
5. 方切肩肉　6. 肩脊排
7. 前腿肉　　8. 胸腹肉
9. 全肋排　　10. 仔排
11. 羊颈　　　12. 前腱子
13. 后腱子

肩脊排：从方切肩肉中剔除肩胛骨及其所附肌肉后所得的部分，包括肋
骨、胸椎和附着的肌肉，根据需要确定保留肋骨数量（5～6根）。剔除部分肋
间肌得到的产品即为法式肩脊排。

前腿肉：将前四分体沿肋骨与表层肌肉之间、肩胛骨腹侧与肌肉之间的自
然缝切开所得的部分，包括肩胛骨、肱骨、桡骨、尺骨以及附着的肌肉。

胸腹肉：从第1胸肋结合处沿背切线切除方切肩肉和前腿，再沿脊柱长轴
方向经腹胁肉切至腹股沟浅淋巴结处所得的部分。从第5根肋骨与第6根肋骨
之间直切可得到腹肉和部分胸肉。

全肋排：沿肋骨边缘切开，再沿肋骨和椎骨结合处切断所得的部分。

仔排：将全肋排沿腹侧切割线切除胸腹肉后，经修整所得的部分。

羊颈：从胴体第3节与第4节颈椎处（即方切肩肉的背切线位置）切开所
得的部分。

前腱子：从前四分体肱骨远端沿胸腹肉切除线切开得到的部分，包括桡骨、尺骨及所附肌肉。切除腱尖即得法式前腱子。

后腱子：从后腿膝关节处直切得到的部分，包括胫骨及所附肌肉。切除腱尖即得法式后腱子。

（3）羊胴体的价值计算器。羊胴体的价值计算器是一个基于 Excel 的计算软件，其基本功能是预测羊胴体分割产品的重量，为羊胴体分割产品定价，估算羊胴体分割产品的盈利。尽管计算结果仅供使用者参考，但价值计算器是一个非常有用的辅助工具。

价值计算器涉及以下几个基本概念。

a. 分割产品的胴体得率（％）。分割产品的胴体得率是指分割产品重量与胴体重量的比值。

$$分割产品的胴体得率（％）＝\frac{分割产品重量}{胴体重量}×100％$$

b. 胴体瘦肉率（％）。胴体瘦肉是指将胴体骨头、脂肪和其他不可食用的部分去除之后的瘦肉部分。

$$胴体瘦肉率（％）＝\frac{胴体瘦肉重量}{胴体重量}×100％$$

c. 胴体可销售产品率（％）。胴体可销售产品率是指可以销售的分割产品总重量与胴体重量的比值。

$$胴体可销售产品率（％）＝\frac{分割产品总重量}{胴体重量}×100％$$

d. 初分割产品和次分割产品。初分割产品是指从胴体上第一次分割下来的大块部位产品或者分割产品，而次分割产品是从大块部位产品中进一步分割得到的分割产品。当然，还可以对次分割产品进行再分割。

本书以羊胴体初分割为前四分体、中段和带臀腿三个大块为例，说明羊胴体价值计算器的基本算法。

在计算羊胴体价值时，需要输入基本参数，包括胴体重量、胴体等级等（表 5-10），以及分割产品名称、重量、批发单价等（表 5-11）。

表 5-10　胴体基本参数

指标	参数
胴体重量/千克	19.5
胴体等级	R3L
胴体成本单价/（元/千克）	43.5
胴体总成本/元	848.25

表 5 - 11 分割产品参数

分割产品名称	重量/千克	分割得率/%	批发单价/(元/千克)	产品价值/元
前四分体	7.58	38.85	48	363.84
中段	4.81	24.69	52	250.12
带臀腿	6.82	34.97	56	381.92

在完成基本参数的输入之后，羊胴体价值计算器就会给出计算结果（表 5 - 12）。从计算结果中可以看到：第一，羊胴体的总成本以及每个分割产品的得率和价值；第二，将全部分割产品汇总后，得到可销售产品的重量和得率，算出胴体的总价值、毛利润及毛利润率。

表 5 - 12 计算结果

计算项目	分割重量/千克	分割得率/%
可销售产品重量	19.21	98.51
总脂肪重量	/	0.00
总骨头和废弃物重量	/	0.00
总分割损失	0.29	1.49
胴体总成本/元	848.25	
胴体总价值/元	995.90	
毛利润/元	147.65	
毛利润率/%	14.83	

2. 保质保鲜环节 羊肉加工过程中要经过复杂的宰杀、预冷、成熟、分割加工和销售等诸多环节，持续时间长，环境因素变化大。如果控制措施不严格，就会造成产品的二次污染，严重影响羊肉的质量和货架寿命。因此，选择合适的宰后羊肉储藏保鲜技术尤为重要。

（1）真空保鲜技术。真空保鲜也叫减压保鲜，是将包装容器内的空气全部抽出，容器内处于高度减压状态，空气稀少，使得微生物没有生存的条件，以达到保鲜防腐的目的。

（2）气调包装技术。气调包装技术是调整环境气体的成分来延长肉品的储藏寿命和货架期的一种保鲜技术。其基本原理：在一定的封闭体系中，通过各种调节方式得到不同于正常大气组成的调节气体，以此来抑制肉品本身的生理生化作用以及抑制微生物生长繁殖。肉类气调中充入的气体通常有氧气、二氧化碳和氮气。

（3）保鲜剂保鲜技术。保鲜剂是指用来抑制微生物生长繁殖，防止食品腐败变质的添加剂。从来源上分，保鲜剂可分为化学保鲜剂和天然保鲜剂两类，均是通过控制微生物繁殖和蛋白质分解，来达到延长货架期的目的。化学保鲜剂主要有甲酸、乙酸、柠檬酸、乳酸及其钠盐、山梨酸及其钾盐等，以及臭氧、二氧化氯、维生素 E 等。天然保鲜剂根据来源可分为植物源保鲜剂、动物源保鲜剂和微生物源保鲜剂。植物源保鲜剂主要有香辛料提取物（八角、白胡椒、白芷、肉桂、丁香等），生姜、洋葱和大蒜提取物，茶多酚等。动物源保鲜剂主要有蜂胶、壳聚糖、乳铁蛋白等。微生物源保鲜剂是指由微生物产生的一类具有保鲜性的物质，如乳酸链球菌素、聚赖氨酸和纳他霉素等。

3. 品质控制环节 新疆羊肉作为高品质肉类，在国内市场越来越受欢迎。然而，产自特定地理区域的肉类或者肉制品，尤其是受原产地名称和地理标志保护的肉类或者肉制品，往往价格不菲，在市场上很容易被假冒。因此，探索可靠、科学的方法对新疆羊肉进行溯源非常重要。由于生物自身无法进行矿物元素的合成，必须从水、土壤、空气等周边环境中获得，在不同地域和不同的生物体内都会存在各自独特的矿物元素指纹特征，因此矿物元素指纹图谱技术被认为是鉴定食品真实性的有效指标。

新疆畜牧科学院畜产品加工技术团队基于电感耦合等离子体质谱的多元分析溯源技术，发现鉴别及区分皮山红羊的关键元素，验证矿物元素结合化学计量学是皮山红羊鉴别的重要手段之一，因此矿物元素指纹图谱技术可以作为标志性农产品鉴别及溯源的理想信息指标。

（二）新疆羊肉加工业发展分析

1. 存在的主要问题

（1）产业链条不健全。一方面，原材料供应不均衡。新疆现有标准化规模养殖场 5 000 多个，但仍不能满足加工业对标准化原料的需求。季节性出栏不均衡、优质饲草供给有缺口、产业发展物质保障能力不足等问题，导致原材料供应量波动较大，加剧了原材料供应不足。另一方面，羊肉产品精深加工转化增值率低。新疆肉类消费以生鲜肉为主，占比 80% 以上，羊肉精深加工不到 1%，畜产品加工率偏低，增值不足。产学研结合不紧密，社会化服务发展滞后，羊肉加工实用技术应用水平不高。

（2）基础支撑不坚实。屠宰场设施设备等条件存在短板。新疆区域内基本实现机械化的定点屠宰企业数量占比仅 10%。羊肉加工设备以及冷藏技术与发达地区相比，装备水平相对落后，存在生产效率低、耗能高、污染处理落后等问题。加工机械装备数字化、自动化和专业化方面的研究与应用还存在明显差距。

（3）产销环节成本高。新疆畜牧业产业化程度低，饲草、繁育、饲养等环节刚性成本投入大，生产周期长、生产效率低。肉类产品在储存、运输、配送、加工、销售等环节均需专用的冷链设施设备，流通环节成本占比高。与畜牧业发达省份相比，新疆远离中心消费市场，肉类加工原材料收购和畜产品销售半径过大，畜产品外销物流运输成本高，加之精深加工能力弱、附加值低，削弱了产品的竞争力。

（4）龙头企业带动作用不强。新疆现有200多家畜禽定点屠宰企业，产能利用率仅为30％～35％，落后产能占比较高，多数定点企业"吃不饱"问题严重。新疆规模以上肉类加工企业33家，缺乏肉类加工的领军龙头企业，产值达到10亿元的企业只有天康、泰昆集团两家，大多数企业实力弱、带动能力差。畜产品质量安全追溯、物流配送和产品标准体系不健全，品牌培育滞后，羊肉产品未能实现优质优价，制约了羊肉加工产业发展。

2. 对策措施

（1）加快建设标准化规模原料供应基地，提高供给能力。大力发展标准化规模养殖，扩大安全高效羊肉生产规模，以肉类加工产业结构调整引导农牧业生产，促进畜禽养殖的标准化、规模化，发展优质、安全的肉用畜禽养殖基地，建立可溯源的原料安全供给体系。努力实现肉类加工产能与养殖规模优势相适应，满足大众市场和中高端市场消费需求。

（2）加快改造升级标准化屠宰场，增强基础支撑能力。科学规划屠宰产能布局，推进加工产能向生产优势区域合理转移。积极引导一批规模化屠宰企业的标准化改造与升级，提高屠宰机械化、自动化、标准化、智能化水平，开展屠宰、加工、配送、销售一体化经营，加快推进肉品分类分级，扩大冷鲜肉和分割肉市场份额，提高精深加工产品比重，实现优质优价。

（3）加快推进拓展羊肉精深加工产业链，提高产品核心竞争力。扶持羊肉加工重点屠宰企业建设标准化预冷集配中心、低温分割加工车间、冷库等冷链仓储配送设施，发展繁育、屠宰、加工、冷链、配送、销售一体化经营。重点发展对行业有重大带动作用、具有自主知识产权的核心技术，促进产学研相结合，持续推进科技创新，提高加工企业产品创新、品质控制等环节科技水平，优化产品结构，补齐加工技术短板，提高产品核心竞争力。

（4）加快推进品牌打造和名特优产品认证，增强市场影响力。鼓励支持涉牧龙头企业主动融入中国（新疆）自由贸易试验区建设，用好"两个市场""两种资源"，借助政府品牌公信力、影响力，树立区域特色公共品牌，采用"标准＋认证＋质量＋品牌"方式，强化羊肉营销整体形象，培育区域特色明显、市场知名度高、发展潜力大、带动能力强的羊肉产品优质品牌。

第四节 新疆肉羊生产模式

一、地（州）创新产业发展模式，助推产业可持续发展

（一）阿克苏地区

1. 大力推广多羔种公羊，实施肉羊改良工程 全面开展以"提高繁殖率和产肉性能"为核心的肉羊改良工程，按照"整乡覆盖、整县推进"实施肉羊全面杂交改良，加快示范乡和示范村建设，以种公羊补贴措施调动养殖户换种积极性。2021年完成推广多羔种公羊 4 万只，已建立肉羊改良示范县 1 个、示范乡（镇）22 个、示范村 173 个、示范户 1.4 万户。

2. 推行规模肉羊养殖企业集约化工厂养殖 地区建成万只羊养殖基地 17个、千只羊养殖基地 205 个。

3. 多模式发展农区肉羊养殖

（1）"公司＋农户"发展模式。阿克苏市信诚牧业公司与农户合作养殖湖羊，公司按 30 只/户（怀孕 2 月龄的种母羊）＋1 只成年种公羊发放给农户，并对农户进行统一指导、培训，农户 3 年内向公司返还羊羔，公司按高于市场价 5%～10%回收养殖户所生产的断奶羔羊。

（2）"投母还羔""龙头企业＋二级繁育场良种扩繁＋合作社（农户）生产商品肉羊"发展模式。沙雅县陇原中天羊业公司负责给二级繁育场、养殖场（户）投放湖羊种羊，投放种羊的合作期限为 3 年，投放种羊按照母公比例为20∶1 和 30∶1，种羊投放后 2 年内养殖场（户）按照投放种羊 1∶2 的比例向公司返还活重 25 千克左右的公羔、母羔各 1 只，养殖场（户）在返还 2 只羔羊以外的羔羊设定保底回收价，公司进行统一供种、统一培训、免费服务、回收羔羊，政府出台贷款、保险、固定资产投资等优惠政策，推进公司与农户建立企农利益联结机制。

（3）农联体模式。由温宿县政府搭建平台，县、乡（镇）分管领导主导，联合龙头企业、合作社、家庭牧场、养殖大户、兽药、饲料、银行、保险、产品销售公司、乡（镇）农业服务中心等组织成立温宿县湖羊产业"农业经济组织联合体"，按照"七统一"，即"统一种羊供应、统一饲料供给、统一圈舍改造、统一技术服务、统一金融贷款、统一保险兜底、统一回收羔羊"发展肉羊产业。公司为养殖户提供技术服务，为农户羊只购买保险、统一饲料、降低成本、统一回收、建立全产业链，促进肉羊产业可持续发展。

（二）和田地区

1. 坚持四级架构肉羊产业发展方式带动增收 皮山县政府坚持"龙头企业＋基地＋合作社＋农户"的产业带动方式，将湖羊生产母羊发放给农户，为

农户配备杜泊、湖羊等公羊，生产杂交羔羊或纯种公羊，企业在羔羊断奶后高于市场价保底回购，平均回收价每只 750 元，回收 2 万多只，解决了农户饲养销售问题，带动了养羊户持续增收。

2. 积极推广多胎肉羊品种改良增收

（1）土种公羊换良种公羊推广品种改良。策勒县津垦澳群、于田县津垦牧业按照土种公羊换良种公羊的方法，淘汰农户杂交公羊，积极开展多胎肉羊品种改良，已替换农户种公羊 1 000 多只。

（2）建立种公羊站开展鲜精配送推广杂交改良。策勒县利用津垦澳群优秀种公羊多的优势建立种公羊站，开展实训班 4 期，培训县（市）技术人员 62 人，开展人工授精 5 000 多只。

（3）规范人工授精服务站推广品种改良。于田县投资 710 万元在 14 个乡（镇）建设 17 个绵羊人工授精配种服务站，推广肉羊品种改良工作。

（4）通过多胎肉羊示范工程推进养殖技术入户。和田地区农业农村局积极建设多胎肉羊示范点，辐射带动多胎肉羊养殖技术入户，推进肉羊产业发展。和田地区 8 个县（市）已建立多胎肉羊养殖示范乡（镇）18 个、养殖示范村 130 个、示范户 2 054 户，通过示范推广"四良一规范"综合配套技术，辐射带动农户开展肉羊科学养殖。

（三）喀什地区

1. 规范良种繁育中心运营　喀什地区下发了《喀什地区肉羊良种繁育中心羊只出栏（淘汰）技术要求》《喀什地区良种繁育中心生产运营风险预警方案》《喀什地区畜牧兽医局畜牧产业包联县市指导服务工作方案》，加强服务指导，落实考核制度，抓好收益分红兑现。

2. 坚持把良种繁育中心作为产业带农增收的主要抓手　以巴楚县"放母收羔"、麦盖提县"放母收犊"、莎车县"架子羊育肥"和家禽全产业链养殖等共同富裕模式带动庭院养殖，实现企业获益和农户增收的双重成果。

（四）巴州

以推进畜牧业供给侧结构性改革为主线，农区引进能较好适应本地气候性的多胎品种（湖羊、澳湖羊）或以地方品种（巴音布鲁克羊）为母本，以进口专用肉羊（杜泊、德美）或多胎品种为父本，开展纯繁、经济杂交，走"标准化规模养殖增量、产业化聚集发展提质、品牌化拓展市场增效"发展道路，利用杂交优势，最大限度地提高绵羊的产肉性能和通过纯繁提高繁殖性能，获取最大经济效益。尉犁县同富养殖农民专业合作社作为多胎羊（湖羊）纯繁示范点，存栏 1 万多只，通过开展同期发情、人工授精等，多胎羊繁殖成活率达 200% 以上，受胎率达 90%，已带动 131 户农牧民发展养羊业。

（五）阿勒泰地区

1. 制定肉羊产业发展规划 阿勒泰地区制定了《阿勒泰地区千万只肉羊发展行动方案》《阿勒泰地区肉羊产业"十四五"发展规划（2020—2025年)》。

2. 加大良种繁育基地建设 在阿勒泰地区东部的青河县和西部的哈巴河县，分别建立阿山农牧业科技有限公司和新疆北园春众联畜牧科技有限责任公司湖羊种畜场，提供多胎肉羊的种源保障。

3. 因地制宜建立多胎肉羊生产模式 大规模养殖湖羊采用分群饲养方式，高床养殖、漏粪板刮粪板，注重日常管理，加强疾病预防和淘汰，羔羊成活率高；中等规模依托原有圈舍发展湖羊的合作社模式、小户养殖模式。

二、县（市）探索联农带农模式，多措并举实现共赢

（一）"国有企业＋村集体领办合作社＋农户"产业发展模式

尉犁县积极探索"国有畜牧公司＋村党组织领办合作社＋农户"发展模式和利益联结机制，优化国有资本投向，由县国有资产投资公司注资成立畜牧公司，充分发挥国有畜牧公司资金优势，采用银行贷款、财政贴息等方式进行融资。同时，充分发挥村党支部组织管理、上下沟通、整合资源、承上启下等优势。对上，做好与国有畜牧公司对接，由畜牧公司对接疆内外大型养殖企业、饲草料种植加工企业和兽药生产企业，为合作社和农户统一采购优良品种牛羊、优质饲草饲料和质优价低的兽药，扶持村党组织领办合作社和农户扩大存栏量，在降低生产成本的同时，确保了投入品质，解决了投入资金短缺、资金筹措渠道有限、融资困难、养殖成本高、效益低的问题。对下，充分发挥村党组织领办养殖合作社的核心力、凝聚力、号召力，利用村党支部领办合作社科普培训功能，将合作社打造成养殖实操培训学校，以"跟班实践"的形式以劳代训，加大养殖理念、养殖模式、养殖技术复制推广力度，带动培育农户科学化养殖，稳步提升集中养殖、庭院养殖产能。将土地流转后分散的富余劳动力、有发展养殖意愿的农户聚集在村党组织的周围，充分调动其积极性，引导他们主动参与养殖活动，变"要我干"为"我要干"，将自身劳动转化为经济效益，逐步实现农牧民养殖高素质化、工厂化，快速推动尉犁县畜牧业产业化进程，实现村民在村里由村党支部管、在外由合作社管的双重管理，走出一条既强村又富民的共赢之路。尉犁县累计从大型养殖企业引进优质湖羊1万多只，带动培育生产母羊存栏80～100只及存栏100只以上的养殖户400多户。

（二）"企业＋示范基地＋专业合作社＋养殖户"产业发展模式

由肉羊养殖企业采用养殖托管、投种还羔、就近择业等多种方式，带动周边农户发展肉羊养殖，实现企业发展、农民增收、产业增效三方共赢格局。乌

什县依托新疆振鑫农牧科技发展有限责任公司，采用"公司＋示范基地＋专业合作社＋养殖户"的模式，由公司提供养殖专业技术指导服务，发挥示范基地作用，为周边养殖户开展养殖实训；公司通过合作社联动，将公司适龄母羊寄养于周边养殖户，1年后以1∶1的数量由养殖户归还企业羊羔。企业每年带动1100户农户，解决40多户就业问题，增加农户收入1200万元。

（三）"政府＋企业＋合作社＋养殖户＋金融机构"发展模式

按照"突出发展农区养羊业，以提高繁殖率和产肉性能为核心发展多胎（多羔）肉羊，打造新疆多羔肉羊优势区"的发展定位，沙雅县通过招商引资引进龙头企业，采用"政府补贴＋龙头企业提供种羊＋二级繁育场良种扩繁＋合作社（农户）生产商品肉羊＋饲料统一供应＋屠宰企业订单回收"引育繁推一体化、种羊加销售一条龙的发展模式，构建起"政府＋龙头企业＋合作社＋农户＋金融机构"羊产业发展联合体；按照"投种还羔"模式，建立了"湖羊种羊场供应种羊、二级繁育场快速扩充种群、养殖场（户）生产商品肉羊"为核心的肉羊产业发展三级繁育推广体系，已建设1座万只湖羊种羊场、5座万只湖羊二级繁育场，培育湖羊养殖示范户2000多户和"大合作小联户"36个联户单元，带动沙雅县肉羊产业发展壮大，综合生产能力持续增强。

（四）"放母收羔"产业发展模式

采用"企业＋基地＋农户"产业发展模式，企业向农户提供35千克以上的适龄母羊，并提供防疫、繁殖技术服务。农户将生产母羊所产羔羊饲养至15千克以上，企业按照市场保护价上门现金收购，并在育肥基地统一饲养、育肥、屠宰销售。

（五）"四员＋六统一"产业发展模式

每村配备不低于2人的村级技术服务队伍，通过培训综合发挥村级动物防疫员、农户服务员、保险协理员、银行信贷员"四员合一"作用。通过龙头企业带动，实行"统一养殖品种、统一技术服务、统一防疫措施、统一提供饲料、统一商品回购、统一纳入保险"的"六统一"发展模式，实现龙头企业带动农户，技术服务队伍全程服务保障，推动肉羊产业规模化、标准化发展。

（六）"放母归羔"产业发展模式

采用"总场龙头企业＋乡（镇）分厂＋村合作社＋养殖大户"的四级架构，企业引进纯种多胎羊进行扩繁，将怀孕母羊下放给养殖户，实行"六统一"养殖，2年3胎，繁殖成活5只羔羊，其中1只给企业，其余4只归农户所有，每只母羊每年带来的效益达600元以上。同时，企业将育肥羔羊投向有意愿发展育肥的农户，农户育肥2～3个月后，企业回收或农户自行到市场出售，农户可收益300元/只以上。

三、企业健全联农带农机制，提升联农带农成效

（一）新疆麦腾牧业科技发展有限公司"公司繁育＋农户育肥"模式

公司开展繁育生产，将 90 天体重达 25 千克的羔羊以 700 元/只的价格给农户育肥 4～5 个月（成本 400～500 元/只），体重达 50 千克左右时，公司保底价回收（28 元/千克×50 千克＝1 400 元），育肥期所用全混合颗粒饲料以成本价在企业购买，1 只羊挣 100 元左右。

优点：公司繁育可以实现 45 天断奶，2 月龄公羊体重 19 千克、母羊体重 17 千克，避免了农户繁育中出现的产弱羔、羔羊死亡率高、增重慢（农户羊 60 天断奶，体重 8～10 千克）问题。缺点：农户育肥需要科学的饲养管理、营养搭配和日粮配方，羊吃得多，饲料投入高，部分育肥户存在不舍得给料、羊生长速度慢、育肥效益低的问题。措施：加强育肥技术指导，鼓励经纪人、有育肥经验和爱好育肥的农户进行规模批次育肥，同进同出，实现快进快出，增加育肥效益。

（二）皮山县西域沐羊人农牧科技有限公司"放母收羔"模式

一是严把养殖户关。养殖户需符合"五必须"（必须是自愿、有暖圈、有劳动力、有地、有资金）。二是严把母羊关和羔羊育成关。母羊统一配种后发放给农户，母羊按照精细化管理要求饲喂，羔羊 45～60 天体重达 15 千克以上时以 700 元/只（2021 年体重 13 千克以上公羊 950 元/只，母羊 900 元/只）销售给公司，公司高于市场价或托底收购，此种饲养模式下，公司胎次繁殖成活率 210％。

优点：①农户养殖积极性高，管理精细，羊繁殖成活率高（平均胎次繁殖成活率 160％）；②农户养到 2 个月后以高于市场价格卖给公司，有利于农户迅速周转资金，减少后端育肥阶段的高采食量高饲料成本投入压力；③公司进行集中育肥（公司建有育肥场），均衡出栏，商品率高，若是农户育肥，资金需求大，部分农户会偷工减料，羊体重达不到要求，不能快速出栏；④公司托底收购，减少了外来羊低价格对本地羊的冲击，避免了市场价格紊乱，防范了风险。

（三）和田地区津垦牧业科技有限公司"总场＋扩繁场（13 个乡）＋农户"三级架构模式

总场存栏羊 10 万只，其中纯种湖羊 3 万只，是全国 7 家核心育种场之一。一是开展土种公羊换良种公羊推广品种改良，淘汰农户杂交公羊，已替换农户种公羊 700 多只。二是建立种公羊站开展鲜精配送推广品种改良，公司负责培训兽医站及村级动物防疫员开展人工授精并提供鲜精及人工授精材料。三是推广"总场＋农户"带动模式，总场繁育的 3～3.5 月龄、体重达 35 千克的羊以

1 100元/只价格卖给农户，农户育肥2个月，体重达50千克，以1 500～1 600元的价格销售，1只羊挣200元左右；对于自繁自育农户，乡兽医站经过企业培训后，收取农户30元技术服务费用，确保受孕，农户繁殖成活率有保障。

四、养殖户精准饲养模式，提高养殖效益

经过近几年的发展，新疆涌现出一批多胎羊（杂交羊）的养殖大户，其本身具有养殖基础，有圈、有劳动力、有钱、有地，且管理精细、善于探索、积极性高、效益明显，值得借鉴。

（一）通过杂交提高多胎性

阿勒泰地区富蕴县养殖户马苏别克2017年购买1只小尾寒羊母羊，与阿勒泰公羊杂交，5年产7胎，共产羔21只，成活15只。经过多年的适应，后代已适应当地环境，饲喂玉米、苜蓿、青贮饲料，平均饲料成本为2～2.5元/（羊·天）。

经验分析：户主注重羊的营养和饲养管理，认为杂交羊好、产得多、长得好、适应性强，表示会一直养下去。

（二）注重饲养管理＋羔羊短期育肥出栏

麦盖提县希依提乡1村多胎羊养殖户（"公司＋农户"模式）2021年7月购买40只母羊（3 150元/只），9月产羔80只，死6只；2022年1月出售40多只6月龄羊，平均50千克/只×32元/千克＝1 600元/只；2022年5月产第2胎，死了4只母羊，35只母羊产羔80只，死2只。经济效益核算：1只母羊1年繁殖成活3只羔羊收入4 800元－母羊1年成本1 540元－羔羊育肥成本600×3只＝1 460元利润。

经验分析：该户注重饲养管理和营养，尤其是羔羊育肥，也能根据市场价格及时育肥出栏，周转快，养殖效益好。

（三）符合"五必须"条件＋企农利益联结机制完善

和田地区皮山县皮西纳乡6村养殖户努尔艾合买提加2020年10月购买20只母羊（2 240元/只）和1只湖羊种公羊（5 000元）。2021年4月第1胎产羔45只，死6只，45～60天体重13千克以上时卖给企业（母羔900元/只，公羔950元/只）；2022年2月产第2胎，产38只，死3只，全卖。2021年，1只母羊1年挣1 500元，2022年上半年羊价低，1只母羊1年挣1 000～1 200元。

经验分析：符合农户自愿养殖、有7亩地（种小麦和玉米）、有劳动力、有暖圈（80 m²）、有一定的经济实力（前期贩羊有收入）5个条件；农户自身有技术，会养，多胎羊生得多，发情快；技术服务跟得上，当羊群发病时，可以得到及时治疗；企业以高于市场价来收购，养殖户不用担心市场羊价下跌赔

钱，养殖积极性高，养殖效益明显。

（四）科学饲养管理＋拓宽销售渠道

和田地区墨玉县萨依巴格乡沿河村努尔买买提·库尔班购买湖羊母羊 18 只，已产羔 3 胎并成活 105 只。目前，存栏羊 70 余只，其中生产母羊 50 余只。

经验分析：该户注重羊的日粮搭配，母羊精料中添加了各种维生素、微量元素，羔羊从产羔当天后饲喂代乳粉至 1 个月，羔羊饲养管理精细，羔羊成活率高达 100％；注重销路，2022 年 6 月，当其他养殖户以 700～800 元/只的价格卖 6 月龄羔羊时，该户以 1 200 元/只的价格销售，远高于其他养殖户的销售价格，同时户主联合其弟弟经营烤肉店，将羊屠宰后，以鲜羊肉进行销售（烤肉），保证了在羊价大跌的情况下，养殖收益不减。

（五）精细化饲养管理＋高繁殖成活率

于田县木喀拉镇养殖户买吐尔迪·买买提 2020 年养殖扶贫项目发放的澳湖羊 16 只，又陆续购买澳湖羊 30 只，2020 年 8 月第 1 胎产 37 只，成活 35 只；2021 年 5 月产第 2 胎，产 40 只，成活 35 只；2021 年 12 月产第 3 胎，成活 36 只；第 4 胎在产。

经验分析：产 4 只羔羊的，留 2 只，2 只以 300 元左右的价格处理掉，卖给家里产羔 1 只的羊代乳；6 月龄活重 35～40 千克的公羔全卖；家庭有劳动力 2 人从事养羊，有 10 亩地（自己有 1 亩地，再租赁 9 亩地，种植玉米）；饲喂颗粒料，减少饲草料浪费，提高增重速度；精细化管理，早晚各饲喂 1 次，羊患病了会用药，夏天通过洒水降温，减少炎热对羊的影响。

第五节　新疆羊产品及饲料价格分析

一、活羊价格波动明显

近年来，新疆活羊价格上涨明显。监测数据显示，2016—2023 年，新疆活羊均价由 19.67 元/千克涨至 28.18 元/千克，增长幅度在 43％。2020 年之后，活羊价格稳定在 30 元/千克，2021 年 5 月活羊最高价与 2016 年 10 月最低价相比，相差近 17 元/千克，养殖收益较好。2021 年 5 月开始，活羊价格呈高位下行趋势，至 2023 年 12 月，活羊价格跌至 26.9 元/千克。2021 年，活羊调运受到疫情防控影响，价格下行。2023 年 7 月起，国内畜产品价格普遍下跌，尤其受疆外调入大量肉羊影响，新疆羊肉价格持续下行，低于同期全国羊肉均价 10～15 元，养殖效益下滑（图 5-21）。

从区域分布来看，南疆活羊价格普遍高于北疆，主要是由于北疆牧区天然草原较大，牧区养殖成本较低；而南疆养殖主要以舍饲养殖为主，养殖成本较高，且受南疆地区饮食习惯等因素影响，南疆地区活羊交易价格较其他区域偏高（图 5-22）。

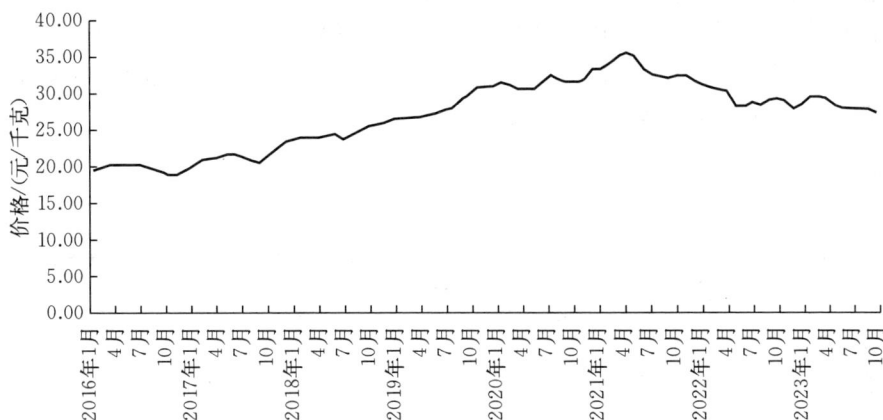

图 5-21　2016—2023 年新疆活羊监测价格变化情况

数据来源：根据新疆 16 个农业农村部价格监测县（市）数据整理计算。

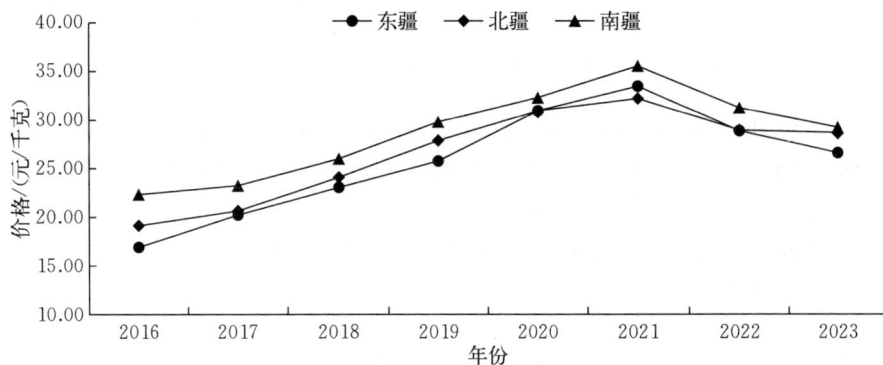

图 5-22　2016—2023 年新疆分区域活羊监测价格变动情况

数据来源：新疆 16 个农业农村部价格监测县（市）数据整理计算。

二、羊肉价格波动明显

2013—2023 年，新疆羊肉均价由 61.01 元/千克涨至 64.97 元/千克，增长 6.5%。近 10 年中，羊肉价格总体呈现"跌—涨—跌"的趋势。第一阶段为 2014—2016 年，羊肉价格呈现大幅下跌趋势，下降幅度达 28%，羊肉价格一度下跌至 2016 年 11 月的 41.29 元/千克。这主要是由于 2014 年上半年，新疆、甘肃、内蒙古、宁夏等省份接连暴发小反刍兽疫，对肉羊产业造成了较大的冲击。第二阶段为 2017—2021 年，羊肉价格逐渐回暖，羊肉价格持续上涨，

2021 年羊肉均价达到 75.12 元/千克，与 2016 年羊肉均价相比，价差达 30 元/千克上下。这与旺季的市场需求有着直接的联系。加之各地不断出现的非洲猪瘟疫情，也让羊肉成为猪肉的替代品，导致羊肉需求增加，价格上涨。第三阶段为 2022 年至今，该阶段的羊肉价格呈现下跌趋势，由 2021 年末的 75.12 元/千克下降至 2023 年 10 月的 61.46 元/千克。这主要是源于牛肉价格下跌所产生的替代效应（图 5-23）。

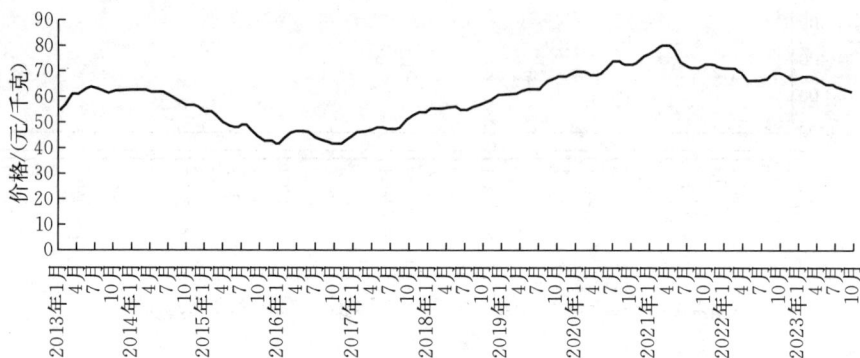

图 5-23 2013—2023 年新疆羊肉监测价格变动情况

数据来源：新疆 16 个农业农村部价格监测县（市）数据整理计算。

从区域分布来看，新疆 16 个价格监测点数据显示，北疆羊肉价格普遍低于南疆（图 5-24）。主要是由于北疆牧区广阔，养殖成本较低；而南疆的养殖成本较高，且南疆地区人口基数大，肉食消费结构单一，特别是近年来脱贫增收成效显著，居民可支配收入不断提高，羊肉市场消费需求增长快，拉动羊肉价格不断增长。

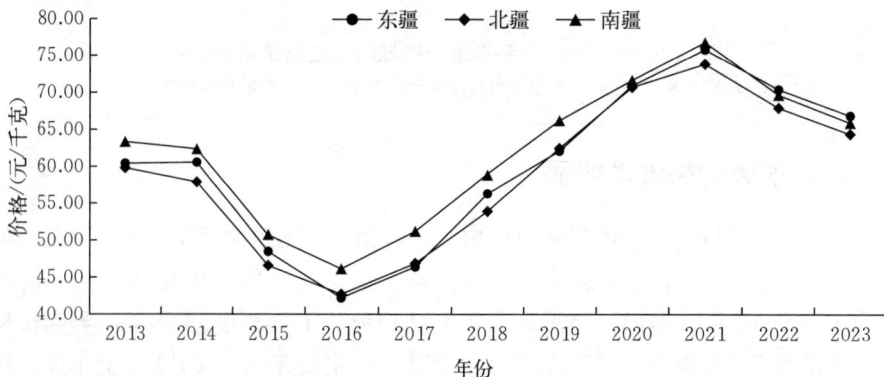

图 5-24 2013—2023 年新疆羊肉分区域监测价格变动情况

数据来源：新疆 16 个农业农村部价格监测县（市）数据整理计算。

三、饲料价格整体上涨

新疆 16 个农业农村部价格监测县（市）数据显示，新疆饲料价格总体平稳，玉米集贸市场价格由 2013 年的 2.27 元/千克上涨至 2023 年的 2.77 元/千克，上涨 22%；豆粕由 2013 年的 4.81 元/千克上涨至 2023 年的 4.91 元/千克，上涨 2.1%；小麦麸由 2013 年的 2.03 元/千克上涨至 2023 年 2.64 元/千克，上涨 30.05%（图 5-25）。随着饲草料价格的上涨，特别是南疆地区缺少集中连片的饲草种植基地，饲草料多数从北疆或其他省份购进，运输成本助推饲草价格上涨。新疆苜蓿、青贮玉米等优质饲草总量偏少，主要用于奶牛和肉牛肉羊生产母畜养殖。牛羊育肥和散户养殖以"精料＋秸秆"的饲喂方式为主。南疆地区受水资源短缺等因素影响，增加优质饲草种植面积难度较大，跨区、跨省调运饲草成本高，调入饲草来源不稳定，导致养殖成本居高不下。

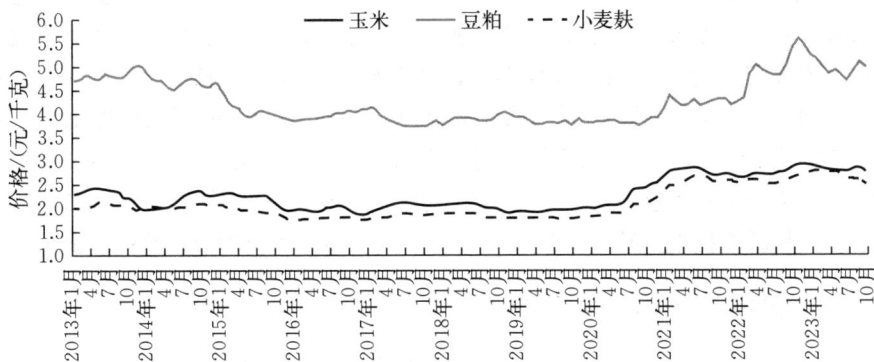

图 5-25　2013—2023 年新疆饲料监测价格变动情况
数据来源：新疆 16 个农业农村部价格监测县（市）数据整理计算。

第六节　存在的主要问题

一、产业发展科学谋划不足

部分地（州）、县（市）没有充分考虑当地资源禀赋、人员素质、技术支撑、企业发展活力等多方面因素，导致未能合理制定产业发展规划，未能形成党政齐抓、干群齐心推动肉羊产业发展的良好局面。在重点项目支撑产业发展上，存在科学论证不足、贪大求快、盲目铺摊子上项目的现象，没有充分认识到产业发展的内在规律，以及产业发展是一个长期持续培育的过程。缺少应对市场波动和产业波动时的管理措施。通过产业集群化等发展，向大品种、大品牌、大产业发展的步伐亟须加快。

二、经营主体实力不强

本地龙头企业少，整体实力仍偏弱，带动能力不强；引进的龙头企业受政策、市场、环境、平台等因素影响，发展肉羊产业的信心和决心不足。合作社管理人才缺乏，制度化管理和市场化运营能力不足，"僵尸化"合作社问题依然存在。坚持共建共治共享的原则发展村集体经济的思想还未形成，自主发展的意识和能力较差，主要依赖政府、驻村工作队等托举发展，带动农牧民增收的作用不明显。养殖户规模小，科学饲养管理跟不上，养殖效益不明显。

三、政策支持体系不完善

资金支持还有不到位的地方，对比先进省份发展经验，充分利用财政衔接资金、涉农整合资金，从圈舍建设、品种引进、饲草收储、技术服务、机械购置、价格保护、屠宰加工、贩运外销、品牌建设等方面对肉羊产业全产业链进行奖补扶持。相较而言，新疆在技术服务、价格保护、贩运外销、品牌建设等方面仍有明显不足。政策延续性不强，随着肉羊产业的发展，大部分地（州）都结合自身实际出台了支持产业发展的政策，实施期内发挥了积极作用。但受资金来源等因素影响，政策取消后对产业发展产生了一定制约。金融扶持仍不健全，受养殖不动产抵押难、畜禽养殖风险高、损失大等影响，养羊业贷款难、融资贵、贷款担保机构缺乏、政策性保险不足、商业性保险匮乏等问题突出。

四、良种繁育体系不完善

新疆现有羊品种 20 多个，区域内的主导品种不突出，对统一组织技术服务、生产销售、产品加工、品牌打造都带来了较大难度。同时，肉羊繁育体系不健全、不完善，肉羊育种周期长、投入大，育种企业对肉羊选育培育积极性不高，大部分良种繁育中心（站点）运营困难，良种供种能力提高缓慢，难以满足用种需要。人工授精比例低，良种的推广应用对肉羊产业发展支撑作用不强。品种培育与经济杂交统筹不够，对经济杂交重视不够，忽视了经济杂交是增肉提质见效最快的技术措施。

五、饲草种植加工不足

新疆饲草料种业发展滞后，与棉花以及其他经济作物相比，饲草种植比较效益低，以苜蓿为例，用水量大且每年收益仅 300 元/亩左右，与棉花每年收入超过 1 000 元/亩相比，种植效益差距明显。围绕养殖业调整种植业结构难度大，优质饲草料基地建设滞后。饲草料种植缺乏精细化生产管理，生产规模小，机械化程度低，产业链配置不全。现有饲草资源的利用率低，养殖户缺少开展青贮制作及"长草短喂"的积极性，技术推广普及率不高，利用方式单一，造成一定程度的浪费。

六、科技服务偏弱

科技研发与区域经济融合还不够紧密，肉羊规模养殖的料肉比、产肉力、繁殖率、成活率等关键指标都低于其他省份，影响到新疆肉羊产业的比较优势，品种培育、数智化、疫病防治等关键技术亟待突破。肉羊养殖实用技术应用不足，面向农牧户培训形式单一，成效不明显。实用实效技术进场入户的"最后一公里"还没真正打通。技术服务力量不足，技术服务覆盖面窄、水平不高，畜牧兽医机构改革后乡（镇）站点被挤占挪用问题突出，人员队伍流失严重，缺口大。

七、企农利益联结不紧密

龙头企业、合作社、养殖户之间利益联结松散，并未形成"利益共享、风险共担"的肉羊产业联合体。"龙头企业＋合作社＋养殖户"利益联结模式下，经营主体之间分工不专业、合作不紧密。龙头企业联农带农政策压力大、市场作用小，主动性、积极性不高；合作社自身运营管理问题较多，承上启下的联结作用发挥不足；养殖户处于弱势地位，饲料生产、屠宰加工、销售等环节在产业链价值分配中的占比较大，养殖环节价值分配的占比较小，且承担较大的市场风险，养殖收益得不到有效保障。

八、产业延链增值不够

肉羊生产经营组织化程度低，产业规模效应、集聚效应不明显，农牧结合、林牧结合、种养循环等发展理念有待加强。部分地区追求设施建设，忽视具体运营，屠宰场产能过剩、开工不足。羊肉加工转化率、增值率低，羊皮、羊肠、羊头等副产品的收入在全羊销售收入中占比低。地方特色羊肉等产品具有一定的认可度、美誉度，但市场营销体系不健全，产品加工工艺落后，未能形成有效的市场竞争优势。

第六章
新疆肉羊生产经济效益评价及影响因素分析

第一节 不同肉羊生产方式经济效益评价及影响因素分析

经济效益是畜牧产业发展的动力。以满足家庭需要为生产目的的自给型畜牧业难以产生较好的经济效益，只有生产商品、面向市场且以盈利为目的的商品型畜牧业才是肉羊生产的基础。肉羊生产经济效益分析模型的构建及其影响因素的分析研究，可为新疆肉羊产业发展提供重要的理论支撑和现实依据。

本研究以巴州、阿克苏地区、克州、喀什地区、和田地区5地（州）农牧区的肉羊养殖户为调研对象，分析研究农牧区肉羊生产经营方式，分析评价不同生产方式下肉羊养殖的经济效益、影响因素，并构建分析模型。结果表明，肉羊生产的经济效益为牧区"放牧＋补饲"＞农区"茬地放养＋舍饲"＞牧区"放牧＋舍饲"；在现有生产水平下，提高繁殖率及羊只销售价格，降低羔羊死亡率及饲喂成本，均可明显提高其养殖经济效益。

一、肉羊生产经营模式分析

（一）生产方式分析

实地调研发现，南疆地区的肉羊养殖主要采用"放牧＋补饲""放牧＋舍饲""全舍饲"生产方式。牧区、半农半牧区主要采用"放牧＋补饲""放牧＋舍饲"的生产方式。农区主要采用"全舍饲""舍饲＋农茬地"的生产方式。不同的生产方式决定了肉羊养殖的规模、繁殖率、饲草料成本、品种改良及生产管理。

1. "放牧＋补饲"生产方式 "放牧＋补饲"是牧区的主要生产方式。牧民主要采用四季游牧的形式，即牧民夏秋季在夏秋牧场放牧，冬春季在冬牧场放牧，部分牧民到冬季为节约饲喂成本而租用农茬地进行放牧。每年牧民在各季草场之间转场，需要辗转几十千米甚至几百千米，往往是夏秋季喂得不错，经过转场再经过冬季，牲畜掉膘严重。这种生产方式主要依靠天然草场放牧，一般在冬春季草料不充足的情况下才会补充一些饲草料，以确保家畜能够安全度过危险期来勉强生存，经济损失难以估量。"放牧＋补饲"生产方式主要特点就是饲草料成本较低，但是存在许多不利因素。例如，抵抗自然灾害的能力较弱，家畜生产力低而不均衡，经营管理粗放。一旦遭遇灾害性天气，将会给牧民造成不可弥补的损失。为改变这种状况，国家提出了牧民定居工程项目，随着牧民定居工程项目的实施，南疆不少牧民由过去的游牧生活方式转变为定居生活方式；而随着牧民生活方式的转变，生产方式也随之发生改变，逐步由"放牧＋补饲"逐渐向"放牧＋舍饲"转变。

2. "放牧＋舍饲"生产方式　近年来，随着牧区人口不断增长的压力，促使牲畜饲养量不断增长，因而草场超载过牧引发的草地退化问题日益显现。国务院常务会议决定，从 2011 年起，新疆、内蒙古、青海、西藏等主要草原牧业省份全面实施草原生态保护补助奖励机制。牧民定居，能够实现农牧结合，增加饲养能力，减轻天然草地压力，防止草地继续退化；能够提高牲畜生产性能，加快周转，提高牧民的经济收入；能够改变牧民的生产方式，从而提升草原畜牧业转型的步伐。"放牧＋舍饲"生产方式是当前牧区和半农半牧区的牧民普遍采用的一种生产方式。随着大多数牧民的定居，棚圈、人工饲草料地配套建设，牧民逐渐由四季放牧向暖季放牧冷季舍饲的生产方式过渡；"放牧＋舍饲"生产方式有效解决了冬季饲草料不足的问题，以及牲畜夏季放牧增膘、冬季掉膘的问题。

3. "全舍饲"生产方式　"全舍饲"生产方式是农区畜牧业主要的生产方式。"全舍饲"生产方式能够充分实现农牧结合，经营管理较为细致，畜牧业生产水平较高。"全舍饲"比放牧的生产方式优越：首先，牲畜在舍饲条件下可免受自然灾害直接袭击；其次，农区的种植业为畜牧业发展提供充足饲草料资源，畜牧业反过来又为种植业发展提供畜肥和动力资源，构成一种良性循环的生产体系；最后，农区比牧区更接近畜产品消费市场。舍饲可以使羊只完全处于人为的管理保护之下，免受外界的突然侵袭，可按人的计划给饲料，从而获得高效益。但是，舍饲圈养的饲养成本较高，肉类产品的食用口感比放牧的差。舍饲的羊运动少，食欲差些，采食量少些，对饲养技术要求高。并且，羊舍太小，常因潮湿、通风不良引发疾病。

（二）经营模式分析

畜牧业发展的重要指导思想是"改造和提升传统畜牧业，开拓创新现代畜牧业"。南疆积极响应国家和新疆扶持畜牧龙头企业、畜牧业经济合作组织、家庭牧场发展的有关政策，鼓励农牧民尝试以股份制、联户制为主体，以大户制、代牧制为补充的畜牧业经营模式。这些经营模式是当地生产关系适应生产力发展要求的必然产物，对于促进畜牧业发展发挥了积极作用。

1. 家庭牧户经营模式　家庭牧户经营是以草场和牲畜的家庭经营（散户）为基础，以家庭自食和活畜出售为目的，小规模经营，实行自主经营、自负盈亏的模式。但在市场经济体制下，牧民的小规模生产模式与千变万化的大市场存在着矛盾。家庭经营的地域性、分散性和自然经济性决定其存在技术含量低、生产盲目性大、抗御风险能力差、综合生产成本高和经营效率低的缺陷。在生产资料市场上，作为供给的一方是垄断和集中程度很高的工商资本，作为需求的一方是小规模分散经营的牧户家庭，牧民在购买生产资料方面处于不利的竞争地位。

2. 联户经营模式　联户经营模式本质特征是在草原家庭承包制度的基础上，以地缘或血缘关系为纽带，2个或2个以上牧户按照自愿、平等、互利的原则，将所承包的草场和牲畜进行联户经营，以达到提高劳动效率和增加牧民收入的目标。联户经营的类型：一是草场和牲畜联户经营模式。牧户在家庭经营的基础上，在区域范围内，按草场流转租赁和牲畜有偿承包形式的联户经营，分为从事畜牧业生产户和从事二三产业户。二是联合放牧联户经营模式。2个或2个以上牧户，将所承包的草场实施联户经营，并对联户经营的草场合并使用，由一户负责放牧或者轮户放牧，其余劳动力可以从事其他工作。三是专业化联户经营模式。牧户在机械、饲草料种植、牲畜改良、羔羊育肥、对外技术服务等方面进行联户经营。南疆最常见的联户经营模式是在一定范围内的相邻几家牧户或亲属自愿联合，将牲畜合并一起联合放牧，并将草场合并一起共同有计划地利用，还处于比较初级的联户经营模式。

联户经营的优点：一是草场流转租赁形式的联户经营模式，在一定程度上可推动牧区人口转移进程，有效地促进牧民多元增收，使草场集中到善经营、懂技术、会管理的能人手中，为牧户专业化特色经营创造了条件。二是可科学合理规划利用草场资源，减少生产投入，促进牧民增收，达到保护草原生态和发展畜牧业的目的。三是可有效整合劳动力资源，为剩余劳动力从有限的土地中解放出来从事二三产业提供空间，实现牧民多渠道增收。四是通过联户经营，可降低牧户生产成本、提高销售价格、提升畜牧业生产的科技含量、促进牧民收入的增加，同时，可增强牧户抵御自然灾害的能力。五是联户经营模式可使牧民组织化程度进一步提高，牧民之间的分工更趋合理，有利于培养出更多的牧区经纪人、管理人才和牧区能人。但其先天弱势和缺陷也是显而易见的：其一，这种模式与已经大举进驻畜牧业领域的大资本相比，没有平等谈判的条件，缺乏发展的自主空间和自由度，只能充当涉牧大资本的附庸和掮客。其二，依靠其自身力量无法突破先天的发展瓶颈——资金、科技等生产要素和劳动者素质不足等因素的制约，其经济活动能力也只能局限于生产原材料或粗加工包装的原始领域，很难延伸其畜牧业产业链进入现代化畜产品加工业。其三，其先天孱弱的实力无力抵御自然灾害和市场风险。

3. 合作社经营模式　牧民合作社是在家庭承包经营基础上，同类畜产品的生产经营者或者同类畜牧业生产经营服务的提供者、利用者，围绕畜牧业生产或畜产品加工、销售，按照自愿、互助原则组织起来，在技术、资金、购买、销售、加工、储运等各个相关环节开展互助合作的组织。2002 年，在自治区党委、政府召开畜牧业工作会议的推动下，南疆牧区不少地方出现牧民自愿组织的各种形式的经济联合体。这些合作组织大多以人力、牲畜、草原等资源入股，形成股份制合作牧场、养殖场，或以 3～10 户不等的农牧民通过协商，暖季统一组群放牧，冬季分户饲养。在市场经济条件下，合作社是牧民进行自我服务、自我发展、自我保护的一种行之有效的组织形式。

"龙头企业＋合作组织＋牧户"模式密切了畜牧业产业化经营各环节的利益联结机制，使产业化链条更完整、更紧密，使农业生产中的资金、人才、土地等生产要素得到有效整合。该模式将牧户组织起来，统一引进和推广优良品种，统一生产标准，统一使用生产资料，统一技术服务和培训，统一注册商标，统一开拓市场等，加快了畜牧业生产标准化、市场化进程，提高了畜产品的质量档次和市场竞争力，改变了过去"一家一户"的传统销售方式。该模式通过规模购买生产资料，降低了生产成本；发展畜产品加工，提高了畜产品的附加值；统一销售畜产品，减少了交易成本；各类适用技术能够及时得到推广，产品质量明显提高；提高了经济效益，增加了农牧民收入，壮大了自身实力。

4. "公司＋合作社＋牧户"模式　"公司＋合作社＋牧户"模式是以畜产品加工或流通公司为龙头，通过与部分养殖户签订多种利益联结机制，带动牧户从事畜牧业生产。"公司＋合作社＋牧户"的合作模式是我国畜牧业最早采用的产业化组织模式，也是最主要的产业化组织形式。在这种模式下，公司居主导地位，成为屠宰加工、饲料、饲养技术和卫生防疫的供应者；农牧户主要负责对牲畜进行饲养管理，是这一模式的最终执行者。这种组织模式常被称为龙头企业带动型。

"公司＋合作社＋牧户"模式的优点：①可以实现规模效益，合理配置要素资源，提高劳动生产率，降低交易费用，达到供需平衡，同时可以谋求双赢，有利于共同致富。②可以使畜牧业经营中的规模效益转化为初级畜产品市场的聚集效益，缓解了畜牧业生产中小规模家庭经营与商品化大生产之间的矛盾。

③有利于调整产业结构，实现畜牧业的可持续发展。通过"公司＋合作社＋牧户"的组织形式，能逐步形成"一乡一业、一乡数品"的产业格局和供销产、农工商、内外贸一体化的生产经营体系，从而使畜牧业走上自我积累、自我发展、自我调节的良性发展轨道。④"公司＋合作社＋牧户"合约具有长期合约的性质，能够规避风险和降低交易成本。这种模式对牧民发展畜牧业、生产高档畜产品都具有积极作用。

调研发现，龙头企业有利于组织大批牧户发展生产，但在客观上把牧民束缚在从事提供初级农产品生产的狭隘范围内，广大牧民得不到这一行业的平均利润，而重点从事畜产品加工和销售的龙头企业则可以通过这种模式合法获取畜产品增值链条上的绝大部分利润。因此，龙头企业带动模式不利于调整社会分配结构，导致社会分配结构日益失衡，加剧新形势下的社会基本矛盾，不符合广大人民的长远利益。

二、不同肉羊生产方式经济效益分析

（一）牧区肉羊生产经济效益分析

1. 调研情况

（1）调研地区及县（市）情况。调研地区包括喀什地区、和田地区、阿克苏地区、克州和巴州南疆 5 地（州），调研县（市）共 14 个，占南疆 5 地（州）43 个县（市）的 1/3。涵盖牧区、半农半牧区、农区 3 种类型（表 6-1），共获得有效样本 183 个。

表 6-1　调研典型县（市）

地（州）	农区	半农半牧区	牧区
和田地区	—	于田县	民丰县
克州	阿图什市	乌恰县	—
喀什地区	伽师县	叶城县	塔县
巴州	库尔勒市	和硕县、且末县、尉犁县	和静县
阿克苏地区	拜城县	温宿县	

（2）样本牧户养殖规模情况。从样本牧户的牲畜存栏来看，其养殖规模主要集中在 300 只以下，占总样本牧户的 86.88%，主要分布在牧区、半农半牧区；超过 300 只的样本牧户有 24 户，仅占总样本的 13.12%。在所有样本中，养殖规模超过 1 000 只的为 7 户，主要以农区育肥大户、合作社为主。说明南疆畜牧业牧区、半农半牧区仍以家庭散养方式为主，而农区主要以育肥大户、合作社进行大规模养殖为主。这与南疆的天然草场资源禀赋及饲草料来源、基

础设施建设等有关。具体见表 6-2。

表 6-2　样本户牲畜养殖存栏规模状况

牲畜存栏数	户数/户	比重/%
1~30 只	37	20.22
31~100 只	50	27.32
101~300 只	72	39.34
301~500 只	11	6.01
501~1 000 只	6	3.28
1 000 只以上	7	3.83
合计	183	100.00

（3）样本户生产方式情况。从样本户的生产方式来看，"放牧＋补饲"的有 51 户，占总样本的 27.87%；而"放牧＋舍饲"的有 114 户，占总样本的62.29%；"全舍饲"农户有 18 户，占总样本的 9.84%。随着休牧、轮牧和禁牧等政策的实施，四季游牧生产方式的地位正在削弱，因不适应当前现代畜牧业发展的趋势而终将退出历史舞台。随着牧民定居水平的不断提高，"放牧＋舍饲"的生产方式逐步被定居牧民所接受，将会成为定居牧民的主要生产方式，牧民通过"种草养畜、农牧并举"的方式发展畜牧业。具体见表 6-3。

表 6-3　样本户生产方式状况

生产方式	户数/户	比重/%
放牧＋补饲	51	27.87
放牧＋舍饲	114	62.29
全舍饲	18	9.84
合计	183	100

（4）经济效益分析指标。由于牧区肉羊生产方式不同，所以养殖生产成本不同。肉羊生产经济效益影响因素有很多，包括生产母羊数、母羊繁殖率、羔羊成活率、出栏率等。生产成本包括饲草料成本、人工费用、转场费用、疾病防治费用、燃料动力费用、配种费用等。综合各种影响因素，生产成本是构成肉羊生产经济效益最关键的因素，所以在下面作重点分析。

2. "放牧＋补饲"牧户生产经济效益分析　"放牧＋补饲"生产方式是指全年都在放牧。12 月至翌年的 3 月，白天在冬草场放牧或者租用农茬地进行放牧，晚上给羊补饲部分精料。在"放牧＋补饲"的牧户中选择典型户为样本，对牧户的生产情况、畜群比例、繁殖成活率、出栏率进行综合分析，具体见表 6-4。

表 6-4 "放牧+补饲"典型牧户生产情况

项目	年初数/只	生产母羊数/只	当年繁殖数/只	繁殖率/%	羔羊死亡数/只	成活率/%	出售数/只	自食数/只	出栏率/%
户 1	70	40	28	70.0	12	57.1	15	6	30.0
户 2	65	46	40	87.0	2	95.0	15	5	30.8
户 3	180	110	95	86.4	15	84.2	45	12	31.7
户 4	60	40	30	75.0	10	66.7	15	12	45.0
户 5	350	280	250	89.3	50	80.0	80	50	37.1
户 6	380	300	280	93.3	50	82.1	150	50	37.1
户 7	40	36	28	77.8	8	71.4	28	4	80.0
户 8	45	40	38	95.0	2	94.7	32	2	75.6
户 9	150	123	110	89.4	22	80.0	50	25	50.0
户 10	63	57	57	100.0	3	94.7	50	5	87.3
平均	140	107	96	86.3	17	80.6	48	17	50.5

（1）牧户生产情况。通过 10 户典型牧户生产情况可以看出，羊群规模平均为 140 只，最少为 40 只，最多为 380 只，"放牧+补饲"的养殖户规模都不是很大。生产母羊平均比例为 76.4%，母畜结构较为合理。繁殖率平均为 86.3%，成活率平均为 80.6%。新疆牧区养殖的肉羊品种多为地方品种，而这些地方品种单胎繁殖率低，且牧区很少引进并饲养小尾寒羊等多胎品种，成活率较低。死亡的原因主要是冬季缺少饲草，新生羔羊饿死、冻死以及疾病，这与粗放的生产经营管理有着密切的联系。而出栏率平均值为 50.5%，可以分析出放牧散养的生产方式与羊群品种周转慢、饲喂水平不高紧密有关，这也可以从调研牧户冬季储备的饲草料品种以及饲草料费用投入上反映出来。

（2）不同规模牧户生产情况分析（表 6-5）。从规模不同养殖户的生产情况可以看出，50 只以下规模养殖户生产母羊比例平均为 88.4%，成活率平均为 83.1%，其中最高为 94.7%，最低为 71.4%；出栏率平均为 77.8%，其中最高为 80.0%，最低为 75.6%。

50~100 只规模养殖户生产母羊比例平均为 70.8%，成活率平均为 78.4%，其中最高为 95.0%，最低为 57.1%；出栏率平均为 48.3%，其中最高为 87.3%，最低为 30.0%。

100~200 只规模养殖户生产母羊比例平均为 70.9%，成活率平均为 82.1%，其中最高为 84.2%，最低为 80.0%；出栏率平均为 40.8%，其中最高为 50.0%，最低为 31.7%。

表6-5 不同规模"放牧十补饲"典型牧户生产情况

规模	年初数/只	生产母羊数/只	当年繁殖数/只	繁殖率/%	羔羊死亡数/只	成活率/%	出售数/只	自食数/只	出栏率/%
50只以下	40	36	28	77.8	8	71.4	28	4	80.0
	45	40	38	95.0	2	94.7	32	2	75.6
50～100只	70	40	28	70.0	12	57.1	15	6	30.0
	65	46	40	87.0	2	95.0	15	5	30.8
	60	40	30	75.0	10	66.7	12	12	45.0
	63	57	57	100.0	3	94.7	50	5	87.3
100～200只	180	110	95	86.4	15	84.2	45	12	31.7
	150	123	110	89.4	22	80.0	50	25	50.0
200只以上	350	280	250	89.3	50	80.0	80	50	37.1
	380	300	280	93.3	50	82.1	150	50	37.1
50只以下平均	43	38	33	86.4	5	83.1	30	3	77.8
50～100只平均	65	46	39	83.0	7	78.4	24	7	48.3
100～200只平均	165	117	103	87.9	19	82.1	48	19	40.8
200只以上平均	365	290	265	91.3	50	81.1	115	50	37.1

200只以上规模养殖户生产母羊比例平均为79.5%，成活率平均为81.1%，其中最高为82.1%，最低为80.0%；出栏率平均为37.1%。

50～100只规模养殖户生产母羊比例最低，为70.8%。200只以上规模养殖户的繁殖率最高，为91.3%；50～100只规模养殖户的繁殖率最低，为83.0%。50只以下规模养殖户的平均成活率最高，为83.1%；50～100只规模养殖户的平均成活率最低，为78.4%。50只以下规模养殖户的平均出栏率最高，为77.8%；200只以上规模养殖户的平均出栏率最低，为37.1%。从出栏数据可以看出，50只以下规模养殖户当年产羔羊除个别留作后备母羊外基本出售，一般情况下维持小规模羊群生产；而规模大的养殖户将羔羊留作后备母羊，逐年扩大畜群规模，同时相应地增加了饲喂成本，周转期较慢。

（3）牧户经济效益分析（表6-6）。通过对调研的10户典型牧户的成本、收益进行分析可以看出，以"放牧十补饲"生产方式为主的牧户，平均放牧天数为288天，平均补饲天数为102天。其中，补饲天数最多为210天，最少为60天。生产成本平均为35 403元，其中最高的为88 500元，最低为13 675元。饲草料费平均为18 119元，其中，最高为48 000元，最低为1 440元。人工费平均为15 240元，其中，最高为36 000元，最低为4 800元。由此可以看出，牧区投入占比大的还是饲草料费用和人工费用。

表6-6 "放牧+补饲"经济效益分析

项目	养殖数量	放牧天数/天	补饲天数/天	饲草料费/元	燃料动力费/元	防疫费/元	人工费/元	生产成本合计/元	成本/(元/只)	纯利润/(元/只)
户1	70	360	90	12 500	1 000	200	8 400	22 100	316	—78
户2	65	360	90	5 100	1 500	350	7 800	14 750	227	218
户3	180	360	60	1 440	0	2 160	21 600	25 200	140	101
户4	60	360	60	6 200	0	275	7 200	13 675	228	135
户5	350	210	150	46 350	3 000	1 500	36 000	86 850	248	142
户6	380	270	90	48 000	3 000	1 500	36 000	88 500	233	180
户7	40	150	210	12 600	1 500	450	4 800	19 350	484	—69
户8	45	270	90	13 000	1 500	500	5 400	20 400	453	45
户9	150	270	90	25 000	0	0	18 000	43 000	287	247
户10	63	270	90	11 000	2 000	0	7 200	20 200	321	294
平均	140	288	102	18 119	1 350	694	15 240	35 403	294	122

注：纯收入=单位产值-饲料费-水电费-防疫费，净利润=单位产值-饲料费-水电费-防疫费-人工费-其他费用。

（4）不同养殖规模"放牧+补饲"牧户经济效益分析（表6-7）。由表6-7可以看出，50只以下规模散养户单位成本平均为469元/只。其中，最高的为483.75元/只，最低的为453.33元/只。若减去人工和其他费用，平均每只羊利润为-12元/只。

表6-7 "放牧+补饲"经济效益分析

规模	养殖数量/天	放牧天数/天	补饲天数/天	饲草料费/元	燃料动力费/元	防疫费/元	人工费/元	生产成本合计/元	成本/(元/只)	纯利润/(元/只)
50只以下	43	210	150	12 800	1 500	475	5 100	19 875	469	—12
50~100只	65	338	83	8 700	1 125	206	7 650	17 681	273	142
100~200只	165	315	75	13 220	0	1 080	19 800	34 100	213	174
200只以上	365	240	120	47 175	3 000	1 500	36 000	87 675	241	161

注：数值均为调研户的平均值。

50~100只规模养殖户单位平均产值为415元/只，单位成本平均为273元/只。其中，最高的为336.67元/只，最低的为226.92元/只。若减去人工和其他费用，平均利润142元/只。

100~200只规模养殖户单位平均产值为387元/只，单位成本平均为213元/只。其中，最高的为286元/只，最低的为140元/只。若减去人工和其他费用，平均利润174元/只。

200 只以上规模养殖户单位平均产值为 402 元/只，单位成本平均为 241 元/只。其中，最高的为 248 元/只，最低的为 233 元/只。若减去人工和其他费用，平均利润为 161 元/只。

由表 6-7 可以看出，养殖利润为 100～200 只规模＞200 只以上规模＞50～100 只规模＞50 只以下规模。由此可见，在当地饲养方式、饲养条件下，"放牧＋补饲"生产方式、养殖规模在 100～200 只，应为南疆牧区经济效益最大的养殖模式。

3. "放牧＋舍饲"牧户生产经济效益分析　"放牧＋舍饲"生产方式是指暖季放牧、冷季舍饲。一般是指 4—11 月放牧，12 月至翌年 3 月在定居点舍饲，解决了牲畜夏季放牧增膘、冬季掉膘的情况，减少了牲畜死亡率，实现了农牧结合，提高饲养能力。在"放牧＋舍饲"的牧户中选择典型户为样本，对牧户的生产情况、畜群比例、繁殖成活率、出栏率进行综合分析。具体见表 6-8。

表 6-8　"放牧＋舍饲"典型牧户生产情况

项目	年初数/只	生产母羊数/只	当年繁殖数/只	繁殖率/%	羔羊死亡数/只	成活率/%	出售数/只	自食数/只	出栏率/%
户 1	252	230	230	100.0	30	87.0	110	5	45.6
户 2	350	200	200	100.0	50	75.0	100	50	42.9
户 3	550	350	250	71.4	50	80.0	150	60	38.2
户 4	163	90	70	77.8	20	71.4	81	30	68.1
户 5	200	110	100	90.9	10	90.0	50	6	28.0
户 6	150	100	100	100.0	20	80.0	10	20	20.0
户 7	35	35	25	71.4	5	80.0	10	5	42.9
户 8	35	17	10	58.8	2	80.0	8	1	25.7
户 9	51	30	30	100.0	5	83.3	41	6	92.2
户 10	38	29	29	100.0	9	69.0	30	5	92.1
户 11	70	50	50	100.0	0	100.0	30	3	47.1
户 12	70	40	40	100.0	2	95.0	15	4	30.0
户 13	60	57	57	100.0	3	94.7	50	4	90.0
户 14	1 000	600	450	75.0	60	86.7	90	200	29.0
户 15	30	20	18	90.0	2	88.9	10	4	46.7
户 16	30	20	13	65.0	7	53.8	9	7	53.3
户 17	50	30	30	100.0	10	66.7	12	3	30.0
户 18	24	18	18	100.0	0	100.0	13	3	66.7
户 19	20	19	19	100.0	5	73.7	12	5	85.0

（续）

项目	年初数/只	生产母羊数/只	当年繁殖数/只	繁殖率/%	羔羊死亡数/只	成活率/%	出售数/只	自食数/只	出栏率/%
户20	46	36	23	63.9	13	65.2	20	5	54.3
户21	200	186	186	100.0	21	88.7	45	20	32.5
平均	163	108	93	88.8	15	81.4	43	21	50.5

（1）牧户总体生产情况。从 21 户典型牧户生产情况可以看出，年初羊群规模平均为 163 只，最少为 20 只，最多为 1 000 只；以"放牧＋舍饲"生产方式从事畜牧业的牧户养殖规模都不是很大，除去少数养殖大户外，养殖数量控制在 300 只以下的牧户占绝大多数。这与牧民的草地资源、定居地设施配备有着直接关系。生产母羊平均比例为 66.3%，母畜结构较为合理。繁殖率平均为 88.8%，成活率平均为 81.4%。羔羊死亡有所减少，但仍旧很高，主要是与突发疾病相关。平均出栏率为 50.5%，主要是由于大多数牧户将当年产羔羊留作后备羊。

（2）不同规模牧户生产情况（表 6-9）。从不同规模养殖户的生产情况可以看出，50 只以下规模养殖户生产母羊比例平均为 75.8%，成活率平均为 76.3%，其中最高为 100%，最低为 53.8%；出栏率为 58.3%，其中最高为 92.1%，最低为 25.7%。

50~100 只规模养殖户生产母羊比例平均为 70.6%，成活率平均为 93.3%，其中最高为 100%，最低为 83.3%；出栏率平均为 64.8%，其中最高为 92.2%，最低为 30.0%。

100~200 只规模养殖户生产母羊比例平均为 67.5%，成活率平均为 82.5%，其中最高为 90.0%，最低为 71.4%；出栏率平均为 37.1%，其中最高为 68.1%，最低为 20.0%。

200 只以上规模养殖户生产母羊比例平均为 68%，成活率平均为 82.2%，其中最高为 87.0%，最低为 75.0%；出栏率平均为 38.9%，其中最高为 45.6%，最低为 29.0%。

100~200 只规模养殖户生产母羊比例最低，为 67.5%。50~100 只规模养殖户的繁殖率最高，为 100%；50 只以下规模养殖户的繁殖率最低，为 81.1%。50 只以下规模养殖户成活率最低，为 76.3%；50~100 只规模养殖户成活率最高，为 93.3%。50~100 只规模养殖户出栏率最高，为 64.8%；100~200 只规模养殖户出栏率最低，为 37.1%。从出栏数据可以看出，100只以下规模养殖户当年产羔羊除个别留作后备母羊外基本出售，维持一定的羊群规模；养殖规模大的养殖户一般将当年母羔留作后备母羊，出售部分公羔，保持或者逐年扩大羊群规模，加大了饲喂成本。

表 6 - 9　不同规模牧户生产情况

规模	年初数/只	生产母羊数/只	当年繁殖数/只	繁殖率/%	羔羊死亡数/只	成活率/%	出售数/只	自食数/只	出栏率/%
	35	35	25	71.4	5	80.0	10	5	42.9
	35	17	10	58.8	2	80.0	8	1	25.7
	38	29	29	100.0	9	69.0	30	5	92.1
50 只以下	30	20	18	90.0	2	88.9	10	4	46.7
	30	20	13	65.0	7	53.8	9	7	53.3
	24	18	18	100.0	0	100.0	13	3	66.7
	20	19	19	100.0	5	73.7	12	5	85.0
	46	36	23	63.9	13	65.2	20	5	54.3
	51	30	30	100.0	5	83.3	41	6	92.2
50～100 只	70	50	50	100.0	0	100.0	30	3	47.1
	70	40	40	100.0	2	95.0	15	6	30.0
	60	57	57	100.0	3	94.7	50	4	90.0
	163	90	70	77.8	20	71.4	81	30	68.1
100～200 只	200	110	100	90.9	10	90.0	50	6	28.0
	150	100	100	100.0	20	80.0	10	20	20.0
	200	186	186	100.0	21	88.7	45	20	32.5
	252	230	230	100.0	30	87.0	110	5	45.6
200 只以上	350	200	200	100.0	50	75.0	100	50	42.9
	550	350	250	71.4	50	80.0	150	60	38.2
	1 000	600	450	75.0	60	86.7	90	200	29.0
50 只以下平均	32	24	19	81.1	5	76.3	14	4	58.3
50～100 只平均	63	44	44	100.0	3	93.3	34	5	64.8
100～200 只平均	178	122	114	92.2	18	82.5	47	19	37.1
200 只以上平均	538	345	283	86.6	48	82.2	113	79	38.9

（3）牧户总体经济效益分析（表 6 - 10）。通过对 21 户典型牧户的成本、收益进行分析可以看出，以"放牧＋舍饲"生产方式为主的牧户，平均放牧天数为 244 天，平均舍饲天数为 121 天。舍饲天数最多为 240 天，最少为 60 天。从总成本来看，平均为 46 381 元，其中饲草料费用为 27 215 元，人工费平均为 15 010 元，可以看出人工费和饲草费占比最高。

表6-10 "放牧+舍饲"经济效益分析

项目	养殖数量/只	放牧天数/天	舍饲天数/天	饲草料费/元	燃料动力费/元	防疫费/元	人工费/元	生产成本合计/元	成本/（元/只）	纯利润/（元/只）
户1	252	270	90	28 900	5 700	0	30 240	64 840	257.3	207.4
户2	350	240	120	41 000	10 000	2 000	36 000	89 000	254.3	105.0
户3	550	270	90	31 500	10 000	1 500	36 000	79 000	143.6	173.8
户4	163	240	150	8 800	6 000	2 282	19 560	36 642	224.8	148.4
户5	200	270	90	44 500	0	1 500	24 000	70 000	350.0	−13.3
户6	150	300	60	16 300	6 000	1 000	34 000	57 300	382.0	160.6
户7	35	180	180	5 250	2 000	885	4 200	12 335	352.4	120.9
户8	35	210	150	4 550	1 100	0	4 200	9 850	281.4	−87.1
户9	51	240	120	14 300	300	1 280	4 800	20 680	405.5	213.5
户10	38	210	150	4 800	900	2 000	4 200	11 900	313.2	97.4
户11	70	360	90	16 350	2 000	360	8 400	27 110	387.3	293.0
户12	70	270	90	12 500	1 000	200	8 400	22 100	315.7	67.9
户13	60	270	90	11 000	2 000	350	7 200	20 550	342.5	294.8
户14	1 000	240	120	270 500	12 000	5 000	40 000	327 500	327.5	50.0
户15	30	120	240	9 500	0	180	3 600	13 280	442.7	168.3
户16	30	180	180	8 000	0	970	3 600	12 570	419.0	−55.7
户17	50	270	90	14 500	1 080	0	6 000	21 580	431.6	−128.5
户18	24	240	120	6 520	0	0	2 880	9 400	391.7	243.0
户19	20	210	150	6 687	200	300	2 400	9 587	479.4	24.7
户20	46	270	90	11 550	2 000	200	5 520	19 270	418.9	−84.1
户21	200	270	90	4 500	5 000	0	30 000	39 500	197.5	76.9
平均	163	244	121	27 215	3 204	953	15 010	46 381	339	99

（4）不同规模牧户经济效益分析（表6-11）。由表6-11可以看出，50只以下规模养殖户单位成本平均为392元/只，其中，最高的为479.4元/只，最低的为281.4元/只。若减去人工和其他费用，平均利润33元/只。

表6-11　不同规模牧户经济效益分析

规模	放牧天数/天	舍饲天数/天	饲草料费/元	燃料动力费/元	防疫费/元	人工费/元	成本合计/元	成本/（元/只）	纯利润/（元/只）
50只以下	210	150	7 929	809	504	4 067	13 308	392	33
50~100只	290	100	14 383	1 100	613	7 200	23 297	369	192
100~200只	274	98	17 697	3 620	1 079	22 952	45 348	289	113
200只以上	255	105	92 975	9 425	2 125	35 560	140 085	246	134

50~100只规模养殖户单位成本平均为369元/只，其中，最高的为405.5元/只，最低的为315.7元/只。若减去人工和其他费用，平均利润为192元/只。

100~200只规模养殖户单位平均产值为382元/只，单位成本平均为289元/只，其中，最高的为382元/只，最低的为197.5元/只。若减去人工和其他费用，平均利润为113元/只。

200只以上规模养殖户单位平均产值为380元/只，单位成本平均为246元/只，其中，最高的为327.5元/只，最低的为143.6元/只。若减去人工和其他费用，平均利润为134元/只。

由表6-11可以看出，养殖利润为50~100只规模＞200只以上规模＞100~200只规模＞50只以下规模。由此可见，在当地饲养方式、饲养条件下，"放牧＋舍饲"生产方式、规模在50~100只，应为经济效益最大的养殖模式。

4. 牧区同一规模不同生产方式经济效益对比　通过对比牧区同一养殖规模不同生产方式的经济效益可以看出，100只以下规模以"放牧＋舍饲"生产方式为主的养殖户比以"放牧＋补饲"生产方式为主的养殖户经济效益高。而100~200只或200只以上规模以"放牧＋补饲"生产方式为主的养殖户经济效益要高于以"放牧＋舍饲"生产方式为主的养殖户（表6-12）。

表6-12　同一养殖规模不同生产方式经济效益对比分析

养殖规模	生产模式	放牧天数/天	补（舍）饲天数/天	成本/（元/只）	纯利润/（元/只）
50只以下	放牧＋补饲	210	150	469	-12
	放牧＋舍饲	210	150	392	33
50~100只	放牧＋补饲	338	83	273	142
	放牧＋舍饲	290	100	369	192
100~200只	放牧＋补饲	315	75	213	174
	放牧＋舍饲	274	98	289	113
200只以上	放牧＋补饲	240	120	241	161
	放牧＋舍饲	255	105	246	134

（二）农区肉羊生产经济效益分析

1. 总体情况 南疆肉羊的生产方式主要有"茬地放养＋舍饲"和"全舍饲"两种。在"茬地放养＋舍饲"生产方式下，养殖户利用播种农作物前和收获后这段时间进行放牧，其余时间基本在圈舍饲养。而"全舍饲"一年四季都在圈舍饲养。由于生产方式不同，经济效益也有所不同。

对肉羊养殖散户、育肥大户、合作社生产经济效益的分析发现，一般家庭农户经营（散养户）受养殖条件、饲草来源的影响，养殖规模较小，一般为30～50只。饲料主要是农作物秸秆、田间杂草、玉米、麸皮、棉籽粕、棉籽壳、葵粕、苜蓿等，羊圈设施简陋，饲喂条件差，粗料所占比重较大，玉米等能量饲料所占比重较小。对于散养户来讲，养殖牲畜只是供家庭消费或者当资金短缺时出售几只羊以解决燃眉之急，大多数散养户养殖肉羊经济效益差，未形成规模，同时仍需要专人饲喂，与规模养殖户、合作社相比，人工费折价高，影响整体经济效益。

2. 农区"茬地放养＋舍饲"肉羊生产情况及经济效益分析

（1）"茬地放养＋舍饲"典型养殖户生产情况（表6-13）。通过对15户典型农户的生产情况调研可以看出，在"茬地放养＋舍饲"生产方式下，农户年初平均养殖规模为69只，最多为160只，最少为17只。50只以下的农户占60％，50～100只占20％，100只以上的占20％。农区散养户一方面从事农活，另一方面从事畜牧业养殖，缺乏人力和时间。所以，大部分农户养殖规模控制在50只以下。生产母羊平均为54只，占平均养殖数量的78％，母畜结构较为合理。繁殖率平均为91％，多数养殖户肉羊品种为当地的多浪羊和小尾寒羊，繁殖率较高。羔羊平均成活率为84％；最高为100％，占调研农户的20％；最低为50％，占调研农户的13％。出栏率平均为58％，为保持稳定的羊群数量，多数将当年产母羔羊留作后备羊。从调研户整体生产情况来看，农区养殖户主要以散养为主，饲喂成本较高，存在畜舍简陋、设备落后、饲养管理粗放、规模小、信息不及时、市场观念差、先进实用科学技术普及推广困难等制约因素。

表 6-13 "茬地放养＋舍饲"典型养殖户生产情况

项目	年初数/只	生产母羊数/只	当年繁殖数/只	繁殖率/%	羔羊死亡数/只	成活率/%	出售数/只	自食数/只	出栏率/%
户1	160	150	80	53	20	75	70	10	50
户2	40	38	17	45	0	100	11	6	50
户3	62	60	40	67	20	50	36	60	77
户4	38	37	17	46	0	88	10	12	58
户5	23	10	10	100	3	70	5	3	35

（续）

项目	年初数/只	生产母羊数/只	当年繁殖数/只	繁殖率/%	羔羊死亡数/只	成活率/%	出售数/只	自食数/只	出栏率/%
户 6	45	35	45	129	0	100	20	10	67
户 7	50	40	35	88	0	100	22	12	68
户 8	150	140	150	107	15	90	50	10	40
户 9	40	30	45	150	1	98	25	15	100
户 10	17	15	10	67	5	50	8	0	47
户 11	99	45	40	89	1	98	60	12	73
户 12	50	30	42	140	2	95	43	200	86
户 13	150	110	100	91	10	90	42	8	33
户 14	40	23	23	100	4	83	14	7	48
户 15	69	40	35	88	7	80	15	35	35
平均	69	54	45	91	6	84	28	24	58

（2）"茬地放养＋舍饲"养殖户经济效益分析（表 6-14）。通过对调研的 15 户典型农户的成本、收益进行分析可以看出，以"茬地放养＋舍饲"生产方式为主的农户，平均放牧天数为 154 天，舍饲平均天数为 261 天。其中，舍饲天数最多为 365 天，最少为 60 天。从总成本来看，平均为 26 703 元。其中，饲草料费用平均为 12 592 元，人工费用平均为 15 162 元，可以看出人工费用和饲草料费用占比最高。从利润来看，农户养殖平均效益为 22.0 元/只。

表 6-14　"茬地放养＋舍饲"经济效益分析

项目	养殖数量/只	放养天数/天	舍饲天数/天	饲草料费/元	人工费/元	成本合计/元	成本/（元/只）	纯利润/（元/只）
户 1	160	90	275	32 800	33 264	66 564	416.0	28.6
户 2	40	90	275	6 060	8 316	14 411	360.3	133.6
户 3	62	60	305	20 703	13 503	35 206	567.8	−146.9
户 4	38	305	60	3 925	5 392	9 932	261.4	83.5
户 5	23	0	365	10 800	5 540	16 340	710.4	−228.4
户 6	45	0	365	4 455	10 840	15 295	339.9	359.4
户 7	50	275	90	17 000	10 395	27 395	547.9	227.4
户 8	150	90	275	25 000	31 185	56 185	374.6	−74.6
户 9	40	90	275	6 000	8 316	14 316	357.9	292.2
户 10	17	0	365	2 850	4 095	7 200	423.5	−11.8

（续）

项目	养殖数量/只	放养天数/天	舍饲天数/天	饲草料费/元	人工费/元	成本合计/元	成本/（元/只）	纯利润/（元/只）
户 11	99	0	365	18 000	35 283	53 783	543.0	−111.3
户 12	50	0	365	15 450	11 880	27 530	550.6	184.9
户 13	150	180	180	17 000	30 000	49 000	326.7	122.4
户 14	40	180	180	7 620	7 128	14 888	372.2	−18.5
户 15	69	180	180	22 320	12 295	38 615	559.6	−122.7
平均	69	154	261	12 592	15 162	26 703	412.0	22.0

3. 农区"全舍饲"肉羊生产情况及经济效益分析　"全舍饲"是农区畜牧业主要的生产方式。"全舍饲"能够充分实现农牧结合，经营管理较为细致，畜牧业生产水平较高。"全舍饲"比放牧生产方式优越的原因：首先，牲畜在舍饲条件下可免受自然灾害直接袭击；其次，农区的种植业为畜牧业发展提供充足的饲草料资源，畜牧业反过来又为种植业发展提供畜肥和动力资源，构成一种良性循环的生产体系。

本研究重点调研了养殖户、合作社的"自繁自育"及育肥生产情况，并分析了其经济效益。

（1）养殖户"自繁自育"生产情况及经济效益分析。养殖户"自繁自育"生产情况见表 6-15，调研的 5 户养殖户平均存栏 47 只，平均生产母羊比例 63%，平均繁殖率 105%，平均成活率 83%，平均出栏率 61%。

表 6-15　养殖户"自繁自育"生产情况

项目	年初数/只	生产母羊/只	生产母羊比例/%	当年繁殖数/只	繁殖率/%	羔羊死亡数/只	成活率/%	出售数/只	自食数/只	出栏率/%
户 1	23	10	43	10	100	3	70	5	3	35
户 2	45	35	78	45	129	0	100	20	10	67
户 3	17	15	88	10	67	5	50	8	0	47
户 4	99	45	45	40	89	1	98	60	12	73
户 5	50	30	60	42	140	2	95	43	200	86
平均	47	27	63	29	105	2	83	27	45	61

养殖户"自繁自育"经济效益分析见表 6-16。由表 6-16 可以看出，在养殖户"自繁自育"生产方式下，平均饲料成本占总生产成本的 42.9%，人工费用占 56.3%；5 户调研农户的单位平均成本 513.48 元/只，最高 710.4 元/只，最低 339.9 元/只；单位平均利润 −115.88 元/只，说明在此生产方式下和生

产水平下，养羊处于亏损状态。

表6-16　养殖户"自繁自育"经济效益分析

项目	养殖数量/只	舍饲天数/天	饲草料费/元	防疫费/元	人工费/元	成本合计/元	单位成本/（元/只）	纯利润/（元/只）
户1	23	365	10 800	0	5 540	16 340	710.4	−505.6
户2	45	365	4 455	0	10 840	15 295	339.9	87.9
户3	17	365	2 850	255	4 095	7 200	423.5	−225.6
户4	99	365	18 000	500	35 283	53 783	543	−111.0
户5	50	365	15 450	200	11 880	27 530	550.6	174.9
平均	47	365	10 311	191	13 527.6	24 029.6	513.48	−115.9

（2）合作社"自繁自育"生产情况（表6-17）。从对"自繁自育"养殖合作社调研情况来看，合作社养殖的肉羊品种以小尾寒羊、杂交羊和当地品种多浪羊为主。受资源环境、养殖条件的限制，如今单一"自繁自育"生产困难，舍饲成本高，人工费用递增，多数合作社举步维艰。

表6-17　合作社"自繁自育"生产情况

项目	年初数/只	生产母羊数/只	生产母羊比例/%	当年繁殖数/只	繁殖率/%	羔羊死亡数/只	成活率/%	出售数/只	自食数/只	出栏率/%
合作社1	320	105	33	210	200	140	70	50	10	19
合作社2	451	147	33	140	95	40	100	0	0	7
合作社3	780	750	96	400	53	360	40	0	30	8
合作社4	100	70	70	85	121	8	77	35	3	58
合作社5	2 400	2 300	96	2 000	87	200	1 800	600	0	25

（3）农区肉羊育肥生产情况及经济效益分析（表6-18）。养殖大户、合作社都充分利用当地的饲料资源，如玉米秸秆、麦秆、芦苇、棉粕、棉籽壳、蔓菁、胡萝卜、玉米、麸皮、葵粕、苜蓿等，饲料结构比较合理。

调研发现，除个别合作社根据自身的经验和饲喂习惯进行饲料搭配外，多数合作社按饲料配方精粗比例进行饲养，管理较为规范。从整体来看，外购饲草料成本高，人工费用逐年增加，而销售价格下跌，很多合作社的经济效益在滑坡。现有的育肥户以及合作社并不重视饲料的加工、储藏及调制，也在很大程度上影响了肉羊生产经济效益。

通过典型合作社及育肥户的生产情况可以看出，年育肥批数最多的为 7 批次，最少为 2 批次。育肥数量最多为 3 500 只，最少为 350 只。批育肥天数最多为 120 天，一般批育肥天数为 90 天。外购饲料最多为 195 吨，最少为 43 吨，自产饲料最高为 176 吨（表 6 - 18）。销售方式一般都是活体出售，快进快出，根据市场销售行情调整育肥数量，以育肥为主的合作社的饲料来源大多为外购，自产饲料所占比例较低。同时，在调研中发现，育肥期间，饲喂精料占比较高，为节约饲喂成本，都采用加工颗粒饲料进行饲喂。

表 6 - 18　肉羊育肥生产调研户情况

项目	合作社 1	合作社 2	合作社 3	育肥大户	合作社 4
组织形式	合作社	合作社	合作社	个体	合作社
生产形式	"全舍饲"	"全舍饲"	"全舍饲"	"全舍饲"	"全舍饲"
养殖模式	育肥	育肥	育肥	育肥	育肥
年育肥批数/批次	2	5	4	3	7
年育肥数量/只	350	3 500	1 500	405	2 000
批育肥天数/天	120	90	90	90	90
外购饲料数量/吨	55	195	183	43	105
自产饲料数量/吨	—	78	22	16	176
销售方式	活体出售	活体出售	活体出售	活体出售	活体出售

通过典型合作社及育肥户的经济效益分析可以看出，羊的购进价格平均为 833 元/只，其中最高为 938 元/只，最低为 800 元/只。合作社的羊育肥期饲料费用平均为 242 543 元，其中最高为 440 100 元，最低为 60 150 元；人工费用平均为 77 200 元，其中最高为 198 000 元，最低为 14 000 元；平均饲料成本占总成本的 70.27%，人工成本占总成本的 22.37%。平均单位利润为 163 元/只，最高为 285 元/只，最低为 64 元/只（表 6 - 19）。

表 6 - 19　肉羊育肥生产经济效益分析

	项目	合作社 1	合作社 2	合作社 3	育肥大户	合作社 4	平均值
	羊的购进价格/（元/只）	800	818	808	800	938	833
成本	饲料费用/元	60 150	440 100	262 500	65 915	384 050	242 543
	运输成本、其他费用	3 500	61 000	46 000	1 680	15 000	25 436
	人工费用	14 000	30 000	126 000	18 000	198 000	77 200
	合计	77 650	531 100	434 500	85 595	597 050	345 179

（续）

项目	合作社 1	合作社 2	合作社 3	育肥大户	合作社 4	平均值
活羊销售价格/元	1 113	1 100	1 400	1 075	1 563	1 250
销售产值	107 500	988 750	810 000	111 375	1 167 500	637 025
利润/元	29 850	457 650	375 500	25 780	570 450	291 846
单位利润/(元/只)	85	131	250	64	285	163

三、不同肉羊生产方式经济效益分析模型构建及影响因素分析

（一）牧区肉羊生产经济效益分析模型构建及影响因素分析

1. "放牧＋补饲"肉羊生产经济效益分析模型构建及影响因素分析

（1）"放牧＋补饲"生产方式经济效益分析模型构建。本研究在对南疆 51 个"放牧＋补饲"样本户数据分析的基础上，构建了牧区"放牧＋补饲"生产方式下肉羊生产经济效益分析模型，具体见表 6 - 20。自变量数值为根据养殖户实际情况输入的变量数值，因变量数值为根据输入的自变量数值自动生成的分析结果。

表 6 - 20　"放牧＋补饲"生产方式经济效益分析模型

自变量指标	数值	因变量指标	数值
年初数/只	140	生产母羊/只	107
补饲天数/天	107	繁殖数/只	96
生产母羊比例/%	76.4	羔羊成活数/只	78
繁殖率/%	89.2	出栏当年羔羊/只	72
成活率/%	81.8	出栏淘汰羊/只	12
当年羔羊出栏率/%	76.6	羔羊收入/元	35 940
淘汰羊出栏率/%	8.6	淘汰羊收入/元	35 940
当年羔羊价格/(元/只)	600	羊毛等其他收入/元	8 700
淘汰羊价格/(元/只)	950	新增羊产值/元	3 406
羊毛等其他收入/(元/只)	62	饲草料费/元	22 068
新增羊/只	6	转场费/元	2 915
平均羊补饲费/(元/只)	1.47	防疫费/元	1 010
平均羊转场费/(元/只)	21	人工费/元	16 163
平均羊防疫费/(元/只)	7.0	单位成本/(元/只)	300
平均羊人工费/(元/只)	115	单位利润/(元/只)	123

（2）繁殖率对肉羊生产经济效益的影响。以表 6 - 20 构建的"放牧＋补饲"生产方式经济效益分析模型为基础，分析繁殖率分别为 90.0%、91.0%、92.0%、93.0%、94.0%、95.0%、96.0%、97.0%、98.0%时肉羊生产的经

济效益，具体见表 6-21。

表 6-21　繁殖率对肉羊"放牧十补饲"生产方式经济效益的影响

繁殖率/%	纯利润/(元/只)	利润增长率/%
89.2	123.2	—
90.0	128.4	4.2
91.0	134.6	9.3
92.0	140.9	14.4
93.0	147.1	19.4
94.0	153.4	24.5
95.0	159.6	29.5
96.0	165.9	34.7
97.0	172.1	39.7
98.0	178.4	44.8

注：表中第一行数据为典型调研户生产水平计算均值。

　　调研数据显示，肉羊"放牧十补饲"生产方式的平均繁殖率为 89.2%，每只羊的纯利润为 123.2 元。在其他条件不变的情况，提高繁殖率，可明显提高肉羊生产的利润；繁殖率由 89.2% 提高到 98.0% 时，每只羊的纯利润可达 178.4 元，利润增长率达 44.8%；繁殖率每提高 1 个百分点，其利润可增加 6.2 元左右。

　　(3) 羔羊死亡率对肉羊生产经济效益的影响。以表 6-20 构建的"放牧十补饲"生产方式经济效益分析模型为基础，分析羔羊死亡率分别降至 17.0%、16.0%、15.0%、14.0%、13.0%、12.0%、11.0%、10.0%、9.0%、8.0%、7.0%、6.0%、5.0%、4.0% 时肉羊生产的经济效益，具体见表 6-22。

表 6-22　羔羊死亡率对肉羊"放牧十补饲"生产经济效益的影响

羔羊死亡率/%	纯利润/(元/只)	利润增长率/%
18.2	123.2	—
17.0	131.4	6.4
16.0	138.2	12.1
15.0	145.1	17.8
14.0	151.9	23.3
13.0	158.7	28.8
12.0	165.5	34.3

（续）

羔羊死亡率/%	纯利润/（元/只）	利润增长率/%
11.0	172.3	39.9
10.0	179.1	45.4
9.0	185.9	50.9
8.0	192.8	56.5
7.0	199.6	62.0
6.0	206.4	67.4
5.0	213.2	73.1
4.0	220.0	78.6

注：表中第一行数据为典型调研户生产水平计算均值。

调研数据显示，肉羊"放牧＋补饲"生产方式的羔羊死亡率平均为18.2%，每只羊的纯利润为123.2元。在其他条件不变的情况，随着羔羊死亡率的降低，肉羊生产利润大幅提高；羔羊死亡率由18.2%降低到4%时，每只肉羊的纯利润增加到220.0元，增长了78.6%；羔羊死亡率每降低1个百分点，其利润可增加6.8元左右。

（4）销售价格对肉羊生产经济效益的影响。以表6-20构建的"放牧＋补饲"生产方式经济效益分析模型为基础，分析羔羊销售价格分别提高至700元、800元、900元，淘汰羊销售价格分别提高至1 050元、1 150元、1 250元时肉羊生产的经济效益，结果见表6-23。

表6-23　销售价格对肉羊"放牧＋补饲"生产经济效益的影响

销售价格/元		纯利润/（元/只）	利润增长率/%
羔羊	600		
淘汰羊	950	123.2	—
羔羊	700		
淘汰羊	1 050	278.7	126.2
羔羊	800		
淘汰羊	1 150	337.3	173.8
羔羊	900		
淘汰羊	1 250	396.0	221.4

注：表中前两行数据为典型调研户生产水平计算均值。

调研数据显示，南疆牧区肉羊在"放牧＋补饲"生产方式下，羔羊平均销售价格600元/只，淘汰羊平均销售价格950元/只，每只羊平均利润为123.2元。在其他条件不变的情况下，羔羊平均销售价格从600元/只提高到900元/只，淘汰羊平均销售价格从950元/只提高到1 250元/只时，每只羊的纯利润达到396.0元，增长了221.4%；羊销售价格每增长1元，其利润可增加0.45元左右。

（5）日均饲喂成本对肉羊生产经济效益的影响。以表6-20构建的"放牧＋补饲"生产方式经济效益分析模型为基础，分析肉羊日均饲喂成本分别提高至1.60元、1.80元和2.50元时，肉羊生产的经济效益，结果见表6-24。

表6-24　日均饲喂成本对肉羊"放牧＋补饲"生产经济效益的影响

日均饲喂成本/(元/只)	纯利润/(元/只)	利润增长率/%
1.47	123.2	—
1.60	109.9	11
1.80	87.9	29
2.50	13.0	89

注：表中第一行数据为典型调研户生产水平计算均值。

调研数据显示，肉羊在"放牧＋补饲"生产方式下，日均饲喂成本为1.47元/只，每只羊的平均利润为123.2元。在其他条件不变的情况下，提高其饲喂成本，肉羊生产的利润明显降低；日均饲喂成本由1.47元提高到2.50元时，每只羊的纯利润降为13.0元，利润降幅达89%；肉羊日均饲喂成本每增长0.1元，其利润则减少10.7元左右。

综上所述，肉羊在"放牧＋补饲"生产方式下，其平均繁殖率为89.2%，羔羊死亡率为18.2%，羔羊销售价格为600元/只，淘汰羊销售价格为950元/只，每只羊的利润为123.2元。在现有生产水平下，繁殖率每提高1个百分点，其利润可增加6.2元左右；羔羊死亡率每降低1个百分点，其利润可增加6.8元左右；羊销售价格每增长1元，其利润可增加0.45元左右；羊日均饲喂成本每增长0.1元，其利润则减少10.7元左右。

2. "放牧＋舍饲"生产方式下肉羊生产经济效益的影响因素分析

（1）"放牧＋舍饲"生产方式经济效益分析模型构建。本研究在对114个"放牧＋舍饲"样本户数据分析的基础上，构建了"放牧＋补饲"生产方式下经济效益分析模型，具体见表6-25。自变量数值为根据养殖户实际情况输入的变量数值，因变量数值为根据输入的自变量数值自动生成的分析结果。

表 6 - 25　　"放牧＋舍饲"生产方式经济效益分析模型

自变量指标	数值	因变量指标	数值
年初数/只	163	生产母羊/只	108
舍饲天数/天	121	繁殖数/只	96
生产母羊比例/%	66.2	羔羊成活数/只	81
繁殖率/%	88.9	出栏当年羔羊/只	55
成活率/%	84.2	出栏淘汰羊/只	11
当年羔羊出栏/%	68.2	羔羊收入/元	35 536
淘汰羊出栏率/%	6.6	淘汰羊收入/元	10 212
当年羔羊价格/(元/只)	645	羊毛等其他收入/元	2 609
淘汰羊价格/(元/只)	950	新增羊产值/元	9 263
羊毛等其他收入/(元/只)	16	饲草料费/元	32 668
新增羊/只	15	转场费/元	3 388
平均羊草料费/(元/只)	1.65	防疫费/元	1 678
平均羊转场费/(元/只)	21	人工费/元	18 783
平均羊防疫费/(元/只)	7.0	单位成本/(元/只)	347
平均羊人工费/(元/只)	115.2	单位利润/(元/只)	6

（2）繁殖率对肉羊生产经济效益的影响。以表 6 - 25 构建的"放牧＋舍饲"生产方式经济效益分析模型为基础，分析繁殖率分别为 92.0%、95.0%、98.0%时肉羊生产的经济效益，具体见表 6 - 26。

表 6 - 26　繁殖率对肉羊"放牧＋舍饲"生产经济效益的影响

繁殖率/%	纯利润/(元/只)	利润增幅/%
88.9	6.8	—
92.0	18.0	162.3
95.0	28.0	319.6
98.0	39.0	476.9

注：表中第一行数据为典型调研户生产水平计算均值。

据调研数据，肉羊"放牧＋舍饲"生产方式的平均繁殖率为 88.9%，每只羊的纯利润为 6.8 元。在其他条件不变的情况，提高繁殖率，可明显提高肉羊生产的利润；繁殖率由 88.9%提高到 98.0%时，每只羊的纯利润可达 39.0 元，利润增长率达 473.5%；繁殖率每提高 1 个百分点，其利润可增加 3.5 元左右。

（3）死亡率对肉羊生产经济效益的影响。以表 6 - 25 构建的"放牧＋舍饲"生产方式经济效益分析模型为基础，分析羔羊死亡率分别降至 12.0%、8.0%、4.0%时肉羊生产的经济效益，具体见表 6-27。

表 6-27　羔羊死亡率对肉羊"放牧＋舍饲"生产经济效益的影响

羔羊死亡率/%	纯利润/(元/只)	利润增长率/%
15.8	6.8	—
12.0	21.0	209
8.0	36.0	429
4.0	51.0	650

注：表中第一行数据为典型调研户生产水平计算均值。

据调研数据，在现有生产水平下，肉羊"放牧＋舍饲"生产方式的羔羊死亡率平均为 15.8%，每只羊的纯利润为 6.8 元。在其他条件不变的情况，随着羔羊死亡率的降低，肉羊生产利润明显提高；羔羊死亡率由 15.8%降至4.0%时，每只羊的纯利润达 51.0 元，利润增幅达 650%；羔羊死亡率每降低1 个百分点，其利润可增加 3.7 元左右。

（4）销售价格对肉羊生产经济效益的影响。以表 6-25 构建的"放牧＋舍饲"生产方式经济效益分析模型为基础，分析羔羊销售价格分别提高至 700元、800 元、900 元，淘汰羊销售价格分别提高至 1 050 元、1 150 元、1 250元时肉羊生产的经济效益，结果见 6-28。

表 6-28　销售价格对肉羊"放牧＋舍饲"生产经济效益的影响

销售价格/元		纯利润/(元/只)	利润增长率/%
羔羊	645	6.8	—
淘汰羊	950		
羔羊	700	31.9	369.11
淘汰羊	1 050		
羔羊	800	72.3	963.24
淘汰羊	1 150		
羔羊	900	112.7	1 557.35
淘汰羊	1 250		

注：表中第一行数据为典型调研户生产水平计算均值。

据调研数据，在"放牧＋舍饲"生产方式下羔羊平均销售价格为 645 元/只，淘汰羊平均销售价格为 950 元/只，每只羊平均利润为 6.8 元。在其他条件不变的情况，羔羊平均销售价格从 645 元/只提高到 900 元/只，淘汰羊平均销售价格从 950 元/只提高到 1 250 元/只时，每只羊的纯利润达到 112.7 元，增长了 1 557.35%；羊销售价格每增长 1 元，其利润可增加 0.19 元左右。

（5）日均饲喂成本对肉羊生产经济效益的影响。以表 6-25 构建的"放牧＋补饲"生产方式经济效益分析模型为基础，分析羊日均饲喂成本分别提高至 1.80 元、2.00 元和 2.50 元时肉羊生产的经济效益，结果见表 6-29。

表 6-29　日均饲喂成本对肉羊"放牧＋舍饲"生产经济效益的影响

日均饲喂成本/（元/只）	纯利润/（元/只）	利润下降率/%
1.65	6.8	—
1.80	−11.5	269
2.00	−35.7	628
2.50	−96.5	1 525

注：表中第一行数据为典型调研户生产水平计算均值。

据调研数据，肉羊在"放牧＋舍饲"生产方式下，日均饲喂成本为 1.65 元/只，每只羊的平均利润为 6.8 元。在其他条件不变的情况下，提高其饲喂成本，肉羊生产的利润明显降低；日均饲喂成本由 1.65 元提高到 2.50 元时，每只羊的纯利润降为 −96.5 元，利润降幅达 1 519%；羊日均饲喂成本每增长 0.1 元，其利润则减少 12.2 元左右。

综上所述，肉羊在"放牧＋舍饲"生产方式下，其平均繁殖率为 88.9%，羔羊死亡率为 15.8%，羔羊销售价格为 645 元/只，淘汰羊销售价格为 950 元/只，每只羊的利润为 6.8 元。在现有生产水平下，繁殖率每提高 1 个百分点，其利润可增加 3.5 元左右；羔羊死亡率每降低 1 个百分点，其利润可增加 3.7 元左右；羊销售价格每增长 1 元，其利润可增加 0.19 元左右；羊日均饲喂成本每增长 0.1 元，其利润则减少 12.2 元左右。

（二）农区肉羊生产经济效益影响因素分析

1. "茬地放养＋舍饲"肉羊生产经济效益影响因素分析

（1）"茬地放养＋舍饲"生产方式经济效益分析模型构建。本研究在对南疆 18 个"茬地放养＋舍饲"样本户数据分析的基础上，构建了"茬地放养＋舍饲"生产方式下肉羊生产经济效益分析模型，具体见表 6-30。表 6-30 中自变量数值为根据养殖户实际情况输入的变量数值，因变量数值为根据输入的自变量数值自动生成的分析结果。

表 6 - 30　　"茬地放养＋舍饲"生产方式经济效益分析模型

自变量指标	数值	因变量指标	数值
年初数/只	69	生产母羊/只	53
舍饲天数/天	261	繁殖数/只	96
生产母羊比例/%	76.8	羔羊成活数/只	40
繁殖率/%	86.8	出栏当年羔羊/只	31
成活率/%	87.0	出栏淘汰羊/只	6
当年羔羊出栏率/%	77.5	羔羊收入/元	18 972
淘汰羊出栏率/%	8.4	淘汰羊收入/元	4 727
当年羔羊价格/(元/只)	612	羊毛等其他收入/元	2 346
淘汰羊价格/(元/只)	815	新增羊产值/元	2 544
羊毛等其他收入/(元/只)	34	饲草料费/元	18 909
新增羊/只	4	防疫费/元	559
平均羊草料费/(元/只)	274	人工费/元	7 949
平均羊防疫费/(元/只)	8.1	单位成本/(元/只)	397
平均羊人工费/(元/只)	115	单位利润/(元/只)	17

（2）繁殖率对肉羊生产经济效益的影响。以表 6 - 30 构建的"茬地放养＋舍饲"生产方式经济效益分析模型为基础，分析繁殖率分别为 92.0%、95.0%、98.0%时肉羊生产的经济效益，具体见表 6 - 31。

表 6 - 31　繁殖率对"茬地放养＋舍饲"生产经济效益的影响

繁殖率/%	纯利润/(元/只)	利润增长率/%
86.8	17.0	—
92.0	39.7	133.5
95.0	52.8	210.6
98.0	65.9	287.6

注：表中第一行数据为典型调研户目前生产水平计算均值。

据调研数据，肉羊"茬地放养＋舍饲"生产方式的平均繁殖率为 86.8%，每只羊的纯利润为 17.0 元。在其他条件不变的情况下，提高繁殖率，可明显提高肉羊生产的利润；繁殖率由 86.8%提高到 98.0%时，每只羊的纯利润可达 65.9 元，利润增长率达 287.6%；繁殖率每提高 1 个百分点，其利润可增加 4.4 元左右。

（3）羔羊死亡率对肉羊生产经济效益的影响。以表 6 - 30 构建的"茬地放养＋舍饲"生产方式经济效益分析模型为基础，分析羔羊死亡率分别降至12.0%、8.0%、4.0%时肉羊生产的经济效益，具体见表6-32。

表6-32 羔羊死亡率对肉羊"茬地放养＋舍饲"生产经济效益的影响

羔羊死亡率/%	纯利润/(元/只)	利润增长率/%
13.0	17.0	—
12.0	21.5	26.5
8.0	38.9	128.8
4.0	56.4	231.8

注：表中第一行数据为典型调研户生产水平计算均值。

据调研数据，现有生产水平下，肉羊"茬地放养＋舍饲"生产方式的羔羊死亡率平均为13.0%，每只羊的纯利润为17.0元。在其他条件不变的情况下，随着羔羊死亡率的降低，肉羊生产利润明显提高；羔羊死亡率由13.0%降至4.0%时，每只羊的纯利润达56.4元，利润增幅达231.8%；羔羊死亡率每降低1个百分点，其利润可增加4.4元左右。

（4）销售价格对肉羊生产经济效益的影响。以表6-30构建的"茬地放养＋舍饲"生产方式经济效益分析模型为基础，分析羔羊销售价格分别提高至700元、800元、900元，淘汰羊销售价格分别提高至1 050元、1 150元、1 250元时肉羊生产的经济效益，结果见表6-33。

表6-33 销售价格对肉羊"茬地放养＋舍饲"生产经济效益的影响

销售价格/元		纯利润/(元/只)	利润增长率/%
羔羊	612	17.0	—
淘汰羊	815		
羔羊	700	76.3	348.8
淘汰羊	1 050		
羔羊	800	129.6	662.4
淘汰羊	1 150		
羔羊	900	182.9	975.9
淘汰羊	1 250		

注：表中第一行数据为典型调研户生产水平计算均值。

据调研数据，肉羊"茬地放养＋舍饲"生产方式下羔羊平均销售价格为612元/只，淘汰羊平均销售价格为815元/只，平均每只羊利润为17.0元。在其他条件不变的情况下，羔羊平均销售价格从612元/只提高到900元/只，淘汰羊平均销售价格从 815 元/只提高到 1 250 元/只时，每只羊的纯利润达到 182.9 元，增长了 975.9%；羊销售价格每增长 1 元，其利润可增加 0.23 元左右。

（5）日均饲喂成本对肉羊生产经济效益的影响。以表 6-30 构建的"茬地放养＋舍饲"生产方式经济效益分析模型为基础，分析羊日均饲喂成本分别提高至 1.80 元、2.00 元和 2.50 元时，肉羊生产的经济效益，结果见表 6-34。

表 6-34　日均饲喂成本对肉羊"茬地放养＋舍饲"生产经济效益的影响

日均饲喂成本/(元/只)	纯利润/(元/只)	利润下降率/%
1.05	17.0	—
1.80	−126.6	844.7
2.00	−178.8	1 151.8
2.50	−361.5	2 226.5

注：表中第一行数据为典型调研户生产水平计算均值。

据调研数据，肉羊在"茬地放养＋舍饲"生产方式下，日均饲喂成本为 1.05 元/只，每只羊的平均利润为 17.0 元。在其他条件不变的情况下，提高其饲喂成本，肉羊生产的利润明显下降；日均饲喂成本由 1.05 元提高到 2.50 元时，每只羊的纯利润降为 −361.5 元，利润降幅达 2 226.5%；羊日均饲喂成本每增长 0.1 元，其利润则减少 26.1 元左右。

综上所述，肉羊在"茬地放养＋舍饲"生产方式下，其繁殖率平均为 86.8%，羔羊死亡率平均为 13.0%，羔羊销售价格平均为 612 元/只，淘汰羊售价平均为 815 元/只，每只羊的利润为 17.0 元。在现有生产水平下，繁殖率每提高 1 个百分点，其利润可增加 4.4 元左右；羔羊死亡率每降低 1 个百分点，其利润可增加 4.4 元左右；羊销售价格每增长 1 元，其利润可增加 0.23 元左右；羊日均饲喂成本每增长 0.1 元，其利润则减少 26.1 元左右。

由此可见，在现有生产水平下，提高繁殖率、羊销售价格，降低羔羊死亡率及饲喂成本，均可明显提高其养殖经济效益。

2. "全舍饲"肉羊生产情况及经济效益影响因素分析

（1）养殖大户肉羊生产情况及经济效益影响因素分析。对肉羊育肥养殖大户及其经济效益的分析发现，与散养户相比，养殖大户的饲料结构比较多样，多数能充分利用当地的饲料资源，如棉粕、棉籽壳、麸皮、玉米秸秆、玉米、葵粕、麦秆、苜蓿等多种饲料进行饲养以及育肥，饲料结构多数比较合理。但从科学饲养的角度来看，养殖大户多数是根据自身的饲喂经验或饲喂习惯进行饲喂，未进行合理的饲料搭配及营养平衡，有的精料饲喂量超过羔羊、育肥羊的营养需求，就会造成饲料的浪费，饲料成本高，整体经济效益不显著；而有些养殖大户则根据当地的季节性饲料资源和价格优势，大量饲喂某一种饲料，如棉籽壳、芦苇等，可消化利用的营养物质较少，营养价值较低，影响日增重，进而影响整体经济效益。此外，饲料的加工调制技术未能有效利用，饲料利用率仍不高。现有的养殖（育肥）户大多数对饲料的加工、储藏及调制重视不够，很大一部分养殖（育肥）户有青贮窖，但未进行玉米秸秆的青（黄）贮制作，闲置或利用率低，很大程度上影响了肉羊育肥和养殖生产效益。

（2）合作社肉羊生产情况及经济效益影响因素分析。由于饲草料短缺，合作社的饲草料大多为外购，饲料成本高。当地合作社以短期育肥为主，自繁自育为主的合作社占比不高。调研发现，由于羊肉价格的持续下跌以及投入成本增加，自繁自育为主的合作社大多处于亏本经营，整体经济效益欠佳。而以育肥为主的合作社育肥时长一般在 3～4 个月，主要是短期育肥，根据市场价格或销售途径适时出售，将羊转卖到当地以及周边市场，快进快出，不进行长期饲养。加之市场受疆外羊肉价格的冲击，合作社的纯利润为 60～280 元/只，利润相差较大，与育肥羊的来源、品种、销售价格等因素有关。

第二节　肉羊养殖企业技术效率评价

一、肉羊养殖技术应用及技术效率评价指标体系构建

效率分析是经济学研究中的核心内容之一，是一种投入与产出或者成本与收益之间的对比关系，从本质上来说，是指资源有效分配、市场竞争力、投入产出能力和可持续发展能力的总称。技术效率是伴随技术进步研究和测度出现的，揭示技术进步和技术推广与经济增长之间的关系。在肉羊生产中，技术效率指的是在既定的环境和技术条件下，肉羊生产主体在既定投入下获得最大产出的能力。由于不同生产技术措施所取得的有用成果与付出的代价不同，因此需要进行技术经济效果评价，从而确定在技术上先进、经济上合理、生产上可行的技术措施。

（一）技术构成

1. 畜牧工程技术

（1）合理分区。规模化羊场，根据主风向和地势高低，依次划分为生活管理区、草料区、养殖区和粪污区，整个场区需建设围墙。各区之间应有隔离墙或隔离带。场区出入口处应设置车辆消毒通道和人员消毒通道，场区内净道和污道分开。

（2）设施完善。按照生产流程，需建设配种羊舍、怀孕羊舍、产羔羊舍（母子合群舍）、青年羊舍等功能羊舍，羊舍内设置高床，舍内实现自动清粪、自动饮水、自动消毒等；干草棚、青贮窖、消毒室、兽医室、授精室等辅助配套设施应配套齐全。

（3）设备配套。根据实际情况，需配套饲草粉碎机、饲料加工机组、TMR固定式混合机、电动撒料车、青贮取料机等饲草料加工及投喂设备；需配套兽医防疫消毒器械、人工授精器械、精液品质检测、B超诊断仪等防疫检疫和繁殖器械；配套漏粪羊床、刮粪板、运输车辆、清粪铲车、有机肥发酵等粪污收集运输设备。

2. 高频繁殖技术

（1）品种选择。规模化养殖基础生产群应首选湖羊、小尾寒羊及其杂交后代等多胎多羔羊品种。

（2）经济杂交。商品羊场可采用经济杂交方式进行羊肉生产，以湖羊、小尾寒羊等多胎多羔羊品种为母本，以杜泊、澳洲白、萨福克等专用肉羊品种为父本，开展二元或三元经济杂交，在维持高产的同时，大幅度地提高产肉性能。

（3）高频繁殖。8个月为1个生产周期，空怀母羊应在45天左右，采用发情调控、小群人工辅助、人工授精等技术进行配种，全群实现2年3产或3年5产，达到高频繁殖目标。

3. 羔羊培育技术

（1）后期营养。母羊妊娠后期2个月营养很关键，根据母羊膘情评分状况，适时调节日粮营养水平，增加钙、磷含量，补充维生素A、维生素D、维生素E，可有效预防产前/产后瘫痪、妊娠毒血症等，显著提高新生羔羊出生重。此外，需做好产后母羊生殖道保健工作。

（2）羔羊培育。新生羔羊保健、代乳粉饲喂、早期分栏补饲、微生态肠道保健、免疫接种等配套技术应用，可显著提高断奶羔羊成活率。

（3）适时断奶。羔羊在45～60日龄、体重达到15千克以上，可进行适时断奶。

4. 饲料加工技术

（1）专用精料配方。具备饲料加工条件的，根据营养需要，设计出羔羊开口料、羔羊精补料、育成羊精补料、母羊精补料等系列专用配方，可显著提高饲喂效果。不具备饲料加工条件的，可选用成品料。

（2）全株玉米青贮。推行高品质全株玉米青贮，在蜡熟期收获，干物质和淀粉含量均达到30%以上，压制密度800千克/米³。制作时，加入乳酸菌，同时添加有机酸盐，最大限度地抑制霉菌及酵母菌，提高青贮有氧稳定性。

（3）秸秆资源利用。可采用粉碎揉丝、生物发酵、微贮、氨化等方法进行加工调节，有效提高利用率和转化率。

（4）TMR日粮配制。按照《肉羊营养需要量》（NY/T 816—2021）规定的妊娠母羊、泌乳母羊、育成母羊、育成公羊营养需要，结合当地饲料原料和饲料营养成分设计精补料配方和日粮配方。采用人工搅拌或 TMR 日粮混合机搅拌为全混合日粮，再进行饲喂。在加工 TMR 日粮时，建议添加微生态制剂。

5. 疫病防控技术

（1）免疫接种。依据免疫程序，重点做好口蹄疫、小反刍兽疫、羊痘、传染性胸膜肺炎和三联四防等疫苗免疫接种工作。为了提高效率，建议采用联合免疫方式进行免疫，除传染性胸膜肺炎和三联四防以外，口蹄疫、小反刍兽疫、羊痘 3 种疫苗建议在母羊空怀期和哺乳期进行免疫。

（2）驱虫健胃。①体外驱虫。可采用药浴、喷雾、注射等方式进行驱虫。②体内驱虫。一般在空怀期母羊或哺乳期母羊阶段进行驱虫，每 6 个月 1 次，第一次驱虫后隔 7 天再驱 1 次，可采用饮水、拌料或单只投喂等方式进行驱虫。③中药健胃。驱虫完毕后，选用中药健胃制剂进行健胃。

（3）布鲁氏菌病控制。采用检测-扑杀与疫苗免疫相结合的方式严控布鲁氏菌病。种羊场严禁免疫，采用检测-扑杀方式做好布鲁氏菌病净化，1 年 2 次检测，一经发现阳性，应立即扑杀；对未达到控制标准的商品羊场，实施全面免疫措施。

6. 科学管理技术

（1）分群。根据羊群所处不同生理阶段进行分群分料、定时定料饲喂，同类型羊群也应根据体质强弱和性别进行分群管理。

（2）剪毛。每年春秋各剪毛 1 次，在条件允许的情况下，可适当增加剪毛次数。

（3）修蹄。每年至少修蹄 1 次，母羊在配种前进行修蹄。

（4）耳标。依据《牲畜耳标技术规范》和《牲畜电子耳标技术规范》的规定，结合本场实际，对羊只进行编号。

7. 循环利用技术　建立粪污好氧发酵池或堆肥场，在粪便中加入微生物菌剂，采用堆肥发酵方式，经过 22 天发酵和 14 天静置，即可制成上好的有机肥，有机质含量超过 45％，可直接还田或加工成配方有机肥。

（二）技术效率评价指标体系

肉羊生产过程较为复杂，在充分考虑肉羊养殖过程中各投入产出要素数据可获得的基础上，结合肉羊养殖的实际情况及畜牧业相关领域的研究，本研究测算养殖户肉羊生产技术效率时选取最具代表性的生产投入产出要素进行分析。选取的产出指标主要是指养殖户全年肉羊出栏总重（出栏量×平均重量），投入指标主要包括饲料投入用量、人工成本、羔羊购买成本以及医疗防疫费等（表 6-35）。

经济效果＝产出/投入＝有用成果/活劳动＋物化劳动。

投入：企业在生产经营活动中使用的全部人力、物力和财力，或者活劳动和物化劳动的总和。

产出：有用成果，指企业所生产的产品产值、副产品价值及其他方面获得的价值总和。

表6-35 肉羊养殖技术经济效果评价指标体系

序号	类型	指标	单位
1		繁殖率	%
2		成活率	%
3		年初数	只
4	繁育生产情况	年内新增数量	只
5		出栏数	只
6		年内成年羊死亡数（率）	只
7		羊年底存栏	只
8		断奶羔羊数	只
9		活羊平均销售收入	元/只
10		饲草料成本	元/只
11	成本效益情况	人工成本	元/只
12		技术成本	元/只
13		其他成本	元/只
14		平均利润	元/只
15		组建核心群基础母羊	只
16	培育备种情况	种公羊平均体重	千克
17		年培育后备种母羊	只
18		年培育后备种公羊	只

（三）样本选取

本研究选择新疆有代表性的 16 家肉羊养殖企业，分别为 TS、JK、XT、WF、XA、XX、AL、LY、LT、SP、JH、XY、JK、XM、HM、BB（用英文缩写代号表述），进行数据跟踪监测和分析。

二、肉羊养殖示范企业技术效率综合评价

（一）评价方法

现阶段，对于生产效率的研究已非常成熟，生产效率测定的方法主要有随机前沿生产函数法（SFA）和数据包络分析法（DEA）两大类。二者区别主要在于前者需要在一定假设基础上提前构建具体的生产函数，后者则不需要设

定生产函数的具体形式，可以避免因测度指标量纲差异导致的偏差。与其他方法相比，DEA 可以处理多输入、多输出决策单元，不需要知道生产函数的具体形式，并且不需要进行参数估计，在研究中受到的约束较少，且模型中的权重由数学公式推导产生，不受评估者主观因素影响，较能体现公平性与客观性。因此，本研究采用 DEA 来测度各生产单位的肉羊养殖生产技术的效率值。

1. DEA DEA 模型最早由 Charnes 等提出，该方法的基本原理是通过保持决策单元 DMU 的输入或者输出不变，借助于线性规划模型确定相对有效的生产前沿面，将各个决策单元投影到 DEA 的生产前沿面上，通过比较决策单元偏离 DEA 前沿面的程度来评价它们的相对有效性，主要包括规模报酬不变（CRS）模型和规模报酬可变（VRS）模型。前者假定规模报酬不变的前提下，测度决策单元的综合技术效率（TE），但存在综合技术效率（TE）的测量结果与规模效率（SE）影响相混淆的情况。后者则将纯技术效率（PTE）和规模效率（SE）从综合技术效率（TE）中分离出来，可用于对决策单元所处的规模报酬阶段的测量，并且克服了 CRS 规模报酬不变假定的弱点。考虑 N 个 DMU，它们可以把 I 种投入转换为 J 种产出，I 可以大于、等于或者小于 J。为了测度 DMU 投入、产出转换过程中的效率，使用最大化 DMU 的加权产出与加权投入之比，约束条件为所有其他 DMU 的类似比例小于或者等于 1，即

$$\max \theta^n = \frac{\sum_{j=1}^{J} u_j^n y_j^n}{\sum_{i=1}^{I} v_i^n x_i^n}$$

$$\text{s. t.} \quad \frac{\sum_{j=1}^{J} u_j^n y_j^n}{\sum_{i=1}^{I} v_i^n x_i^n} \leqslant 1$$

$$u_j^n, y_j^n \geqslant 0; i = 1, \cdots, I; j = 1, \cdots, J; n = 1, \cdots, N$$

式中，y_j^n 和 x_i^n 是第 n 个 DMU 正投入与产出，u_j^n 和 v_i^n 是通过解方程得到的权重变量，需要测算的 DMU 用 n 标注，被参照为基础 DMU，方程求解得到的最大值就是第 n 个 DMU 的 DEA 效率得分，因而该最大化问题可以适用于每个 DMU。因为 θ^n 的取值为 $[0, 1]$，因此，只有当某个 DMU 的 $\max\theta^n = 1$ 时，可以认为 DMU 的运算属于 DEA 有效，否则就是无效 DEA。

2. 规模报酬可变的数据包络分析 BCC 模型 由于在实际生产过程中，农牧户不会一直都处于最优规模，因此估计肉羊养殖生产技术效率的时候应考虑规模效率的影响。与基于规模报酬不变假设的 CCR 模型相比，基于规模报酬

可变的 BCC 模型可以保证估计得到的技术效率排除了规模效率的影响，即纯技术效率。通过增加凸性约束条件，可以得到投入导向背景下的 VRS 线性规划问题。

$$\min_{\theta,\lambda} \theta$$
$$s.\ t - y_i + Y\lambda \geqslant 0$$
$$\theta x_i - X\lambda \geqslant 0$$
$$N1'\lambda = 1$$
$$\lambda \geqslant 0$$

式中，θ 表示标量，λ 表示 $N*1$ 维常数项量，$\mathbf{N}1'$ 代表 $N*1$ 维向量。对于同一个肉羊生产决策单元而言，基于相同的投入产出指标，采用 BCC 模型测算获得的技术效率值为产出既定条件下，投入最小化的模型。

BCC 模型是规模报酬可变数据包络分析模型的简称，最早由 Färe 等（1983）和 Banker 等（1984）提出。第一，假定现有 N 个肉羊生产决策单元（肉羊养殖企业），各单元拥有 K 种投入和 M 种产出，第 i 个养殖企业的投入和产出可表示为向量 x_i 和 y_i。第二，构建 1 个关于所有生产决策单元投入和产出数据的非参数包络生产前沿面，观察点均位于生产前沿面上或下方。

因 BCC 模型可以计算出纯技术效率与规模效率，将技术效率（TE）进一步分解为纯技术效率和规模效率，因此技术效率＝纯技术效率×规模效率。纯技术有效是指产出指标相对投入指标而言已达到最大，规模有效是指投入指标既不偏大，也不偏小，是介于规模收益由递增到递减之间的一种状态。当纯技术效率＝1 时，表示该肉羊养殖企业属于纯技术有效；当纯技术效率＜1 时，表示该肉羊养殖企业处于纯技术无效。当规模效率＝1 时，表示该肉羊养殖企业处于最佳规模效率水平；当规模效率＜1 时，表示该肉羊养殖企业处于规模无效率的状态。

（二）变量选取与描述性统计

1. 指标体系构建　DEA 模型评估效率的关键是确认投入与产出指标，不同的数据指标会影响到最终测度的效果，影响投入与产出的指标有很多，如饲草料投入、人工工资投入、技术投入等，而产出方面主要为羊的成活率、繁殖率、企业平均养殖效益指标等。因为上述投入与产出指标属于直接影响羊养殖企业生产效益的指标，所以本部分从肉羊养殖企业的实际出发，选用投入产出指标来进行测度。

2. 投入指标和产出指标

（1）投入指标。肉羊生产企业生产的技术效率是本部分测度的重点，生产母羊是肉羊生产企业投入的直接体现，也是肉羊繁殖关键要素之一，而肉羊养殖过程中的各类成本作为要素投入中的消耗部分，也是衡量肉羊养殖企业经营绩效的关键指标，直接影响肉羊养殖企业的盈利水平。因此，本部分以生产母羊占核心群母羊比例、后备公羊占后备母羊比例、饲草料成本、人工成本、技术成本、其他成本作为投入指标的基础变量。

（2）产出指标。肉羊繁殖率、成活率是肉羊出栏推向市场的基础性变量，而盈利并实现利润最大化是肉羊企业经营的根本属性，从测度肉羊生产企业经营效果的角度出发，本部分选取了出栏率、繁殖率、成活率、平均利润4项指标作为产出指标变量（表6-36）。

表6-36　羊养殖企业投入-产出 DEA 测度指标体系

类别	测度指标	代码	单位	计算公式	指标含义
投入指标	生产母羊占核心群母羊比例	SCMY/HXQMY	%	生产母羊数/核心群母羊数	体现生产母羊从核心群母羊中培育而来的数量
	后备公羊占后备母羊比例	HBGY/HBMY	%	后备公羊数/后备母羊数	体现后备公羊与后备母羊的结构比
	饲草料成本	SCLCB	元/只	单位羊饲草料的耗费成本	体现每只羊的饲草料投入支出
	人工成本	RGCB	元/只	单位羊人工耗费成本	体现每只羊需要投入的人工工资
	技术成本	JSCB	元/只	单位羊技术耗费成本	体现每只羊需要耗费的技术费用支出
	其他成本	QTCB	元/只	单位羊其他耗费成本	体现每只羊的其他投入支出
产出指标	出栏率	CHUL	%	羊年出栏数/羊年初存栏数	体现羊作为"产品"走向市场的产出比例
	繁殖率	FZL	%	年内繁殖羔羊数/生产母羊数	繁殖比例，体现防疫、种群、养殖技术的结果
	成活率	CHL	%	年度终成活羔羊数/年度内出生羔羊数	存活比例，体现防疫、养殖等技术的结果
	平均利润	PJLR	元/只	平均每只羊的净收入	测度平均每只羊的盈利水平

由于 DEA 测算数据指标要求非负性，因此基于调查问卷中有平均利润为负值（－30元/只）的情况，本部分将对此进行相应的调整，将数据调整为近似零的数据（0.0001），具体情况见表6-37。

表 6 - 37　2021 年 16 家羊养殖企业部分投入-产出指标数据

DMU	投入指标						产出指标			
	SCMY/ HXQMY	HBGY/ HBMY	SCLCB/	RGCB/	JSCB/	QTCB/	CHUL	FZL	CHL	PJLR/
	/%	/%	(元/只)	(元/只)	(元/只)	(元/只)	/%	/%	/%	(元/只)
TS	79	100	1 550	150	75	50	23	78	85	550
JK	624	70	1 062	180	72	432	65	139	91	347
XT	131	60	1 095	365	365	365	116	153	70	203
WF	100	13	1 278	438	73	37	125	171	97	35
XA	88	11	960	190	135	170	62	113	85	110
XX	97	100	1 977	517	428	1 355	40	82	89	222
AL	74	11	1 260	42	15	73	143	273	93	300
LY	85	7	1 225	56	15	54	39	120	96	105
LT	174	20	1 080	38	100	78	88	100	55	270
SP	168	104	1 195	287	280	31	58	139	90	625
JH	158	139	1 100	210	130	110	114	181	94	0.000 1
XY	44	24	513	12	6	5	278	227	90	164
JK	184	66	1 305	102	80	25	105	86	88	102
XM	672	87	1 260	300	140	100	14	77	94	100
HM	104	33	1 095	730	365	365	6	33	80	134
BB	104	89	540	60	20	30	35	230	99	427

3. 描述性统计　根据 DEA 模型测度的基本要求，需要对 16 家肉羊养殖企业投入产出的技术效率进行测度，其指标情况描述如下（表 6 - 38）。

（1）投入方面。2021 年调研的 16 家肉羊企业中，生产母羊占核心群母羊比例平均值为 180%，即生产母羊的平均数量是核心群母羊的 1.8 倍，其中最大的值为 XM 公司 672%，最小值为 XY 公司 44%；后备公羊占后备母羊比例平均值为 58%，即后备公羊与后备母羊的结构比超过了 1∶2，其中最大值为 JH 公司 139%，最小值为 LY 公司 7%；饲草料成本的投入均值为 1 156 元/只，其中最大值为 XX 公司 1 977 元/只，最小值为 XY 公司 513 元/只；人工成本的投入均值为 230 元/只，其中最大值为 HM 公司 730 元/只，最小值为 XY 公司 12 元/只；技术成本的投入均值为 135 元/只，其中最大值为 XX 公司 428 元/只，最小值为 XY 公司 6 元/只；其他成本的投入均值为 205 元/只，其中最大值为 XX 公司 1 355 元/只，最小值为 XY 公司 5 元/只。

（2）产出方面。2021 年调研的 16 家肉羊企业中，出栏率平均值为 82%，其中最大值为 XY 公司 278%，最小值为 HM 公司 6%；繁殖率平均值为

138%，其中最大值为 AL 公司 273%，最小值为 HM 公司 33%；成活率的平均值为 87%，其中最大值为 BB 公司 99%，最小值为 LT 公司 55%；平均利润的均值为 231 元/只，其中最大值为 SP 公司 625 元/只，最小值为 JH 公司，其平均利润为负（因 DEA 测算非负性的要求，故而在研究中取近似零的值 0.000 1）。

表 6-38　2021 年 16 家羊养殖企业投入-产出指标体系描述性统计

测度指标	代码	单位	样本量	平均值	标准差	最小值	最大值
生产母羊占 核心群母羊比例	SCMY/HXQMY	%	16	180	187	44	672
后备公羊占 后备母羊比例	HBGY/HBMY	%	16	58	42	7	139
饲草料成本	SCLCB	元/只	16	1 156	342	513	1 977
人工成本	RGCB	元/只	16	230	201	12	730
技术成本	JSCB	元/只	16	135	143	6	428
其他成本	QTCB	元/只	16	205	335	5	1 355
出栏率	CHUL	%	16	82	67	6	278
繁殖率	FZL	%	16	138	65	33	273
成活率	CHL	%	16	87	11	55	99
平均利润	PJLR	元/只	16	231	180	0.000 1	625

（三）技术效率测度

1. 技术效率规模报酬　从 16 家肉羊养殖企业的技术效率规模报酬变化情况来看，TS、WF、AL、LY、SP、XY、BB 7 家企业的技术效率规模报酬保持不变，即增加投入后产出保持不变；而如 JK、XT 等 8 家肉羊养殖企业的技术效率规模效应属于递增，这表明上述 8 家企业产出增加的比例大于生产要素投入增加的比例，因此要进一步加大生产要素的投入力度。而 XM 公司技术效率为规模报酬递减，表明该公司产出增加的比例要明显小于生产要素投入增加的比例，因此，该公司要么在既定产出背景下减少投入，要么在既定投入条件下进一步提高产出水平，以进一步提升规模报酬效率水平（表 6-39）。

表 6-39　2021 年 16 家羊养殖企业技术效率得分情况

序号	决策单元 (DMU)	技术效率 (CRS)	排名	纯技术效率 (VRS)	排名	规模效率 (SEC)	排名	规模报酬 (RTS)
1	TS	1.000 0	1	1.000 0	1	1.000 0	1	不变
2	JK	0.744 5	10	0.750 3	10	0.992 3	11	递增
3	XT	0.484 2	13	0.513 9	12	0.942 2	14	递增

（续）

序号	决策单元 （DMU）	技术效率 （CRS）	排名	纯技术效率 （VRS）	排名	规模效率 （SEC）	排名	规模报酬 （RTS）
4	WF	1.000 0	1	1.000 0	1	1.000 0	1	不变
5	XA	0.968 7	8	1.000 0	1	0.968 7	13	递增
6	XX	0.506 1	12	0.508 7	13	0.995 0	9	递增
7	AL	1.000 0	1	1.000 0	1	1.000 0	1	不变
8	LY	1.000 0	1	1.000 0	1	1.000 0	1	不变
9	LT	0.939 0	9	0.946 2	9	0.992 4	10	递增
10	SP	1.000 0	1	1.000 0	1	1.000 0	1	不变
11	JH	0.475 8	14	0.477 4	15	0.996 7	8	递增
12	XY	1.000 0	1	1.000 0	1	1.000 0	1	不变
13	JK	0.383 3	16	0.393 1	16	0.975 2	12	递增
14	XM	0.420 5	15	0.493 0	14	0.853 0	16	递减
15	HM	0.543 2	11	0.601 7	11	0.902 7	15	递增
16	BB	1.000 0	1	1.000 0	1	1.000 0	1	不变
平均值		0.779 1		0.792 8		0.976 1		

数据来源：根据肉羊养殖企业调查问卷数据，通过软件 MAXDEA 运算所得。

2. 技术效率、纯技术效率或规模效率　从 16 家肉羊养殖企业的技术效率、纯技术效率或规模效率情况来看，TS、WF、AL、LY、SP、XY、BB 7 家企业的技术效率值均为 1，说明上述 7 家肉羊养殖企业达到了 DEA 的相对有效目标，在本样本群中属于生产技术效率达到前沿的企业，表明这几家肉羊养殖企业生产投入较为集中，生产要素或资金投入发挥了规模效应。而 JK、XM、JH 3 家企业的技术效率不佳，XT、JK、XM、HM 等企业较低的纯技术效率与规模效率值共同导致了其技术效率值的低下，表明上述肉羊养殖企业的投入分散问题较为突出，缺乏有效整合，未能集中要素与财力发挥规模效益。其中，XM 公司为 16 家肉羊养殖企业生产技术效率存在规模报酬递减的唯一肉羊养殖企业，这表明该公司如果进一步增加生产要素投入，其产出效率仍然会出现下降，因此，需要进一步整合现有资源，在投入和产出中做出最优选择，提高要素和资金的利用效率，以达到投入产出的 DEA 相对有效。

从综合技术效率计算结果来看（表 6-39），16 家肉羊养殖企业的综合技术效率均值为 0.779 1，达到综合技术有效的仅为 7 家，占比 43.75%，不到本次调研企业样本的一半；达到综合技术有效平均值的肉羊养殖企业有 9 家，占比 56.25%。而从无效程度的分布情况来看，综合技术 DEA 无效率的肉羊养殖企业有 9 家，占比为 56.25%；9 家肉羊养殖企业的无效程度的效率均值为 0.607 3，其中无效程度最大值、最小值分别为 XA 公司 0.968 7 和 JK 公司 0.383 3。从以上分析可以看出，有 43.75% 的样本实现了 DEA 有效，全样本的无效程度效率值主要集中在 0.38~0.94。综上所述，虽然调研的 16 家肉羊养殖场的生产效率总体较高，但分布不均衡性较为明显。

从纯技术效率的计算结果来看，16 家肉羊养殖企业的纯技术效率均值为 0.792 8，实现 DEA 有效的肉羊养殖企业有 8 家，占比为 50%。从无效程度分布情况看，纯技术效率非 DEA 有效的肉羊养殖企业有 8 家，占比为 50%；其中，非 DEA 有效的均值为 0.585 5，最大值、最小值分别为 LT 公司 0.946 2 和 JK 公司 0.393 1。这表明新疆典型肉羊养殖企业的肉羊养殖技术水平得到了提高，半数生产能力和管理能力水平较高，但仍然存在较为明显的结构性差异。

从规模效率的计算结果来看，16 家肉羊养殖企业的规模效率均值为 0.976 1，接近于效率前沿数值 1，达到 DEA 有效阶段的肉羊养殖企业有 7 家，占比为 43.75%；规模效率处在 DEA 无效阶段的肉羊养殖企业有 9 家，占比为 56.25%，规模效率 DEA 无效的均值为 0.957 6，其中，最大值、最小值分别为 JH 公司 0.996 7 和 XM 公司 0.853 0。这表明 16 家肉羊养殖企业的规模效率水平普遍较高。由于 16 家肉羊养殖企业的规模技术效率差别较小，因此纯技术效率便成为影响养殖企业肉羊规模化养殖生产综合技术效率的主要原因。

规模报酬递增阶段的养殖企业，可以适当增加饲料、人工等生产要素的投入以便获得更多产出，并根据养殖情况调整养殖规模，以此实现最优生产状态；对于处在规模报酬递减阶段的养殖企业，应适当减少相关要素投入，缩小养殖规模，加强规范化管理，并合理利用资源，进一步提高资源利用率。

(四) 投入产出各变量效率分解

下面对各个投入产出变量的效率进一步分解，如表 6-40 所示，其中表格的第一列为各肉羊生产企业的决策单元代码；第二列为决策单元的名称，即各肉羊生产企业的公司简称；第三列为投入产出的原始值（Original）；第四列为投入产出的径向改进值（Proportionate Movement），是指投入（产出）指标的径向改进值，又称为比例改进，表示在现有投入（产出）等比例方向下的改进值，即肉羊生产企业各项投入等比例减少或者各项产出等比例增加的数值，正数表示变化方向为增加，负数表示变化方向为减少；第五列为要素投入（产出）的松弛改进值（Slack Movement），其绝对值等于线性规划方程中 s−（投入松弛变量）或 s＋（产出松弛变量），是针对强有效前沿或目标值而言的,是在等比例改进之后依然相对强有效 DMU 而言的差距部分,正数表示变化方向为增加,负数表示变化方向为减少;第六列为要达到 DEA 相对有效的目标值(Projection),其中目标值=原始值+径向改进值+松弛改进值,即表格内第六列数值=第三列数值+第四列数值+第五列数值。

表 6 - 40 投入指标——生产母羊占核心群母羊比例

序号	名称	原始值/%	径向改进值/%	松弛改进值/%	目标值/%
1	TS	79	0.00	0.00	79.00
2	JK	624	−155.80	−382.95	85.25
3	XT	131	−63.66	−14.49	52.85
4	WF	100	0.00	0.00	100.00
5	XA	88	0.00	0.00	88.00
6	XX	97	−47.57	0.00	49.43
7	AL	74	0.00	0.00	74.00
8	LY	85	0.00	0.00	85.00
9	LT	174	−9.35	−96.71	67.94
10	SP	168	0.00	0.00	168.00
11	JH	158	−82.47	−4.57	70.96
12	XY	44	0.00	0.00	44.00
13	JK	184	−111.84	−28.44	43.72
14	XM	672	−340.53	−261.97	69.50
15	HM	104	−41.33	−4.02	58.65
16	BB	104	0.00	0.00	104.00

数据来源:根据肉羊养殖企业调查问卷数据,通过软件 MAXDEA 运算所得。

本部分考虑的前提是投入因素是决策单元可决定的,而产出因素是不能决定的,因此本部分主要分析考虑投入能否减少,不管产出能否增加(因为产出是决策单元不可控的因素)的投入产出效率情况。

1. 投入指标——生产母羊占核心群母羊比例情况 由表 6 - 40 可以看出,在产出不可控的前提下,TS、WF、XA、AL、LY、SP、XY、BB 8 家企业可以维持目前生产母羊占核心群母羊比例,能够保持该项投入原始值与目标值的统一;而剩余 8 家企业需要进一步降低该项投入,即进一步降低生产母羊占核心群母羊比例,以达到 DEA 的相对有效,其中 XM 公司需要降低的数值最多,其目标值与原始值之间的数值差为−6.025(−602.5%),即 XM 公司要在投入导向背景下,将生产母羊占核心群母羊比例下降为 69.50% 才能达到

DEA 的相对有效。

2. 投入指标——后备公羊占后备母羊比例情况　由表 6-41 可以看出，在投入导向条件下，因产出不可控，TS、WF、XA、AL、LY、SP、XY、BB 8 家企业的后备公羊占后备母羊比例可以达到 DEA 的相对有效，其目标值与原始值保持一致；而 JK、XT、XX、LT、JH、JK、XM、HM 8 家企业的后备公羊占后备母羊比例存在投入冗余，需要通过降低投入来达到 DEA 的相对有效。以 JH 公司为例，其后备公羊占后备母羊比例的目标值为 53.68%，即后备公羊约占后备母羊的一半，可以达到 DEA 的相对有效。

表 6-41　投入指标——后备公羊占后备母羊比例

序号	名称	原始值/%	径向改进值/%	松弛改进值/%	目标值/%
1	TS	100	0.00	0.00	100.00
2	JK	70	-17.48	0.00	52.52
3	XT	60	-29.39	0.00	30.61
4	WF	13	0.00	0.00	13.00
5	XA	11	0.00	0.00	11.00
6	XX	100	-49.13	-15.12	35.75
7	AL	11	0.00	0.00	11.00
8	LY	7	0.00	0.00	7.00
9	LT	20	-1.08	0.00	18.92
10	SP	104	0.00	0.00	104.00
11	JH	139	-72.46	-12.86	53.68
12	XY	24	0.00	0.00	24.00
13	JK	66	-40.02	-1.53	24.45
14	XM	87	-44.22	0.00	42.78
15	HM	33	-13.28	0.00	19.72
16	BB	89	0.00	0.00	89.00

数据来源：根据肉羊养殖企业调查问卷数据，通过软件 MAXDEA 运算所得。

3. 投入指标——饲草料成本情况　由表 6-42 可以看出，在投入导向条件下，16 家肉羊养殖企业中关于饲草料成本的投入各有不同，其中 TS、WF、XA、AL、LY、SP、XY 和 BB 8 家企业的饲草料成本在维持现状的条件下能够达到指标的 DEA 相对有效；而 JK、XT、XX、LT、JH、JK、XM、HM 8 家企业存在饲草料成本的投入冗余，分别需要降低不同数值的饲草料成本才能达到目前的 DEA 相对有效。以 XX 公司为例，其饲草料成本原始值为 1 977 元/只，径向改进值和松弛改进值分别为－971.273 0 元/只和－336.851 1 元/只，目标值为 668.875 9 元/只，表明 XX 公司在产出不可控的条件下，需要将饲草料成本降低 1 308.124 1 元/只，才能达到目前的 DEA 相对有效。

表 6－42　投入指标——饲草料成本情况

序号	名称	原始值/(元/只)	径向改进值/(元/只)	松弛改进值/(元/只)	目标值/(元/只)
1	TS	1 550	0.000 0	0.000 0	1 550.000 0
2	JK	1 062	－265.155 2	0.000 0	796.844 8
3	XT	1 095	－532.317 6	0.000 0	562.682 4
4	WF	1 278	0.000 0	0.000 0	1 278.000 0
5	XA	960	0.000 0	0.000 0	960.000 0
6	XX	1 977	－971.273 0	－336.851 1	668.875 9
7	AL	1 260	0.000 0	0.000 0	1 260.000 0
8	LY	1 225	0.000 0	0.000 0	1 225.000 0
9	LT	1 080	－58.146 4	0.000 0	1 021.853 6
10	SP	1 195	0.000 0	0.000 0	1 195.000 0
11	JH	1 100	－574.889 0	0.000 0	525.111 0
12	XY	513	0.000 0	0.000 0	513.000 0
13	JK	1 305	－792.000 0	0.000 0	513.000 0
14	XM	1 260	－638.818 6	0.000 0	621.181 4
15	HM	1 095	－436.131 3	0.000 0	658.868 7
16	BB	540	0.000 0	0.000 0	540.000 0

数据来源：根据肉羊养殖企业调查问卷数据，通过软件 MAXDEA 运算所得。

4. 投入指标——人工成本情况　由表 6－43 可以看出，在投入导向条件下，16 家肉羊养殖企业中关于人工成本的投入各有不同，其中 TS、WF、XA、AL、LY、SP、XY、BB 8 家企业的人工成本与目标值保持一致，即在维持现有人工成本的条件下能够实现企业生产技术效率的 DEA 相对有效；而JK、XT、XX、LT、JH、JK、XM、HM 8 家企业的人工成本存在冗余部分，即需要分别降低相应的人工成本才能达到 DEA 的相对有效。以 HM 公司为例，其人工成本始值为 730 元/只，而 DEA 目标值为 70.086 4 元/只，即需要将人工成本降低 659.913 6 元/只，才能达到投入导向下的 DEA 相对有效目标。

表6-43　投入指标——人工成本情况

序号	名称	原始值/(元/只)	径向改进值/(元/只)	松弛改进值/(元/只)	目标值/(元/只)
1	TS	150	0.000 0	0.000 0	150.000 0
2	JK	180	−44.941 6	−87.786 7	47.271 7
3	XT	365	−177.439 2	−168.120 2	19.440 6
4	WF	438	0.000 0	0.000 0	438.000 0
5	XA	190	0.000 0	0.000 0	190.000 0
6	XX	517	−254.005 8	−230.265 5	32.728 7
7	AL	42	0.000 0	0.000 0	42.000 0
8	LY	56	0.000 0	0.000 0	56.000 0
9	LT	38	−2.045 9	−1.090 1	34.864 0
10	SP	287	0.000 0	0.000 0	287.000 0
11	JH	210	−109.751 5	−66.717 9	33.530 6
12	XY	12	0.000 0	0.000 0	12.000 0
13	JK	102	−61.903 4	−28.096 6	12.000 0
14	XM	300	−152.099 7	−114.146 1	33.754 2
15	HM	730	−290.754 2	−369.159 4	70.086 4
16	BB	60	0.000 0	0.000 0	60.000 0

数据来源：根据肉羊养殖企业调查问卷数据，通过软件MAXDEA运算所得。

5. 投入指标——技术成本情况　由表6-44可以看出，在投入导向条件下，16家肉羊养殖企业中关于技术成本的投入各有不同，其中TS、WF、XA、AL、LY、SP、XY、BB 8家企业的技术成本能够在维持现状的情况下实现DEA的相对有效目标；而JK、XT、XX、LT、JH、JK、XM、HM 8家企业在投入导向背景下，存在着较为明显的技术成本冗余，需要通过降低技术成本才能达到DEA的相对有效目标。以XT公司为例，其技术成本原始值为365元/只，而要达到投入导向条件下的DEA相对有效目标值8.185 7元/只，需要降低技术成本356.814 3元/只。

表6-44　投入指标——技术成本情况

序号	名称	原始值/(元/只)	径向改进值/(元/只)	松弛改进值/(元/只)	目标值/(元/只)
1	TS	75	0.000 0	0.000 0	75.000 0
2	JK	72	−17.976 6	−37.645 4	16.378 0
3	XT	365	−177.439 2	−179.375 1	8.185 7
4	WF	73	0.000 0	0.000 0	73.000 0
5	XA	135	0.000 0	0.000 0	135.000 0
6	XX	428	−210.095 8	−201.168 3	16.735 9

（续）

序号	名称	原始值/(元/只)	径向改进值/(元/只)	松弛改进值/(元/只)	目标值/(元/只)
7	AL	15	0.000 0	0.000 0	15.000 0
8	LY	15	0.000 0	0.000 0	15.000 0
9	LT	100	−5.383 9	−81.777 6	12.838 5
10	SP	280	0.000 0	0.000 0	280.000 0
11	JH	130	−67.941 4	−49.778 8	12.279 8
12	XY	6	0.000 0	0.000 0	6.000 0
13	JK	80	−48.551 7	−25.448 3	6.000 0
14	XM	140	−70.979 8	−57.210 3	11.809 9
15	HM	365	−145.377 1	−171.526 6	48.096 3
16	BB	20	0.000 0	0.000 0	20.000 0

数据来源：根据肉羊养殖企业调查问卷数据，通过软件 MAXDEA 运算所得。

6. 投入指标——其他成本情况　　由表 6－45 可以看出，在投入导向条件下，16 家肉羊养殖企业中关于其他成本的投入各有不同，其中 TS、WF、XA、AL、LY、SP、XY、BB 8 家企业的其他成本能够在维持现状的情况下实现 DEA 的相对有效目标；而 JK、XT、XX、LT、JH、JK、XM、HM 8 家企业在投入导向背景下，存在着较为明显的其他成本冗余，需要通过降低其他成本才能达到 DEA 的相对有效目标。以 XX 公司为例，其肉羊生产的其他成本原始值为 1 355 元/只，而在产出不可控的条件下，要达到投入导向背景下的 DEA 相对有效目标值 12.023 4 元/只，需要降低其他成本 1 342.976 6 元/只。

表 6－45　投入指标——其他成本情况

序号	名称	原始值/(元/只)	径向改进值/(元/只)	松弛改进值/(元/只)	目标值/(元/只)
1	TS	50	0.000 0	0.000 0	50.000 0
2	JK	432	−107.859 7	−281.831 4	42.308 9
3	XT	365	−177.439 2	−175.421 8	12.139 0
4	WF	37	0.000 0	0.000 0	37.000 0
5	XA	170	0.000 0	0.000 0	170.000 0
6	XX	1 355	−665.583 6	−677.393 0	12.023 4
7	AL	73	0.000 0	0.000 0	73.000 0
8	LY	54	0.000 0	0.000 0	54.000 0
9	LT	78	−4.199 5	−21.312 5	52.488 0
10	SP	31	0.000 0	0.000 0	31.000 0
11	JH	110	−57.488 9	−36.297 2	16.213 9

（续）

序号	名称	原始值/(元/只)	径向改进值/(元/只)	松弛改进值/(元/只)	目标值/(元/只)
12	XY	5	0.000 0	0.000 0	5.000 0
13	JK	25	−15.172 4	−4.827 6	5.000 0
14	XM	100	−50.699 9	−29.328 4	19.971 7
15	HM	365	−145.377 1	−160.778 7	58.844 2
16	BB	30	0.000 0	0.000 0	30.000 0

数据来源：根据肉羊养殖企业调查问卷数据，通过软件 MAXDEA 运算所得。

7. 产出指标——出栏率情况 由表 6 - 46 可以看出，在投入导向条件下，16 家肉羊养殖企业中关于肉羊出栏率的产出各有不同，其中 TS、WF、XA、AL、LY、SP、XY、BB 8 家企业的肉羊出栏率能够在维持投入现状的情况下实现 DEA 的相对有效目标；而 JK、XT、XX、LT、JH、JK、XM、HM 8 家企业在投入导向背景下，存在着较为明显的产出不足，需要通过增加肉羊出栏率才能达到 DEA 的相对有效目标。以 HM 公司为例，其肉羊出栏率的原始值为 6%，而在投入导向背景下的 DEA 相对有效目标值为 206.84%。

表 6 - 46 产出指标——出栏率情况

序号	名称	原始值/%	径向改进值/%	松弛改进值/%	目标值/%
1	TS	23	0.00	0.00	23.00
2	JK	65	0.00	40.84	105.84
3	XT	116	0.00	125.22	241.22
4	WF	125	0.00	0.00	125.00
5	XA	62	0.00	0.00	62.00
6	XX	40	0.00	199.39	239.39
7	AL	143	0.00	0.00	143.00
8	LY	39	0.00	0.00	39.00
9	LT	88	0.00	85.89	173.89
10	SP	58	0.00	0.00	58.00
11	JH	114	0.00	55.40	169.40
12	XY	278	0.00	0.00	278.00
13	JK	105	0.00	172.98	277.98
14	XM	14	0.00	151.13	165.13
15	HM	6	0.00	200.84	206.84
16	BB	35	0.00	0.00	35.00

数据来源：根据肉羊养殖企业调查问卷数据，通过软件 MAXDEA 运算所得。

8. 产出指标——繁殖率情况 由表 6-47 可以看出，在投入导向条件下，16 家肉羊养殖企业中关于肉羊繁殖率的产出各有不同，其中 TS、WF、XA、AL、LY、SP、XY、BB 8 家企业的肉羊出栏率能够在维持投入现状的情况下实现 DEA 的相对有效目标；而 JK、XT、XX、LT、JH、JK、XM、HM 8 家企业在投入导向背景下，存在着较为明显的繁殖率产出不足，需要通过增加肉羊繁殖率才能达到 DEA 的相对有效目标。以 LT 公司为例，其肉羊繁殖率的原始值为 100%，而在投入导向背景下的 DEA 相对有效目标值为 258.29%。

表 6-47　产出指标——繁殖率情况

序号	名称	原始值/%	径向改进值/%	松弛改进值/%	目标值/%
1	TS	78	0.00	0.00	78.00
2	JK	139	0.00	106.00	245.00
3	XT	153	0.00	77.08	230.08
4	WF	171	0.00	0.00	171.00
5	XA	113	0.00	0.00	113.00
6	XX	82	0.00	123.07	205.07
7	AL	273	0.00	0.00	273.00
8	LY	120	0.00	0.00	120.00
9	LT	100	0.00	158.29	258.29
10	SP	139	0.00	0.00	139.00
11	JH	181	0.00	48.08	229.08
12	XY	227	0.00	0.00	227.00
13	JK	86	0.00	141.51	227.51
14	XM	77	0.00	136.28	213.28
15	HM	33	0.00	156.76	189.76
16	BB	230	0.00	0.00	230.00

数据来源：根据肉羊养殖企业调查问卷数据，通过软件 MAXDEA 运算所得。

9. 产出指标——成活率情况 由表 6-48 可以看出，在投入导向条件下，16 家肉羊养殖企业中关于肉羊成活率的产出各有不同，其中 TS、WF、XA、AL、LY、SP、JH、XY、XM 和 BB 10 家企业的肉羊成活率能够在维持投入现状的情况下实现 DEA 的相对有效目标；而 JK、XT、XX、LT、JK、HM 6

家企业在投入导向背景下，存在着较为明显的肉羊成活率产出不足问题，需要通过增加肉羊成活率才能达到 DEA 的相对有效目标。以 LT 公司为例，其肉羊成活率的原始值为 55%，而在投入导向背景下的 DEA 相对有效目标值为92.48%，需要提升肉羊成活率才能实现在现有投入产出条件下的 DEA 相对有效目标。

表 6 - 48　产出指标——成活率情况

序号	名称	原始值/%	径向改进值/%	松弛改进值/%	目标值/%
1	TS	85	0.00	0.00	85.00
2	JK	91	0.00	4.36	95.36
3	XT	70	0.00	21.19	91.19
4	WF	97	0.00	0.00	97.00
5	XA	85	0.00	0.00	85.00
6	XX	89	0.00	0.78	89.78
7	AL	93	0.00	0.00	93.00
8	LY	96	0.00	0.00	96.00
9	LT	55	0.00	37.48	92.48
10	SP	90	0.00	0.00	90.00
11	JH	94	0.00	0.00	94.00
12	XY	90	0.00	0.00	90.00
13	JK	88	0.00	2.14	90.14
14	XM	94	0.00	0.00	94.00
15	HM	80	0.00	7.86	87.86
16	BB	99	0.00	0.00	99.00

数据来源：根据肉羊养殖企业调查问卷数据，通过软件 MAXDEA 运算所得。

10. 产出指标——平均利润情况　由表 6 - 49 可以看出，在投入导向条件下，16 家肉羊养殖企业中关于肉羊生产的平均利润的产出各有不同，其中TS、JK、XT、WF、XA、XX、AL、LY、LT、SP、XY、BB 12 家企业的平均利润能够在维持投入现状的情况下实现 DEA 的相对有效目标；而 JH、JK、XM、HM 4 家企业在投入导向背景下，存在着较为明显的肉羊平均利润产出不足的问题，需要通过增加肉羊平均利润才能达到 DEA 的相对有效目标。以JH 公司为例，其肉羊养殖平均利润的原始值为 0，而在投入导向背景下的

DEA 相对有效目标值为 281.969 6 元/只，需要提升肉羊养殖平均利润281.969 6 元/只，才能实现在现有投入产出条件下的 DEA 相对有效目标。

表 6 - 49　产出指标——平均利润情况

序号	名称	原始值/(元/只)	径向改进值/(元/只)	松弛改进值/(元/只)	目标值/(元/只)
1	TS	550	0.000 0	0.000 0	550.000 0
2	JK	347	0.000 0	0.000 0	347.000 0
3	XT	203	0.000 0	0.000 0	203.000 0
4	WF	35	0.000 0	0.000 0	35.000 0
5	XA	110	0.000 0	0.000 0	110.000 0
6	XX	222	0.000 0	0.000 0	222.000 0
7	AL	300	0.000 0	0.000 0	300.000 0
8	LY	105	0.000 0	0.000 0	105.000 0
9	LT	270	0.000 0	0.000 0	270.000 0
10	SP	625	0.000 0	0.000 0	625.000 0
11	JH	0		281.969 6	281.969 6
12	XY	164	0.000 0	0.000 0	164.000 0
13	JK	102	0.000 0	62.000 0	164.000 0
14	XM	100	0.000 0	141.301 5	241.301 5
15	HM	134	0.000 0	12.378 3	146.378 3
16	BB	427	0.000 0	0.000 0	427.000 0

数据来源：根据肉羊养殖企业调查问卷数据，通过软件 MAXDEA 运算所得。

综上所述，在投入导向背景下，因为产出的不可控，在 2021 年调研的 16 家典型肉羊企业中，部分企业的生产总体呈不同程度的技术退化、纯技术效率下降与规模报酬递增或递减并存的变化特征。2021 年，受新冠疫情等因素的影响，新疆部分肉羊养殖企业在品种繁育、改良及配种等方面做了大量工作，也对此进行了相当数量的资金投入，品种和科技推广体系逐渐完善，但部分肉羊养殖企业自有资金投入能力较弱，且资源未能有效整合，很大程度阻碍了先进技术和优良品种在肉羊生产过程中采用和普及，一定程度阻碍了肉羊生产技术的进步，因而导致纯技术效率并未改善，出现了投入冗余或产出不足，进而抑制了肉羊生产技术效率的改善和提高。因此，未来需要通过养殖集约化、规模化、标准化水平的不断提高来促进新疆肉羊生产规模效率的改善。因此，在投入可以控制的背景下，提高技术利用效率和规范经营管理仍是促进肉羊生产企业全要素生产率增长的主要驱动力。

第三节　新疆羊肉价格波动特征及其影响因素分析

新疆作为我国五大牧区之一，畜牧业在农业经济中占有相当大的比重。其中，肉羊产业作为畜牧业的重要组成部分，羊年底存栏、出栏数量均占新疆牲畜总数的80%。同时，新疆作为少数民族聚居地区，羊肉更是城乡居民最主要的肉类消费品，随着居民可支配收入和生活水平的不断提高，以及对高蛋白食物需求的不断增加，近10多年来，新疆羊肉家庭人均消费量总体虽在增加，但增加幅度不大，羊肉价格波动却较为明显。月度价格监测数据显示，近10多年来，新疆羊肉市场价格波动较大，2010年至今羊肉价格呈波动增长态势，2010年1月市场价格为34.25元/千克，在2021年5月达峰值79.97元/千克，随后下降至2023年12月的61.46元/千克，羊肉价格波动及大幅度上涨既影响市场供求平衡、城乡居民消费稳定性，也会影响肉羊养殖户生产，不利于肉羊产业可持续发展。因此，了解新疆羊肉价格波动特征以及影响因素对于保障羊肉生产、稳定羊肉市场价格具有十分重要的意义。

2010年以来，新疆羊肉家庭人均消费量总体呈现增长态势，并且受生活消费习惯和消费结构等因素的影响，新疆羊肉家庭人均消费量占总肉类家庭人均消费量的比重一直较大且很稳定（50%以上）。然而，新疆羊肉产量虽总体呈现增长态势，但占肉类总产量的比重呈下降态势，且2010—2022年羊肉家庭人均消费量年均增速高于产量的年均增速，由于产量和需求之间存在一定差距，导致了羊肉市场供需偏紧，且2009年以来新疆肉羊生产成本显著上升、肉羊生产周期长等因素均会对肉羊市场价格波动产生影响。1980—2022年新疆羊肉产量由6.48万吨增加至60.72万吨，年均增速为5.6%，但低于牛肉7.9%和猪肉7.2%的年均增速，羊肉产量占新疆肉类总产量的比重由51%下降至29.7%。随着新疆消费者可支配收入的提升及饮食结构的多元化发展，羊肉消费需求不断增长，2010—2022年新疆羊肉家庭人均消费量由10.95千克/年增加至13.34千克/年，年均增速为2%，且高于产量的年均增速1.1%，羊肉供给偏紧带动羊肉价格上涨，羊肉平均价格由2010年的38.32元/千克上涨至2023年的64.98元/千克，增长了近1倍，其中2013年增长幅度最大，达23.8%。

因此，掌握新疆羊肉价格波动规律特征及不同阶段影响因素，不但有利于科学推动肉羊产业发展，还有利于合理调控羊肉市场、保障羊肉价格稳定。本研究对羊肉价格波动进行趋势分解，深入探究羊肉价格周期性波动特征及不同波动周期内的影响因素。

一、数据来源及研究方法

本研究使用数据主要来源于以下方面：羊肉产量和家庭人均消费量等描述性统计数据来自历年《中国畜牧兽医统计》和《新疆统计年鉴》，羊肉价格数据来自 2010 年 1 月至 2023 年 9 月新疆畜产品及饲料集市羊肉平均价格。

本研究运用 20 世纪 80 年代首次提出的 Hodrick - Prescott（HP）滤波法分析羊肉价格波动特征，HP 滤波法的优点在于可以较好地分解出时间序列的趋势要素。其原理如下。

设 $\{S_h\}$ 是包含趋势成分和波动成分的经济时间序列，$\{S_h^H\}$ 是其中包含的趋势分解，$\{S_h^b\}$ 是其中含有的波动成分，则

$$S_h = S_h^H + S_h^b, \ h = 1, \ 2, \ \cdots, \ H \qquad (6-1)$$

计算 HP 滤波就是从 $\{S_h\}$ 中将 S_h^H 分离出来。一般地，时间序列 $\{S_h\}$ 中可观测部分趋势 $\{S_h^H\}$ 常被定义为下面的最小化问题的解。

$$\min \sum_{h=1}^{H} \{(S_h - S_h^H)^2 + \varepsilon [B(Y)S_h^H]^2\} \qquad (6-2)$$

式中，$B(Y)$ 是滞后算子多项式。

$$B(Y) = (Y^{-1} - 1) - (1 - Y) \qquad (6-3)$$

将式（6-3）代入（6-2）中，则 HP 滤波的问题就是最小化下的损失函数，即

$$\min \sum_{h=1}^{H} \{(S_h - S_h^H)^2 + \varepsilon [(S_{h+1}^H - S_h^H) - (S_{h-1}^H)]^2\} \ (6-4)$$

式中，ε 是对趋势光滑程度和对原数据拟合程度的权衡参数。当 $\varepsilon = 0$ 时，满足最小化问题的趋势序列为 $\{S_h\}$ 序列；随着 ε 值的增加，估计的趋势越光滑；当 ε 趋于无穷大时，估计的趋势将接近线性函数。

一般经验，ε 的取值如下。

$$\varepsilon = \begin{cases} 100, & \text{年度数据} \\ 1\ 600, & \text{季度数据} \\ 14\ 400, & \text{月度数据} \end{cases}$$

本研究用的羊肉价格月度数据，故 ε 取值 14 400。

二、新疆羊肉价格波动特征及其影响因素

（一）新疆羊肉价格具有长期波动上涨的特征

新疆羊肉价格自 2010 年以来经历了两次较快的上涨。基于 HP 滤波分解，将新疆羊肉价格长期趋势分为 4 个阶段（图 6-1）。

第一阶段为 2010 年 1 月至 2013 年 10 月。该阶段新疆羊肉价格第一次快

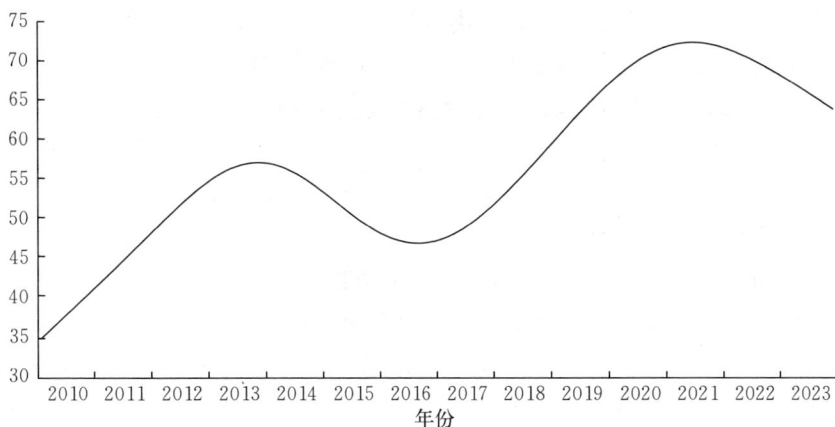

图 6-1　羊肉价格滤波长期趋势分解结果

速上涨，且涨幅最大，羊肉价格由 34.9 元/千克上涨至 57.2 元/千克，上涨了 63.9%。该阶段羊肉价格上涨的原因：羊肉产量总体略降，城镇家庭人均消费量总体略降，而农村家庭人均消费量总体呈现上涨趋势，年均增速达 9.7%，供给趋紧且消费旺盛导致该阶段羊肉价格快速上涨。

第二阶段为 2013 年 11 月至 2016 年 9 月。该阶段羊肉价格从 57.2 元/千克下降至 47 元/千克，下降了 17.8%。该阶段我国羊肉总体产量大幅度增加，由 2013 年的 409 万吨增加至 2016 年的 460 万吨，增加了 12.5%。新疆羊肉产量、家庭人均消费量也均有所上涨，全国羊肉供给的增长缓解了各省份羊肉市场供给偏紧的局面。2014 年初受小反刍兽疫的影响，全国各省份的羊肉价格都出现不同程度的下跌。

第三阶段为 2016 年 10 月至 2021 年 6 月。新疆羊肉价格第二次快速上涨，由 47 元/千克上涨至 72.3 元/千克，涨幅为 53.8%，羊肉价格持续上涨时长较第一次快速上涨变长，但涨幅低于第一次，此阶段新疆居民可支配收入水平不断提升，由 2016 年的 1.8 万元增加至 2021 年的 2.6 万元，增加了 44.4%，消费者收入的提高带动了饮食结构多元化发展。2016—2021 年羊肉家庭人均消费量年均增速 4.5% 快于羊肉产量增速 1.2%，消费需求高于产量，导致羊肉供给出现较长时间的趋紧局面，羊肉价格快速上涨。

第四阶段为 2021 年 7 月至 2023 年 12 月。羊肉价格呈现下行趋势，从 72.3 元/千克下降至 61.46 元/千克，跌了近 15%，但羊肉价格下降幅度低于第二阶段的下降幅度。2021—2022 年可能受到了新冠疫情防控的影响，叠加肉类消费结构的变化和消费渠道更加多元化，羊肉的消费量明显减少，与此同时，羊存栏量、羊肉产量均在增加，肉羊产能得到持续提升。2023 年 1—9 月新疆羊肉产量为 44.91 万吨，同比增长了 7.1%。2022 年从疆外调入活羊

402.6 万只，同比减少 26.8%，羊肉自给率从 84% 提高到 88%。这些因素均缓解了新疆羊肉市场供给偏紧的局面，使羊肉价格有所回落。

（二）新疆羊肉价格呈现明显的周期性波动特征

新疆羊肉价格同样存在周期性波动的特征（表 6-50、图 6-2）。根据 HP 滤波趋势分解结果，按照"波峰—波谷"的划分方法，2010 年以来，羊肉价格周期可以分为 4 个完整周期和 1 个新一轮不完整周期。按照（最高价—最低价）/平均价的方法，评估各轮周期的波动幅度。从波动幅度和周期时间来看，除新一轮不完整周期外，4 个完整周期羊肉价格波动持续时间、最高最低价、波动幅度、价差和均价均呈现逐渐扩大的特点。第四轮周期价格波动幅度最大，为 60.9%，且周期历时最长，为 77 个月，并且羊肉价格处于历史最高水平。其次是第三轮周期，波动幅度为 41.4%，历时 44 个月。在 4 轮完整周期中，历经时间最短的是第一轮周期，为 14 个月，新一轮不完整周期波动幅度最小，为 12.2%。除新一轮周期羊肉价格高点较上轮周期最高价下跌 13.1% 以外，之前的 4 个完整周期的羊肉最高价分别较上轮周期最高价上涨 13.4%、36.6% 和 24.9%，其中新疆羊肉价格的大幅上涨发生在 2012—2022 年。

表 6-50　新疆羊肉价格周期划分

编号	时间	持续时间/月	最高价/（元/千克）	最低价/（元/千克）	价差/（元/千克）	平均价/（元/千克）	波动幅度/%
1	2010 年 1 月至 2011 年 2 月	14	41.35	34.25	7.10	38.40	18.5
2	2011 年 3 月至 2012 年 5 月	15	46.90	38.24	8.66	44.58	19.4
3	2012 年 6 月至 2016 年 1 月	44	64.05	41.13	22.92	55.31	41.4
4	2016 年 2 月至 2022 年 6 月	77	79.97	43.08	36.89	60.55	60.9
5	2022 年 7 月至 2023 年 12 月	18	69.50	61.46	8.04	65.92	12.2

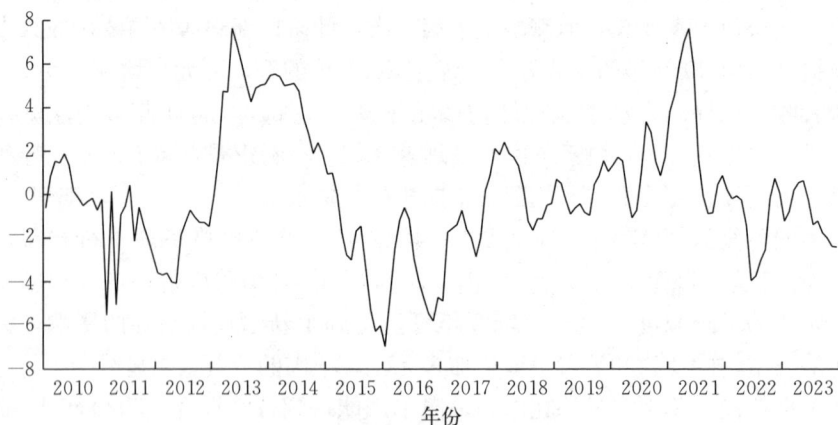

图 6-2　羊肉价格滤波周期性趋势分解结果

从几轮羊肉价格周期的波动特征及影响因素来看，存在较大的差异。

第一轮周期为 2010 年 1 月至 2011 年 2 月。此阶段最大的特点是历时最短，为 14 个月，羊肉平均价为 38.40 元/千克，波动幅度为 18.5%，最高价与最低价间的价差为 7.10 元/千克。该周期内羊肉价格波动的影响因素：一是自 2009 年以来新疆肉羊生产成本开始上涨，总成本由 2010 年的 100.98 元/只上涨到 2011 年的 131.83 元/只，上涨了 30.6%。2009—2011 年玉米和小麦麸价格上涨幅度较大，分别为 23% 和 16%，豆粕价格上涨 1%，肉羊养殖成本增加不但消减了养殖户的积极性，还会加速羊肉价格的上涨。二是 2010—2011 年，由于自然灾害的发生，部分地区饲草料减少、牲畜大量死亡、产量下降以及运输受阻，这一阶段新疆羊肉产量由 53.67 万吨下降至 50.98 万吨，城镇、农村家庭人均羊肉消费量均有所上涨，分别增长了 1.9% 和 5.2%，因而会对畜产品价格波动产生影响。三是猪肉、牛肉与羊肉等替代肉类的价格之间存在着相互影响，2009 年猪流感、2010 年瘦肉精等事件的出现，公众对猪肉消费信心都受到了较大打击，导致阶段性需求下降，使猪肉价格大幅下跌，猪肉价格发生较大的波动也加剧了牛肉、羊肉价格波动。

第二轮周期为 2011 年 3 月至 2012 年 5 月。该周期波动幅度、价差和持续时间较上一轮周期均有所增加，分别为 19.4%、8.66 元/千克和 15 个月，均价为 44.58 元/千克。该周期内羊肉价格波动的影响因素：一是由于家畜长期超载过牧、过度开发等不合理人为因素，导致我国草原退化、沙化面积不断扩大，草原生态环境日益恶化。为了有效遏制草原资源的不断退化，我国在 2011 年启动了"草原生态保护补助奖励机制"，通过此方式给草原牧民一定的经济补偿，鼓励主动减畜，使得草原资源能够休养生息，实现可持续利用。但这使原本放牧的牧民养殖用地减少，而农区肉羊养殖用地有限，养殖难度加大。与此同时，2011 年肉羊的养殖成本开始大幅上涨，玉米和小麦麸价格涨幅虽然有所放缓，分别为 12% 和 1.2%，但豆粕价格上涨且涨幅为 2.8%。二是该周期城镇、农村家庭人均羊肉消费量较上一轮周期上涨幅度增大，分别为 7.1% 和 21.1%。消费大幅度增加的原因可能是该周期内人均可支配收入增速高于上一轮周期。同时，该周期羊养殖规模化率由 2011 年的 25% 上涨到 2012 年的 28.6%，并且 2011 年新疆羊肉产量短暂下降后开始呈现逐年稳步增长的趋势，2011—2012 年由 50.98 万吨增至 52.08 万吨，增长 2.2%，低于城镇、农村家庭人均消费量的增幅。

第三轮周期为 2012 年 6 月至 2016 年 1 月。该周期价差和持续时间较上一轮周期均持续增加，分别为 22.92 元/千克、44 个月，该周期波动幅度为 41.4%，仅次于波动幅度最大的第四轮周期，羊肉平均价格由上一周期 44.58

千克/元涨至 55.31 千克/元，上涨了 24%。该周期波动幅度开始明显增加，由长期趋势分析可知，该周期也是羊肉价格经历首次快速上涨阶段，价差开始大幅度拉大，由上一周期的 8.66 千克/元涨至 22.92 千克/元，上涨了 1.6 倍。在此轮周期中，羊肉价格波动幅度增大的主要原因：一是该周期成本较上一轮周期相比开始下降，饲草料价格呈现下降态势，玉米、豆粕和小麦麸价格降幅分别为 12.6%、7.7% 和 3.3%；二是该周期新疆居民可支配收入水平不断提升，增加了 15.9%，消费者收入的提高带动了饮食结构多元化发展，需求在不断扩大，进而对羊肉价格产生了影响。

第四轮周期为 2016 年 2 月至 2022 年 6 月。该周期历时最久，为 77 个月，波动幅度最大，为 60.9%。由长期趋势分析可知，此轮周期内羊肉价格经历了第二轮快速上涨，且该周期羊肉价格处于历史最高位。价差也在持续增加，但价差增长幅度开始放缓，由上一轮的 22.92 千克/元上涨至 36.89 千克/元，上涨了 61%。该周期羊肉价格波动幅度增大的主要原因：一是随着新疆人均可支配收入的逐年增加，该周期年均增速可达 19.2%，羊肉人均消费水平提升，并且随着新疆旅游业的发展，牛羊肉消费出现飞速增长，2016—2022 年新疆羊肉家庭人均消费量的增长幅度（4.5%）高于羊肉产量的增加幅度（1.2%），供求紧平衡的状态导致价格产生了波动。二是羊肉价格受到了 2018 年非洲猪瘟疫情的影响，猪肉生产受到较大影响，且肉类消费结构发生了转变，作为替代品的牛羊肉消费需求提升，2018 年羊肉家庭人均消费量增幅高达 20%，牛肉为 9.8%，一定程度上带动阶段性消费的增加，并且随着畜禽禁养政策的严格实施，猪肉供给出现较大降幅，导致猪肉供不应求，猪肉价格大幅上涨，此后，受猪肉价格影响较大的牛羊肉价格也出现了上涨。三是新疆肉羊生产成本虽然在不断攀升，但 2015—2017 年成本有下降趋势，虽幅度不大，但一定程度上可以缓解养殖压力，可能会间接对羊肉市场价格波动产生影响。四是新冠疫情减缓了羊肉价格快速上涨的趋势，2020 年新冠疫情防控措施对肉羊全产业链的各个环节产生冲击，饲草料及羊肉运输困难等因素均会抬高生产成本。例如，2020 年玉米和小麦麸价格都有大幅度上涨，分别上涨 28.6% 和 22.7%，同时出现大量囤积食品的现象，这就导致羊肉等生活必需品价格上涨，2020 年羊肉家庭人均消费量呈现上涨的趋势，增幅为 3.8%，然而新疆羊肉产量的增幅为 -5.5%，小于消费增幅，从而使羊肉价格产生了波动。随后 2021—2022 年疫情得到有效控制后，羊肉产量开始恢复上涨趋势，但由于疫情依然存在，居民外出阶段性消费较以往有所减少，产量增幅大于消费增幅，羊肉价格有所回落。因此，尽管此轮周期羊肉价格较上一轮周期有所上涨，但较前几轮周期，无论涨幅还是波动幅度均明显下降。

最新一轮周期为 2022 年 7 月至今。截至 2023 年 12 月，该周期历时 18 个月，在新一轮周期中，羊肉价格波动幅度开始变小，价差和波动幅度低于第一轮周期，分别为 8.04 元/千克、12.2%，而羊肉最低价、平均价较上一轮周期高出 18.38 元/千克、5.37 元/千克，羊肉最高价格开始回落，但仍处于波动状态。在此轮周期中，羊肉价格波动的主要影响因素：一是 2022 年底疫情防控得到缓解，一定程度上使羊肉价格开始回落，并且随着南疆肉羊规模化养殖场产能释放，羊肉产品市场供需紧平衡状态得到了缓解。在此轮周期内，玉米、豆粕、小麦麸价格也呈现下降趋势，分别为 2.9%、2.3% 和 4.4%，其中小麦麸价格下降幅度最大，但由于肉羊产业生产周期长，伴随着居民生活水平的不断提高，叠加疫情过后新疆旅游业的不断发展，羊肉消费总量可能还会继续增加，虽然羊肉价格波动幅度变小了，但羊肉价格仍然处于市场波动期。二是随着生猪产能的不断恢复，从 2022 年 11 月开始，全国猪肉价格不断下降，牛羊肉的替代作用会受到影响，羊肉价格也可能随之下跌。

（三）新疆羊肉价格具有明显的季节性波动特征

相较于猪肉、鸡肉，价格较高的牛羊肉消费具有更加明显的季节性特征，带动羊肉价格季节性波动。由图 6 - 3 可以看出，2020—2023 年新疆羊肉价格总体呈现"涨—降—涨"的趋势。除了 2021 年春节过后由于羊肉的替代需求依然旺盛，最终导致羊肉价格呈现反季节上涨以外，2020—2023 年新疆羊肉价格走势大致是一致的，即在每年年初第 1、2 季度达到高位，之后下降到 6 月再开始回升。从实际情况来看，一年当中羊肉销售的旺季基本为 1—2 月，主要是由于春节、天气较为寒冷等因素，肉类消费较平常有所增加，因此成为羊肉销售旺季；年初 1—3 月很快达到羊肉价格高位，春节过后，天气渐暖，人们便减少对羊肉的消费；3—6 月处于季节性消费淡季，这段时间羊肉价格会下降；到秋冬季节，随着天气转凉，羊肉消费需求上升，再次进入消费旺季。

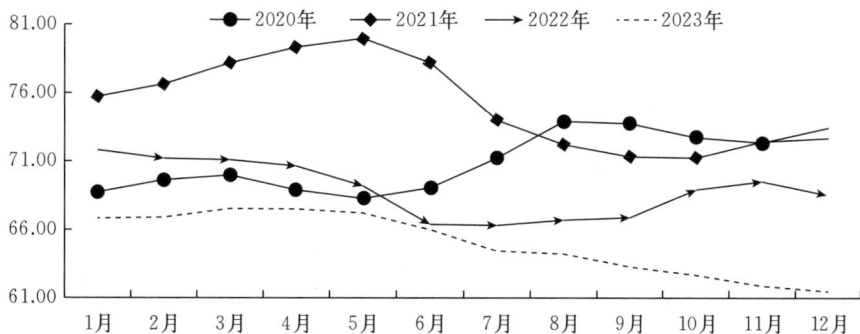

图 6 - 3　2020—2023 年羊肉价格变动规律

综上所述，新疆羊肉价格具有明显的长期波动上涨、周期性和季节性波动特征。2010 年以来，新疆羊肉市场共经历了 4 个完整的价格周期和新一轮周期，完整的羊肉价格周期持续时间和波动幅度呈现逐渐拉大的趋势，在 10 年间，有两轮周期羊肉价格发生了快速上涨，并且具有明显的季节性波动特征。经历两轮快速上涨主要是由于消费者收入快速提升带动的需求增速快于产量增速、替代品肉类价格上涨的共振、自然灾害、产业政策以及饲草料等生产成本上涨。在短时间内，替代品价格的变动、突发事件等因素均会影响羊肉价格。从中长期来看，产业政策、养殖成本上涨及收入快速提升带动需求持续增长是影响羊肉价格的主要因素，因此提高产量增加供给，降低饲草料成本、运输成本，有利于减缓羊肉价格过快上涨的局面，从而减少羊肉价格波动幅度。

第七章
新疆肉羊产业的发展形势、路径选择及对策建议

第一节　新疆肉羊产业发展形势分析

一、生产成本持续波动，养殖利润增长空间受限

2023年，受地缘冲突、全球经济的不确定性、极端天气挑战（如厄尔尼诺现象）等多重因素的影响，国际粮食价格总体呈现下行趋势，其中巴西玉米产量创新高，美国的作物前景也持续向好，同时全球谷物和油籽消费需求下降了0.54%，在产量增加的同时需求疲软，意味着库存的增加和价格的下降，与国际粮食价格走势类似，国内粮食价格也有所下降。2023年，国内玉米、豆粕、麸皮等饲料原料价格均有微幅回落，但与往年相比仍处于价格高位。2023年12月新疆玉米价格2.63元/千克，环比下跌1.9%，同比下跌9%；豆粕价格4.69元/千克，环比下跌2.7%，同比下跌13.6%；小麦麸价格2.38元/千克，环比下跌2.1%，同比下跌12.2%。

全力做好饲料粮保供稳价工作，依然是2024年实现稳增长目标的重要保障。羊单位总成本中饲草料成本占比最大，从2020—2023年全国主要饲料产品市场价格变化情况（图7-1）可以看出，饲料作物价格总体呈现逐年增加趋势，受2023年全球饲料粮价格下行的影响，2023年1—11月全国主要饲料产品市场月度平均价格数据（图7-2）总体呈现下降趋势，12月开始呈现回升态势，但仍处于价格高位。从2008—2023年新疆玉米、豆粕、小麦麸主要饲料产品平均价格变化情况（图7-3）可以看出，新疆主要饲料产品价格呈上涨趋势。从2023年1—12月新疆主要饲料产品月度平均价格变化情况（图7-4）可以看出，新疆豆粕的价格要略高于全国豆粕价格。同时，通过计算可得1—12月新疆羊肉、活羊价格的波动幅度分别为9.3%和8.9%。而饲料作物玉米、豆粕和小麦麸价格的波动幅度为6.5%、10.7%、13.9%，饲料

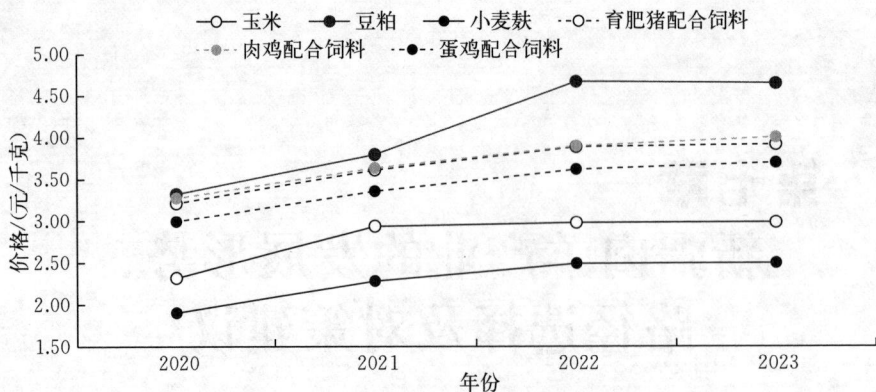

图 7-1 2020—2023 年全国主要饲料产品市场平均价格变化情况
数据来源：农业农村部畜牧兽医局官方网站。

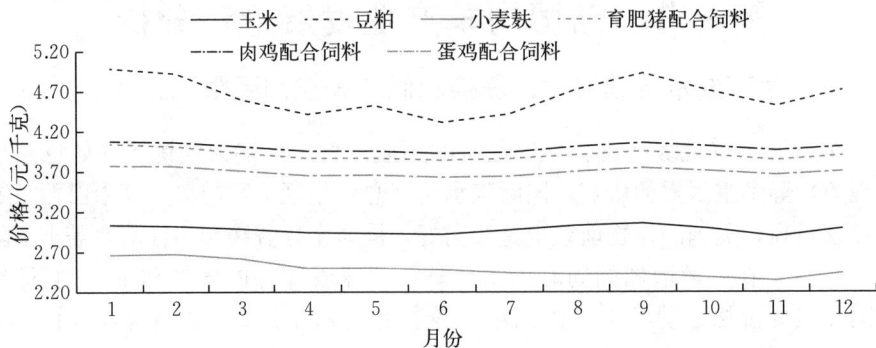

图 7-2 2023 年 1—12 月全国主要饲料产品市场月度平均价格变化情况
数据来源：农业农村部畜牧兽医局官方网站。

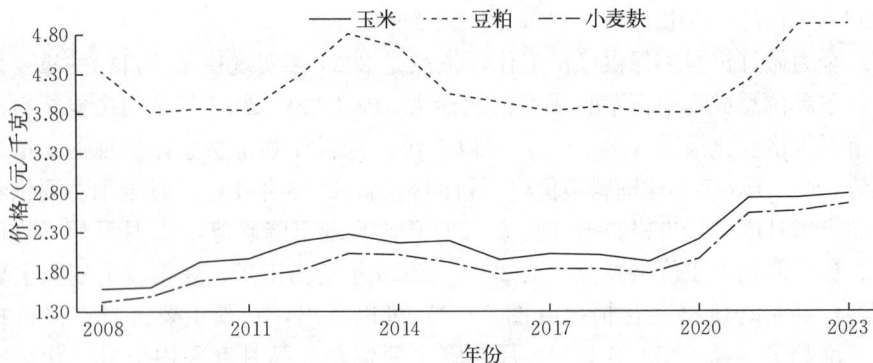

图 7-3 2008—2023 年新疆玉米、豆粕、小麦麸主要饲料产品平均价格变化情况
数据来源：新疆 16 个农业农村部价格监测县（市）数据、
2008—2023 年新疆畜产品及饲料集市平均价格。

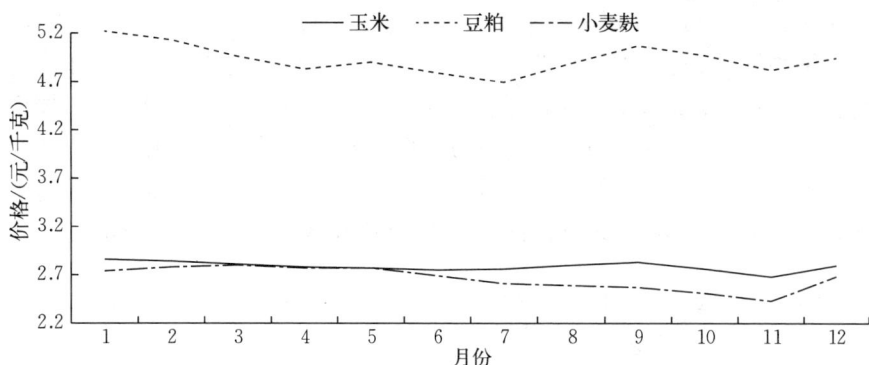

图 7-4　2023 年 1—12 月新疆玉米、豆粕、小麦麸主要饲料产品月度平均价格变化情况
数据来源：2023 年新疆畜产品及饲料集市平均价格。

作物除了玉米价格波动幅度最低以外，小麦和豆粕波动幅度均较大，且超过了羊肉、活羊价格的幅度。

未来，全球粮食供应有望保持相对稳定，并且随着全球玉米和大豆库存的增加，玉米价格上涨的可能性较小。对新疆来说，受大环境的影响，玉米价格上涨的可能性较小，但豆粕和小麦麸的价格可能会震荡运行。从生产成本来看，受运输成本等因素的影响以及一系列趋势表明，养殖成本总体大幅度下降的可能性不大，养殖成本可能仍高于过去几年的平均水平。并且，由于肉类价格回升的空间有限，养殖户利润增大的空间不是很大。同时，不利天气也会给肉类生产带来负面影响，尤其是厄尔尼诺天气现象，导致一些生产者可能会提前出栏牲畜。

二、羊肉价格将继续震荡运行，但振幅有限

根据农业农村部畜牧兽医局畜产品和饲料集贸市场监测数据（表 7-1），2023 年 12 月第 4 周，全国羊肉平均价格为 77.34 元/千克，与前一周基本持平，同比下跌 7.2%。河北、内蒙古、山东、河南和新疆等主产省份羊肉平均价格为 69.49 元/千克，比前一周上涨 0.1%。其中，2023 年 12 月新疆羊肉价格为 61.46 元/千克，环比下降 0.7%，同比下降 10.3%。

表 7-1　2023 年 12 月第 4 周全国重点监测的畜禽产品价格及变化幅度

种类	上周/(元/千克)	本周/(元/千克)	去年同期/(元/千克)	环比/%	同比/%
猪肉	24.73	24.71	33.01	−0.1	−25.1
羊肉	77.34	77.35	83.38	基本持平	−7.2
牛肉	81.43	81.20	88.25	−0.3	−8
鸡蛋	11.18	11.13	12.43	−0.4	−10.5
鸡肉	23.90	23.87	25.00	−0.1	−4.5

数据来源：农业农村部信息中心。

从 2020—2023 年全国羊肉平均价格变化情况（图 7-5）和 2020—2023 年新疆羊肉平均价格变化情况（图 7-6）可以看出，全国羊肉价格和新疆羊肉价格走势大致一致。2023 年，全国的羊肉价格总体处于下降趋势，受中秋、国庆节的影响，9 月略有抬头，10—11 月继续下降，12 月价格呈现回升态势。而与全国不同的是，新疆羊肉价格在 2—3 月受春节效应、季节性等因素的影响有微幅回升，之后羊肉价格便呈现逐月连续下跌的趋势，跌至 12 月的 61.46 元/千克。

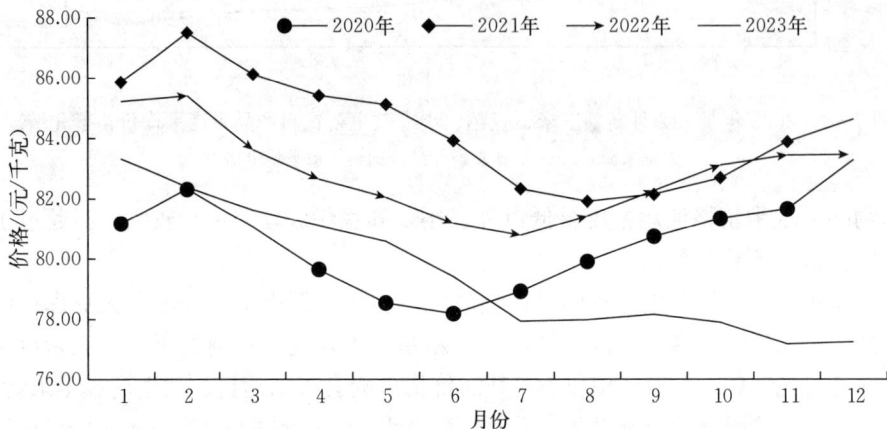

图 7-5　2020—2023 年全国羊肉平均价格变化情况

数据来源：农业农村部畜牧兽医局官方网站。

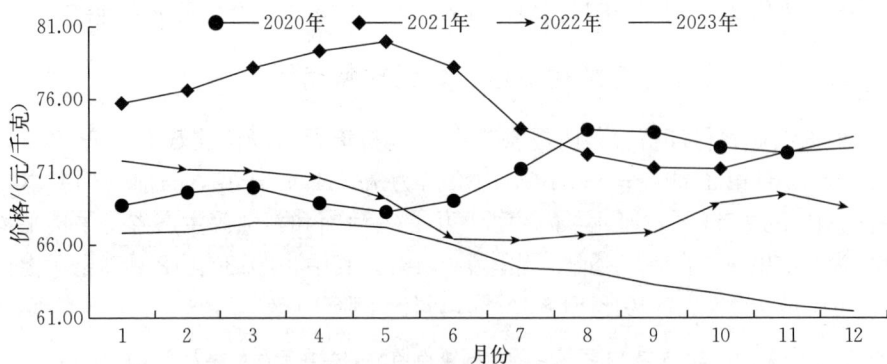

图 7-6　2020—2023 年新疆羊肉平均价格变化情况

数据来源：2020—2023 年新疆畜产品及饲料集市平均价格。

从 2023 年全国羊肉、活羊月度平均价格变化情况（图 7-7）可以看出，全国羊肉、活羊月度平均价格变化几乎一致。从 2023 年新疆羊肉、活羊月度平均价格变化情况（图 7-8）可以看出，除了 2023 年 3—4 月、9　10 月，羊肉和活羊价格走势相反，其余时间活羊和羊肉价格走势变动大体一致。2023

年，新疆羊肉平均价格为 64.9 元/千克，最高价为 67.53 元/千克，最低价为 61.46 元/千克；活羊平均价格为 28.18 元/千克，最高价为 29.46 元/千克，最低价为 26.93 元/千克。并且，通过计算可知，羊肉价格波动幅度（9.3%）大于活羊价格的波动幅度（8.9%）。

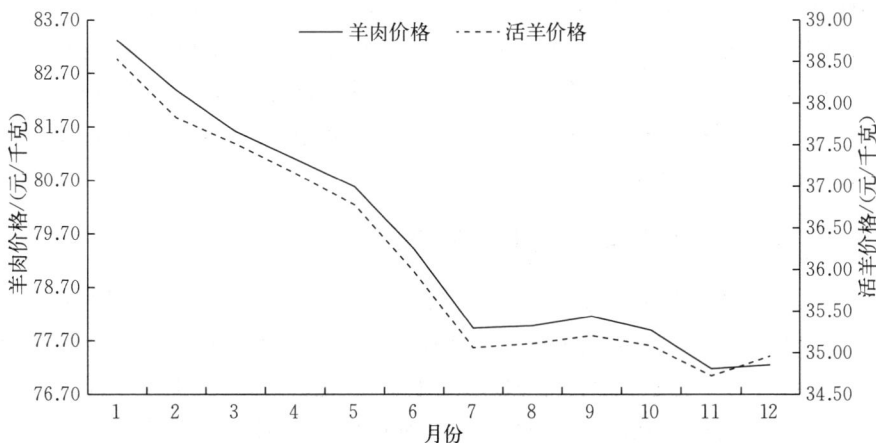

图 7-7　2023 年全国羊肉、活羊月度平均价格变化情况
数据来源：农业农村部畜牧兽医局官方网站。

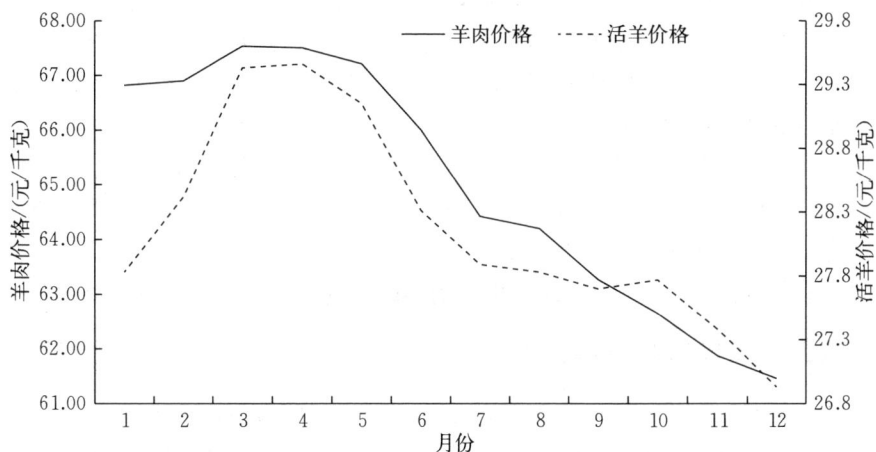

图 7-8　2023 年新疆羊肉、活羊月度平均价格变化情况
数据来源：2023 年新疆畜产品及饲料集市平均价格。

预计羊肉市场价格在短期内可能还将保持震荡运行，但继续下跌的可能性较小。理由如下：一是虽然羊肉的替代效应在减弱，但消费者肉类消费偏好较为稳定。替代品牛肉、猪肉价格 2023 年均呈现下降态势，下降幅度分别为 13.9% 和 15.5%，羊肉的替代效应虽然在减弱，但受生活消费习惯和消费结构等因素的影响，新疆羊肉家庭人均消费量占总肉类家庭人均消费量的比重一直较大且很稳定（50％以上），即使替代品价格下降幅度较大，但消费者不会因为替代品价格低而不购买羊肉。所以，羊肉因为替代效应价格持续下跌的可能性较小。二是随着近年来我国羊肉产量的增长、市场供应的充足，使得我国羊肉价格整体呈下降的趋势。2021—2022 年初受饲草料成本上升等因素影响，羊肉价格短暂迎来增长。但 2023 年以来，新疆玉米、豆粕和小麦麸价格总体有所回落，羊肉价格也呈现了下降趋势，但受饲草料价格降幅不大且仍处于较高水平、南疆饲料运输成本高等因素的影响，养殖成本高的情况将长期存在，羊肉价格持续下跌的可能性不大。

三、羊肉消费增加的趋势不会改变

近年来，随着我国人口总量的不断增加，再加上居民收入水平的提高和生活方式的转变，国内羊肉需求量持续增长，羊肉总消费量和人均消费量总体呈现上升趋势。2022 年，中国羊肉表观消费量已达 560.6 万吨，同比增长了1.03％；与同年的羊肉产量（524.53 万吨）相比，国内羊肉消费需求旺盛，市场缺口为 36.07 万吨。从人均羊肉消费量来看，人均表观消费量从 2021 年的 3.93 千克增长到 2022 年的 3.97 千克。

随着新疆居民生活水平持续提高，膳食结构加快调整，羊肉消费增加是大趋势。2023 年，新疆消费市场持续回暖，旅游业也迎来了重要的黄金期。2023 年 1—9 月，新疆接待游客 21 386.85 万人次，同比增长 77.73％，新疆旅游业消费潜力还会不断释放。然而，根据国家统计局初步统计，2023 年出生新生儿为 788 万人，较 2022 年减少了 168 万人，而死亡人口则为 1 100 万人，人口负增长 312 万人。同时，考虑到我国 60 岁及以上老年人口到 2030 年占比将达到 25％左右，人口增长势能逐渐减弱，预计红肉消费量也会有所下降。因此，羊肉消费增速可能会放缓，但新疆羊肉消费长期利好的态势不会改变。

四、羊肉供给将平稳增加

随着羊肉需求增长，我国羊存栏量逐年增长。国家统计局数据显示，2022年我国羊存栏量为 3.26 亿头。随着产能逐渐释放，市场供应稳定增加，2023年 1—9 月全国羊肉产量 364 万吨，同比增长 5.2％。与此同时，我国羊肉产量已经度过快速增长阶段，目前羊肉产量增速有所减缓，近 3 年年均增长率为2.5％，预计后期羊肉产量将进入平稳增长阶段。

随着政策和消费市场的拉动、饲养管理方式和科技支撑服务等方面力度的不断加大，新疆羊肉生产能力稳步提升，羊存栏量及羊肉产量均波动增加。2022 年新疆羊肉产量为 60.72 万吨，占全国羊肉总产量的 11.76％，全国排名第 2 位。2023 年 1—9 月新疆羊肉产量为 44.91 万吨，同比增长了 7.1%。政府对畜牧业的坚定支持，不仅为羊肉生产提供了稳固的后盾，而且为羊肉生产的未来发展打开了新的大门。随着新疆肉羊养殖技术体系的日益完善和养殖规模的逐步扩大，羊肉产量预计将继续保持增长态势。然而，必须正视资源环境压力、生产成本上涨等潜在的不利因素，这些因素可能会导致羊肉产量增长速度放缓。

我国羊肉主要以进口为主，进口规模远大于出口规模。随着近年来我国羊肉需求量的不断增长，我国羊肉进口规模也随之不断扩张。2023 年前 3 季度羊肉市场供应充足，1—9 月全国羊肉产量为 364 万吨，同比增加 18 万吨，增幅达 5.2%。国内供应充足，所以羊肉进口开始逐渐减少，2023 年 9 月羊肉进口量为 2.76 万吨，环比减少 16.1%；1—9 月羊肉累计进口量为 32.92 万吨，同比增 20.5%。主要进口来源国为新西兰（占进口总量的 52.7%）、澳大利亚（占进口总量的 43.1%）。根据我国与澳大利亚的自由贸易协定，2023 年我国对澳大利亚的羊肉进口关税降为零，澳大利亚作为我国羊肉第二大进口国家，关税为零会使澳大利亚的羊肉价格更具有竞争力，预计将有更多质优价廉的羊肉进入国内市场。同时，新疆作为"丝绸之路经济带"核心区和"中国（新疆）自由贸易试验区"的重要组成部分，地域、区位、交通、人文等优势明显，与中亚五国有广阔的合作交流空间，肉羊贸易步伐也将加快。

五、肉羊生产发展趋势

（一）肉羊品种发展趋势

一是品种多样化，随着市场需求的变化和消费者口味的多样化，对不同肉质的羊肉需求也在增加。通过品种多样化，以满足不同市场消费需求。二是品质提高，消费者对羊肉品质的要求越来越高，包括口感、营养成分、安全性等方面，通过选育和改良技术提高羊肉品质，满足消费者需求。三是高效养殖，通过选育生长速度快、产肉率高、瘦肉率高的肉羊品种，提高养殖效益，降低养殖成本。四是抗逆性强，通过选育能够适应不同气候、环境条件的肉羊品种，提高其抗病力、抗逆性，保证养殖效益。

（二）肉羊养殖发展趋势

一是规模化生产，规模化养殖有助于提高肉羊的品质和安全性，满足消费者对高品质羊肉的需求。二是种植与养殖结合，我国仍是以种植为主的农业大国，肉羊养殖尤其是农区设施肉羊养殖必须依靠农业种植，实现种养结合。三是智能化养殖，通过智能化技术，可以实现饲草的精准投放、环境监控、疾病预防等，提高肉羊的生长速度和育肥效果。四是生态化养殖，生态化养殖注重保护生态环境、合理利用资源、降低环境污染、促进生态平衡，生态化养殖可以实现肉羊养殖与生态环境的良性互动，促进可持续发展。

（三）肉羊加工发展趋势

1. 加工技术升级和创新　随着科技的不断发展，新疆肉羊加工技术也在不断升级和创新。新型加工设备、加工工艺和包装技术的广泛应用，提高了羊肉加工产品的质量和附加值。未来，随着技术的不断进步，新疆羊肉加工企业将继续加大技术研发和创新投入，推动加工技术的升级换代，提高产品的竞争力和附加值。

2. 多样化产品开发　为了满足不同消费者的需求，加工企业将陆续加大产品研发力度，开发出更多种类的羊肉新产品。除了传统的羊肉串、羊肉卷、羊肉片等产品外，还将推出羊肉汤、羊肉干、羊杂罐头等新产品。此外，针对特定消费群体，如儿童、老年人，开发定制化的羊肉产品也是趋势之一。通过多样化产品开发，新疆羊肉加工企业可以满足不同消费者的需求，提高市场占有率和竞争力。

3. 冷链物流建设加快　冷链物流是保证羊肉产品质量和安全的重要环节。随着冷链物流技术的不断发展，新疆羊肉加工企业将加大冷链物流设施投入，建立完善的冷链物流体系。从屠宰、加工到销售全程低温保鲜，确保羊肉产品的品质和安全性。同时，合理规划物流路线，提高物流效率，降低损耗和成本。通过冷链物流建设，加工企业可以提高产品的附加值和市场竞争力，满足消费者对高品质羊肉的需求。

4. 可持续发展和环保　随着社会对可持续发展和环保问题关注度的提高，新疆羊肉加工企业也更加重视可持续发展和环保。在生产过程中，采用环保的生产工艺和设备，减少废弃物和污染物的排放。同时，合理利用资源，降低能耗和水耗，实现绿色生产。此外，采用可再生资源和可降解包装材料也是未来的趋势之一。通过可持续发展和环保的实践，羊肉加工企业可以提高自身的社会责任感和公信力，树立良好的企业形象，也有利于企业的长期发展和社会和谐共生。

5. 定制化和个性化服务　随着消费者需求的多样化，新疆羊肉加工企业也将提供定制化和个性化服务以满足不同消费者的需求。根据消费者的口味、偏好和营养需求，提供定制化的羊肉产品配方和服务。同时，个性化的包装设计和定制化的品牌标识增强产品的独特性和吸引力。通过提供定制化和个性化服务，羊肉加工企业可以更好地满足消费者需求，提升竞争力，赢得市场份额。

6. 跨界合作和创新　新疆羊肉加工企业通过与其他产业领域进行跨界合作和创新以此推出更具创意和附加值的产品。例如，与餐饮业合作，开发新型羊肉菜品为消费者提供多样化的美食选择；与健康产业合作，推出营养保健羊肉产品以满足消费者对健康的需求；与文化创意产业合作，推出具有文化特色的羊肉礼品或特色产品等，增加产品的文化内涵和吸引力。通过跨界合作和创新，羊肉加工企业可以拓展业务领域，发掘新的增长点，满足市场的多样化需求，提升整体竞争力。

（四）肉羊销售发展趋势

1. 线上线下融合　随着电子商务和互联网的普及，线上销售将逐渐成为羊肉产品销售的重要渠道，线上销售具有便捷、快速、可追溯等优势，能够满足消费者对于食品安全和品质的需求。同时，线下销售仍具有不可替代的优势，如实物体验、即时服务等。因此，未来新疆的羊肉销售将更加注重线上线下融合，实现线上线下的无缝对接，为消费者提供更加便捷、高效的购物体验。

2. 品牌化经营　品牌化经营是新疆肉羊产业发展的痛点之一，也是未来新疆肉羊销售的重要趋势。通过建立品牌形象、提升品牌知名度和信誉度，羊肉加工企业可以获得更多消费者的认可，提高市场占有率。品牌化经营有助于提升产品的附加值和竞争力，为消费者提供更加安全、健康、美味的羊肉产品。同时，品牌化经营有助于提升企业的形象和价值，增强企业的知名度和影响力。

3. 定制化服务　不同的消费群体具有不同的消费需求，肉羊销售企业需要提供定制化服务以满足不同消费者的需求。定制化服务可以根据消费者的口味、偏好和营养需求，提供定制化的羊肉产品和服务，满足个性化需求。定制化服务能够提高消费者的满意度和忠诚度，也有助于提升企业的销售业绩和市场竞争力。

4. 国际化拓展　随着国际贸易的不断发展，新疆肉羊销售将面临更多的国际市场机遇。通过拓展国际市场，肉羊销售企业可以扩大销售规模、提高国际竞争力，与世界各地的消费者分享高品质的羊肉产品。国际化拓展需要企业具备全球化视野和战略眼光，了解国际市场需求和竞争状况，制定合适的营销策略和产品策略，提升企业的国际化水平和市场竞争力。

5. 产业协同发展　肉羊产业链上下游的企业可以通过加强合作与协同发展形成产业链的良性循环。产业协同发展可以实现资源共享、优势互补、降低成本、提高效率，增强整个产业链的竞争力和市场适应性。同时，产业协同发展还有助于提高产品质量和食品安全水平，推动整个产业的升级和发展。综上所述，未来肉羊销售市场将继续保持增长势头，肉羊销售企业需要紧跟市场变化和消费者需求，不断创新提升自身竞争力，以适应未来的发展趋势。

（五）牧区肉羊产业转型发展趋势

1. 养殖方式转变　传统的草原放牧饲养方式存在许多问题，如效率低下、管理粗放、质量不稳定等，也对生态环境造成了较大的压力。因此，随着环保意识的提高和市场需求的变化，牧区肉羊养殖方式也将由放牧饲养向舍饲、半舍饲转变。然而，这种养殖方式的转变也面临着一些挑战。例如，需要解决饲草料供应问题、环境污染问题等。因此，养殖户需要在实践中不断探索和创新，完善养殖技术和设施，推动养殖方式的绿色转型。

2. 饲草保障加强　饲草是牧区肉羊发展的重要基础。然而，传统的放牧方式难以保障稳定的饲草供应，且容易造成草场退化。因此，加强饲草保障也将成为牧区肉羊转型发展的重要任务，包括推广人工种草技术，通过种植优质牧草，提高饲草产量和品质；建设饲草料储备基地，保障饲草料供应的稳定性；采用饲草料加工技术，提高饲草料的营养价值和利用率。

3. 产业融合深化　牧区肉羊与旅游业相结合，提供草原观光、养殖体验等特色旅游项目，让游客更加深入地了解草原畜牧业的生产过程和特点，也可以为当地农牧民提供更多的就业机会，推广特色产品（如羊毛制品、皮革制品、优质羊肉、羊奶等），可以提高其知名度和市场占有率，提高农牧民收入，促进经济发展。

第二节　新疆肉羊产业高质量发展路径选择

一、制定科学的引种规划，加快肉羊新品种培育

（一）因地制宜，制定肉羊引种计划

引入新品种、改良本地品种是目前提升肉羊生产水平最为直接有效的方法，已成为肉羊产业提质增效的重要途径。但是，目前引种存在较大的盲目性，重复引种现象严重。因此，应通过系统调研制定科学的引种规划，通过宏观管理使引种工作走向健康发展道路。引种应遵循生态条件相似性原则，即注意引入地区的自然生态条件与该品种原产地的自然生态条件相似或差异不大，引种才能成功，才能更好地发挥其生产潜力。不同地区应根据当地的自然生态条件，有选择地引进国外或国内其他省份的优良绵羊品种。广泛开展杂交优势利用，在主产区开展二元及三元经济杂交的基础上，根据不同肉羊优势区域的生态条件和品种资源情况，推广相适宜的杂交模式和优势杂交组合。

（二）加强本地品种选育，培育肉羊新品种

只有标准化的品种，才能生产出标准化的产品。引进国内外优良品种，杂交改良本地品种，培育适合本地的肉羊新品种（系），对促进本地肉羊产业发展将起到至关重要的作用。

第一，对引进的优良种羊要精心饲养、认真选育、不断导血、防止退化，解决好"种子问题"。即在纯繁选育的基础上，通过超排技术和胚胎移植生物

技术快速扩繁种羊群，最大限度地为社会提供优良种羊；同时，结合良种繁育技术服务体系建设，采用人工授精、辅助配种等技术改良本地羊，提高其产肉量，改变目前养羊业中存在的良种化程度低、生产水平低的局面，提高养羊业生产效益。

第二，要加强本地肉羊优良品种提纯复壮与新品系的选育，新疆的肉羊遗传资源品种丰富、得天独厚，为杂交育种提供了无与伦比的优势条件和选择自由度。但是，有些地方品种严重退化，生产性能明显下降，直接影响到杂交效果。因此，加强本地肉羊品种提纯复壮，对杂交优势利用和新品种（系）培育来说不可或缺。

二、提升肉羊产业化经营水平，加快产业集群建设

产业化经营是提升肉羊产业发展水平的组织保证。肉羊产业化经营要以市场为导向，以养殖户经营为基础，以龙头企业为依托，以经济效益为中心，以系列化服务为手段，通过实行种养加、产供销、农工商一体化经营，将肉羊再生产过程的产前、产中、产后诸环节联结为一个完整的产业系统，引导散养户小生产转变为社会化大生产。

（一）扶持企业和专业合作社发展

企业和专业合作社的发展对肉羊产业整体实力的提升起到引领作用，政府对企业的支持有助于带动整个肉羊产业的发展，目前政府对其支持不足与支持过度并存。支持不足主要表现为对企业如何带动养殖户的发展考虑不足，政府热衷于财政补贴，而对企业的发展战略规划、经营行为、经营机制缺乏指导，造成政府不断注入资金，但企业仍然效益不佳；支持过度主要表现为政府热衷于"扶大、扶优、扶强"，总是"锦上添花"，而不是"雪中送炭"，造成一些企业热衷于拿政府各种项目，而忽略本身的经营。因此，政府对企业的支持要坚持公平性原则和有助于带动养殖业发展原则。

新疆肉羊产业中运营良好的专业合作社发展严重不足。调研发现，真正符合专业合作社法律要求，发挥合作社功能的较少。由企业所领办的农民专业合作社实际上是由企业所控制并为企业服务的招牌，某些地方专业合作社的建立就是为了得到政府项目资金而设立的。因此，各级政府对专业合作社的扶持应该遵照《农民专业合作社法》，使已建立的专业合作社能够按照农民专业合作社的机制运行，发挥合作社的功能，注重对合作社经营者的培训，注意政策的公平性和实效性。

（二）扶持家庭牧场经营发展

"分散养殖，积小成大"是新疆肉羊产业的突出特点。肉羊养殖户和育肥户是构成肉羊产业的基本单元，也是实现肉羊标准化养殖最艰巨的基础性工

作。国内外农业发展的历史证明，家庭经营是农业最基本的经营组织形式，这是由农业产业的特点所决定的。畜牧生产的投入、品种、科技、市场等因素在传统小农经济的养殖模式中很难找到一个结合点。农牧民的传统养殖是比较单一的产品型生产方式，生产效率比较低。而家庭牧场经营要求养殖户向商品型生产模式转化。因此，把传统的专业户提升到具有现代科学知识、掌握现代科学技术、拥有现代设施、能够生产标准化商品的家庭牧场的水平上来，把肉羊养殖户转变成发展肉羊商品生产的业主或法人，并给予大力的政策支持，以促进农牧区畜牧业向专业化生产、集约化经营、规范化管理、社会化服务的现代畜牧业过渡。

（三）促进肉羊产业化联合体发展

构建政府引导、龙头企业带动、专业合作组织和牧户广泛参与的肉羊产业化联合体，通过政府引导和监管加强产业化联合体的有效运行，完善其利益联结机制，让养殖户参与产业链的各个环节，采用资产入股、劳动力就业、畜产品销售等方式参与联合体的运行，在提升肉羊产业发展的同时，提高养殖户的收入水平。

（四）促进肉羊产业聚集发展

推进兵地农牧业资源有效融合，联合打造肉羊产业企业集团。建设一批肉羊产业强镇，发展一批现代肉羊产业园，打造一批特色鲜明的肉羊产业发展重点县（市），培育肉羊产业链，重点培育天山南坡和北疆草原牧区两个全产业链产值100亿元以上的优势特色肉羊产业集群，推动产业融合发展。支持优势企业依托区域公用品牌，整合现有羊肉品牌资源，开展"新疆品质"认证，叫响新疆羊肉品牌。

三、提高肉羊饲养管理科学化水平，推动肉羊产业提质增效

随着我国经济的快速发展，肉羊养殖业已逐渐成为农业农村经济的重要组成部分。加强科学饲养管理，可显著提高肉羊产业整体生产水平和综合生产效益。

（一）加强肉羊规范化饲养管理

选择通风、采光良好的地方建设羊舍，确保羊舍清洁、干燥；根据肉羊生长需求，合理控制羊群饲养密度，定期对羊舍进行清扫、消毒，防止病原微生物滋生。选择优良的肉羊品种，提高羊肉的品质；优化繁殖环境，合理控制配种年龄，提高肉羊繁殖率；采用分群饲养，根据不同生长阶段，选择适宜的饲草料，制定合理的优化日粮配方，满足肉羊生长发育需要。制定科学的免疫程序，做好免疫接种，及时健胃驱虫，增强肉羊免疫力；定期对肉羊进行健康检查，发现病羊及时隔离、治疗，防止疫病传播；建立严格的防疫制度，禁止外来疫病传入，确保养殖场生物安全。

(二)加快多胎肉羊杂交生产体系建设

目前,新疆大部分肉羊品种繁殖率低,一年一胎,饲养周期长,生产效率远低于生猪和家禽,严重影响了肉羊生产利润,导致新疆肉羊养殖积极性不高。因此,政府要以政策为引导、科技为依托,利用新疆地方良种肉羊与国内外多胎品种进行多元杂交,尽快选育出既能多产羔又能多产肉的肉羊新品种(系),建立多胎肉羊杂交生产体系。该体系既包括繁育场,又包括生产示范小区、示范户等。通过繁育场的推广、示范户的示范和带动,开展多胎肉羊新品种(系)推广。建立该体系,不仅能够保障新疆市场的羊肉供应,而且能够带动农牧民增收,实现草原减牧、生态良性发展。

(三)加大肉羊技术研发与科技服务体系建设

加大肉羊科技创新支持力度。强化肉羊种业、标准化规模养殖、产业延链增效等关键环节技术攻关,产学研结合,推动在肉羊育种创新、高效繁殖、精准饲喂、优质牧草高效生产、常见多发疫病综合防控、高质化产品加工利用、质量追溯及认证、标准化规模养殖等技术领域取得突破。完善科技服务体系建设,开展肉羊良种、饲料、疾病防治等技术服务,完善信息咨询服务体系,畅通信息传输及发布渠道。加强肉羊产业发展相关的牧草种植技术、舍饲养殖技术、多胎繁育技术、杂交育肥技术等方面技术培训,促进肉羊产业发展。拓宽肉羊生产购销服务。提供肉羊销售、饲草购买等流通方面的信息和服务。

(四)加快优质饲草料产业发展

1. 扩大饲草料种植　用好耕地地力保护补贴政策,加大全株青贮玉米、苜蓿种植和收储补贴力度,大力推广冬小麦＋复播青贮玉米、草田轮作、间作套种等耕作模式。新疆农村集体机动地、复垦耕地、新开发农用地在保证粮食安全的前提下,优先种植优质饲草料;历年来牧民定居开发建设的饲草料地中未种植饲草料的,逐步恢复种植饲草料;将低质低效林果地和次宜棉区低产棉田逐步调减用于种植青贮玉米、苜蓿等优质饲草料。

2. 拓宽饲草料供给保障渠道　推广农作物秸秆和非常规饲料综合利用技术,加强肉羊饲草料配置技术与加工工艺研发,推广应用秸秆(草)颗粒、全混合日粮颗粒、发酵秸秆等饲草料产品。研究推广棉粕、棉籽蛋白加工利用技术,推进玉米、豆粕减量替代。用好国内其他省份和周边国家饲草料资源,鼓励各地对进口饲草料、国内其他省份饲草料和北疆运往南疆的饲草料按照运输距离给予一定运输补贴。

四、建立肉羊产业可持续发展长效机制

(一)提高农牧民综合素质

通过开展基础文化教育和职业技能培训,不断提高农牧民整体素质和技能

水平。鼓励农牧民主动运用科技手段进行畜牧业生产，突破传统的管理方式，走现代化养羊道路。夯实职业教育，开展富余劳动力职业技能培训，培养肉羊产业发展职业经理人和专业技术人才；强化农牧民掌握市场的能力，通过农牧民夜校开展关于畜牧业政策、活羊或羊肉市场价格和信息等的宣传，让农牧民了解当前国内外肉羊产业发展情况，引导农牧民通过市场需求选择合适的畜种、品种进行科学养殖，使农牧民掌握更多的市场销售技能，提高其对市场的判断力和敏锐性。

（二）提升基础设施建设和信息化管理

基础设施建设和信息化管理是肉羊产业发展的基础条件。加大基础设施投资力度，破解因基础设施薄弱给肉羊养殖带来的困难；提升牧区道路和通信设施，为牧民提供便利的生产生活条件，降低生活成本；进一步加强信息管理技术，尤其是养殖环境监测系统、智能喂养系统、追溯管理系统、疫病监测预警系统、养殖管理平台的应用，应用现代化科技手段，实现肉羊养殖信息化管理。

（三）注重市场体系基础设施建设

以市场需求作为肉羊产业建设方向的指引，不断完善肉羊产业商品市场和服务市场建设，培育统一、开放、竞争、有序的市场体系，提高肉羊产业生产效率。建设县、乡（镇）、村三级集贸市场，优化完善畜产品市场机制，营造良好的营商环境，加大招商引资政策支持，拓宽商贸渠道，提升肉羊产业集贸市场和批发市场的竞争力。

五、加强肉羊产业的政策保障

（一）加大财政金融扶持政策支持力度

1. 支持提升肉羊种业　补齐肉羊供种能力不足、育种创新能力不强、主导品种不突出的短板。支持种羊场自繁扩增核心群种羊、从肉羊核心育种场引进优质种羊（胚胎），提升供种能力；支持扩繁场、家庭牧场（合作社）发展区域主导品种，从区内种羊场购置种羊，应用良种扩繁、商品杂交技术，扩大良种羊生产规模。对种羊场、扩繁场、家庭牧场（合作社）自繁扩增和引进更新的种羊，给予补贴。

2. 鼓励重点扶持，落实精准扶持　对肉羊产业生产能力强的养殖户、专业合作社、龙头企业进行重点扶持，提升经营主体的内生动力。针对肉羊养殖过程中，基础设施建设、饲料购买等费用短缺的养殖户，采用先行垫付所需部分或全部资金的办法，让养殖户在有启动资金的前提下发展产业。

3. 加大贷款投放力度，创新生态产品融资担保　根据肉羊产业生产周期，结合实际匹配贷款期限，掌握经营主体融资需求。在做好风险管控的同时，丰富经营主体的担保方式，通过几户联保、草场经营权抵押、土地承包经营权抵押等多种担保方式，加大肉羊产业的融资额度。

4. 创新金融扶贫机制，打造特色肉羊产业基地 对于肉羊发展突出的地区，鼓励引导其积极参与"保险＋融资"合作开发方式，实现风险共担、利益共享，积极探索金融机构参与的肉羊产业发展新模式、新机制，打造肉羊养殖基地。

（二）推动产业融合政策实施

1. 推动肉羊产业与二三产业融合，延长肉羊产业链 肉羊产业融合模式是依托肉羊发展，借助新型经营主体带动，建立利益联结桥梁，以产业联动、技术渗透和体制机制创新为手段，将肉羊产业的产前、产中、产后各环节进行优先结合，实现牲畜养殖、加工、销售以及休闲服务于一体的全产业链融合的新型模式。进一步推动肉羊产业与第二、第三产业的平衡与融合，有效整合第一产业之外的其他产业资源，不断更新创新产业融合举措，大力发掘第一产业在生态建设、文化产业价值提升、社会保障功能发挥、智力工程提升等多种功能，助力肉羊产业走上新台阶。

2. 完善利益联结机制，形成肉羊产业化联合体 培育壮大新型经营主体，健全完善企业、合作社、家庭牧场与养殖户之间的利益联结机制，大力倡导产供销一体化的产业融合发展模式，构建多主体参与、多要素发力、多业态打造、多模式创新、利益联结多样的大型肉羊产业化联合体，以及风险共担、利益共享的产业化联合体，拓展肉羊产业融合发展空间。支持建设旅游重点村和发展"农家乐"，鼓励牧户到景区景点等旅游企业就业增收。在退牧还草、生态保护等环境保护措施的实施过程中，要整村推进区域化发展，支持具有当地特色的畜产品生产、加工、销售基地建设；在肉羊产业发展过程中，要紧紧依靠科技支撑，逐步形成肉羊科技产业联合体，增强羊肉的科技含量。

（三）加强肉羊产业品牌创建、培育、整合和保护

发挥新疆的资源优势，引导龙头企业、专业合作组织等新型经营主体创建特色新疆羊肉品牌，提高羊肉市场占有率；通过品牌营销推介，提升品牌知名度和认知度。建立品牌评价标准，采用科学方法对羊肉品牌进行评价，引导具有地理标志和著名商标的羊肉品牌做大做强，整合当地竞争优势不强的羊肉品牌，创建羊肉品牌化效应，加快羊肉品牌建设步伐。加大羊肉品牌监管力度，抓好质量安全和诚信经营等关键环节，加强羊肉品牌动态管理和保护措施。支持优势企业依托"新疆品质"区域公用品牌平台，整合现有羊肉品牌资源，开展"新疆品质"认证，叫响新疆羊肉品牌。

第三节　新疆肉羊产业发展的对策建议

一、政府与市场协同推动

政府与市场协同推进肉羊产业发展，各地（州）、县（市）要按照国家、新疆肉羊产业发展方向，结合自身实际情况确定肉羊产业发展目标、区域布局、技术路线等，党政领导班子要形成上下一心、前后一致、左右协同的肉羊产业发展领导机制，出台配套政策、列支财政资金，保证肉羊产业长效可持续发展。同时，要发挥市场的主导作用，强化市场化发展意识。根据市场调整产业发展方向，利用市场整合产业发展要素，进行市场化经营。以经济效益、可持续发展等作为肉羊产业发展规划和重大项目论证的核心指标。按照统一规划、分项建设、分步实施和滚动发展的原则，持续发力，久久为功。

二、加大龙头企业和新型经营主体培育

要优化肉羊生产经营主体结构，增加规模养殖场、家庭牧场数量，培育肉羊养殖示范户，鼓励养殖大户联合周边农户成立家庭农场，建立肉羊养殖专业乡、专业村；充分吸纳富余劳动力和闲散人员，发展壮大农民队伍，促进肉羊交易流通、出栏外销。持续培植本地企业和养殖大户，引导企业带技术、带团队、带种源、带资金投资肉羊产业；清理空壳合作社，建立肉羊产业联合社，通过政社合一、村社合一的方式进行专业化运营管理，激发合作社内生发展动力；吸引大学生、能人等参与村集体经济组织经营管理，激发村民共建共治共享的意识。

三、加强政策资金保障

完善肉羊良种繁育、标准化养殖、饲草料种植与加工、生物安全与防疫、无害化处理与资源化利用、加工物流、质量监管、技术服务、保护价格收购、产学研合作等全产业链重点环节引导政策。推行政府投入引导，养殖户、企业、民间资本为主的投融资机制；全面落实与脱贫攻坚期支持政策的衔接，继续推进贷款、保险及运费补助等政策。重点用好中央预算内资金、财政衔接资金、涉农统筹整合资金、援疆资金等各类资金，进一步加大对肉羊全产业链各链条和经营主体的支持力度。创新金融信贷保险政策，农业信贷担保公司按最低费率为肉羊养殖企业（合作社）提供担保，养殖户利用"血缘、亲缘、地缘"乡土关系进行联合担保，拓宽抵质押物范围，解决贷款难的问题。

四、完善良种繁育体系

以经济性、适应性、多胎性等为重要性状，统筹规划好新疆肉羊主导品种培育技术路线。用好杂交优势，加大经济杂交力度；推进引进品种再创新，加快地方品种选育提高，强化产肉性能、抗病力选育，重点提高繁殖率、屠宰率，减少尾脂率，加快高产高效肉羊新品种（系）培育。健全商业化育种体系，培育区域肉羊种业龙头，支持国家级、自治区级核心育种场以及重点疫病净化场改造提升设施装备水平，扩大种羊生产能力。利用现有良种繁育中心资源，开展良种扩繁和商品杂交生产，培育一批肉羊养殖大户、示范户和合作社，促进良种使用推广，构建"核心育种场＋企业（合作社）＋示范户＋农户"的育繁推一体化种业体系。

五、加强饲草种植加工

要充分利用增水增地、盐碱地改良新增耕地的机遇，优先种植饲草，培肥地力，提高耕地质量；加快新疆饲草料种业发展力度，加快种植业结构调整，加大对肉羊养殖企业（场、户）收储全株青贮玉米的补贴力度；开发利用玉米、小麦等农作物秸秆和林果副产品以及玉米皮渣等农副产品资源，充分挖掘芦苇、田间地头饲草等资源潜力，拓宽饲草来源渠道，加强反刍料生产加工利用，用好周边国家资源适度进口饲草料，多途径满足肉羊产业发展饲草料需求，不断提高饲草饲喂利用率，逐步降低养殖成本。

六、强化科技服务体系

要加大人才引进力度，加大肉羊产业关键技术攻关，加强科技成果与技术服务供给。地（州）、县（市）要加快提升畜牧兽医队伍服务能力和水平，建立肉羊养殖实训基地，加大对基层技术人员、土专家、养殖场技术管理人员、养殖大户等实用技术培训，开展入户技术服务指导；大力发展畜牧兽医社会化服务，支持企业、合作社、村级动物防疫员（育种员）队伍面向养殖场（户）开展全方位的技术服务，对技术服务面广、成效显著的给予奖励补助；推动技术人员下沉一线，鼓励支持科研院校专家团队等技术力量深入基层开展服务指导；稳定乡（镇）畜牧兽医技术力量，严禁随意抽调、借调人员从事非专业工作。

七、完善企农利益联结机制

通过交叉持股、相互担保等方式促进龙头企业、合作社、农户之间的产业分工与合作。优化"龙头企业＋合作社＋养殖户"利益联结模式，组建肉羊产业合作联社，对区域内肉羊产业链上下游合作社进行产业化分工和综合管理，对接龙头企业和合作社，形成"龙头企业＋联合社＋合作社＋养殖户"的利益联结模式。借鉴肉羊产业园区模式，养殖小区通过统一的生产、服务、营销等方式使养殖大户、饲料企业、屠宰场形成产业利益联合体，根据行情进行利益分配，消减市场价格下跌对养殖场（户）的影响。肉羊产业资产所有权归村集体，经营权归托管、入股的企业、合作社，分红收益权归农户。

八、提升产业化经营水平

加快推进肉羊专业化、适度规模化、种养循环的产业集群发展方式，大力发展肉羊产业强镇、园区；通过加大项目扶持力度"延链、补链、强链"，精深加工与生物提取并向发展。引导肉羊屠宰加工技术装备升级，建设自动化屠宰、在线分割分级等自动化生产线，进行羊肉精分割和预制菜的开发，培育一批市场竞争力强的即食、即烹、即热、即配羊肉制品；开发绒、毛、皮、骨、血、脏器等副产品；打造区域公用品牌，建立完善品牌管理和评价标准体系，引领带动企业品牌和产品品牌协同发展。建立肉羊产品销售公司和储运仓库，通过电商、农产品展会等方式大力开拓羊肉消费市场，加强销售渠道建设、产品研发、品牌策划、羊文化推广，以销售促进品牌建设，实现优质优价。

第八章
新疆肉羊产业的调研报告及典型案例

第一节　调研报告

一、新疆农区肉羊产业发展调研报告

新疆高度重视肉羊产业发展，2019年成立农区高效肉羊产业技术体系，有效解决了农区肉羊产业发展中存在的产学研脱节、产业链松弛、技术推广缓慢、品种创新能力不足等问题。2022年上半年，新疆羊肉价格持续下跌，养殖户收入下降，养殖积极性受挫。为更加深入了解新疆羊肉价格下跌原因及农区肉羊产业发展中存在的问题，农区肉羊产业技术体系产业经济岗团队于2022年6月16日至7月2日赴阿勒泰、阿克苏、喀什、和田、巴州5个地（州）的13个县（市）进行实地调研，与各地行业管理部门领导座谈交流，实地走访活畜交易市场5个、屠宰加工场7个、羊肉销售点5个、养殖企业13个、经纪人14个、养殖户36户，掌握了新疆羊肉价格下跌原因、农区肉羊产业发展的基本情况及存在问题等。现将调研情况报告如下。

（一）新疆农区肉羊产业发展现状

1. 羊肉价格波动明显

（1）新疆与全国羊肉市场价格保持一致性下跌。2022年上半年，新疆羊肉市场价格波动具有明显的季节性和周期性特征，与全国羊肉市场价格走势基本一致。受市场需求端疲软等多重因素影响，短期内羊肉市场供需失衡，羊肉市场价格总体保持下跌趋势。2022年上半年，新疆羊肉从年初72.25元/千克下跌到6月底的66.06元/千克，跌幅达8.56%；全国羊肉从85.10元/千克下跌到80.74元/千克，跌幅达5.12%。新疆羊肉跌幅高于全国水平。

（2）新疆羊肉价格低于全国平均水平。2022年上半年，全国与新疆羊肉市场价格总体呈现持续下降趋势，且价格均低于2021年同期，新疆羊肉价格总体低于全国平均价格11～14元/千克。

（3）本地羊肉价格降幅略低于外调羊和多胎羊。除阿勒泰地区本地羊胴体批发价略低于多胎羊外，其他地区本地羊的羊肉价格均高于多胎羊（外调羊）。具体如下：阿勒泰地区，本地羊降幅 10～13 元/千克，多胎羊降幅 13～14 元/千克；阿克苏地区，本地羊和多胎羊降幅均在 10～15 元/千克；喀什地区，本地羊降幅 5 元/千克左右，多胎羊降幅 10～15 元/千克；和田地区，本地羊和多胎羊降幅均在 5～10 元/千克。阿克苏地区，本地羊羊肉价格高于外调羊 5～10 元/千克；喀什地区，本地羊羊肉价格高于外调羊 10～15 元/千克；和田地区，本地羊羊肉价格高于外调羊 5～10 元/千克。

2. 活羊价格下降明显

（1）活羊价格明显下降，本地羊价格高于多胎羊。2022 年上半年，新疆平均活羊价格同比下降 21％；多胎羊活羊价格降幅明显，本地羊降幅低于多胎羊，且部分地区（喀什地区巴楚县、和田地区墨玉县）不降反增。阿勒泰、阿克苏、喀什、和田 4 个地（州）的多胎羊降幅分别达到 22.9％、32.6％、28.7％和 30.6％，而本地羊降幅分别为 18.1％、－3％～6％、6％～20％和－50％～65％。其中，阿勒泰地区的本地羊价格降幅与多胎羊相近，阿克苏地区的本地羊价格降幅明显低于外调羊，喀什地区的本地羊价格降幅也低于外地羊；和田地区墨玉县的本地羊价格较多胎羊不降反增，与市场多胎羊数量的增加等有关。

（2）本地羊和多胎羊价格差别与区域、政策、养殖水平有关。阿勒泰地区 6 月龄多胎羊活羊价格高于本地羊 200 元左右；而喀什地区巴楚县本地羊的价格高于多胎羊 600～700 元；和田地区皮山县 2022 年多胎羊价格高于本地羊，与本地企业保底收购多胎羊，多胎羊市场稳定，导致多胎羊价格较高。

（3）外调活羊价格呈下降趋势，且低于本地活羊价格。外调羊在新疆尤其是南疆规模较大，屠宰量较高；2022 年上半年，和田、喀什、阿克苏 3 地（州）累计外调活羊 141.27 万只，同比减少 31.99 万只；其中，外调活羊屠宰量为 115.84 万只，占外调活羊的 82％。外调羊对当地羊价、肉羊产业发展有一定的冲击，同时受各地外调政策影响明显。2022 年较 2021 年外调活羊价格有所下降。巴楚县色力布亚镇 6 月龄本地羊活羊价格为 1 300～1 600 元/只，而外调活羊价格为 900～1 000 元/只。

3. 南疆外调羊占比大 调研发现，南疆地区外调羊数量大、市场占比大。总体情况：一是外调羊主要来自甘肃、青海；二是外调羊多为大羊且价格普遍低于本地羊价格；三是外调羊进疆后 80％以上被直接屠宰进入市场。根据调研组实地调研及相关地（州）行业部门提供的数据，2022 年 1—6 月，和田、喀什、阿克苏 3 地（州）累计外调羊总量 141.27 万只，较 2021 年同期减少 31.99 万只，减少 18.5％，其中，和田、喀什地区分别减少 26.02 万只、17.14 万只，阿克苏地区则增加 11.17 万只。外调屠宰羊总量 115.84 万只，较 2021 年同期的 130.36 万只减少了 14.52 万只，减少 11.1%，其中，和田、阿克苏地区分别增加 9.28 万只和 9.65 万只，喀什地区则减少 33.45 万只。和田、喀什、阿克苏 3 地（州）外调屠宰羊占外调羊总量的比例分别为 91.7%、76.9% 和 75.3%，较 2021 年同期增幅分别为 36.3%、−15.6% 和 6.8%；外调羊比 2021 年同期减少 17.41 万只，减少 41.4%。由此可见，2022 年 1—6月，南疆 3 地（州）外调羊总体较 2021 年略有减少，但个别地区呈现出增加的趋势，这与地区的区位、外调政策都有一定关系。从外调屠宰羊的占比来看，由 2021 年的 72.1% 增加至 2022 年的 81.3%，这是由于 2021 年为推动农区肉羊产业发展，部分地（州）、县（市）将外调羊发给农户，而 2022 年这部分数量减少。

（二）存在的问题及原因分析

1. 多胎羊价格低迷，影响农户养殖积极性　调研发现，农户多胎羊养殖积极性受挫。例如，某县 2021 年 10 月以 1 680 元/只的价格给农户发羊，农户养殖 4 个月后则以 900 元的价格出售，其间仅饲料费就花费 250 元，不挣钱反而亏损 1 030 元。多胎羊的活羊价格由 2021 年 10 月的 1 700 元/只左右降至 2022 年 6 月的 700～900 元/只，农户养殖积极性大大受挫。分析其原因：一是与全国羊价普跌的大环境有关，据经纪人介绍，受疫情、饲草料价格上涨影响，其他省份出栏羊数量增加，羊价下跌，经纪人调羊价格下跌，影响新疆活羊价格（南疆尤为明显）；二是外调羊低价且数量大（全年 500 多万只），对本地市场的羊价产生冲击；三是本地多胎羊养殖户饲养管理跟不上，而外调羊凭借体重大、出肉率高等特性更受经纪人、屠宰场喜欢，致使本地羊没人收、卖不上价。

2. 饲草料价格上涨，肉羊生产利润空间收窄　调研发现，阿勒泰地区玉米价格由 2021 年的 2.3 元/千克上涨到 2022 年的 2.5～2.8 元/千克；阿克苏地区购买的某饲料由 2021 年的 2.6～2.7 元/千克上涨到 2022 年的 2.9 元/千克；麦盖提县某企业购买的苜蓿价格由 2021 年的 2.2～2.4 元/千克上涨到 2022 年的 2.6～2.7 元/千克；豆粕由 2021 年的 4 300 元/吨上涨到 2022 年的 5 300 元/吨，玉米由 2021 年的 2.3～2.4 元/千克上涨到 2022 年的 2.8 元/千克；皮山县养殖户购买的颗粒饲料由 2021 年的 3.0 元/千克上涨到 2022 年的 3.2 元/千克。饲草料价格的持续上涨，与活羊价格的一路下跌，给农区肉羊产业发展带来了一定冲击。

3. 肉羊育肥环节薄弱，本地肉羊竞争力不足　调研发现，肉羊生产过程中，存在育肥环节薄弱现象。一是经纪人不愿意育肥，认为外调羊直接屠宰好，1 周宰完，挣 2 万元，风险小且利润高；而育肥有风险，如同样的羊，肉孜节前 62 元/千克（挣 200～300 元），6 月 20 日前 52 元/千克（亏损），7 月 58 元/千克，价格受市场影响大。二是缺少专门的育肥场（企业），受资金、技术等影响，农户自繁自育的羊大部分存在营养跟不上、长得慢、长得太瘦的现象，经纪人不收，只能低价出售，急需专门的育肥（场、户、合作社）收购农户的羊集中育肥出栏上市，提高本地羊的市场占有率并推进专业化生产水平。

4. 屠宰场开工不足，规范化管理有待加强　根据调研数据，屠宰企业的屠宰开工率仅为34％左右。其中，阿克苏地区新疆西域肉鲜鲜食品有限公司牛羊定点屠宰场，日加工能力80头牛、600只羊，实际屠宰量为10头牛、200只羊，屠宰开工率30％；阿克苏地区新疆多浪牧业股份有限公司，设计屠宰生产线60头牛/天、700只羊/天，实际屠宰30头牛/天、250只羊/天，屠宰开工率36％；和田地区墨玉县亿丰屠宰场，日屠宰能力10 000只，目前屠宰800只/天左右，屠宰开工率不到10％；和田市友谊屠宰场设计能力3 000只/天，实际屠宰1 000只/天，屠宰开工率33％；于田县屠宰加工场设计屠宰能力200只，实际每天屠宰130只，屠宰开工率65％。从羊的来源来看，屠宰企业屠宰的外调羊居多，占比达80％～90％。例如，和田地区墨玉县亿丰屠宰场屠宰的外调羊占80％，和田市友谊屠宰场屠宰的外调羊占90％，于田县屠宰场屠宰的外调羊占90％。同时，屠宰场存在非正规化运营现象，外调羊占比大。例如，部分企业反映由于屠宰场管理不规范，存在垄断现象，喜欢宰外调羊，对本地多胎羊企业的羊设卡重重，影响了当地企业的积极性。而活畜交易市场的问题也在一定程度影响了屠宰环节的高效运行。例如，墨玉县目前只开设了1个活畜交易市场，老百姓卖羊跑得远，只能就近便宜卖，或到市场便宜处理；尤其随着当地多胎羊养殖数量的增加，经纪人不愿收购，农户羊销售困难，只能低价处理。

5. 利益分配不均衡，影响产业发展稳定性　羊肉生产环节包括养殖、收购、屠宰、销售。调研发现，目前收购、屠宰、销售环节均有稳定的利润空间，无论市场价格如何，各自的利润空间影响不大。而养殖企业（户）受影响程度最大。表现为：经纪人从外地低价收购羊（低于本地羊价2元/千克左右），且有稳定利润空间（20～100元/只）→活畜交易市场（场地费1～1.5元/只）→屠宰场（屠宰费、场地费10～20元/只）→羊肉销售（利润在60～150元/只）。而本地养殖企业（户）受饲草料价格、收购条件等多重因素影响，饲养成本高，销售价格不稳定，利润空间小甚至亏损。具体表现：饲草料成本高→不舍得喂→羊繁殖成活率低→羔羊营养跟不上、生长速度慢、体格瘦、出肉率低→买羊人（经纪人）不愿收购→养殖企业（户）低价销售，形成了不良循环，影响了产业的稳定发展。

6. 企农利益联结机制仍不健全，企业带动能力不强　饲料价格高位运行导致肉羊成本大幅增加，而肉羊价格则持续下滑，肉羊产业受到价格"天花板"和养殖成本"地板"的双重挤压，需要龙头企业起到稳定市场的作用。但受企业自身面临困难等因素影响，企业与农户利益联结机制不健全的问题凸显：一是在为养殖户提供优质多胎生产母羊方面，部分农户反映，企业"发放"的母羊还不如自己从市场上买的羊，配不上种，不产羔，给农户生产造成了损失。二是"四员、六统一"等技术服务落实不到位，企业给农户"发羊"后，病羊的诊断、治疗、配种、产羔护理及二次配种等技术培训与服务跟不上，致使农户不会养、养不好、多胎羊的多胎性能不能充分发挥，经济效益不明显。三是在千方百计降低饲养成本方面做得不够，统一发放配方饲草、饲料，充分利用养殖户的自有资源（秸秆、树叶、杂草等）制定配方以降低饲养成本，部分企业在农户心中成了推销饲料的，而不是真正做技术服务、推动产业发展的，影响了农户的信任与认可。四是在市场价格低时，企业未能做到按照高于当地市场价、保护价回购羔羊及育成羊，未能真正保障农户的利益。五是"龙头企业干两端，农民群众干中间，技术服务跟上前，普惠金融穿长链"的良性循环没有完全形成，带动全产业链能力有限。

7. 空圈率高，养殖设施未充分利用　调研地区的空圈率为 20%～40%。其中，北疆空圈率达 30%～40%，南疆为 20%～30%。一是部分规模化养殖场（合作社）减少养殖规模。受市场行情、疫情、饲草料价格上涨等因素影响，部分规模养殖场（合作社）出栏率增加，存栏减少。二是部分规模化育肥场（户）未开展育肥生产。受外调羊价格、育肥成本上涨、风险提高等影响，大批育肥户不从事育肥生产，直接外调羊屠宰。三是农户空圈率仍占一定比例。随着农村劳动力外出打工人数增多，留守在家的妇女、老人和儿童无心甚至无力去养殖，尤其养羊失败的农户认为养羊易死亡、不赚钱、费工夫，而外出打工挣钱快，因此外出务工或从事其他行业。

（三）加快新疆农区肉羊产业发展的建议

1. 加大政策扶持力度，推动农区肉羊产业振兴　一是加大对优势种业企业的扶持。目前，已形成新疆上品美羊科技有限公司、新疆津垦奥群农牧科技有限公司等一批核心育种场，建议加大资金、项目、人才、技术支持，并建议调整原来的"新疆以外引羊给予补贴"改为"新疆核心育种场引种给予补贴"，推动新疆肉羊种业振兴。二是加大财政资金扶持力度，安排畜牧业高质量发展专项资金用于企业联农带农扶持奖励、农户多胎羊养殖饲草料补贴、空置圈舍改造利用补助、肉羊产业规模养殖补贴、外引牲畜贷款贴息、良种补贴、政策性保险、自繁自育出栏补贴等肉羊全产业链补贴。

2. 因地制宜发展适度规模肉羊生产，严防"数字式"和"一刀切"　一是提高企业规模化养殖水平和能力。支持有条件的企业新建（改扩建）标准化圈舍或盘活区域内闲置圈舍，提高产能，实现增容扩量。二是因地制宜发展农户养羊。要切实坚持以人民为中心，加强调查研究，杜绝"数字式"和"一刀切"发展，按照"宜养则养、爱养则养"的原则，扶持"爱"养羊、"懂"养羊、"善"养羊的农户扩大养殖规模，发展为养殖大户（专业户），使羊业真正成为养殖户增收的产业。三是抓好科学饲养管理。企业要抓好羊场分区及设施设备的配套完善以及高频繁殖技术、羔羊培育技术、饲料加工技术、疫病防控技术、科学管理技术、循环利用技术的应用，提高工厂化养殖水平；农户要抓好"四良一规范"，提高养殖水平和效益。

3. 规范外调羊管理，适度开展育肥生产 一是规范外调羊管理。根据市场供需情况，采取阶段性引导政策，尤其在农户羊集中出栏季节，控制外调羊的数量，确保本地羊不受挤压，保证本地羊的销售渠道、销售价格和市场占有率。二是鼓励适度外调育肥。在确保市场稳定的前提下，控制外调淘汰羊、育肥羊直接屠宰，鼓励外调架子羊进行阶段育肥，使育肥效益落在本地，推动更多养殖场（合作社、农户）通过"大户带小户"等模式开展育肥生产并获取效益。三是加强本地羊育肥。加强对自繁自育户母羊营养、羔羊短期育肥出栏等饲养管理的指导，充分发挥放母收羔企业责任，将农户生产的羔羊托底收购后育肥上市，提高本地羊的市场占有率。

4. 调整优化种植业结构，强化饲草料的开发与利用 牢固树立"以畜定草、草畜平衡"理念，加快推进"粮经饲"三元种植结构调整，扩大青贮玉米、苜蓿等优质饲草种植面积。抓好优质牧草的田间管理、田间收获及草产品调制技术；对大型饲草收储机械补助给予更大倾斜；充分利用农作物秸秆开展青贮、氨化、微贮饲草。根据羊的不同生长阶段制定科学合理的日粮配方，推广"长草短喂、短草槽喂、配合精喂"，实现良法、良料。

5. 规范屠宰环节，控制羊肉产品质量安全 进一步加强动物调运监管，落实调前告知、承诺、调中监测、落地检查报告制度。建立标准化屠宰场，规范屠宰管理，对屠宰场实行网上视频实时监控；严格执行屠宰检疫规程；加大监测力度和频率，严查瘦肉精、兽药残留超标等行为；以活羊为重点，建立健全以合格证为载体的产地准出、市场准入衔接机制；逐步建立畜产品质量安全追溯系统。规范执法，严禁私宰滥屠，严禁不合格羊进屠宰场，严禁不合格肉进市场。控制外调羊数量，促进本地羊良性发展。

6. 激发不同类型市场主体活力，完善企农利益联结机制 一是激发不同类型市场主体活力。充分发挥龙头企业在生产、加工、流通、销售各环节的示范带动作用，形成不同类型市场主体间相互协同、合作共赢的发展机制。二是健全企业强农带农机制。建立有效的"企业＋合作社＋农户"或"企业＋农户"的利益联结机制，实现企业有利润，农户能增收，避免"企业向农民要利润""企业鼓了腰包，农民失了钱包"。三是监管部门要强化竞争监管，坚决反对垄断。营造公平、高效、有序的市场竞争环境，促进各类市场主体更加规范、更具活力、更重创新，实现更高水平、更深层次、更可持续的发展。

7. 充分有效利用养殖设施，提高闲置棚圈利用率　一是鼓励农户开展圈舍修缮改造。对于部分圈舍不达标、有养殖意愿的农户给予圈舍修缮改造支持，进行圈舍保暖、地面硬化、防潮、通风等改造，提高农户空置圈舍的利用率。二是鼓励社会资本投入盘活现有的闲置羊场，发展商品羊生产，促进经济杂交，发展规模化育肥，稳步提高产能，实现增容扩量。三是加大对空置羊场复养的扶持力度，给予利用空置羊场复养的养殖企业（合作社、农户）政策倾斜。

二、疫情对新疆肉羊生产的影响调研报告

我国是肉羊生产和消费大国，羊肉在改善人们膳食结构和保障粮食安全中扮演着重要角色。新疆作为具有悠久历史的肉羊主产区，凭借当地丰富的草地资源和优良的肉羊品种，使肉羊产业成为国内外具有竞争力的产业。推动新疆肉羊产业发展，是保障新疆粮食安全的重要内容，也是推动乡村产业振兴的重要方式和手段，不仅能够带动经济的发展，也能增加农民收入，防止返贫。但是，突如其来的新冠疫情对新疆肉羊产业的发展造成一定影响，也给畜牧业发展带来了诸多不便，使肉羊的生产、采购、销售等活动面临一些挑战。为了增强畜产品的供给能力，保障人们对羊肉等畜产品的需求，新疆畜牧兽医局印发了《自治区应对新冠肺炎疫情主要畜产品稳产保供工作方案》，将羊肉等畜产品的稳产供给作为主要任务，畅通饲料供给渠道和销售渠道，加大了对羊肉等畜产品生产企业的政策支持力度，有效保障了肉羊生产企业的生产活动，减小了新冠疫情对肉羊生产的影响。基于此，为了更加精确地了解新冠疫情对涉牧企业的影响，帮助企业恢复生产，确保肉羊产品的生产和供应，研究人员设计了主题为"疫情对肉羊生产的影响"网络调查问卷，具体了解新冠疫情对肉羊生产企业的影响以及企业的需求，以期为疫情防控期间羊肉的稳产保供及市场价格的稳定提供政策支持。

（一）材料与方法

1. 调查样本的选择　研究选取喀什、阿克苏、伊犁、和田、塔城、巴州、昌吉 7 个地（州）的 18 家肉羊养殖示范企业作为调查对象。

2. 调研的组织形式及方法　本研究主要了解新冠疫情对新疆肉羊生产企业造成的具体影响。首先，针对疫情防控的具体背景，设计了主题为"疫情对羊肉生产的影响"的调查问卷；其次，受到疫情影响，本研究主要通过网络调查问卷的形式对肉羊生产企业进行实名制的问卷调查，受访者均为企业的负责人，同时结合电话访谈、网络视频等方式了解肉羊生产的具体情况；再次，本研究选取的调查对象均为肉羊主产区的示范性企业，在发放问卷调查前，通过

语音、微信视频等方式对企业受访人员进行培训，以确保问卷填写的准确性和有效性；最后，本研究共采访了 18 家肉羊生产示范企业，回收有效问卷 18 份，有效率为 100％。

3. 调研内容　本研究主要涉及受访企业的基本信息、受新冠疫情影响的具体情况，包括新冠疫情对肉羊饲养、生产、销售、招工等方面的影响。同时，问卷内容还包括受新冠疫情影响的企业具体诉求、对未来肉羊生产的展望以及肉羊生产政策的落实情况。

（二）结果与分析

1. 新冠疫情对肉羊生产的影响现状　调查显示，94.45％的受访者认为，新冠疫情为肉羊生产带来了一些不便，肉羊生产企业面临着饲料存量不足和价格上涨的困境，增加了肉羊生产的成本。其中，新冠疫情已经对 1 家受访企业造成了 1 000 万元的损失，对 5 家企业造成了不少于 300 万元的损失。而 2—3 月受到影响比较明显，55.56％的受访者表示，2—3 月是受到疫情影响较大的时间段。这可能是由于 2—3 月正值春节，这段时间肉羊生产面临用工荒的问题。72.22％的受访者表示，新冠疫情防控导致外出不便，饲料供应和肉羊运输存在困难，导致肉羊的销售量在一定程度上减少，企业收益也有所减少。就肉羊存栏量而言，与 2020 年同期相比，33.33％的受访企业的羊存栏量处于持平状态，27.78％的受访企业的羊存栏量增加了 50％及以上。这表明新冠疫情对肉羊的销售造成了一定影响。就企业面临的困难而言，88.89％的受访者表示，当前面临着一些生产原料供应和物资保障问题；88.89％的受访者表示，交通运输对肉羊的正常生产影响较大，使得肉羊生产和销售等受阻；61.11％的受访者表示，销售不畅是当前面临的重要问题；38.89％的受访者表示，当前兽医及管理人员缺乏，对疫情防控造成一定的挑战，也增加了肉羊生产企业的成本和压力。肉羊生产也存在原材料供不应求、肉羊生产价格上涨、雇工较为困难的问题，其养殖生产效益减少，进而造成一定的损失。

2. 新冠疫情对肉羊生产的影响方式　调查显示，新冠疫情对肉羊生产造成了不同程度的影响，其主要通过以下几个方式来影响肉羊的生产活动。一是交通限制，运输受阻或不畅。因疫情原因，调查企业所在地区采取了交通管制的措施，这在一定程度上影响了部分物流运输车辆的通行。新疆对此积极出台相关政策，要求严禁擅自设卡拦截、确保通往养殖基地等关键区域公路畅通，但由于各地执行标准不一、所需手续繁杂、等待时间长等，养殖场车辆运输不畅，影响了正常生产运营。二是生产原料和物资保障难。44.44％的受访者表示，当前的库存资料受到影响，可以勉强维持；50％的受访者表示，当前的库存资料仅可以维持 1～2 周，需要及时补充。三是饲料供应受影响。在调研企业中，89％的企业受到饲料价格上涨的影响；83％和 61％的企业分别受到运输困难和供应量减少的影响；而受来源不稳定、饲料厂停工等因素影响的企业分别占39％和33％。因饲草料供应受限，为维持生产，目前部分企业通过减少饲喂量来减少消耗，部分企业则通过调整配方，由优质饲草料调换成当地普通饲草料等，这在一定程度上均影响了肉羊的高效生产。四是饲草保障受影响。在调研企业中，有饲草料基地的企业占22％，固定（订单）渠道购买青贮或干草的企业占50％，不固定渠道、哪里合适哪里购入的企业占28％。而在青贮收获、制作季节，因受疫情影响，部分大面积种植青贮玉米的企业，收获机械无法及时到位而影响青贮收获、压制；部分通过固定（订单）渠道购买青贮的企业，大部分因疫情影响存在运输困难等问题；部分办理了车辆通行证的企业，也因不可控因素的影响，不能满负荷生产；对于28％没有固定渠道收购饲草的企业，因疫情影响，更是没有饲草来源。五是羊场防疫受影响。其中，50％的企业因物流等因素影响而买不到疫苗，致使疫苗不足；50％的企业因防疫人员不能进场和场内技术人员不足，致使无法按时、高质量进行防疫。六是羊出栏受影响。受交通运输限制，除部分纳入疫情防控期间肉类定点供应企业外，33.33％的受访者表示，经纪人上门收购受限；72.22％的受访者表示，活羊调运交通运输受阻；61.11％的受访者表示，活羊（羊肉）的销售量减少；22.22％的受访者表示，待出栏羊增加，出栏率同比和环比均呈下降趋势。七是肉羊生产成本超过预期收益。受疫情影响，活羊（羊肉）销售量减少，到期出栏的羊不能及时出栏，造成饲草料、人工等成本增加；同时，疫情防控期间，玉米、豆粕、麸皮价格分别上涨0.4元/千克、0.3元/千克和0.3元/千克左右，造成饲料成本增加；另外，为应对疫情，企业需要加大对羊场的疫情防控力度，部署相关工作，加大了企业人力、物力和财力的投入，导致企业支出增加，收不抵支。

3. 新冠疫情对肉羊生产的预期影响　调查发现，新冠疫情对肉羊生产预警和管理应对措施产生了一定影响。在生产预警方面，一是关于市场需求。50％的受访者认为，疫情过后，居民消费能力下降，对肉羊生产、消费有一定制约；39％的受访者认为，市场需求会加大，对肉羊生产、消费有一定利好；11％的受访者则认为，与往年同期相比，相差不大。二是关于2022年8—12月的羊肉价格走势。61％的受访者认为，有可能达到80元/千克或者更高的价格；39％的受访者认为，会保持在60～70元/千克。三是关于2020年全年利润情况（与2019年比较）。89％的企业预计利润会减少，其中69％的企业预计利润会减少10％～50％，认为利润会减少10％以内和超过50％的分别占12.5％和18.5％。四是关于养殖技术的提升。83.33％的受访者表示，肉羊品种、饲料配方与营养管理、羔羊饲养技术是增加养殖场效益的关键；77.78％的受访者认为，肉羊繁殖技术和羊的疫病防治技术比较重要；50％的受访者认为，肉羊机械化生产技术与设备有利于肉羊养殖效益的提升。在管理措施方面，为了应对疫情，肉羊示范企业纷纷采取措施，稳定生产。一是所有企业均实行场区封闭式管理，加强场内卫生管理，强化场内生物安全措施，并积极响应政府号召做好各项防疫措施，尽可能降低疫情对羊场生产的影响。二是有销售渠道的企业，选择快速出栏，降低存栏，度过危机；无销售渠道的企业，则保持存栏，但会采取减少饲草料供给量、缩减用工数量等措施，降低生产成本；同时，争取金融信贷支持。

（三）相关建议

由此可以看出，疫情对肉羊生产的影响是不容忽视的。针对存在的主要问题，建议采取如下措施。

一是相关部门要加强督促地（州）、县（市）严格落实相关政策，做好疫情防控期间不同属地核发的相关产品运输通行证明予以互认工作。保障农畜产品、农牧业生产物资运输车辆优先便捷通行，保证生产用工，确保通往养殖基地等关键区域的公路畅通，完善饲草料储运调配体系。确保各项政策落到实处，保证养殖企业正常用工需求、运送物资车辆的正常通行，饲料、疫苗、兽药和生产易耗品供应渠道畅通，饲草收获、拉运和储存不误时，切实解决养殖企业面临的现实问题。

二是针对养殖企业存在的防疫技术人员缺乏、区域饲草料供应不足、饲草料价格上涨、动物疫病防控物资短缺、活羊（羊肉）销售困难等问题，行业部门应出台有针对性的措施，帮助企业渡过难关，减少因疫情造成的损失。建立防疫技术人员帮扶体系，加大对欠发达地区养殖企业防疫技术人员的培养力度，增强养殖企业的防疫意识。要加强各个区域间的合作沟通，贯彻落实对涉牧企业的资金补贴和支持政策，确保肉羊饲料加工企业与肉羊养殖企业的有效对接，稳定饲料市场和肉羊市场的价格。合理调配动物疫病防控物资，确保畜产品养殖企业的物资供应，防止动物疫病的发生。

三是针对示范企业存在的母羊繁殖率低、羔羊死亡率高、饲养管理水平低等问题，畜牧兽医专家应加大对企业的技术指导与培训，拿出切实有效的举措，帮助企业解决生产实际问题，促进高效生产。行业部门要加大现有政策的宣传，提高企业的知晓率，使养殖企业都能及时享受政策；要创新疫情防控知识和科学养羊知识宣传，可采用形式多样的技术服务和培训（如采用电话、网络视频、网上教学、制作微视频等方式），为肉羊的高效生产提供科技支撑。

三、新疆肉羊产业融合发展调研报告

2015年中央1号文件明确要求推进农村一二三产业融合发展，国务院办公厅专门发文对此进行部署安排。2016年中央1号文件再次指出，促进农业产加销紧密衔接、农村一二三产业深度融合，推进农业产业链整合和价值链提升，让农民共享产业融合发展的增值收益，培育农民增收新模式。农村一二三产业融合是解决"三农"问题，全面建成小康社会的重要路径。推进农村一二三产业融合发展对提高农村居民收入、转变农业发展方式和实现农业现代化具有重要意义。新疆是畜牧业大区，肉羊产业发展对新疆经济社会发展具有重要作用。为深入研究肉羊产业一二三产业融合发展情况，本研究在实地调研浙江省湖州市长兴县湖羊产业发展情况的基础上，通过对新疆 18 家肉羊养殖企业产业融合发展情况进行调研，选取典型企业巴里坤县健坤牧业有限公司和新疆源疆新羊生态牧业有限公司开展产业融合现状、融合模式、融合成效的具体分析，结合国内先进省份的经验做法，提出了新疆肉羊产业融合发展建议。

（一）长兴县湖羊产业融合发展的经验做法

1. 科学谋划，抓规范引领　长兴县把湖羊产业作为全县农业七大特色主导产业之一，提出了推动吕山、和平、林城等宜养区发展规模养殖，全力打造中国湖羊之乡，大力推广农牧结合生态养殖模式和肉羊快速育肥等先进适用技术，加快建设湖羊餐饮文化一条街等目标。同时，注重规划的延续性，制定《农业转型发展"1736"行动方案（2018—2020 年）》，提出深入实施湖羊产业振兴发展战略，规范提升湖羊屠宰精深加工，优化产业布局、产品结构、区域分布。

2. 政策推动，财政扶持力度大　湖羊产业发展作为长兴县畜牧业"转方式、促转型、调结构"的重要内容，县委、县政府高度重视，每年出台《扶持现代农业发展的若干政策意见》，针对湖羊产业精准扶持。例如，给予种羊场 5 万～20 万元补助、标准化示范场 5 万～10 万元补助、新建高架羊舍 100 元/米^{2}补助、文化节庆 15 万元以上补助等，县累计投入财政扶持资金 5 600 多万元，助推湖羊产业振兴发展。2016 年 4 月，长兴县人民政府办公室印发了《长兴县整县制推进湖羊产业转型升级实施方案》（长政办发〔2016〕53 号），重点实施湖羊产业"103311"工程。长兴湖羊产业在政府的推动下，按照"规模化养殖、标准化建设、生态化发展"的要求，重品质、拓市场，整个产业得到健康快速发展。

3. 精准施策，助推产业链延伸　为深入挖掘吕山湖羊美食，积极打造一批特色鲜明的名店、名菜（名点）、名师、名料，不断提升湖羊美食餐饮的品牌竞争力。长兴县吕山乡制定了《吕山乡扶持湖羊美食餐饮行业发展若干奖励办法》，对入驻并办理注册登记在湖羊美食文化街从事湖羊餐饮或被列入鼓励类发展业态目录的企业（或个体工商户）和餐饮单位从业人员给予相应扶持奖励政策。设置名店培育奖、名师培育奖、名菜（名点）创作奖、名料培育奖、餐饮业绩奖，并给予资金奖励。此外，鼓励实体投资，通过精准措施，助推产业链延伸。

4. 配套提升，争取省市支持 积极争取省市对湖羊产业的支持，扎实推进标准化羊舍、配套道路、附属设备、科技项目等基础项目建设，不断优化湖羊产业发展环境，助推湖羊产业振兴。同时，加快推进湖羊产业的集群集聚、高质量发展，结合主体发展需要，"菜单式"跟进各项服务，扶持主体逐步壮大。

5. 注重品牌建设与宣传 2012—2019 年，连续举办了 8 届"长兴湖羊美食文化节"，每届宣传重点各不相同。在 2014 年第三届时，顺利承办了浙江省湖羊产业振兴计划启动仪式；在 2016 年第五届时，吕山"湖羊美食文化一条街"正式开业；在 2017 年第七届时，湖羊年屠宰量 10 万只的精深加工项目投产。同时，举办了 3 届湖羊音乐美食啤酒节，打破了夏季不吃羊肉的习俗。主产区吕山乡先后被授予"浙江省湖羊之乡""中国湖羊美食名乡"等多项荣誉称号，"吕山湖羊"荣获全国"十大魅力农产品"称号。2018 年，吕山乡成功创建首批"浙江省特色农业强镇"，长兴湖羊在全国的知名度不断提高。

（二）新疆肉羊产业融合发展的思考与建议

1. 通过种养业循环实现农业内部融合 借鉴长兴县"秸秆-羊-肥"生态循环养殖模式，按照循环经济理念，遵循生态链、生物链原理，在种植业、养殖业间进行产业重组融合，充分利用区域资源禀赋和农作物秸秆等饲草料资源，将玉米秆、稻草等农作物废弃物通过青贮等技术转化为适口性好、营养丰富、宜储存的羊饲料，形成种养结合、生态农业等新兴产业，有效带动农产品加工和销售。

2. 通过产业链延伸实现肉羊产业纵向融合 以产地建设为基础，延长产业链、提升价值链、拓宽增收链。可借鉴长兴县"种养加销"产业链延伸型融合，建立种植基地，为养殖业提供饲料原料。养殖端因地制宜开展标准化养殖，实现"良种、良法、良料、良舍"和规范化防疫，提高养殖水平和经济效益。加工端严格按标准建设屠宰加工厂，改变传统活畜和初加工产品外销现状，抓好系列精深加工产品的挖掘和包装，并结合品牌效应，在当地实现产品的高附加值，实现更多利润惠及普通养殖户。销售环节实行批发、专卖店和"互联网＋销售"模式，充分依托互联网，抓好农村电子商务平台建设，配套冷链物流系统，拓宽产品销售渠道和产品知名度，提高产品销售利润。同时，抓好前向融合与农资供应、育种、涉牧服务等的一体化。

3. 通过农业多功能拓展实现肉羊产业横向融合 产业融合应推动休闲农业发展。新疆可充分利用新疆细毛羊、阿勒泰大尾羊、多浪羊等品种优势，依托羊产业，建设羊文化博物馆、文化长廊、体验区、休闲区等，并结合区域内青山绿水、田园风光、特色美食等自然、文化和传统资源，使羊生产、羊文化和旅游充分融合，打造集观光、休闲、餐饮、体验、度假、娱乐等多种功能于一体的不同品种羊"特色庄园综合体"，打造多功能农业。

4. 围绕供给侧推动肉羊产业高质量融合　第一产业要围绕二三产业，开展羊高效养殖，提高高质量羊产品供给能力。第二产业要挖加工潜力，可鼓励合作社、家庭农场等经营主体开展农产品初加工，为城市居民休闲度假、观光旅游提供便利食品，带动农民就近就业、增收致富；鼓励龙头企业向优势羊产品主产区聚集，形成以农产品加工业为主的现代羊产业集群。充分挖掘并形成羊深加工产品，可借鉴湖羊深加工产品经验，形成湖羊皮、湖笔、湖羊肉等旅游产品。根据不同阶段的羊，羊皮可深加工为羊羔皮（小湖羊皮）、袍羔皮（二毛皮）、湖羊革皮（大羊皮）等，也可制作成羊皮大衣、羊皮小玩具等制品。不同粗细、长短、软硬、曲直、圆扁的羊毛可制作成笔。第三产业要增效益，做大做强。打造以"羊"为元素的休闲庄园、特色旅游小镇等。

5. 筑牢产业发展基础，提高肉羊产业融合能力　一是注重选种选育，提高湖羊品种整体性能。采取有计划的选种配送，常年均衡饲养，严格防疫，繁殖母羊生产实行2年产3胎，确保饲养的湖羊体质结实，体格健壮，毛色光亮，生长发育快，早熟，产羔250%左右。二是降低生产成本，提高母羊产出，实现养殖效益。根据羊不同阶段的营养需要，科学调整配方，合理搭配精粗料比例，在保证羊营养需要的前提下，使养殖饲料成本降到最低。同时，加强母羊在配种、怀孕期间的饲养管理，提高羔羊的繁殖成活率，力争养殖基地母羊1年2胎占20%，2年3胎占75%以上，羊繁殖成活率达250%以上，平均1只母羊2年生产并成活6只羔羊。在尽可能降低成本的同时，提高母羊产出，实现标准化、规模化养殖场舍饲圈养条件下的高品质生产、高效益产出。

6. 强化保障支撑，助推肉羊产业融合发展　一是因地制宜推进全产业链模式、产业集聚模式、功能拓展模式、"羊产业＋互联网"融合模式。二是优化肉羊生产条件、大力支持羊肉产地初加工、全面提升羊肉精深加工水平、努力推动羊骨血等副产品综合利用、精心培育打造精品羊肉品牌。三是加大资金支持力度、优化投资方式、完善用地保障机制、加强产业融合公共服务能力。

四、新疆肉羊产业发展分析及预测报告

（一）2022 年度新疆肉羊产业形势分析

新疆作为我国肉羊生产优势区和羊肉主要消费区，羊肉市场与全国保持紧密联动。2022 年，新疆羊肉市场价格高位向下运行，肉羊养殖效益整体相对较好。但是，当前经济面临需求不足、供给冲击、预期转弱的三重压力，肉羊

产业发展不确定性因素增多，肉羊养殖成本持续上涨和羊肉市场价格下跌持续挤占肉羊养殖利润空间。

1. 价格持续下跌 根据新疆畜牧兽医大数据平台羊肉集贸市场数据，2022 年新疆羊肉集贸市场价格见图 8-1，全年羊肉市场平均价格 68.85 元/千克，较 2021 年羊肉市场平均价格 75.05 元/千克，下跌 6.2 元/千克，跌幅达到 8.26%。其中，5 月、6 月羊肉市场价格跌幅较大，6 月羊肉市场均价 66.39 元/千克，较 4 月羊肉市场价格 70.63 元/千克，下跌 4.24 元/千克，跌幅 6%。2022 年新疆羊肉市场价格虽有下跌，但是较近 5 年羊肉市场价格仍处于高位，全年羊肉市场价格呈现上半年持续下跌、下半年小幅上涨的波动特征。

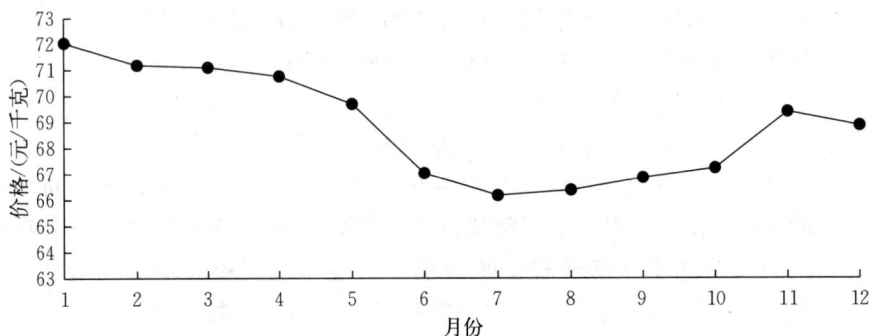

图 8-1 2022 年新疆羊肉集贸市场价格

2. 消费略有下降 2022 年，受疫情扰动叠加经济下行双重影响，羊肉消费略有减少。新疆城镇居民中低收入群体羊肉购买力和购买意愿下降，对羊肉的有效消费需求减少，餐饮店关闭导致城乡居民在外羊肉消费减少。

根据国家统计局数据，2017—2021 年新疆羊肉人均消费量见图 8-2。2021 年新疆平均羊肉消费为 13.3 千克/人，较上年增长 0.6 千克/人，增幅 4.7%。分城镇和农村来看，2021 年农村羊肉消费 16.5 千克/人，城镇羊肉消费 9.9 千克/人，农村比城镇高 6.6 千克/人。从近 5 年的羊肉消费来看，总体、农村、城镇的羊肉消费分别保持在 12.8 千克/人、14.98 千克/人、10.31 千克/人左右。其中，农村地区羊肉消费增长明显，2021 年较 2017 年人均羊肉消费增长 26%。

2022 年受羊肉价格高位、新冠疫情等因素影响，新疆城镇居民羊肉消费需求减少明显，带动新疆羊肉消费量下降。同时，为城镇消费市场供货的肉羊屠宰加工企业销售困难，进而又会影响产业链上游养殖户的出栏羊减少。

3. 生产稳中有增 2022 年，新疆养殖主体养殖积极性相对较高，肉羊存

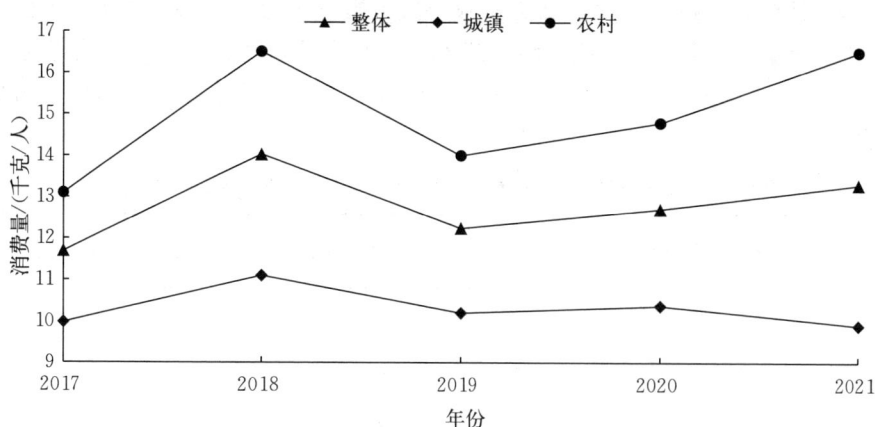

图 8-2　2017—2021 年新疆羊肉人均消费量

栏量、出栏量和羊肉产量均居全国第 2 位。肉羊存栏量不断增加，出栏量下降，羊肉产量稳中有增。

根据新疆统计局数据，2022 年新疆羊存栏 4 825.2 万只，同比增长 5.6％；羊出栏 3 404 万只，同比下降 4％；羊肉产量 60.7 万吨，同比增加 0.5％，2017—2022 年新疆羊肉产量见图 8-3。其中，羊出栏量也呈现出明显"上半年少，下半年多"的季节性特征，2022 年下半年羊出栏量迅速增加至 1 796 万只，较上半年增长 11.69％。2022 年新疆羊存栏量增加、出栏量减少主要是由于养殖场、屠宰加工和交易市场等关键场所受疫情影响而日常经营滞缓和运输困难。

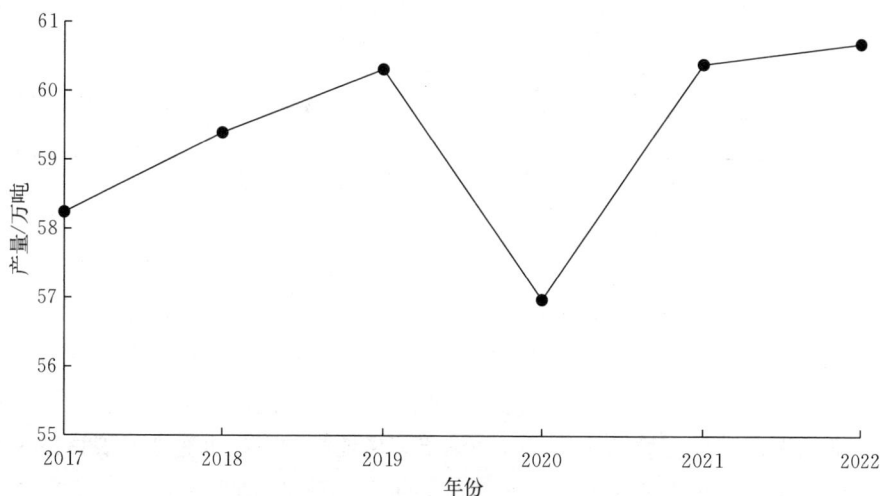

图 8-3　2017—2022 年新疆羊肉产量

4. 贸易大幅减少 根据新疆畜牧兽医大数据平台活羊调运数据，2020—2022 年新疆（不含新疆兵团）活羊调入、调出情况见表 8-1。2022 年新疆调入活羊 298.9 万只、调出 26.0 万只、净调入活羊 272.9 万只，较 2021 年分别下降 43.94%、11.86%、45.82%。

表 8-1 2020—2022 年新疆（不含新疆兵团）活羊调入、调出统计

年份	活羊调入/万只	活羊调出/万只	活羊净调入/万只
2020	531.0	28.8	502.2
2021	533.2	29.5	503.7
2022	298.9	26.0	272.9

5. 成本高位上涨 根据新疆畜牧兽医局计财处公布的数据，2022 年新疆玉米、豆粕价格见图 8-4。2022 年，新疆玉米、豆粕市场均价分别为 2.74 元/千克、4.93 元/千克，较 2021 年市场均价分别下跌 0.01 元/千克和上涨 0.71 元/千克。豆粕价格同比上涨 16.82%。豆粕价格在 2—4 月和 8—11 月有两次明显地上涨，11 月豆粕价格创新高，达到 5.56 元/千克，较 1 月最低价格 4.22 元/千克，上涨 1.34 元/千克，涨幅 31.75%。

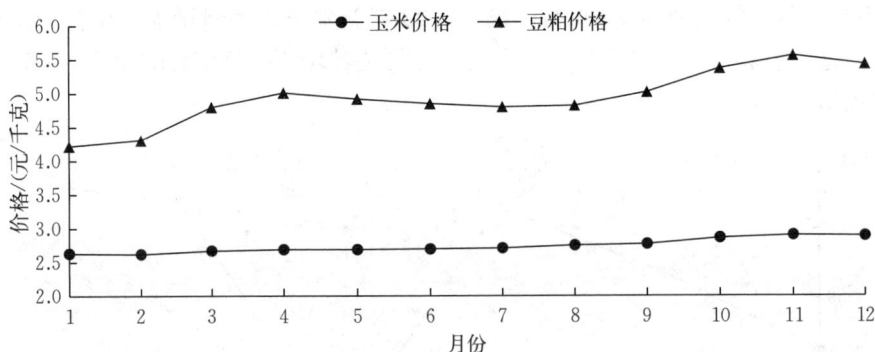

图 8-4 2022 年新疆玉米、豆粕价格

（二）新疆肉羊生产情况分析

本研究以 18 家企业为研究对象，分析新疆肉羊产业发展情况。

1. 肉羊品种情况 2022 年典型企业肉羊品种情况见表 8-2。从 18 家示范企业情况来看，养殖的主要品种为湖羊和当地品种。根据企业发展目标及需要，每个企业肉羊产业发展的核心品种不同，在本地品种的基础上发展多胎羊品种，且呈现出一定的个性化特点。

表8-2 2022年典型企业肉羊品种情况

监测点	生产母羊品种	种公羊品种
肉羊监测点1	湖羊	湖羊
肉羊监测点2	萨福克羊、杜泊羊、湖羊	萨福克羊、杜泊羊
肉羊监测点3	萨福克羊、湖羊	萨福克羊、湖羊
肉羊监测点4	湖羊	湖羊
肉羊监测点5	湖羊	湖羊
肉羊监测点6	和田羊	和田羊
肉羊监测点7	湖羊、澳洲白羊、杜泊羊、澳湖羊	澳洲白羊、杜泊羊、澳湖羊
肉羊监测点8	小尾寒羊	小尾寒羊
肉羊监测点9	湖羊	湖羊
肉羊监测点10	湖羊	湖羊
肉羊监测点11	湖羊	湖羊
肉羊监测点12	萨福克羊、杜泊羊	萨福克羊、杜泊羊
肉羊监测点13	湖寒杂交羊、湖羊	湖羊、萨福克羊、杜泊羊
肉羊监测点14	湖羊、小尾寒羊	湖羊
肉羊监测点15	湖羊、杜泊羊、萨福克羊、红羊	湖羊、杜泊羊、萨福克羊、红羊
肉羊监测点16	湖羊	湖羊
肉羊监测点17	萨福克羊、杜泊羊、湖羊、杜湖杂交羊	杜泊羊、萨福克羊、湖羊
肉羊监测点18	湖羊、杜泊羊、德国美利奴羊	湖羊、杜泊、德国美利奴羊

2. 羊存栏量稳中有增 根据肉羊监测点数据,4家企业的肉羊存栏有所下降,其余企业均有所增加。2022年新疆肉羊监测点年初存栏量为276 194只,年底存栏量为341 418只,年内新增存栏量为65 224只,增幅23.62%。

3. 羊出栏量增加 根据肉羊监测点数据,2022年监测点累计出栏羊204 167只,出栏率达到73.92%;2021年监测点累计出栏羊177 119只,出栏率达到86.51%。2022年出栏数较2021年增加27 048只,增幅15.27%,但出栏率较2021年有所下降。

4. 羊繁殖率稳步提高 根据肉羊监测点数据,2022年示范企业羊繁殖率平均值为174.48%,同比增加8.97%;与2019年基期相比,有4家企业羊繁殖率下降,整体仍然保持了36.33%的平均增长率,与2021年36.81%、2020年26.41%的增幅相比,2022年行业整体羊繁殖率继续保持稳中有升趋势。

5. 羔羊成活率持续提升 根据肉羊监测点数据,2022年,肉羊监测点平均羔羊成活率89.91%,较2021年增长0.46%,较2019年增长2.73%,以

2019 年为基期测算，2020—2022 年肉羊监测点羔羊成活率增幅分别为 0.37%、1.98%、2.73%，逐年增加。

6. 羊单位成本情况

（1）羊单位平均总成本上升。肉羊监测点数据显示，2022 年羊单位平均总成本为 1 820.03 元/只，较 2021 年增加 20.03 元/只，同比增长 1.11%；以 2019 年为基数，不考虑价格指数因素，2020—2022 年羊单位平均总成本增幅分别为 3.63%、5.15%和 6.32%，呈现上升趋势。通过对比发现，总成本中饲草料成本占比最大，达 60%以上，这也是历年养殖成本不断攀升的主导因素。

（2）饲草料成本持续大幅增加。自 2019 年以来，饲草料成本一直保持增加趋势。2022 年平均饲草料成本为 1 219.43 元/只，单位成本分别较 2019—2021 年增加了 165.30 元、134.81 元、63.30 元。以 2019 年为基数，2020—2022 年饲草料成本增幅分别为 2.90%、9.68%和 15.69%，增幅有持续扩大的趋势。由于肉羊养殖企业区域不同，饲草料来源及价格有所不同。南疆地区缺少规模化的饲草料基地，饲草料供给对外依赖性强，大多数企业要从北疆地区或疆外购买饲草料，为了支持肉羊产业发展，政府对企业进行饲草料运输费用补贴，受疫情影响，饲草料运输成本在一定程度上助推了饲草料成本的上升。

（3）技术成本下降幅度明显。从技术成本角度来看，2022 年肉羊监测企业平均技术成本为 177.07 元/只，同比下降 10.60%。以 2019 年为基期，2019—2022 年技术成本呈现逐渐下降的趋势，2019—2022 年单位技术成本分别为 197.90 元、203.07 元、198.08 元和 177.07 元。以 2019 年为基期测算，2020—2022 年技术成本增幅分别为 2.61%、0.09%和−10.52%，逐渐呈现下降的趋势。从技术成本投入占平均总成本的比重来看，2019—2022 年分别为 11.56%、11.45%、11.00%和 9.59%，也逐渐呈现下降的趋势。无论是总量上还是结构上，羊的技术平均单位成本在逐渐下降，其中最高的是 2019 与 2020 年，2020 年后逐渐下降，可能的原因是技术规模效益在 2020 年后逐渐显现，同时部分企业可能存在降低技术研发投入的情况。

（4）人工成本继续下降。从肉羊监测点数据测算结果来看，2022 年 18 家企业单位平均人工成本为 239.19 元/只，同比下降 1.09%；从变化趋势来看，2019—2022 年企业平均人工成本分别为 249.45 元/只、273.42 元/只、241.82 元/只和 239.19 元/只。以 2019 年为基期测算，2020—2022 年企业平均人工成本增幅分别为 9.61%、−3.06%、−4.11%，已连续 2 年呈现下降趋势。

（5）其他成本继续下降。2022 年其他成本继续下降，肉羊养殖其他成本的均值为 171.04 元/只，同比（189.67 元/只）下降 9.82%。其他成本是肉羊养殖除饲草料成本、技术成本、人工成本这三大成本以外的费用。从调研数据来看，2019—2022 年其他成本的均值分别为 237.77 元/只、201.42 元/只、189.67 元/只、171.04 元/只。以 2019 年为基期测算，2020—2022 年肉羊养殖其他成本的均值增幅分别为－15.29％、－20.23％、－28.06％，呈现明显的下降趋势。

（6）羊单位利润情况。2022 年肉羊监测点平均利润 103.32 元/只，同比（182.25 元/只）下降 78.93 元/只，降幅 43.31％；2019—2022 年，肉羊监测点平均利润分别为 104.29 元/只、140.07 元/只、182.25 元/只和 103.32 元/只，以 2019 年为基期测算，2020—2022 年的增幅分别为 34.31％、74.75％、－0.93％，较 2021 年相比有较大的下降幅度。

（三）新疆肉羊市场预测分析

1. 饲草料价格上涨将导致羊单位总成本继续攀升　2022 年以来，受主要经济体货币政策转向、地缘冲突加剧等多重因素影响，国内玉米、大豆、大麦、高粱、麸皮等饲料原料价格整体上涨，给养殖带来较大压力，也给国内市场保供稳价带来挑战。当前饲料原料价格上涨是各种因素叠加作用的结果，但根本原因是供需不平衡，进口依存度高。据农业农村部发布的数据，2023 年 1 月第 4 周，全国玉米平均价格 3.04 元/千克，与前一周持平，同比上涨 5.9％。主产区东北三省玉米平均价格 2.78 元/千克，比前一周下跌 0.4％；主销区广东省玉米价格 3.14 元/千克，与前一周持平。全国豆粕平均价格 4.96 元/千克，比前一周下跌 0.2％，同比上涨 28.8％。

全力做好饲料粮保供稳价工作，是 2023 年实现稳增长目标的重要保障。从主要饲料产品市场价格月度变化情况（图 8－5）可以看出，羊单位总成本

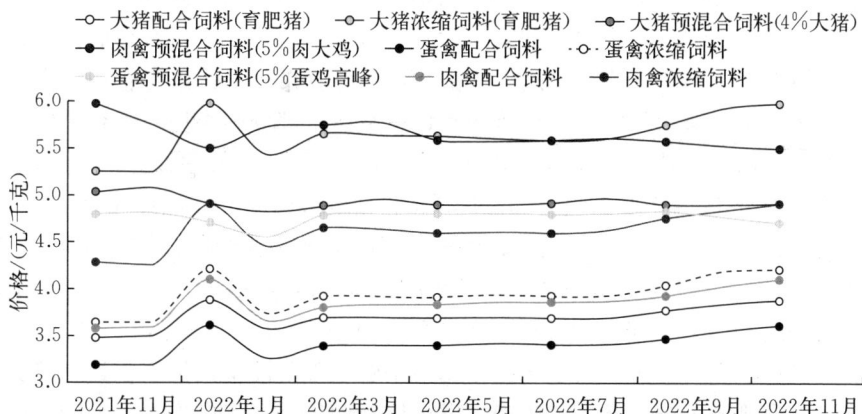

图 8－5　主要饲料产品市场价格月度变化情况（元/千克）

数据来源：农业农村部官方网站。

随着饲草料成本的增加而连续攀升。因此，在此预测：如果全球粮价持续攀升的现状不能得到有效缓解，俄乌冲突导致全球农产品供给不确定性进一步加大，未来饲草料供给价格很可能在上游原料价格上涨和下游养殖需求的双重刺激下持续上涨，进而大幅抬高养殖成本，同时不断压缩养殖利润的空间，可能会对养殖户的积极性产生一定影响。

2. 羊肉价格将继续震荡运行，但振幅有限 据农业农村部信息中心发布的全国农产品批发市场行情监测数据（表8-3），2023年1月第4周，全国羊肉平均价格69.72元/千克，比前一周上涨1.60%，同比下跌3.10%。河北、内蒙古、山东、河南和新疆等主产省份羊肉平均价格75.08元/千克，比前一周下跌0.1%。

表8-3　重点监测的畜禽产品价格及变化幅度

种类	上周/(元/千克)	本周/(元/千克)	2022年同期/(元/千克)	环比/%	同比%
猪肉	23.04	22.99	21.81	−0.20	5.40
羊肉	68.63	69.72	71.92	1.60	−3.10
牛肉	77.71	78.55	77.86	1.10	0.90
鸡蛋	11.19	11.24	9.8	0.40	14.70
白条鸡	18.93	18.5	17.17	−2.30	7.70

数据来源：农业农村部信息中心，报告时间：2023年1月28日。

羊肉市场价格在短期内可能会震荡运行，不排除阶段性下跌的态势。理由如下：一是羊肉对于猪肉的替代效应进一步减弱。消费者肉类消费偏好较为稳定，随着生猪产能的恢复及春节效应的消退，猪肉价格将下降，羊肉的替代作用下降，羊肉价格也可能随之下跌。二是餐饮业的市场活力需要一定时间进行恢复，受疫情影响，疆内羊肉的购买力有一定程度的下降，餐饮行业需要提振信心，短期内羊肉需求不会出现大幅的增加，而且市场上的屠宰企业羊肉库存普遍较大，羊肉需求量下降可能将导致订单减少，部分中小型养殖企业资金周转困难，进而迫使其降低羊肉价格回笼资金，从而形成恶性循环。

从2022年11月至2023年1月全国羊肉批发价格91天变化趋势（图8-6）可以看出，3个月以来，全国羊肉价格一直处在回暖时期，其中自第65期（2023年1月5日）起，羊肉批发均价出现了较大幅度的攀升。由于春节消费效应的溢出，到第81期（2023年1月21日）时，羊肉价格达到了本阶段的高峰，之后出现了震荡下行。从技术角度来看，现阶段羊肉价格仍处在趋势线上方，该趋势还未被打破，对羊肉批发价格短期仍具有支撑作用。同时，通过绘制移动平均线10天后发现，现阶段羊肉价格仍处在移动平均线下方，如果没有利好因素的支撑，在后期可能会遇到上涨压力。

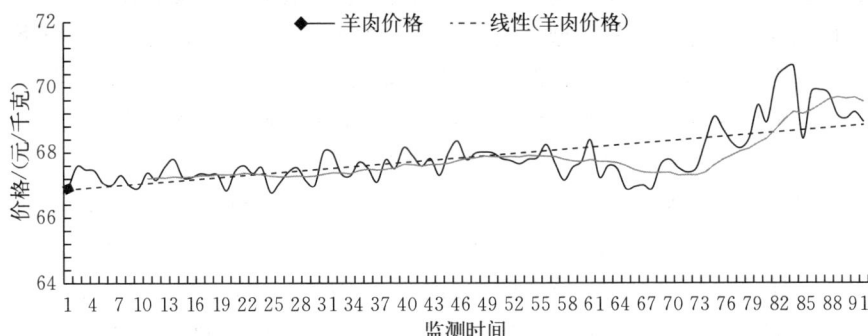

图 8-6　2022 年 11 月至 2023 年 1 月全国羊肉批发价格 91 天变化趋势

数据来源：根据农业农村部公布数据整理计算所得。

从 2022 年 11 月至 2023 年 1 月全国羊肉批发价格 91 天价格变化趋势可以看出，本次监测周期内，全国羊肉批发价格均值为 67.85 元/千克，中位数为 67.59 元/千克，最高价为 70.62 元/千克，最低价为 66.77 元/千克。从长期来看，羊肉供给仍处于紧平衡状态。尽管部分地区羊肉和活羊价格出现阶段性下降，但随着居民生活水平持续提高，膳食结构加快调整，羊肉消费增加是大趋势，供给偏紧的格局短时期内不会从根本上改变，价格也不会出现大的波动，发展生产、增加供给是当前和今后一个时期肉羊产业发展的首要任务。羊肉消费量总体上还处于上升通道，随着消费潜力的不断释放，市场价格大幅下跌的可能性较小。从长期发展来看，随着生态环境保护和现代化养殖模式升级，肉羊产业准入门槛增高，人工、水电、防疫、管理、饲草料等养殖成本刚性上涨，行业可持续发展压力加大。羊肉价格仍将处于震荡运行，不过价格剧烈变动或再次冲高的可能性也较小。

3. 肉羊净利润增幅收窄　一方面，平均总成本持续攀升。2022 年监测企业肉羊平均成本为 1 846.62 元/只，较 2021 年增加 46.62 元/只，同比增加 2.59%，成本增加的主要原因是饲料费增加。另一方面，羊单位收益同比下降。肉羊获利空间可能会被进一步压缩。但是，随着消费端的回暖，部分地区羊价有小幅反弹迹象，这在一定程度上会刺激养殖户清栏和淘汰母羊，加速去产能。如果肉羊价格回暖速度快于饲草料成本上涨的速度，肉羊净利润增加空间不断收窄的情况将会得到有效缓解。

4. 羊肉消费市场情况　2022 年，全球肉类生产利润率下降。有研究表明，随着能源、动物饲料和化肥价格上升，养殖者投入成本急剧上升，超过价格涨幅。动物疾病继续影响大多数生产大国的肉类生产，也引发贸易阻碍。不利天气也给肉类生产带来了负面影响，尤其是连续的拉尼娜天气现象，导致一些生产者提前出栏牲畜。随着羊肉产品逐渐细分和多样化，料理类、休闲类、保健类、预制菜等精深加工和新型消费市场逐步拓展，羊肉消费市场有进一步增长空间，但考虑到我国 60 岁及以上老年人口到 2030 年占比将达到 25％左右，人口增长势能逐渐减弱，预计红肉消费量也会有所下降，因此羊肉消费增速慢于前期的概率较大，消费增速因此也可能会放缓。

5. 羊肉供给端情况　2022 年全球羊肉产量达到 1 650 万吨，较 2021 年增长 0.9％。增长的主要原因是土耳其、中国、英国和澳大利亚羊肉产量增长，但埃塞俄比亚和新西兰产量的下降抵消了部分增量。2022 年 1—6 月国内羊肉产量同比增长 0.7％。2022 年全球羊肉出口总量为 110 万吨，较 2021 年增长 1.2％。中国羊肉进口量下降，但仍占全球羊肉进口量的 1/3 以上。长期来看，草食畜牧业产能增长与自然资源、生态环境承载能力相匹配，未来产业整体竞争力稳步提高，绿色发展水平显著提高，产品供应安全保障能力大幅提升。考虑发展方式转型、自然条件和养殖周期等因素影响，未来产量增速趋缓。另外，随着产业规模和经营水平持续提升，生产布局逐步优化，综合生产能力不断提高，以及种业振兴行动方案、肉牛肉羊生产发展 5 年行动方案、遗传改良计划等政策引领，养殖生产水平和效率将持续提升。

五、和田地区"1＋X"肉羊生产模式赋能产业振兴的实践探索与推广研究报告

（一）绪论

1. 研究背景与意义

（1）研究背景。习近平总书记强调，乡村振兴是实现中华民族伟大复兴的一项重大任务。产业振兴是乡村振兴的重要基础，而畜牧业又是新疆的传统基础产业和特色优势产业，是新疆农业农村经济发展的重要支柱，也是新疆全面推进乡村振兴、加快农业农村现代化的核心产业。肉羊产业是和田地区的传统产业，在畜牧业中占据十分重要的地位。同时，和田地区加大招商引资力度，引进国内重点肉羊龙头企业，形成了包括和田地区津垦牧业科技有限公司、新疆津垦奥群农牧科技有限公司、新疆西域沐羊人农牧科技有限公司在内的肉羊产业集群，探索出了和田地区肉羊产业化科学发展路径和乡村振兴新模式，其中的"1＋X"模式在促进农户增收、带动就业等方面发挥了积极作用，有效地促进了和田地区脱贫攻坚与乡村振兴相衔接。2022 年以来，龙头企业持续发力，在推动肉羊产业的标准化、规模化以及带动养殖户增收、振兴乡村产业等方面发挥了积极作用。《新疆维吾尔自治区畜牧业"十四五"规划》指出，要以实施乡村振兴为引领，以高质量发展为主题，突出发展农区畜牧业，做大肉羊产业。2022 年中央 1 号文件提出，要巩固提升脱贫地区特色产业，完善

联农带农机制，提高脱贫人口家庭经营性收入，强化龙头企业的带动作用，支持农业大县聚焦农产品加工业，促进产业提档升级。

（2）研究意义。当前，和田地区以龙头企业为引领，"1＋X"的肉羊生产模式已见雏形，对赋能产业振兴发挥了有效作用。通过此次研究，总结形成可在和田等南疆地区推广复制的肉羊生产模式，为南疆地区肉羊产业的发展提供理论与实践借鉴，助力农村产业振兴。

2. 研究内容

（1）和田地区"1＋X"肉羊生产模式调查。以龙头企业为主线，摸清和田地区存在的"1＋X"肉羊生产模式家底，包括模式类型、数量、代表性成效等。其中，"1"指龙头企业，发挥引领作用；"X"指相关主体，可以是单个或多个联合体，通过利益联结在一起。

（2）和田地区"1＋X"肉羊生产模式赋能产业振兴的实证分析。在摸底调查的基础上，选择具有代表性和推广应用价值的模式进行分析，包括不同肉羊生产模式的参与主体、主体作用发挥、利益联结及收益、推动标准化规模化养殖、提高肉羊生产能力、推动"四良一规范"、促进养殖户增收、带动就业情况等，对不同生产模式赋能产业振兴情况进行实证分析。

（3）和田地区"1＋X"肉羊生产模式推广建议。总结形成可在和田等南疆地区推广复制的肉羊生产模式，并提出模式推广建议，包括模式推广条件、模式推广预期等，为南疆地区肉羊产业的发展提供重要的实践借鉴，助推产业振兴。

3. 研究方法

（1）文献检索归纳法。主要借助中国知网、万方等相关资源，搜集、整理和梳理分析国内外有关畜牧业生产发展模式、畜牧产业振兴等方面的相关研究状况，总结取得的成效和现阶段进展，以便于充分了解和把握当前该领域的研究动态，为研究内容的确定、逻辑框架的构建等方面奠定基础。

（2）全面调查与典型调查相结合的方法。通过问卷调查、座谈与实地了解，对和田地区龙头企业及相关主体进行全面摸底调查，在全面摸底调查的基础上，再选择具有代表性的企业和主体进行典型调查，深入调查其利益联结、赋能产业振兴情况等。

（3）案例分析方法。在摸底调查的基础上，选择具有代表性和推广应用价值的案例进行分析。和田地区涉及的种业经营主体较多，各经营主体之间存在较为明显的差异。通过案例分析方法深层次剖析经营主体的组织架构、经营管理模式、技术攻关联合等方面的情况，并分析各环节存在的问题及经验。

（4）实证分析与规范分析相结合。本研究对不同肉羊生产模式的参与主体、主体作用发挥、利益联结及收益、推动标准化规模化养殖、提高肉羊生产能力、推动"四良一规范"、促进养殖户增收、带动就业情况等，进行实证分析时，充分结合规范分析方法，分析其内在机理，为研究的有效开展奠定基础。

4. 样本分布 此次调研主要是走访位于于田县、策勒县、皮山县的肉羊产业龙头企业。2017—2020 年策勒县、皮山县、于田县羊存栏量情况见图 8-7。

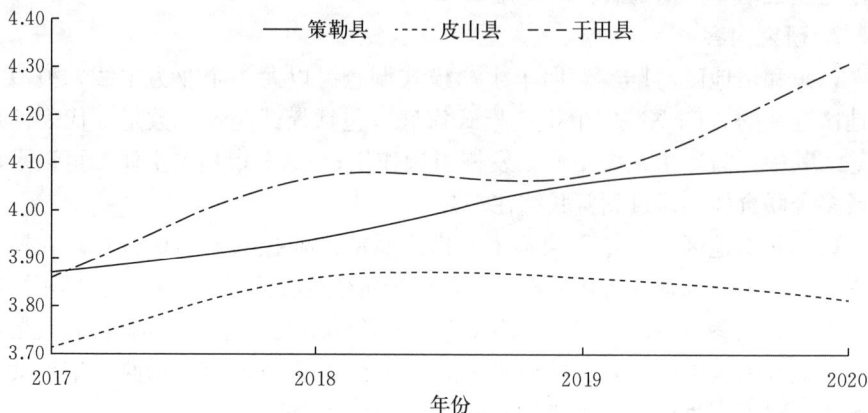

图 8-7 2017—2020 年策勒县、皮山县、于田县羊存栏量情况

数据来源：《新疆统计年鉴》，年底存栏量取对数。

自 2017 年以来，和田地区的于田县、策勒县、皮山县羊存栏量均呈现明显上升趋势，出现这种现象的主要原因在于政府大力扶持龙头企业，采用多种模式，因地制宜，以企带农，带动当地肉羊产业发展。

（二）和田地区"1+X"肉羊生产模式现状

1. "1"龙头企业现状 和田地区肉羊发展龙头企业主要有两种：一是新疆本土项目公司，以新疆西域沐羊人农牧科技有限公司为代表；二是其他省份对口支援项目公司，以和田地区津垦牧业科技有限公司和新疆津垦奥群农牧科技有限公司为代表。本研究分别对两种类型的龙头企业现状分析如下。

（1）新疆西域沐羊人农牧科技有限公司。该公司于 2019 年开始投身农牧产业，投资建设了皮山县多胎湖羊、肉羊养殖全产业链项目，已经探索形成了集"饲草种植、饲料加工、肉羊养殖、定点屠宰、冷链物流、科研检测、自繁自育及终端销售"于一体的全产业链，形成了"草、羊、肥、饲"四业循环链。在生产经营方面，该公司现有万只种羊繁育场 2 个，种羊存栏 3.8 万只，其中种母羊 3.5 万只、种公羊 0.3 万只；2021 年 4 月，承接使用 30 万只肉羊屠宰加工生产线 1 条，日屠宰羊只 300 只左右，年屠宰量 8 万只；2021 年 1 月，建成 20 万吨反刍饲料厂 1 处。在皮山县金山河经营 100 座湖羊扩繁基地，存栏生产母羊 2.1 万只，年可提供种母羊 3 万~4 万只；木吉种羊场存栏

1.1万只，年可提供种母羊1.2万只；乔达乡经营3万只育肥场1个，该公司采用"全进全出"育肥模式，年可育肥出栏肉羊12万只。在科技研发方面，与新疆农业大学开展技术合作，实施红羊基因组选育，组建皮山红羊育种核心群2000只，构建了肉羊育繁推一体化的商业化育种模式。在产品销售方面，该公司秉承立足皮山、服务新疆、面向全国的宗旨理念，采用"公司＋农户"的销售模式，2020年该公司向皮山县当地农户销售育肥羊7万只，2021年向皮山县当地农户销售多胎生产母羊5万多只、种公羊1000多只。在团队建设方面，家畜遗传育种专家以及公司内部30余名生产一线的专业技术人才组成专职团队。

（2）和田地区津垦牧业科技有限公司。该公司是天津食品集团于2018年11月注册成立的，注册资金19010.85万元。该公司以肉羊养殖为主营业务，业务范围涵盖家畜养殖，畜产品屠宰加工及销售，粮食、饲草的种植、收购及销售，农副产品收购加工及销售，饲料加工及销售，生物农业领域的技术开发、推广、咨询服务，冷链物流运输，批发和零售业。汇集当地政府、上下游企业、合作社、群众等各方力量，凝聚成完整的产业体系，带动本地产业发展，助力和田地区乡村振兴。该公司成立以来，先后投资约11亿元进行建设，总占地面积达1424亩。经过3期建设，总建设面积26万米^2。标准化羊舍228栋，年存栏澳湖基础母羊17万只，纯种湖羊3万只，年生产羔羊50万只，可改良当地肉羊50万只。

（3）新疆津垦奥群农牧科技有限公司。该公司是天津市对口支援肉羊养殖产业扶贫项目，公司1期占地面积123亩，已于2018年建成并正式投产。2期项目建设占地面积525亩，项目总投资约3.7亿元，建设面积13.58万米^2，已于2020年建成并投产；3期项目投资约2.7亿元，占地491亩，建舍46栋，已于2021年底建成投产。核心种羊场集成了养羊行业先进技术，实行"十化模式"（品种优良化、饲喂机械化、配方营养化、饮水自动化、刮粪链条化、消毒自动喷雾化、光照可控化、温度调节化、通风清洁化、管理科学化），引领新疆肉羊产业从传统到现代化的跨越。该公司始终秉持产业扶贫的理念，以对口帮扶为核心，与塔里木大学、和田职业技术学院达成战略合作框架协议，进一步推动肉羊人才培养与发展。同时，引进原种湖羊30000只、纯种公羊1500只、纯种母羊2500只，年生产澳湖多胎肉羊7.6万只，公、母羊各3.8万只，纯种澳洲白杜泊羊3750只，可为策勒县及周边地区年提供优质种羊约7.6万只，带动当地肉羊养殖约30万只。

2. "X"不同主体发展现状　"X"包括单个和多个通过利益联结在一起的联合体，其中，单主体以农户为代表，多主体以合作社为代表。现就不同的主体举例分析如下。

(1) 农户。皮山县皮西纳乡 6 村村民符合"五必须"条件：自己愿意养、有 7 亩地（种小麦和玉米）、有劳动力、有暖圈（80 米^2）、有一定经济实力（前期贩羊有收入）。2020 年 10 月，村民甲从新疆西域沐羊人农牧科技有限公司购买 20 只湖羊母羊（怀孕母羊），按照精细化饲养管理要求，平均胎次繁殖成活率 185%，2 年 3 胎，一只母羊年均产羔成活 2.7 只，羔羊体重 15 千克以上时以公羊 950 元/只、母羊 900 元/只左右价格销售给新疆西域沐羊人农牧科技有限公司，公司以高于市场价或托底收购。在该模式下，企农利益联结紧密，农户养殖积极性高，管理精细，羊繁殖成活率高；农户养 2 个月后以高于市场的价格卖给企业，有利于农户迅速周转资金，减轻后端育肥阶段的高饲料成本投入压力；农户风险低，且年净利润在 2 万元左右，养殖积极性高。

于田县木喀拉镇养殖户乙 2020 年收到扶贫项目发放的和田津垦牧业科技有限公司澳湖羊 16 只，又陆续买入澳湖羊 30 只，2020 年 8 月第 1 胎产 37 只，活 35 只；2021 年 5 月产 2 胎，产 40 只，活 35 只；2021 年 12 月产第 3 胎，繁殖成活 36 只。2 年 3 胎，平均胎次繁殖成活率 220%。通过多年的养殖，已形成自己的养殖经验：产 4 只羔羊的，留 2 只，其余 2 只以 300 元左右价格卖给家里产羔 1 只的羊代乳；公羔 6 月龄活重 35～40 千克时全部卖掉；每天给羊刷牙，减少麦草等对羊产生的不适感；注重技术：饲喂颗粒料，早晚各饲喂 1 次，羊患病了会用药，通过洒水降温，减少炎热对羊的影响。该农户由原来所从事的交通服务业转变为养羊专业户，具有一定的养殖经验，羊繁殖成活率高，注重适时出栏，养殖效益好，已成为"爱养户""宜养户"。

(2) 合作社。津垦牧业科技有限公司通过"放母归羔"模式扶持养殖户 113 户 439 人，并自愿结对形成 89 个养殖组，依托希吾勒乡奥军鲁克村集中建设的合作社，划分 89 个饲养单元，选取已确定怀孕的基础母羊 1 356 只平均发放各单元饲养，由公司统一提供品种、统一提供饲草料、统一提供技术服务、统一防疫、统一回收羔羊，养殖户只需要进行喂水喂料、清扫羊舍等劳动，羔羊断奶体重达到 25 千克左右，由公司统一回购，打消养殖户的销售顾虑。目前，合作社存栏羊 2 066 只，出栏 1 600 只，已实现养殖收益 128 万元，使 113 户 439 人人均增收 2 915 元。

3. "1＋X"肉羊生产模式类型分析 "1＋X"肉羊生产模式中的"1"为龙头企业，该龙头企业不是过去的单一的肉羊养殖企业，而是集多胎母羊培育与推广、标准化肉羊繁育、现代化饲草料种植加工与销售、肉羊屠宰深加工、有机肥加工与活畜交易于一体的全产业链现代化农牧企业。企业肉羊原料一方面来自企业的自养部分，但更多是从周边区域其他合作的农户、合作社、基地等收购而来的。伴随着肉羊全产业链延伸而形成了饲草种植业、饲料加工业、羊肉加工厂等企业，从长远来看，不仅有利于降低南疆地区的肉羊养殖成本，打造新疆自己的品牌，而且有利于带动当地农户和返乡大学生就业，盘活当地特色产业，带动乡村发展，让百姓致富。在龙头企业带动下的农户、合作社、基地等统称为"X"。

"1＋X"模式中的龙头企业，除了肉羊养殖的主营业务之外，还借助新疆丝绸之路经济带的核心发展地理位置优势、当地居民饮食习惯以羊肉为主的民族风俗优势以及国家扶持的政策优势，采用科学、高标准的运营管理模式，形成饲料生产、核心育种、扩繁、育肥、屠宰加工和冷链销售的肉羊全产业链。在饲草料供应环节，建立饲草料种植基地和加工交易中心，保障饲草料质量，实现饲草料的供应和调配。在种源环节，继续引进多胎羊品种，加强良种繁育基地建设，建立良种繁育体系，保证良种养殖更新需求，同时加强和田羊保护，健全种源保护机制，优化种群结构。在养殖环节，继续提高规模化养殖比例，推广现代化养殖管理技术，提高养殖管理水平和养殖场建设水平，推进标准化生产。在屠宰加工环节，合理布局屠宰加工场，预留胴体排酸成熟、胴体分割等生产线空间，积极引入肉羊产品加工企业，延伸肉制品加工，进行肉类分级筛选，建立产品可追溯体系，利用羊毛、羊绒开发多样化产品，提高肉羊产业附加值。通过肉羊全产业链的建设，"和田羊"品牌效应日益凸显，在促进肉羊产业高质量发展的同时，助力乡村振兴。

（三）和田地区不同肉羊生产模式赋能产业振兴的实证分析

1. "龙头企业＋基地＋农户"模式分析 2019年，皮山县积极招商引资，新疆西域沐羊人农牧科技有限公司落地皮山县，建立了以皮山红羊为主导品种的多胎羊繁育基地，为农户提供优质多胎生产母羊，回收农户生产的商品羔羊，并将羔羊集中育肥后屠宰、加工、销售。除此之外，为完善肉羊产业链的完整性、确保肉羊产业发展的可持续性，公司借助政府的项目支撑，建设扩繁厂、育肥厂、屠宰加工厂等，为肉羊产业发展提供硬性保障。

新疆西域沐羊人农牧科技有限公司在皮山县推行"龙头企业＋基地＋农户"的养殖模式，通过组建三方产业联合体，为农户提供种羊、订单养殖、保价收购、统一加工销售，带动基地和农户种植饲草、规模养殖、多渠道增加收益。该模式主要是由企业提供重量在35千克以上的适龄母羊，农户根据自身情况饲养生产母羊，企业在保证适龄母羊质量的基础上，提供防疫、繁殖技术服务，农户生产的商品羔羊体重达到15千克后，向企业提出收购申请，企业按照15～17千克的公羔850元/只、母羔800元/只或17.5～20千克的公羔900元/只、母羔850元/只的市场保护价，上门现金收购。羔羊收购后，由企业在育肥基地统一饲养、统一育肥、统一屠宰销售。

2. "龙头企业＋乡（镇）分场＋村合作社＋农户"模式分析 2018年，天津食品集团在和田地区注册成立津垦牧业科技有限公司，公司以肉羊养殖为主营业务，业务范围涵盖家畜养殖，畜产品屠宰加工及销售，粮食、饲草的种植、收购及销售，农副产品收购加工及销售，饲料加工及销售，生物农业领域的技术开发、推广、咨询服务，冷链物流运输，批发和零售业。

津垦牧业科技有限公司落户于田县，以带动农民增收为目标，汇集当地政府、上下游企业、合作社、群众等各方力量，推行"龙头企业＋乡（镇）分场＋村合作社＋农户"的四级架构模式，实行"五统一"（统一品种、统一饲料配方、统一防疫、统一技术服务、统一保护价收购）服务管理体系，推动肉羊产业"增量、提质、扩面"发展，并不断巩固完善企农利益联结机制，推动肉羊产业向农户延伸拓展，带动更多的农户持续有效增收。

在四级架构模式中，龙头企业、乡（镇）分场、村合作社和农户各司其职。一是龙头企业负责提供种源。津垦牧业科技有限公司作为于田县养殖总场，负责引进和培育种羊，为各乡（镇）扩繁分场提供生产母羊，并按照"五统一"的要求提供后续技术指导服务，羊只由农户按照市场价采购，产权归属农户。二是乡（镇）分场承担配种扩繁。农户将采购的生产母羊交由乡级扩繁分场养殖，乡级扩繁分场独立经营、自负盈亏，主要负责生产母羊配种工作，并将测孕检验合格后的生产母羊及时下放到村合作社进行饲养，自然配种每只收取 165 元左右，饲养期约为 45 天；人工授精每只收取 35 元左右，饲养期约为 2 天。三是村合作社进行集约化饲养。乡（镇）分场将怀孕生产母羊交由合作社，合作社按照标准化养殖要求对生产母羊集中统一饲养。养殖期间的费用由合作社承担，按照生产母羊 2 年 3 胎 5 只的标准，4 只羔羊归合作社所有，2 年期间无偿将 1 只 25 千克公羔交由农户养殖，农户养殖 75～90 天达到 40 千克后出栏，获 800 元左右的纯利润，生产母羊托管结束后，合作社向农户返回同等质量的生产母羊。四是农户进行快速育肥。村合作社将扩繁后的公羔羊提供给农户，农户采用家庭自养、联合体养殖等模式进行短期快速育肥，育肥期为 75～90 天，育肥期间的养殖费用由农户自行承担，育肥后的羊只由合作社统一回购或由农户自行组织销售，扣除成本后，每只可收益 380 元左右。

津垦牧业科技有限公司成功扩建 15 个乡级扩繁场，提供就业岗位 300 个，通过产业振兴，拉动种植 2 万亩青贮玉米，带动约 4 000 人增收，于田县 188 个村集体和 2 700 户农民实现稳定增收。

3. 基于"1＋X"的其他模式分析 为全面促进优质肉羊产业发展，多措并举助力农户增收，和田地区因地制宜、精准施策，在产业发展过程中，探索出了新的发展方式——"希吾勒"模式，并依托该模式创新八大措施，助力乡村振兴。八大措施是根据不同村集体和不同农户情况，实施针对性的措施，包括总场带分场模式、"托管代养"模式、以产业带就业模式、"放母收羔"模式、"代养＋份养"模式、"合同羊放养"模式、"饲草换饲料"模式、"互换种公羊"模式。通过"希吾勒"模式的八大措施，于田县实现了2 420户成功脱贫，带动15 068户农户脱贫增收，取得了良好的经济效益和社会效益。从实践来看，于田县所创新的"希吾勒"模式适用范围更广、产业链延伸更长。

4. 不同肉羊生产模式赋能产业振兴的比较分析　和田地区肉羊生产模式众多，但无论采用哪种模式都有一个共同点，即政府牵头，由龙头企业带动农户致富，振兴乡村经济。由于农户自身的差异性，企业在带动农户致富的道路上采用了不同的模式。

"龙头企业＋基地＋农户"模式比较适合养殖大户采用全舍饲的方式进行养殖。该养殖方式较为精细化，成长效率较高。但是，这种方式需要农户有一定的养殖资源和技术基础。

"龙头企业＋乡（镇）分场＋村合作社＋农户"模式比较适合养殖散户和不完全具备养殖能力的农户。该模式由企业育种、乡（镇）扩繁、合作社集中饲养，并到期返还羔羊和母羊，对于没有饲养能力和资源的农户较为适用。在政府保驾护航的基础上，龙头企业以产业带就业，多元化发展肉羊养殖模式，对于建设畜产品产业集群，保障城乡居民肉食消费需求，巩固拓展脱贫攻坚成果同乡村振兴有效衔接，促进农牧民持续增收，实现社会稳定和长治久安的总目标具有重要意义。

（四）和田地区"1＋X"肉羊生产模式推广与建议

1. 推广模式介绍　为深入贯彻落实习近平总书记强调的"乡村振兴是实现中华民族伟大复兴的一项重大任务"系列重要指示精神，保障和田地区脱贫后不出现返贫现象，将脱贫攻坚成果同乡村振兴有效衔接，和田地区需要继续做大做强"羊"文章。通过做好疫病防控"固本"、品种改良"扩繁"、科学养殖"增效"，构建"县有龙头企业带动、乡有养殖基地扩繁、村有专业合作社衔接、户有庭院养殖覆盖"四级架构，实行"十化模式"（养殖规模化、设施自动化、管理信息化、饲喂精细化、生产标准化、良繁体系化、防疫系统化、服务优质化、环境生态化、处理无害化）运营管理，延伸产业链条，建成集育、产、加工、销售于一体的全产业链，形成多元发展、多极支撑的现代农业产业体系。"希吾勒"模式所包括的八大措施不仅能够延长产业链，还能适应不同的村集体和农户需要，现将八大措施作如下分析。

（1）总场带分场模式。以总场为核心，依托于总场运营的"十化模式"，向周边羊场推广优质饲养技术和良好防疫体系，并实行"五统一"的技术服务，各分场按要求进行养殖，实现生产模式标准化、防疫风险可控化，为农户获得长效收益。

（2）"托管代养"模式。针对当地无劳动能力的农户，农户将自家羊只交由公司进行托管饲养，产权属于农户。其中，农户的母羊所产羔羊归为公司所有，公司每年向农户进行固定收益分红，使其拥有可靠的收入来源，实现农户零风险、快结"富果"的目标。

（3）以产业带就业模式。以产业带就业，实现一人就业全家脱贫。公司为当地农户提供就业岗位，岗位工资高于当地平均收入水平。员工入职后，还可获得相关技术培训，做到"授人以渔"。

（4）"放母收羔"模式。针对有资源、有养殖基础的农户，公司根据农户具体情况，将基础母羊发放给农户，由农户进行饲养。公司定期对其开展培训，通过技术服务等方式，使其达到"2年3胎"的养殖目标，农户2年内最低可取得5只羔羊，其中1只归还公司，剩余4只归农户所有，单只基础母羊每年可为农户带来收益800元左右。

（5）"代养＋份养"分段养殖模式。针对有部分资金但缺乏养殖技术的农户，农户向公司提供母羊，由公司对羊只进行阶段性代养，待配种定胎测孕后，将其还给农户饲养，母羊产羔后的全部收益归农户，同时公司向农户提供技术支持，保证出生后羔羊的成活，确保农户得到最大收益，此模式又被称为"傻瓜模式"。

（6）"合同羊放养"模式。针对有养殖育肥羊的愿望但又买不起育肥羊的农户，公司与农户签订育肥羊养殖合同，先以30％的价格将断奶羔羊发放给农户，由乡政府做担保，育肥羊养殖3个月后由公司回收，扣除剩余70％的羊款，剩余收益全部归农户，单只育肥羊的利润在200元左右。

（7）"饲草换饲料"模式。针对缺乏流动资金、无力购买饲草料的农户，农户可以采集当地常见植物，如芦苇草、杨树叶、菊花秆等，与公司换取优质全价饲料，解决农户养殖过程中因精料不足而造成养殖时间过长、养殖收益变少的情况。

（8）"互换种公羊"模式。针对本地品种杂、品种性能差的情况，公司通过回收劣质公羊以互换种公羊的模式，对现有种公羊进行淘汰更新，帮助农户解决无能力购买优质种公羊的问题，从根本上解决品种退化的问题。据调查，此模式生产的肉羊出肉率提高20％，单次产羔数提高0.4只，促进了农户收入增长。

2. 模式推广条件

（1）提供政策支持。各地方政府需要高度重视肉羊产业发展，肉羊产业的发展不仅能解决当地民众的肉羊消费需求，还能带动百姓脱贫致富，振兴乡村实业，可谓一举两得。各地方政府要结合国家出台的中央1号文件、新疆出台畜牧业高质量发展的相关文件以及在发展肉羊产业过程中出现的问题所制定相关的保障措施，如《进一步加快推进和田地区肉羊产业健康发展的工作方案》（和农组〔2021〕8号）、《和田地区优化种植业做大养殖业实施方案》（和行发

〔2020〕6号）等，为促进肉羊产业发展提供坚实的政策保障。

（2）健全科技支撑体系。一是建立健全市、县、乡、村四级网络服务体系，建设市、县两级畜牧兽医机构，培养现代肉羊养殖技术人员，以夯实现代肉羊产业发展基础；二是成立畜牧科学院地方分院，与疆内外科研院所肉羊产业体系专家建立紧密的产学研合作关系，支持肉羊产业各环节研发推进；三是依托津垦肉羊研究院、碧帮羊业等，培养一支懂管理、善经营的人才队伍，包括高级管理人员团队、中层技术管理骨干和一专多能的技术能手，为地方肉羊产业发展提供技术支撑。

（3）打好产业发展基础。一是保护好肉羊地方品种纯度。南疆地区的和田羊、皮山红羊、策勒黑羊等地方品种具有遗传稳定、适应性强、耐粗饲、肉质嫩、口感好等特点，结合湖羊等多胎肉羊品种能够为开展新品系培育和经济杂交利用提供要素支持。二是维护好畜牧业发展的人文环境。南疆地区是一个传统的农区畜牧业大区，具有浓厚的发展畜牧业的人文环境，而且各族农牧民群众都有从事肉羊养殖的传统和习惯，维护好农牧民的养殖人文环境，能够为肉羊产业发展提供良好的社会基础。

3. 模式推广路径

（1）建立良种繁育体系。优化肉羊良种繁育体系组织模式，提升体系发展水平，发展多样化的良种生产模式，鼓励大企业联合育种，建立紧密的育繁环节纵向协作关系，优先发展纵向战略联盟，继续推广"公司＋农户"模式。

（2）完善饲草料供应体系。建立优质饲草料生产基地，扩大饲草料种植面积，发展饲草料加工业，完善饲草料供应体系，保障和田地区饲草料供应。

（3）构建标准化生产体系。加快建立适应和田地区特点的肉羊标准化技术生产体系和技术规程。通过政策扶持、龙头企业带动、标准化生产技术推广，提升养殖户养殖水平。改善规模化养殖场、专业合作社、养殖大户等基础设施条件，建设标准化养殖示范场，提高当地肉羊标准化、规模化发展水平。

（4）构建加工物流体系。利用现代肉品加工技术理论与方法，开展羊肉加工品质评价、标准化屠宰分割、新产品开发、质量控制与检测技术研究，开发适销对路的产品，初步建立和田地区羊肉加工技术体系。进一步加强批发市场建设，完善羊肉产品储藏、加工、运输和配送等冷链物流设施，支持和田地区物流配送中心建设。

（5）构建品牌推广体系。加大和田地区肉羊产业特色品牌建设和推广，组织开展相关评选活动，扩大地区特色肉羊的品牌影响力。建立和完善政府推动、企业为主、部门协助、社会参与的品牌建设和推广工作，加快高端品牌培育。支持建立政府扶持与企业承担相结合的肉羊产品质量追溯体系，探索推进羊肉分级标准，实行优质优价，加快绿色、有机食品认证，不断扩大市场份额。

（6）完善疫病防控及质量监管体系。加强肉羊疫病防控体系建设，严格落实监测预警、集中免疫、检疫监管、应急处置等综合防控措施，提高肉羊疫病的防控能力。加强质量安全监督管理，落实企业主体责任和政府部门监管责任，保障饲料兽药、种植养殖、产品加工到运输销售的质量安全。

（7）完善联农带农机制。政府出面组织协调，采用"政府＋龙头企业＋专业合作社＋农户"的产业化运营模式，通过"保底收入＋股份分红"分配方式，实现深度融合发展，完善与农户的利益联结机制。支持鼓励相关龙头企业以订单生产、合作协议、产销对接等方式，保障农户利益，带动和田地区肉羊产业发展。

（8）加强养殖废弃物资源化利用。建立和健全和田地区肉羊产业废弃物资源化利用标准技术体系和技术保障体系，实现技术集成。政府及企业发挥主导与支撑作用，保证技术的先进性和可靠性，及时发现并解决出现的问题，推进肉羊产业发展新格局。

4. 模式推广预期

（1）良种率目标。以湖羊为主的多胎肉羊核心群数量达 50 万只，年提供优质种羊 50 万只以上，良种率提高 20％；专用肉羊群体达 150 万只，年提供种羊 100 只、胚胎 10 万枚；地方品种核心群数量 100 万只，年提供种羊 50 万只，改良提升地方品种羊 100 万只，良种率提高 20％；新品系群体数量达 20 万只；优化调整羊群结构，力争适龄母羊比例达 60％。

（2）新品种、品系培育目标。完成皮山红羊、澳洲白品种认定，新培育肉羊品系 3 个。

（3）规模养殖比重目标。依托现代农业产业园、核心种羊场、养殖小区，推进示范乡村、示范户的群体规模建设，肉羊规模养殖比重达 50％，肉羊规模养殖出栏率提高到 100％。

（4）质量安全目标。肉羊养殖环节兽药和饲料等投入品检测合格率达 98％，违禁添加物检出率控制在 2％以下。

（5）疫病防控目标。依托三级动物防疫服务机构和社会化服务企业技术力量，全面提升防控能力，力争不发生区域性重大动物疫情。实施布鲁氏菌病防治 5 年行动，以核心种羊场为主创建布鲁氏菌病净化规模养殖场 15 个以上。常见多发疾病发病率控制在 5％以内。

（6）品牌创建目标。着力培育打造"和田羊肉"区域公用品牌，积极宣传推介以和田羊、皮山红羊、策勒黑羊等和田特色优质产品，提高特色优质产品的知名度。建立产品电商平台 8 个，引进、培育专业销售团队 8 个。认证绿色、地理标志产品 6 个，绿色、有机、地理标志等羊肉产品品牌占比达 50％以上。

（7）加工经营目标。推进津垦奥群、西域沐羊人等屠宰深加工企业，羊肉产品初加工率达 80%、深加工率达到 30% 以上。同时，配套建设冷链物流体系，最终形成连接上游肉羊养殖合作社（场）实现订单生产，并承接下游畜产品加工、批发、销售的全产业链。

（8）服务与人才培养目标。进一步完善畜牧业社会化服务机制，实现社会化服务全覆盖。建立健全一体化畜牧业大数据平台，发展智慧牧业。开展肉羊养殖专业培训 50 万人次以上，新增培育科技人才 10 万人，新增新型经营主体人才 5 万人，科技成果转化率、科技贡献率提高到 50% 以上。肉羊科学饲喂率、2 年 3 产高效繁育普及率达到 50% 以上，企业标准化羊肉产品比例达到 95% 以上。

5. 和田地区"1＋X"肉羊生产模式推广建议

（1）设立多胎肉羊采购指导价。坚持市场导向，对和田地区多胎生产种羊引进行为进行规范，采购的多胎肉羊价格要合理。和田地区每月发布一次湖羊、小尾寒羊、杜泊羊、澳洲白羊等多胎生产种羊品种指导价格供各县（市）参考，原则上各县（市）采购价格不得超过指导价格的 3%。

（2）确保多胎肉羊品种纯正。引进的多胎生产种羊主要发展湖羊、小尾寒羊、杜泊羊、澳洲白羊等品种；地方品种主要发展和田羊、策勒黑羊、皮山红羊。各县（市）召开专题会议研究确定本县（市）肉羊产业主导品种，各县（市）采购多胎生产母羊实行事前报备制，和田地区组织专家到原产地逐只进行鉴定，统一配芯片耳标方可调入。坚决杜绝只管调不管养、只管入户不管养殖技术、只管卖羊不管收购等问题。对于肉羊产业的发展，龙头企业要发挥作用，做良心企业，挣良心钱，不得损害农民利益。

（3）预防多胎肉羊补贴倒挂。要积极调动养殖户发展多胎肉羊的积极性，对发放到户的多胎生产种羊进行价格补贴，政府补贴资金原则上不超过采购价格的 1/3。县（市）之间补贴价格差距不能过大。

（4）保障多胎肉羊安全防疫。疫病防控工作关系肉羊产业生产安全、公共食品安全和公共卫生安全，关系农牧民增收、社会和谐稳定，是政府社会管理和公共服务的重要职责。第一，各县（市）要切实抓好多胎肉羊引进监管工作，同时做好隔离场建设，隔离场面积要与引进规模相适应。第二，健全动物防疫技术保障队伍。按照最低防疫安全需求保障，每个县（市）配备 5 名兽医干部；根据乡（镇）大小，大乡（镇）配备 6～7 名防疫技术员，小乡（镇）配备 4～5 名防疫技术员。第三，健全动物卫生监督队伍。按照最低动物卫生安全需求保障，每个县（市）配备 2～3 名监督执法人员，每个屠宰场配备 1～2 名官方兽医；每个乡（镇）配备 2 名监督执法人员，每个屠宰点配备 1 名检疫员。第四，建立规模养殖企业专业队伍。发挥养殖企业各方面优势，补齐脱贫户养殖技术不到位、效益保证难度大、生产周转金短缺等短板，推行全程打包服务，主要采用"五统一"方式，有效降低养殖环节各类风险。第五，加大动物防疫工作经费保障。各县（市）要将购买动物防疫社会化服务、动物疫病监测、免疫、应急储备、检疫、监督管理、扑杀、无害化处理及动物产品有毒有害物质残留检测等经费列入县（市）财政预算，及时拨付。积极筹措资金设立基金池（财政资金、社会资金、援疆资金等），用于本县（市）动物防疫。

（5）提高多胎肉羊养殖技术。加大生产技术推广和服务体系建设力度，建立基层肉羊产业服务队伍，为群众配种、防疫药浴、剪毛等提供高质量服务。加快肉羊产业科技成果转化，依托大中专院校、科研技术推广单位，实施肉羊重大科技专项，加大先进适用生产技术的示范应用推广，使科技成果尽快转化为现实生产力。加强肉羊产业科研和技术推广人才队伍建设，加大生产一线人才教育培养力度，稳定现有人才，引进紧缺人才。面向广大农牧民开展肉羊标准化规模养殖、疫病防治、高频繁殖、强度育肥、饲草料加工调制等技术培训，提高养殖户的科学养羊水平，增加养殖效益。

（6）增加饲草料供给。草业发展要遵循"调整结构、适度开发、提高单产、稳定运行"的发展原则，立足资源优势，合理布局，采取国有未利用地和撂荒地种草、浅山区退化草场修复、平原区芦苇草场提质增效、沙地种草、退耕还草、小麦＋复播青贮等措施增加饲草。同时，切实用好饲草料运费补贴资金，各县（市）要搭建资金管理使用专班，定人、定责、定效，严防通过虚开发票等手段套取运费补助资金。

（7）预防劳动密集型产业发展促进就业补助资金使用不规范问题。肉羊产业发展要用好产业引导资金、运费补助、保险补助资金政策，严防企业弄虚作假，骗取、套取补贴资金，严防县（市）主管部门对资金拨付审核把关不严、不按程序拨付资金、截留挪用补助资金、私自扩大补贴范围和提高补助标准等问题发生。

（8）健全利益联结机制。发挥龙头企业引领带动作用，鼓励通过"1＋X"模式带动养殖户适度规模饲养，推广"防疫员、协保员、信贷员、服务员"和"统一品种、统一技术服务、统一防疫、统一饲料、统一回收、统一保险"的"四员六统一""放母归羔"等产业发展模式，采用多种模式、多种形式促进产业深度融合。

六、新疆牧草产业发展现状、存在问题及对策建议

（一）新疆牧草产业发展的必要性

"兵马未动，粮草先行"。牧草产业是一个国家农业生产实现良性循环的重要基础（高海秀等，2019），牧草产业发展对畜牧行业革新有直接影响，其高质量发展更是推动畜牧业健康、可持续发展的关键，对农业结构的调整优化有

举足轻重的作用。而牧草作为重要的农业资源，通过草食动物将其转化为肉和奶，是保障我国食物安全的重要举措（石自忠等，2019）。国家高度重视牧草产业的可持续发展，为进一步推动畜牧业的高质量发展，《国务院办公厅关于促进畜牧业高质量发展的意见》提出，我国要健全饲草供应体系，建设现代化的饲草产业，实现饲草产业的高质量发展，为坚守国家粮食安全提供必要的保障（程苏蕊，2022）。2023 年中央 1 号文件明确指出，树立大食物观，加快构建粮经饲统筹、农林牧渔结合、植物动物微生物并举的多元化食物供给体系。由此可见，牧草产业发展对于畜牧业发展、国家粮食安全及多元化食物体系建设等意义重大。伴随人们生活质量的提高、消费能力的提升，消费者更倾向选择高品质、安全无害、"土味"的动物食品。新疆地域辽阔，牧区相对分散，拥有多种多样的气候和土壤条件，不同牧区适宜种植的牧草品种类型多样，各牧区主要种植的牧草种类涉及狼尾草、高羊茅、洋牧草、金雀稗、苜蓿等，由于生产水平和技术应用等制约，各类先进技术在牧草种植过程中的实施难度较大。牧草产业发展具备生态、生产双重功能（石自忠等，2021），草地作为新疆重要的自然资源，是促进新疆畜牧业不断发展的关键，更是实现新疆畜牧业高质量发展的重要保障（张晶等，2019）。

（二）新疆牧草产业发展现状

1. 草地资源丰富助力新疆畜牧业高质量发展　随着新疆家畜存栏量的增加、畜牧业规模化发展速度的提升，优质牧草的需求基数随之增加。2022 年新疆牛、羊存栏量显著增加，其中牛存栏达 690.91 万头，羊存栏达 4 825.21万只，分别比上年增长 12.1% 和 5.6%；牛出栏量增加，而羊出栏量有所减少，其中牛出栏达 292.64 万头，比上年增长 1.2%，羊出栏达 3 547.57 万只，比上年下降 4.1%[①]。伴随牛、羊存栏量的增加，牧草需求随之上升，而新疆丰富的草地资源为畜牧业高质量发展提供了有力保障。新疆拥有广袤的草原和良好的种质资源，草地类型丰富，在全国 18 个草地大类中，新疆占据 11 个，具备良好的利用条件及生产力。新疆第三次全国国土调查数据显示，新疆草地面积为 77 978.97 万亩。其中，天然牧草地 59 397.13 万亩，占全疆草地的76.17%[②]，主要分布在阿勒泰地区、巴州、伊犁州、塔城地区、克州、哈密市、和田地区[③]。

---

① 数据来源：中华人民共和国农业农村部，网站地址：http://www.moa.gov.cn/xw/qg/202301/t20230128_6419332.htm。

② 数据来源：新疆维吾尔自治区自然资源厅，网站地址：https://zrzyt.xinjiang.gov.cn/xjgtzy/gzdt/202201/c7061f858692402da4f7b65e376cd2fb.shtml。

③ 数据来源：新疆维吾尔自治区林业和草原局，网站地址：http://lcj.xinjiang.gov.cn/lcj/mllc/202211/4d0eb42baeb34072b1bfdd46fdca25a1.shtml。

2. 草原放牧牲畜达上限，牧民定居点配套饲草料地有提升空间 草原放牧作为畜牧业发展的一种方式，这对新疆牧民生计具有重要意义，而当前新疆的草原放牧牲畜已经达到一定上限，同时牧民定居点配套饲草料地有较大程度的提升空间。2022 年，新疆落实草原生态保护补助奖励政策面积 6.64 亿亩。其中，禁牧 1.64 亿亩，草畜平衡 5 亿亩。各季节草场全年放牧牲畜 1 684 万头（只、匹）。其中，羊 1 400 万只、牛 210 万头、马 74 万匹，折合 2 746 万只羊，已达上限。同时，上一年度新疆牧民定居点越冬舍饲牲畜 875 万头（只、匹）。其中，羊 665 万只、牛 171 万头、马 39 万匹。根据行业部门相关数据，现阶段新疆配套的饲草料地 471 万亩，其中种植饲草料 315 万亩，还有156 万亩未用于饲草料种植。

3. 人工种植饲草料地达千万亩，秸秆及农副产品资源化利用有待增强
伴随新疆畜牧业的不断发展，牧草需求逐渐攀升，人工种植饲草料地随之增加，"冬麦＋复播青贮玉米" 1 年 2 熟种植模式的推广，饲草料供给保障能力不断提升。根据行业部门相关数据，2022 年新疆苜蓿、青贮玉米等种植面积1 174.39 万亩，干草产量达 934.16 万吨。其中，苜蓿留茬面积 250 万亩，干草产量 137 万吨；青贮玉米种植面积 888.6 万亩，青贮折干草产量 742 万吨；饲用高粱、燕麦草等其他饲草种植面积 35.79 万亩，产量 55.16 万吨。新疆通过大力推进秸秆科学还田、离田高效利用、基质化、饲料化和能源化等，各类型的秸秆和农副产品资源利用率不断提升，但依旧存在较大的提升空间。2022年，新疆农作物秸秆饲用量 2 081.4 万吨。其中，小麦秸秆饲用量 634.1 万吨，玉米秸秆饲用量 1 337.44 万吨，棉花秸秆饲用量 68.68 万吨，水稻秸秆饲用量 14.1 万吨，其他作物秸秆的饲用量约 27.08 万吨。农副产品资源饲用量 327.16 万吨。新疆农作物秸秆综合利用情况不断好转，如小麦、玉米、棉花、水稻、其他作物及农副产品等。

4. 养殖企业向种养结合模式发展，企业进口饲草需求增加 近年来，新疆各类型养殖企业逐渐向种养结合及饲草料订单模式发展。各养殖企业在疆内购买的饲草中有 60% 是作物秸秆，苜蓿仅占 13% 左右；疆外主要是从甘肃、内蒙古、宁夏、河南等地购买，而购买的饲草中 75% 为小麦、玉米和其他作物秸秆。从被调查的新疆饲草加工企业来看，各饲草加工企业的饲草生产加工能力逐年提升，具体表现在苜蓿加工量、裹包青贮玉米加工量、小麦秸秆加工量均有较大幅度提升，而揉丝粉碎玉米秸秆加工量、微贮棉花秸秆加工量基本与上一年度持平，同时草产品生产加工企业的标准化、商品化水平逐年提高。此外，企业进口饲草的需求有所增加，部分企业通过进口苜蓿干草、天然牧草和其他饲草等销往乌鲁木齐市、喀什地区、和田地区。

5. 更多利好政策促进新疆牧草产业发展 近年来，我国推出草原生态保护补助奖励、"粮改饲"、振兴奶业苜蓿发展行动等系列政策，促使草食畜牧业集约化加快发展，高效增加优质饲草，在推动现代饲草产业发展过程中取得了良好成效（程苏蕊，2022）。2021 年，《国务院办公厅关于加强草原保护修复的若干意见》明确提出，已垦草原需按照国务院批准的范围和规模进行有计划的退耕还草，鼓励和支持人工草地建设，恢复提升草原生产能力，支持优质储备饲草基地建设，促进草原生态修复与草原畜牧业高质量发展有机融合（石自忠等，2021）。为进一步促进新疆草原畜牧业发展，2023 年 1 月，新疆发展和改革委员会经济研究院提出《推动新疆草原畜牧业高质量发展的相关建议》，指出当前新疆饲草料短缺的问题并提出相应建议。同时，在新疆十三届人大四次会议上，人大代表提出《关于推动自治区优质牧草高质量发展的建议》，为新疆牧草产业的健康可持续发展提供了良好建议。

（三）新疆牧草产业发展存在的问题

1. "粮经饲"结构不合理，优质饲草料基地建设滞后　现阶段，新疆统筹"粮经饲"、扩大饲草种植面积的难度较大，种植业与养殖业结合不够紧密，部分牧民定居饲草料地改变了种植饲草料的属性。新疆"粮经饲"三元种植结构中，人工饲草料种植面积仅占农作物播种面积的 12.85%，低于内蒙古（30%）、宁夏（40%）、甘肃（37.5%），就长远发展而言，这不利于形成种植业与养殖业相互衔接、相互促进、协同发展的格局。此外，新疆饲草资源在空间分布上呈现出南、北疆分布不平衡的发展格局，尤其南疆饲草料短缺问题严峻，优质牧草较匮乏，制约南疆畜牧业发展。

2. 科技投入不足，品种创新能力不够　新疆家畜存栏量大，畜牧业规模化发展提速，优质牧草需求基数大，但牧草良种选育缺乏稳定的资金投入，持续创新能力较弱。新疆牧草产业在科技投入方面存在不足，尤其在牧草种质资源开发、育种等品种创新能力方面相对薄弱。例如，北疆玉米种子 30%依赖国外进口，本土自育品种占 40%，推广面积占 40%～50%，而苜蓿种子80%以上依赖进口，种源面临"卡脖子"的困境。优质牧草种植管理和单产水平有待提升，南疆复播籽粒玉米单产仅 400 多千克、复播青贮玉米平均产量不足 3 吨，北疆正播青贮玉米单产 4 吨，籽粒和青贮玉米单产水平仍有挖潜空间。

3. 牧草产业链松散，新技术推广缓慢　新疆牧草生产存在产业链松散、新技术推广缓慢等问题，影响了生产效益及牧草供给。近年来，新疆的饲草料产业已初见雏形，但饲草料生产规模小，加工能力弱，配套基础设施建设滞后，组织化和产业化发展水平低，技术服务跟不上，市场体系不健全，缺乏产品质量标准等问题显著，尤其是从牧草种植、收购、加工到销售各环节之间的协调和配合较差。同时，在牧草产业发展过程中，新技术的推广速度较为缓慢，这可能与牧草种植技术的研发、应用和推广的难度有关。因此，各类先进的牧草生产和应用技术不能及时得到有效普及和应用。此外，牧草品种的创新能力不足，这也直接影响新的优质牧草品种研发和推广。

4. 畜牧业养殖成本高，急需培育并拓展优质牧草资源 在畜牧业发展过程中，养殖成本高企是一个普遍存在的问题，而饲料成本往往占据了相当大的比重。随着粮食价格的持续上涨和饲料原料供应的紧张，饲料成本也在不断攀升。同时，饲料质量对养殖效益有着直接的影响，一般来说，优质饲料的价格相对较高。因此，降低养殖生产成本的关键在于如何有效地降低饲料成本。优质的牧草资源可以为牲畜提供丰富的营养和优良的品质，有助于提高牲畜的生长速度、增强繁殖能力和抗病能力，从而降低饲料成本和养殖风险。

5. 草产品和饲料加工转化能力不足，饲草料产业化经营程度不高 新疆饲草料生产加工经营企业"小、弱、散"，企业与农户之间的利益联结机制不健全、服务项目单一、机械设备配套不齐，不能有效地满足牧草规模化种植、收获、加工、配送全程专业化服务需求。部分企业在草产品和饲料精深加工能力不足，通常情况下大多是以出售初级草捆产品和饲料原料为主，专用、高端或特色的优质全价配合饲料相对较少，因而存在同质化竞争，产业带动力不强。同时，新疆的农作物秸秆和副产物商品化率不高、饲料化利用率低，特别是棉花秸秆、葡萄藤等加工利用率相对有限。

（四）新疆牧草产业高质量发展路径

1. 优化战略布局，发挥现行政策优势 新疆各地应深刻认识牧草产业在推动畜牧业高质量发展中的重要作用，为促进畜牧业振兴和优质畜产品产业集群建设，需统筹规划"粮经饲"种植。在优化布局、品种选育、栽培模式、生产管理、机械采收、加工流通、政策保障和资金投入等方面，系统性地规划牧草产业发展，从而提高饲草料供应保障能力。各县域贯彻 2020 年《国务院办公厅关于防止耕地"非粮化"稳定粮食生产的意见》的要求，确保一般耕地主要用于粮食和重要农产品及饲草料生产。同时，在保证粮食和重要农产品供给安全的前提下，争取现有农村集体机动土地，优先合理种植饲草料，新开发农用地和复垦耕地也需优先种植饲草料。正确理解并把握自然资源部等四部委《关于严格耕地用途管制有关问题的通知》中关于永久基本农田种植粮食作物的政策规定，推行粮食与非粮食作物间作、轮作、套种方式，扩大玉米、豆类种植。此外，需切实落实国家和新疆关于促进饲草料产业发展的各项政策，以推动饲草料产业的持续发展。

2. 提升牧草产业化经营水平，拓展牧草进口渠道 新疆各地需重视培育新型牧业经营组织，推动规模化种植、收获、加工、配送的全程专业化服务模式发展。推广"轮牧＋补饲""暖季放牧＋冷季舍饲"等生产方式。同时，加快实现产业链由相对单一向集聚融合发展的转变，提升牧草产品和饲料精深加工能力，优化产业化经营水平。在进出口方面，各地应依托重要口岸，协同海关加强关税税率宣传工作，引导具备进出口权的企业从周边国家进口优质牧草。此外，应适度引进大麦、小麦、玉米、苜蓿等优质饲草料，完善饲草料市场流通体系和科技服务体系，以促进新疆畜牧业的持续发展。

3. 完善牧草产业技术体系，建立牧草全产业链　设立优质牧草产业技术体系，其中，政府部门需加大政策支持，科研院校进行品种培育和研发新技术，涉牧企业进行市场推广及产业运营，民间团体进行宣传、教育和服务等，各主体相互合作，共同推动牧草产业发展。尤其针对牧草良种繁育、高效栽培种植、精深加工和流通交易等环节，实行逐年逐项补贴政策，推动新疆优质牧草全产业链的发展。同时，充分利用本地的天然牧草、人工种草、退耕还草、合理利用秸秆等饲草料资源，实施退耕还草工程，采取政策扶持、技术研发、市场开拓、产业链延伸等综合措施，广泛动员社会各界力量，从而保障牧草产业体系的健康可持续发展。

4. 建立应急草料储备库，优化饲料转化工作　构建自治区级、地（州）级应急草料储备库，推广高品质牧草品种，减少畜牧业经济损失，助力畜牧业实现高质量发展。推广优质牧草新品种，推行牧草种植新模式，研发适宜不同区域牧草生长发育的实用技术，增加土地利用率，提高土地产值。同时，通过实施人工草料种植、"粮改饲"工程等，提升饲料供应能力。坚持走畜牧业生态化发展道路，充分发挥北疆玉米秸秆等饲草料资源优势，优化饲料转化过程，重点推进农区规模化、标准化养殖，适度扩大肉羊、肉牛的养殖规模，如规划布局天山北坡和伊犁河谷规模化奶牛养殖基地，全面提升牛奶产能。

5. 加大科技投入，研发优质牧草　新疆各地需积极加大正播籽粒玉米与复播青贮玉米、一年两熟青贮玉米种植模式和技术的推广，提升土地的单位面积产出。加强作物秸秆及非常规饲料技术研发，增强加工饲用率。探索开发利用荒漠资源、盐碱地等进行规模机械化种草及水培饲草等，拓宽饲草料来源。依托新疆优质牧草产业技术体系，推动草业科研人员与企业深入开展合作与交流，协同致力于牧草品种、节水技术、抗逆栽培技术、收获机械、草产品加工及市场流通等领域的科学研究，为优质牧草及相关技术发展贡献力量。

6. 重视天然牧草资源保护，因地制宜种植牧草　新疆具备天然的牧草资源优势，保护天然牧草资源可以有效缓解牛、羊等牲畜的饲草料供应问题。在牧草资源丰富的地区，通过科学合理的草畜管理、提高牧草产量、保障牧民收入和加强生态保护等，解决冬季牛羊饲草料供应问题，实现草原资源的可持续利用，保障草原生态安全。各地农牧部门需与林草部门紧密配合，严格落实草原禁牧和草畜平衡制度，加大天然草原改良和天然打草场建设力度。对于具备水资源灌溉条件的山坡草地,采取免耕补播乡土草种的措施,增加人工打草场面积。同时,对于已垦草原,按国务院批准的范围和规模有计划地实施人工种草。

综上所述,新疆作为我国的主要牧区之一,畜牧业是当地最具特色的基础产业之一,畜牧业发展对促进农牧民增收、实现新疆农村经济繁荣、保障居民重要农产品安全、维护社会经济稳定意义深远。牧草产业作为畜牧业可持续发展的重要组成部分,对于新疆畜牧业发展意义重大。它不仅是牛、羊、马等牲畜的基本食物来源,更是保障畜牧业健康可持续发展的重要支柱。因此,牧草的生产和合理利用,事关新疆畜牧业的兴衰和生态平衡的维护。现阶段,新疆牧草产业总体发展态势良好,丰富的草地资源和较多的利好政策推动了新疆牧草产业向高质量发展迈进。具体来看,当前新疆人工种植饲草料的面积稳定在千万亩以上,养殖企业向种养结合模式发展,但存在优质饲草料基地建设滞后、牧草品种创新不足、产业链松散等问题。鉴于此,可从发挥政策优势、提升产业化经营水平、健全牧草全产业链、加大科技投入等方面出发,促进新疆牧草产业的健康可持续发展。

七、新疆畜牧兽医人才队伍现状、存在的问题与对策建议

近年来,随着新疆畜牧业的快速发展,对畜牧兽医人才的数量和素质要求也不断提高,畜牧兽医人才的综合素质与畜牧业的发展息息相关。本研究通过分析新疆畜牧兽医人才队伍现状,挖掘制约畜牧兽医人才队伍建设的因素,提出可行的对策建议,为加强新疆畜牧兽医人才队伍建设提供参考。

(一)加强畜牧兽医人才队伍建设的必要性

1. 畜牧业的高质量发展离不开一支强有力的人才队伍　畜牧业在新疆具有举足轻重的地位,是新疆国民经济的重要组成部分。近年来,新疆深入实施畜牧业振兴行动,积极推动畜牧业转型高质量发展。2023 年,《关于加快新疆肉羊产业高质量发展的实施意见》(新政办发〔2023〕24 号),提出加快良种繁育、发展标准化规模养殖等 8 个方面 20 条政策措施;《新疆草原畜牧业转型升级规划(2023—2030 年)》(新政发〔2023〕21 号),将新疆 37 个牧业县和半牧业县全部纳入规划实施范围,提出加强优质畜(禽)产品产业集群建设,初步明确了肉牛肉羊、乳制品、生猪、家禽、马 5 个产业链发展区域布局、建设路径、技术路线、目标任务和重点措施。一系列新工作、新举措的探索实施离不开一支强有力的人才队伍。

2. 畜牧业技术的研发离不开一支专业化的人才队伍　畜牧兽医行业要想实现快速发展,离不开先进的畜牧兽医科学技术。畜牧业技术研发人才是畜牧业发展的"拓荒者",他们站在畜牧兽医科学前沿阵地。通过技术研发,不断

解放畜牧兽医行业的生产力，促进畜牧业的快速发展。新疆畜牧科学院作为新疆畜牧兽医行业科技研发的引领单位，多年来在畜禽育种、繁殖、饲料等方面取得了多项重要成果，有力地推动了新疆畜牧兽医行业一次又一次跨越发展。

3. 畜牧业技术的推广离不开一支高素质的人才队伍 随着科学技术的普及，大数据、人工智能等前沿技术在畜牧兽医行业的推广应用，在为从业人员减轻工作负担的同时，数据的深层次分析利用等也对畜牧兽医人才队伍提出了新的要求。高素质、专业齐全、梯次合理的畜牧兽医人才队伍，可以促进项目的实施，将畜牧中的先进科技转化为经济发展推动力。对基层畜牧兽医行业专业技术人员的投入，有助于实现高层次科研成果和生产实践的完美融合，从而带动生产力的进一步发展。因此，要发展畜牧业，必须认识到人才工作的重要性，努力提高畜牧业科技贡献水平，聚拢科技人才，才能使基层畜牧业健康、快速发展。

（二）新疆畜牧兽医人才队伍能力现状

1. 畜牧兽医主管部门基本情况 新疆畜牧兽医局作为新疆畜牧兽医行业主管部门，主要负责贯彻落实国家和新疆有关畜牧兽医方面的法律法规和政策；负责畜牧业、饲料饲草业、兽医和兽药器材行业、畜禽屠宰行业监督管理；起草相关政策法规草案，指导畜牧业结构调整、畜禽遗传资源保护与利用、种畜禽管理及良种推广利用、饲草良种体系建设等；负责畜牧业投入品、生鲜乳、畜禽养殖、屠宰等各环节监督管理和动物疫病防控，畜产品质量安全风险和重大动物疫病风险防、管、控以及兽医生物制品、动物病原微生物和实验室生物安全分级管理等职责。2022 年 12 月的统计数据显示，新疆畜牧兽医局内设处室 13 个，有直属事业单位 8 个，有干部职工 794 人（其中，事业单位专业技术人员 592 人）；新疆畜牧兽医系统共有从业人员 3 923 人，其中，专业技术人员 2 442 人。

2. 系统专业技术人员基本情况 2022 年底的统计数据显示，在新疆畜牧兽医系统 2 442 名专业技术人员中，从学历来看，研究生约占 16%，大学本科、专科约占 78%，中专、高中及以下约占 6%；从年龄来看，35 岁及以下约占 22%，36～45 岁约占 33%，46 岁及以上约占 45%；从专业技术职称来看，在畜牧兽医局系统的 592 名专业技术人员中，副高、正高级职称约占 42%，中、初级职称约占 58%，新疆畜牧兽医专业技术人员正高、副高级职称占专业技术人员的比例相对自治区畜牧兽医局系统偏低。综合来看，目前存在人员力量不足、人才断档、老龄化、业务水平不高等情况，无法满足畜牧业高质量发展需求。

3. 新疆畜牧兽医从业人员情况 新疆畜牧兽医行业从业人员有执业兽医、乡村兽医、村级动物防疫员、育种员等。2014 年以来，通过执业兽医资格考试的有 2 192 人（其中，执业兽医师 1 296 人，执业助理兽医师 896 人）；系统备案的乡村兽医有 5 275 人，村级动物防疫员有 10 743 人，注册配种员有 4 347 人。

（三）新疆畜牧兽医人才队伍建设面临的困境

1. "引才"模式较为单一，人才需求仍有缺口　引入人才渠道较少，体制内基层单位主要通过公务员考试、事业单位公开招聘和人才引进等途径引进畜牧兽医人才，一般均要求本科及以上学历，受制于经济发展和编制有限等原因，引进人才数量有限。人才数量短缺，如村级动物防疫员人数达不到要求标准，新疆 10 743 名村级动物防疫员承担免疫、药浴驱虫、疫情排查等工作，每年至少完成免疫牲畜 1.5 亿头（只）次、家禽 2 亿羽次，每人平均承担 3.26 万头（只）次。虽然总体能够达到动物疫病免疫、免疫抗体监测的国家合格标准，但任务相对繁重。专业人员匮乏，2021 年底，新疆三级行政管理部门负责兽医工作的在岗人员为 348 人。其中，自治区级 13 人、地（州、市）级 48 人［每个地（州、市）3～4 人］、县级 287 人［每个县（区）2～3 人］。每个乡（镇）仅 1～2 人，预警作用不足。有的地方缺乏畜牧兽医专业管理人员，存在非专业人员管业务、管专业人才的现象。在畜牧业生产基础建设、畜禽良种繁育体系建设、饲草料培育、动物防疫、畜牧业产业化经营等方面，也都或多或少地存在人才缺口。

2. "用才"机制不够科学，人岗适配度不高　人才库作用发挥有限，由于人才库的信息不够健全，分类不够科学完善，有时会出现"无合适的人可用"甚至"无人可用"的现象。岗位分配不够合理，存在畜牧专业人才从事兽医工作、兽医专业人才从事畜牧工作、其他专业从事畜牧兽医工作以及畜牧兽医专业人员向其他行业流动等专业与岗位不相适应的现象，导致许多人才未能充分发挥其专业所长。如体制内由于归口管理部门变化，部分畜牧兽医人才被调整到其他部门或抽调从事其他行业。体制外从业人员趋向于高收入职业，目前新疆 2 192 名持证执业兽医（含执业助理兽医），多数从事宠物诊疗或兽药经营，服务基层畜牧业生产的较少，基层动物防疫技术力量短缺。专业结构不完善，目前个别地区动物疫病预防控制机构实验室检测人员较少且部分临近退休，多数地（州、市）熟练掌握动物疫病检测方法人员少于标准人数，实验室诊断检测、流行病学调查、风险分析评估等准入人才缺乏。同时，动物产地检疫、公路动物卫生监督检查站、畜产品安全监管等人员缺乏，屠宰场、公路动物卫生监督检查站工作人员 60％为村级动物防疫员，缺少高技能人才。而个别岗位存在"人才扎堆"现象。

3. "聚才"举措不够有力，年龄结构有待优化　行业吸引力不强，不少人认为畜牧兽医工作具有任务繁重、环境艰苦、工资待遇差、社会地位低、易引发人畜共患病等弊端（姚桂荣，2022），许多优秀的大专院校毕业生不愿从事基层畜牧兽医工作。据调查，新疆51岁及以上从业人员占全体从业人员的比例，2021年、2022年分别为22.2%、24.3%，呈上升趋势。新疆每个县畜牧兽医专业技术人员年龄在45岁以上的人数超过50%。行业归属感不强，许多从业人员对畜牧兽医事业缺乏信心，认为即使吃再多苦、受再多累，收入也有限，社会地位也不高。兽医执业化影响，按照行业相关规定，从事兽医医疗活动必须取得执业兽医证，未取得该证书的不得从事兽医诊疗活动。然而，国家执业兽医资格考试的难度相对较大，历年通过率平均不足15%，也挫伤了一批年轻人投身畜牧兽医工作的激情。

4. "育才"模式不够有力，业务水平有待提高　参加长期脱产培训较少，由于受经费少、业务忙等因素影响，畜牧兽医人才很少能参加脱产10天以上系统完善的培训学习，大多只能通过网络、书籍自学和实践摸索，尤其是基层从业人员工作任务繁重、学习时间少，加之有的学习能力较弱，导致不能及时运用新技术指导畜牧生产。实践能力相对较弱，学历较高的畜牧兽医工作人员其理论过关，但是，大多实践操作技能弱且缺乏基层工作经验；而基层畜牧兽医工作人员及从业人员多凭经验，受理论水平低的制约而难以实现技术突破。高学历人才短缺。据统计，2022年，新疆畜牧兽医行业大专及以下学历从业人员1 537人，占从业人员总数的39.2%；2023年，在新疆10 743名村级动物防疫员中，初中及以下学历的占32.8%，高中或职高学历的占37.2%，专科及以上学历的占30%，具有畜牧兽医专业背景的仅占50.8%。

5. "识才"途径不够多元，展示才华渠道有限　缺乏展示学识的动力，部分人才还未适应竞争的环境，有的虽然有才学，但是多为埋头苦干的"老黄牛"型，不善于展示自身学识。缺乏多元的平台，目前系统内畜牧兽医人才将职务职称晋升作为评价专业技术能力的参考标准，通过其他途径获得相关待遇、赢得社会认可的渠道还不够多。平台门槛限制，不少机会和平台一般都以取得相关学历、资质或者具有某项经验等为先决条件，导致许多"后来居上""半路出家"人才展示能力的平台较少。还有个别基层畜牧兽医人才很难及时获取最新信息，导致错失展示才华的机会。

6. "爱才"举措不够到位，干事热情有待激发　关爱措施有待优化，由于畜牧兽医行业工作的特殊性，不少从业人员面临精神生活枯燥、个人婚姻未解决、工作家庭不易兼顾、工作环境不佳等问题，这些都需要进一步优化解决。选拔培养还存在薄弱环节，由于仍存在能力与职务、职级不相匹配的现象，打击部分踏实肯干的畜牧兽医从业人员的工作热情。激励措施不够有力，新疆相对其他省份经济发展落后，对畜牧兽医科技人员兴办企业、参与产业化发展的激励机制较为滞后，奖励力度也相对较小，相关支持和优惠政策还不够健全。

7. "留才"力度不够大，行业吸引力还不强 工资待遇相对较低，干事创业"放不开"手脚，尤其是基层畜牧兽医工作站点，面临办公环境较差、实验设备简陋、科研经费短缺等制约因素，不少想干事的人才苦于资金短缺导致在工作中施展不开拳脚。薪资待遇激励相对不高，畜牧兽医人才多服务于社会前线，许多养殖场（户）处在偏远艰苦的地方，但是，新疆畜牧兽医从业人员的薪资福利不够理想。部分县（市、区）财政紧张，村级动物防疫员的补贴主要以中央、自治区财政为主，地、县两级补贴很少甚至没有补贴，人均月收入不足 2 000 元。2022 年农业农村系统工资情况显示，畜牧兽医行业从业人员工资相较其他行业低。

（四）对新疆畜牧兽医人才工作的对策建议

1. 拓宽渠道"引才"，丰富人才资源 一是拓宽聚才渠道。高校需针对目前畜牧业人才不足现状，从培养科研人员与培养畜牧兽医实用型人才两方面着手，积极培育与当前畜牧业发展相适应的人才。各地区精准引进科研团队，推进高层次人才与本土科研院所、养殖企业（户）对接合作，实现优势互补。建议组织、人社部门适度放宽畜牧兽医人才引进范围，适当降低人才引进门槛，根据需要多渠道引进畜牧业人才，稳定人才队伍。二是适当增加基层人才。针对目前执业兽医师、村级动物防疫员等人员缺乏现状，通过社会招录、鼓励畜牧兽医专业大学生返乡创业、发掘当地"土秀才"的示范带动作用等途径，使各类人才数量达到规定标准。三是精选畜牧管理人员。精选业务能力强、管理水平高的畜牧兽医高素质人才，作为行业管理人员，充实到基层畜牧兽医专业管理人才队伍中。

2. 健全机制"用才"，优化专业结构 一是建立人才信息库。主管部门摸清现有人才情况，对专业特长、专业爱好、工作成绩作详细的调查了解，建立技术人才档案。理清新疆各地域饱和、短缺、急缺人才情况，结合当地畜牧业发展特色，思考还需要什么专长的人才。二是合理分配岗位。实行按需设岗、按岗聘任，根据畜牧兽医行业工作岗位，对学成待业人员及时进行引导分流调整，促进合理流动，做到人尽其才，使具有专业特长的技术人员，在其热爱的工作岗位上，自觉磨炼提高，学有所成。三是科学设置专业结构。针对目前专业结构"冷热"两极化现象，及早做好人才培养方案，通过"老带新"、与相关院校对接等举措，及时补充稀缺人才。同时，增强相关业务部门的交流、沟通与合作，充分利用科研院校的理论所长，经常进行技术交流合作，充分发挥产业链技术体系专家作用，以畜牧兽医行业主管部门、驻村工作队伍、科普项目基地等为依托，深入基层、养殖场（户）开展技术指导、培训讲座等，锻炼培养新型的畜牧兽医专业人才队伍。

3. 强化引导"聚才"，优化年龄结构　一是做好就业引导，提升行业吸引力。高校注重帮助学生正确认识畜牧兽医行业，培养其"低下头、俯下身、不怕苦、不怕累"的精神，切实转变心理状态，扎实投身畜牧兽医工作（赵雅丽，2021）。相关部门应大力宣传畜牧兽医行业在农业农村经济发展中的地位和作用，广泛提升社会各界人士对畜牧兽医工作的认知和了解，提升其思想站位，以吸纳更多青年投身畜牧兽医事业。二是强化榜样引领，增强归属感。充分利用互联网、各种媒体，宣传畜牧兽医行业榜样典型，用榜样的力量转变年轻人对畜牧兽医工作的看法，激发其投身畜牧兽医工作的决心和斗志。三是优化招录方式，提早谋划就业。引导各单位招录畜牧兽医科技人才时，不仅考虑职称、经验等条件，适当考虑对有志于畜牧兽医事业的年轻人放宽招录条件，有计划地招录专业技能强、文化层次高、综合素质好的优秀年轻人才。教育引导畜牧兽医专业在校学生，提早考取职业兽医资格证书，尽快投身工作实践。

4. 多种举措"育才"，提升人才素质　一是抓好分级培训，促进常态学习。遵循部门指导、属地管理原则，分类分层次实施党政领导、畜牧兽医系统干部、从业人员能力素质培训，提高各级党政领导干部、畜牧兽医系统干部综合素质和能力，提高村级动物防疫员综合服务能力，提高从业人员主体责任意识和依法防疫的能力。二是创新培训形式，提升实践能力。科学合理设置畜牧兽医专业课程，以专业实用的理论和技术为内容，经常性开展畜牧兽医技术专题培训，聘请专家和教授进行专题讲座，采用请进来和走出去的方式，推荐技术骨干到大专院校进行函授，分期分批到其他省份参观考察，进行学术交流和讨论，吸收新知识、新技能、新管理方式，丰富知识面，并将所学在当地应用推广（多杰等，2018）。三是创造便利条件，强化学历教育。争取相关政策补贴，多种形式鼓励高中毕业生报考畜牧兽医院校。争取更多机会，为在职专业人才接受在职学历教育提供更多的便利条件。

5. 搭建平台"识才"，促进展示才华　一是从"心"引导，激发展示才华的动力。定期开展培训活动，加强对畜牧兽医人才的跟踪与服务指导，定期组织相关技术人员深入基层进行指导或开设专题讲座。二是从"实"出发，促进脱颖而出。通过鼓励专业技术人员撰写论文、组织参加专业技术技能比赛、建立科技成果奖励金等途径，让各种经历、学历和特长的专业人才都有充分展示自身学识和能力的机会。三是从"需"出发，搭建实践平台。围绕乡村振兴和畜牧业高质量发展，依托畜禽养殖场、畜禽繁殖场等，建立畜牧类人才实践培训基地、科研基地，组建畜牧项目研究团队、畜牧业产业服务团队，承接各地畜牧产业发展需求项目，为畜牧兽医人才搭建建功立业的平台。

6. 强化激励"爱才"，激发创业热情　一是做好关爱服务。坚持在政治上爱护、生活上关心、工作上支持、学习上鼓励、专业上尊重，主管部门常态化深入基层，了解不同岗位畜牧兽医行业人才的发展现状，了解其工作中的难点和自身发展中的瓶颈因素，及时做好指导，带动其实现自我突破。二是科学选拔培养。真正做到不以年龄、工作年限、资历等作为唯一的选拔标准，而是综合考虑能力等相关因素，制定科学、合理的人才选拔机制，将真正能够引导农牧民致富的专家充实到基层队伍中。三是落实激励措施。规范管理专业技术人才职称评聘、人才推荐测评等制度，建立以能力和品德为导向、有利于优秀年轻人脱颖而出的考评机制。对有突出贡献的人才，实行优先选聘、提拔，并在年度考核、评优、推先选优等给予相应政策奖励；对做出巨大贡献的实用型和农村应用型人才，给予适当力度的扶持和表彰奖励。

7. 全面用心"留才"，提升薪资待遇　一是加大投资扶持力度，促进干事创业。出台相关政策，科学管理科研经费，扩大经费覆盖范围，为畜牧兽医人才开展科技研究提供资金保障，为其在畜牧兽医行业建功立业提供保障和支持，使其在本职工作中找到归属感和成就感，提升其投身畜牧业发展的积极性。二是提高薪资待遇，提升幸福指数。落实和完善体系内的各类畜牧兽医人员卫生津补贴制度，落实村级动物防疫员养老、医疗、意外伤害、职业病保险等制度，在薪资、下乡补贴、福利、待遇等各方面综合考虑，并根据工作区域、工作任务、工作职责等因素，提高从业人员年均工作经费。三是建好基础设施，打造优良环境。改善办公用房、基本仪器设备等基础设施条件，加强工作环境的建设，打造优美的工作环境；加强配套设施建设，强化内部管理，营造积极向上的工作氛围。

综上所述，人才对畜牧业的发展具有重要作用。畜牧业人才队伍建设已得到越来越多的重视，并取得颇多进展。但是，还存在一些限制因素。因此，应充分认识人才工作的重要性和必要性，采取多种举措为发展畜牧兽医人才队伍提供坚实的保障，以专业化的人才队伍推进畜牧业科技成果转化，推动新疆畜牧业高质量发展。

八、全国和新疆实施的主要肉羊产业扶持政策梳理报告

肉羊产业作为畜牧业的重要组成部分，在优化畜牧业产业结构、增加农牧民收入、丰富城乡居民膳食以及发展边疆少数民族聚集地区社会经济等方面发挥了重要作用。党中央、国务院高度重视肉羊产业的发展和羊肉等重要畜产品稳产保供。"十四五"时期，国家先后颁布了《"十四五"全国畜牧兽医行业发展规划》《推进肉牛肉羊生产发展五年行动方案》等重要文件，要求加快转变肉羊生产方式，不断提升羊肉综合生产能力、供应保障能力和市场竞争力。与生猪、禽类等相比，肉羊产业发展基础薄弱，生产经营方式相对落后，正处于转型升级的关键时期。产业的高质量发展离不开政策引导和支持。现阶段肉羊

产业政策种类较多，多数集中在生产端，主要包括畜牧良种补贴政策、标准化规模化建设补贴政策、生产机械购置补贴政策、动物防疫补贴政策、畜禽粪污治理政策、草原生态保护补助奖励政策、"粮改饲"政策和饲草产业扶持政策等。此外，调出大县奖励、农业保险保费补贴、畜牧业信贷支持等方面政策在肉羊产业中也有实施，但覆盖范围相对较小。

"十四五"时期，新疆陆续发布《新疆维吾尔自治区畜牧业"十四五"发展规划》《关于促进新疆畜牧业高质量发展的意见》《新疆草原畜牧业转型升级规划（2023—2030年)》等重要文件，采取一系列强有力的政策和措施推动畜牧业振兴，为推进草原畜牧业转型升级和高质量发展、乡村振兴、农业农村现代化指引方向。近年来，全国和新疆实施的主要肉羊产业相关扶持政策梳理如下。

（一）畜牧良种补贴政策

畜牧良种补贴政策自2005年开始实施，主要对个人和组织购进的牲畜良种品种给予现金补贴，初始补贴品种仅包括奶牛，随后扩大至生猪、肉牛、绵羊、山羊等。2009年，农业部发布《2009年畜牧良种补贴项目实施指导意见》，在绵羊主产省份及新疆兵团开展绵羊良种补贴试点，补贴对象为存栏能繁母羊的养殖户以及购买一定规模绵羊和种公羊的养殖户。此后，国家缩减了补贴实施范围，将补贴标准从固定调整至动态，扩大品种范围，下调政策实施项目县选择标准。对养殖户良种补贴发放有现买直补和先引后补两种形式。现买直补是补贴资金发放到供种单位，养殖户在指定供种场购买种羊的价格即为直接支付补贴后的价格；先引后补是养殖户先按市场价支付引种费用，提供补助申请材料，审核通过后再将补贴资金转入养殖户银行卡（折）中。各地区的补贴力度根据种羊的价值和政策各有差异。符合补贴要求的种羊来源，一般为经地方政府招标考核后具有生产经营资质可以享受补助的供种场，有些地区要求为省级种畜禽场、原种肉羊场和国家肉羊核心育种场，养殖户提供引种证明等相关材料后可通过先引后补享受补贴。

新疆实施情况：新疆已经实施良种补贴政策多年。根据新疆财政厅《关于下达2023年中央农业产业发展资金预算的通知》和新疆畜牧兽医局《关于做好2023年中央农业生产发展项目（畜牧）申报工作的通知》文件精神，按照"鼓励整合资金优先安排用于既有利于巩固扩展脱贫攻坚成果，又有利于完成行业发展任务的项目"的原则，将发展资金用于良种活畜补贴，即结合各县（市）实际，对辖区内农牧养殖场（户）购置的良种公羊及种羊场新增核心群种母羊等给予补贴，并按种公羊补贴不高于1 000元/只、新增核心群种母羊补贴不高于500元/只的补贴标准落实。此外，重点支持保种场（保护区）保种设施及种群建设；支持新疆细毛羊核心育种场开展细毛羊种群建设和保护，对畜禽遗传资源保种场（保护区）提供补助资金。

（二）标准化规模化建设补贴政策

从 2007 年开始，国家将养猪场（区）和奶牛养殖区的标准化规模化建设纳入补贴范畴，此后扩大补贴畜种的类型，财政补贴用于肉鸡、蛋鸡、肉牛和肉羊等养殖场的标准化规模化建设，主要根据养殖规模的不同实行补贴差异化策略。

新疆实施情况：近年来，新疆积极开展畜禽养殖标准化示范创建活动、推进畜禽养殖"四良一规范"整县（市）建设工作等，积极开展标准化示范场创建，标准化示范场示范推广；引导农牧民进行品种改良、舍饲圈养、科学养殖；将标准化规模养殖场建设项目定位于产业转型升级重点工程，支持标准化规模肉羊养殖场建设和配套粪污处理、饲草料加工调制、动物防疫、畜产品质量检测及追溯等设施设备。

（三）生产机械购置补贴政策

国家从 2004 年开始正式实施农机购置补贴政策，主要内容包括支持购置先进适用农业机械以及开展有关试点和农机报废更新等。根据《2021—2023年农机购置补贴实施指导意见》，中央财政资金补贴机具种类范围为耕整地机械、种植施肥机械、收获机械、农产品初加工机械、排灌机械、畜牧水产养殖机械等 15 大类 44 个小类共 172 个品目。中央财政对从事农业生产的个人和农业生产经营组织实行定额补贴，其中，农业生产经营组织包括农村集体经济组织、农民专业合作经济组织、农业企业和其他从事农业生产经营的组织。各地可在农业农村部、财政部制定的补贴范围内各机具分档参数的基础上，围绕各自地域特色及生产情况，适当提高补贴额和补贴额测算比例；各省份可在大类内自行增加其他机具列入中央资金补贴范围，自选品目须向农业农村部备案。

新疆实施情况：新疆在国家农机购置补贴政策的带动下，按照"自主购机、定额补贴、先购后补、县级结算、直补到卡（户）"的方式实施。根据《新疆维吾尔自治区 2021—2023 年农业机械购置补贴实施方案》，新疆享受中央财政补贴的机具种类范围为 15 大类 42 个小类共 155 个品目，包括饲料作物收获和加工机械（如割草机、铡草机、饲料粉碎机）、畜产品采集加工机械（如剪羊毛机）、动力设备（如拖拉机）、饲养机械（如喂料机、送料机、清粪机）、废弃物利用处理设备（如病死畜禽无害化处理设备、粪污固液分离机）等。

（四）动物防疫补贴政策

目前，动物防疫补贴政策主要包括重大疫病免费疫苗和动物扑杀、无害化处理两项政策。从 2004 年起，国家集中进行动物疫病预防控制系统、动物防疫检疫监督系统、动物防疫技术支撑系统等建设。2010 年，国家开始制定动物疫病强制免疫计划，按照地方财政投入为主、中央财政给予补助的原则，针对高致病性禽流感、高致病性猪繁殖与呼吸综合征、牲畜口蹄疫、猪瘟 4 种动物疫病进行强制免疫。近 10 年，国家根据上一年动物疫病强制免疫的接种情况以及动物疫病的发展情况，不断调整之后的动物疫病强制免疫计划。国家规定针对肉羊的重大疫病免费接种疫苗一般为口蹄疫和小反刍兽疫。例如，2020年，口蹄疫免疫计划要求对全国所有牛、羊等进行 O 型口蹄疫强制免疫，对广西、内蒙古、云南、西藏、新疆和新疆兵团边境地区的羊进行 A 型口蹄疫强制免疫；小反刍兽疫免疫计划要求对全国所有羊进行小反刍兽疫免疫。

国家先后组织制定了《病死动物无害化处理技术规范》和《病死及病害动物无害化处理技术规范》，对于不符合生态安全和动物防疫等规范要求的，进行技术升级和改造。同时，为了弥补养殖户损失，政府对被依法强制扑杀畜禽的养殖者给予强制扑杀补助或无害化处理补助，补助资金根据实际扑杀畜禽数量，按补助标准据实结算，实行先扑杀后补助。养殖环节无害化处理补助主要用于养殖环节病死畜禽无害化处理等，补助对象为承担无害化处理任务的实施者。

新疆实施情况：根据《新疆维吾尔自治区 2023 年动物疫病免疫计划》《新疆维吾尔自治区动物防疫等补助经费管理办法》等，新疆动物疫病免疫计划纳入的免疫病种主要有强制免疫病种、重点外来动物疫病免疫病种和常规免疫病种 3 种；免疫计划明确高致病性禽流感、口蹄疫、小反刍兽疫等强制免疫动物疫病的群体免疫密度常年保持在 90% 以上，应免畜禽免疫密度达到 100%，免疫抗体合格率常年保持在 70% 以上。具体补贴政策：对符合条件的养殖场（户），实行强制免疫"先打后补"，逐步实现养殖场（户）自主采购、财政直补；对不符合条件的养殖场（户），主要以政府购买服务的形式实施强制免疫。此外，对强制扑杀动物所有者给予补助，羊的补助标准为 500 元/只。同时，分配资金用于动物防疫体系建设补助以及其他动物防疫重点工作。

（五）畜禽粪污治理政策

2006 年，国家环境保护总局发布《国家农村小康环保行动计划》，明确指出为规模化畜禽养殖污染防治示范建设提供专项资金支持。此后，全国各地积极解决和防治畜禽粪便污染，畜禽粪污治理的相关政策开始明显多于良种、屠宰、防疫和规模化养殖等政策。2020 年 7 月，农业农村部印发的《关于做好2020 年畜禽粪污资源化利用工作的通知》指出，继续支持畜牧大县整县推进畜禽粪污资源化利用。

新疆实施情况：近年来，新疆发展和改革委员会、财政厅积极筹措资金，完善配套设施，促进畜禽养殖粪污减量化排放、无害化处理和资源化利用。例如，对粪肥收集、加工、还田利用全过程的相关机械实行补贴；推动沼气生物天然气企业税收即征即退政策落实落地；取消了规模化畜禽养殖场粪污处理辅助设施用地 15 亩上限的规定；对规模养殖场内相关活动执行农业用电价格，落实有机肥加工厂用电价格政策等。2022 年，霍城县、库车市、新和县、喀什市、墨玉县实施畜禽粪污资源化利用整县推进项目，重点支持 144 个项目主体开展粪污收集、储存、处理、利用设施建设。

（六）草原生态保护补助奖励政策

2011 年 6 月，农业部、财政部发布《2011 年草原生态保护补助奖励机制政策实施指导意见》，开始实施草原生态保护补助奖励政策。后续政策扩大了实施范围，调整了补贴类别，提高了补贴标准。2021 年 8 月，财政部、农业农村部、国家林业和草原局联合印发《关于落实第三轮草原生态保护补助奖励政策切实做好草原禁牧和草畜平衡有关工作的通知》，部署"十四五"期间实施第三轮草原生态保护补助奖励政策有关工作。第三轮草原生态保护补助奖励政策主要包含禁牧补助每亩 7.5 元、草畜平衡奖励每亩 2.5 元和绩效考核奖励等。就具体的补助奖励标准而言，各省份依据国家标准，制定符合各地实际的具体标准和发放方式。第一类是按照各省份草原承载力确定标准亩，再按照各旗、县（市、盟、州）的草原承载力确定标准亩系数，用标准亩系数乘以各省份的禁牧补助和草畜平衡奖励标准，即可得到该旗、县的补助奖励标准，内蒙古和青海属于这类。第二类是根据草原类型划分区域，针对不同地区设置对应的补助奖励标准，甘肃和新疆属于这类。第三类是统一按照中央标准实施禁牧补助，宁夏、四川、云南、西藏属于这类。

新疆实施情况：根据 2021 年发布的《新疆维吾尔自治区第三轮草原生态保护补助奖励政策实施方案》，第三轮补助奖励政策中的补助主要包括：一是水源涵养区禁牧补助，主要对水源涵养具有重要保护作用的草原实行禁牧封育，根据上一轮政策实施面积，按照每年每亩 50 元的标准给予禁牧补助；二是严重退化区禁牧补助，主要对退化严重的温性荒漠、高寒荒漠和高寒草原实行禁牧封育，按照每年每亩 6 元的标准给予禁牧补助；三是草畜平衡奖励，主要对禁牧区域以外的草原根据承载能力核定合理载畜量，实施草畜平衡管理，按照每年每亩 2.5 元的测算标准给予草畜平衡奖励。

（七）"粮改饲"政策和饲草产业扶持政策

2015 年，国家启动实施"粮改饲"试点工作，中央财政投入资金在牛羊养殖基础好、玉米种植面积较大的县开展以全株青贮玉米收储为主的"粮改饲"试点工作。此后，国家持续实施"粮改饲"试点项目并进一步增加资金投入、扩大实施范围，主要以农牧交错带和黄淮海地区为重点，支持规模化草食家畜养殖场（户）、企业或农民合作社以及专业化饲草收储服务组织等主体，收储使用青贮玉米、苜蓿、饲用燕麦、黑麦草、饲用黑麦、饲用高粱等优质饲草，通过以养带种的方式加快推动种植结构调整和现代饲草产业发展。各地可根据当地养殖传统和资源情况，因地制宜地将有饲用需求的区域特色饲草品种纳入范围。

2022年，农业农村部印发《"十四五"全国饲草产业发展规划》，对优质饲草良种繁育和牧区抗灾保畜给予重点政策扶持，主要鼓励饲料良种培育和扩繁企业与科研机构合作建立育种创新平台，加快推进饲草良种选育和扩繁生产新技术创新示范，建设优质饲草良种扩繁基地；支持牧区省份抗灾保畜所需的储草棚（库）、牲畜暖棚（圈）等生产设施建设，对应急调运饲草料予以补助。

新疆实施情况：根据新疆"粮改饲"项目实施方案，主要对规模化草食家畜养殖主体或专业青贮饲料收储企业（合作社），对全株青贮玉米等优质饲草料收储环节给予补助，每吨补助标准按照新疆下达任务数和资金量测算，原则上每吨补助不超过50元。各实施主体完成收储计划任务后，向相关部门提出资金兑付申请，经部门现场核查、组织验收合格后向实施主体兑付补贴资金。同时，在确保"粮改饲"面积、收储量任务全面完成的基础上，支持各地以提高收储效率和质量为目标，对改扩建青贮窖等收储设施进行补助，但不超过补助资金的30％。此外，各州（县）灵活利用畜牧业发展资金预算，扶持优质饲草种植、加工一体化企业建设，资金重点用于饲草收获、加工机械设备购置、饲草仓储设施建设等方面；对苜蓿、青贮玉米等饲草料的种植予以补贴。

（八）牛、羊调出大县奖励政策

财政部于2007年第一次制定了《生猪调出大县奖励资金管理办法》，资金用途主要包括规模化生猪养殖场（户）猪舍改造、良种引进和粪污处理的支出，生猪养殖大户购买种公猪、母猪、仔猪和饲料等的贷款贴息和防疫服务费用支出等方面。2015年，财政部发布《生猪（牛羊）调出大县奖励资金管理办法》，将奖励政策范围扩大至牛、羊，由县级政府统一安排奖励资金用于支持生猪（牛、羊）养殖标准化建设改造、防病防疫设施建设、良种引进、污染治理等。

新疆实施情况：根据《新疆维吾尔自治区生猪（牛羊）调出大县奖励资金管理办法》，对牛、羊调出大县前100名给予支持，牛、羊调出大县奖励资金按因素法分配到县。奖励资金由县级人民政府统筹安排用于支持本县牛羊生产流通和产业发展，包括标准化圈舍改造、良种引进、废物处理、防疫、保险、饲草料基地建设，以及流通加工环节的冷链物流、仓储、加工设施设备等方面的支出。

（九）农业保险保费补贴政策

2007年，中央1号文件提出建立健全农业保险制度，扩大农业保险试点范围，首次将农业保险按照其特点分为商业性农业保险和政策性农业保险两大类。此后，多部门通过多项举措提高农业保险服务能力、优化农业保险运行机制、加强农业保险基础设施建设。就目前的农业保险大盘来说，畜牧业保险市场覆盖面较少，已纳入中央财政补贴的养殖业保险的更少，目前只有能繁母猪、育肥猪、奶牛以及藏系羊和牦牛等，大多数地区的肉羊保险主要由地方财政出台相关规定，依靠地方财政支持发展。

新疆实施情况：根据 2022 年印发的《新疆维吾尔自治区农业保险保费补贴管理实施细则》，新疆政策性保险中养殖业险种主要包括能繁母猪、奶牛和育肥猪，并没有涉及羊。但一些地方政府也将羊的保险补充完善到地方畜牧业发展的补助奖励政策中，主要基于不同的保险费率和实际保险费进行保费补贴。

（十）畜牧业信贷支持政策

2007 年出台的《国务院关于促进畜牧业持续健康发展的意见》提出金融支持畜牧业的发展战略，主要运用贴息等方式，引导和鼓励各类金融机构增加对畜牧业的信贷支持。后续国家不断实施金融信贷支持政策，联合各金融机构积极探索推进土地经营权、养殖圈舍、大型养殖机械、活畜禽等抵押贷款，开展财政促进金融支农创新活动，改善融资环境，减轻企业和农民负担。近几年，各地区均实施了一系列金融助力畜牧业发展举措。例如，各地综合运用窗口指导、再贷款货币政策工具、金融机构服务乡村振兴考核评价等手段，引导金融机构加大对畜禽养殖企业、合作社以及养殖户的贷款支持。

新疆实施情况：新疆先后出台《关于促进新疆畜牧业高质量发展的意见》和《自治区农区畜牧业振兴三年行动方案（2020—2022 年）》（肉羊、奶牛、肉牛增产计划），加强对畜牧业发展的信贷扶持。根据《新疆维吾尔自治区管理使用普惠金融发展专项资金实施细则》，主要运用贷款贴息、以奖代补、费用补贴等方式支持普惠金融发展。银行业金融机构加大对畜禽规模养殖场中长期贷款、固定资产贷款等支持力度，针对畜牧领域产业链、养殖户等开发推出"活畜抵押贷""安居增畜贷""农机按揭贷""创业担保贷""富民兴牧贷"等创新产品和服务，提高中小养殖主体获贷可得性。新疆畜牧兽医局、中国农业银行股份有限公司新疆维吾尔自治区分行、新疆农业信贷融资担保有限责任公司三方共同签订《农业信贷担保支持新疆畜牧业高质量发展合作框架协议》，深化信贷业务合作，扩展融资政策支持，支持新疆规模养殖场（户）、专业合作社等适度规模经营主体和饲草料、兽药等畜牧相关企业及上下游客户，将符合条件的经营主体纳入"政银担"合作支持畜牧业发展信息库，积极落实财政贴息政策。

综上所述，现阶段新疆肉羊产业主要扶持政策见表 8-4。

表 8-4　现阶段新疆肉羊产业主要扶持政策

政策类型	实施情况
畜牧良种 补贴政策	补贴对象：有一定规模新增能繁母羊和购置符合条件种公羊的个人及组织 补贴标准：种公羊补贴不高于1 000元/只，新增核心群种母羊补贴不高于500元/只 补贴方式：现买直补＋先引后补
标准化规模化建设 补贴政策	补贴对象：标准化规模养殖场建设 补贴内容：支持标准化规模养殖场建设和配套粪污处理、饲草料加工调制、动物防疫、畜产品质量检测及追溯等设施设备
生产机械购置 补贴政策	补贴对象：购置规定补贴范围内机具的个人和农业生产经营组织 补贴方式：自主购机、定额补贴、先购后补、县级结算、直补到卡（户）
动物防疫补贴政策	（1）重大疫病免费疫苗 补贴对象：纳入免疫计划的免疫病接种疫苗 补贴方式：符合条件的养殖场（户），强制免疫采用先打后补的方式；不符合条件的养殖场（户），强制免疫采用政府购买服务的方式 （2）动物扑杀无害化处理 补贴对象：被依法强制扑杀动物的养殖者 补贴方式：先扑杀后补助 补贴标准：强制扑杀羊补贴500元/只
畜禽粪污治理政策	补贴对象：符合条件的个人和组织 补贴内容：对购置粪污处理相关机械实行补贴，沼气生物天然气企业税收优惠，畜禽粪污资源化利用整县推进项目等
草原生态保护 补助奖励政策	补贴对象：实施草原禁牧和草畜平衡管理的个人及组织 补贴方式：核算金额后通过一卡通发放 补贴标准：水源涵养区禁牧补助每年每亩50元，严重退化区禁牧补助每年每亩6元，草畜平衡奖励每年每亩2.5元
"粮改饲"政策和 饲草产业扶持政策	补贴对象：规模化养殖场（户）、企业或农民合作社、专业化饲草收储服务组织 补贴方式：先收后兑 补贴标准：按照下达任务数和资金量测原则算，每吨补助不超过50元
牛、羊调出大县 奖励政策	补贴对象：调出大县 补贴内容：奖励资金分配到县，由县级政府统筹支持本县生产流通和产业发展等方面的支出

（续）

政策类型	实施情况
农业保险保费 补贴政策	补贴对象：购买符合相关条件畜种的个人或组织 补贴标准：基于保险费率和保险费
畜牧业信贷支持政策	补贴对象：畜牧业经营相关个人和企业、合作社等组织 补贴内容：贷款贴息、以奖代补、费用补贴等

九、新疆与哈萨克斯坦畜牧业合作条件分析及对策建议

哈萨克斯坦北邻俄罗斯，南与乌兹别克斯坦、土库曼斯坦、吉尔吉斯斯坦接壤，西濒里海，东接中国，国土面积 272.49 万千米²，人口 1 976.7 万人，约有 140 个民族，其中，哈萨克族占 68%，俄罗斯族占 20%。全国设 14 个州、3 个直辖市。哈萨克斯坦经济以石油、采矿、煤炭和农牧业为主。哈萨克斯坦统计局数据显示，2022 年，哈萨克斯坦国内生产总值（GDP）103.8 万亿坚戈，同比增长 3.2%。其中，农业产品（服务）总产值 9.5 万亿坚戈，占 GDP 的 9.2%，同比增长 26.7%。哈萨克斯坦是共建"一带一路"的首倡之地，中国目前是哈萨克斯坦第一大出口目的国和第二大进口来源国，哈萨克斯坦是中国在中亚的第一大贸易伙伴和在欧亚地区的第一大对外投资目标国。

中国新疆作为丝绸之路经济带核心区，与哈萨克斯坦有 1 782 千米长的边境线，由于新疆与哈萨克斯坦毗邻，在气候条件、生态环境等方面有很多相同之处，许多跨境民族有历史亲缘关系，具有类似的民族文化习俗，互相信任，区域间开展畜牧业合作有着天然优势。新疆与哈萨克斯坦加强畜牧业合作有利于带动新疆与哈萨克斯坦在科技、人文等方面的进一步交流，使企业有更多的机会投资到新疆畜牧业领域，给新疆畜牧业带来新的活力和机遇。

（一）哈萨克斯坦畜牧业发展现状

哈萨克斯坦幅员辽阔，土地资源丰富，拥有广阔的草场和牧场，具备得天独厚的发展畜牧业的自然条件。畜牧业是哈萨克斯坦的重要农业产业之一，在国民经济中占有重要地位。2022 年，哈萨克斯坦畜牧业生产总值为 36 587.58 亿坚戈，占农业总产值的 38.5%，同比增长 17.4%。哈萨克斯坦畜牧业以牲畜养殖为主、畜产品加工业为辅，除猪的养殖量有所下降以外，整体畜禽养殖量呈增长趋势。虽然近年来哈萨克斯坦畜牧业生产呈不断增长态势，但部分畜禽产品自给率仍然较低，其中，禽肉自给率 42%、香肠制品 39.5%、奶酪奶渣 48.6%，国内市场中进口依赖度较高。哈萨克斯坦畜禽产品加工业发展较慢，肉制品、奶制品、皮革制品的加工技术和规模水平都有待提高，目前无法满足国内需求。

1. 畜牧业资源条件 哈萨克斯坦拥有广阔的草场和牧场，光热资源丰富，平原地区年降水量100～300毫米，山区可达800～1 500毫米，地理环境与自然生态条件都非常适宜发展畜牧业。哈萨克斯坦草场面积1.893亿公顷，占国土面积的69.5%，其中，天然草场面积1.843亿公顷，人工草场面积500万公顷。哈萨克斯坦牧场面积7 560万公顷，占农地面积的69.6%，干草场面积占2%。四季牧场面积2 630万公顷，春夏牧场占草地资源的70%，冬牧场占比30%。除北部地区外，多数草地可以全年利用，年产草量在8 000万吨左右。在南部地区，80%的牲畜都在天然草地放牧。哈萨克斯坦的畜牧业从天然草地获得的饲草占各类饲草总量的80%，个别地区可达90%。

2. 畜牧业养殖情况 哈萨克斯坦畜牧产业主要包括饲养羊、牛、猪、马、骆驼等各类牲畜和禽类，以及生产肉、蛋、奶等畜产品。2012—2021年，哈萨克斯坦家禽存栏量增长42.9%，羊存栏量增长18.4%，牛存栏量增长44.0%，马存栏量增长107.0%，猪存栏量减少24.8%，骆驼存栏量增长47.3%（表8-5）。由于设施、技术等限制，哈萨克斯坦牲畜养殖受自然条件变化影响较大。目前，哈萨克斯坦20%～60%的牧场退化，42.4%的牧场由于缺乏灌溉水源而未能使用，导致了行业发展与饲料保障能力严重脱节，国内饲料产量仅能满足现有存栏牲畜需求量的一半。

表8-5 哈萨克斯坦家禽及牲畜养殖量情况

单位：万头（只、羽）

年份	家禽	羊	牛	马	猪	骆驼
2012	3 352.0	1 763.3	569.0	168.6	103.2	16.5
2013	3 426.0	1 756.0	585.1	178.5	92.2	16.1
2014	3 502.0	1 791.4	603.3	193.8	88.5	16.6
2015	3 563.2	1 801.5	618.4	207.0	88.8	17.0
2016	3 691.0	1 818.4	641.3	225.9	83.4	18.0
2017	3 991.3	1 832.9	676.4	241.6	81.5	19.3
2018	4 433.7	1 869.9	715.1	264.7	79.9	20.8
2019	4 504.1	1 915.5	743.6	285.2	81.3	21.6
2020	4 333.5	2 005.7	785.0	312.0	81.7	22.8
2021	4 788.5	2 087.7	819.2	349.0	77.6	24.3

数据来源：哈萨克斯坦国家统计局。

根据哈萨克斯坦统计局数据，马、牛、羊、骆驼、猪集中在私人农场和家庭饲养，家禽主要集中在企业养殖。由于绝大多数小型个体农庄不具备为饲养场添置相关技术设备的能力，导致难以推广育种技术和先进喂养技术，生产率难以提高。2016—2021 年，每百只母畜繁殖率呈下降趋势，意味着 2014—2021 年牛、羊、马、骆驼等主要牲畜繁殖率呈下降趋势（图 8-8）。

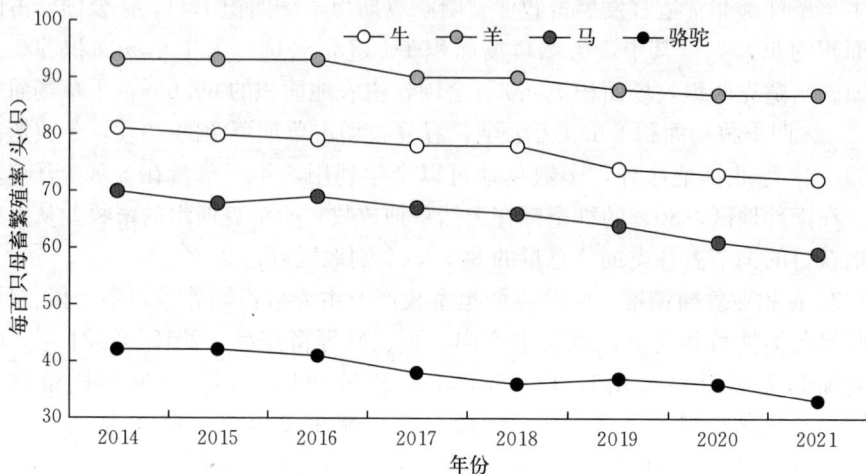

图 8-8　2014—2021 年每百只母畜繁殖率

数据来源：哈萨克斯坦国家统计局。

3. 畜牧业生产情况　2012—2021 年，哈萨克斯坦肉类产量呈逐步上升趋势，产量从 84.47 万吨增加至 123.11 万吨，增长 45.7%（图 8-9）。其中，牛肉产量占比最高，一直保持在肉类总产量的 45% 左右。2017 年以来，肉类产量年均增长率为 4.9%。

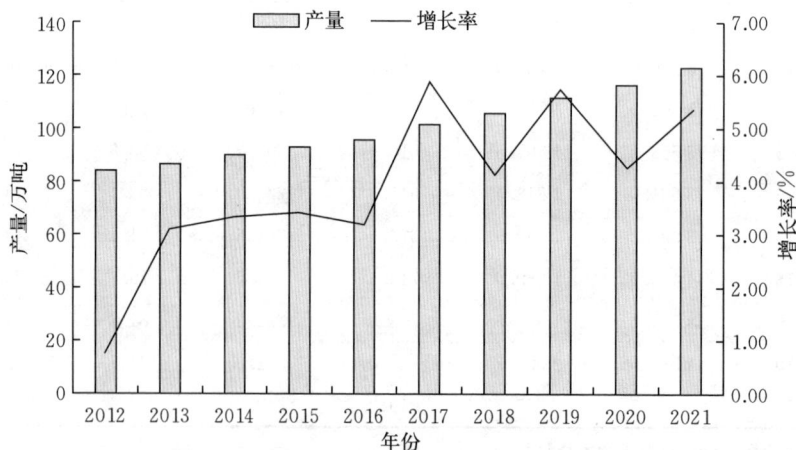

图 8-9　2012—2021 年哈萨克斯坦肉类产量变化

数据来源：哈萨克斯坦国家统计局。

2014—2021 年，哈萨克斯坦畜禽生产效率有小幅提高，牛、羊、猪、家禽的平均活重分别增长了 9.4%、5.3%、6.1%、14.3%。由表 8-6 可见，2014—2021 年，羊的屠宰总重量逐年上升，2021 年屠宰总重量（净重）17.55 万吨，较 2014 年增长 8.4%，但单产和产羔率没有明显提升，2021 年产毛量 4.12 万吨，较 2014 年增长 9.0%。哈萨克斯坦目前整体牲畜良种率不高，畜牧业整体生产力还有待提高，加快品种选育与改良是促进畜牧业生产率提升的重要基础。

表 8-6 2014—2021 年哈萨克斯坦羊的生产情况

年份	屠宰总重量（活重）/万吨	屠宰总重量（净重）/万吨	单产/千克	产羔率/%	产毛量/万吨	每只羊平均剪毛数量/千克
2014	32.87	16.19	39	93	3.78	2.5
2015	33.33	16.51	39	93	3.8.0	2.5
2016	34.16	16.92	39	93	3.85	2.4
2017	34.59	17.14	39	90	3.90	2.5
2018	34.35	17.06	39	90	3.92	2.4
2019	34.39	17.14	39	88	3.95	2.4
2020	34.67	17.25	40	87	4.02	2.2
2021	35.31	17.55	40	87	4.12	2.4

数据来源：哈萨克斯坦国家统计局。

目前，动物疫病仍是威胁哈萨克斯坦畜牧业的重要因素。引发疫病的主要因素有气候条件、国际贸易的增加、动物和动物产品的流动与错位等。哈萨克斯坦的动物疫病诊断主要由国家负责，但因预算有限，国家兽医组织的物质和技术资源欠缺。低工资导致职业兽医人员短缺，急需开展兽医人员的培训，发展兽医队伍。哈萨克斯坦畜牧生产技术有待提高，多采用小规模家庭饲养模式，缺乏现代化的圈舍，牧草资源退化，缺乏足够的饲料，动物疫病流行、检验检疫能力弱、畜牧业人才短缺，都将会对中国在哈萨克斯坦投资畜牧业和扩大产品贸易带来较大挑战。

4. 畜牧业产业发展 哈萨克斯坦历史上是以畜牧业为主的国家，畜牧业在农业总产值中的占比较高。2018—2022 年，畜牧业生产总值逐年增长（图 8-10），2022 年达到 36 587.58 亿坚戈。近 5 年，畜牧业产值年均增长率为 15%，在农业总产值中的比重均在 40% 左右。2022 年，畜牧业产值占农业总产值的 38.5%，同比增长 17.4%。按类别来看，养牛业占畜牧业生产总值的 68%，包括奶牛品种培育和其他品种牛的养殖；按区域来看，阿拉木图是畜牧业产值贡献最大的地区，占生产总值的 15%。

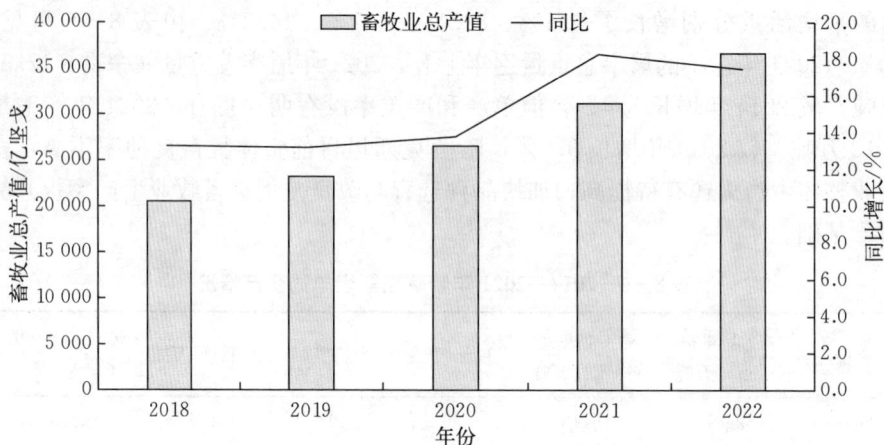

图8-10 2018—2022年哈萨克斯坦畜牧业总产值及增长情况

数据来源：哈萨克斯坦国家统计局。

如图8-11所示，2022年，哈萨克斯坦畜牧业产值的65.4%来源于个体或家庭，私人企业和农场占18%，大型农业企业仅占16.6%。由此可见，哈萨克斯坦大部分牲畜是农牧民家庭式饲养模式，初级畜产品的生产也集中在农牧民家庭，产业组织与经营主体中个体或家庭养殖仍占据主要地位。由于哈萨克斯坦畜牧业多采用传统的生产模式，加之受气候条件的限制，草场只有春夏季和秋季部分时节可以使用，在寒冷时节无法野外放牧，只能采用饲料喂养。因此，缺乏稳定的饲草料供应基础是制约哈萨克斯坦畜牧业发展的主要因素。此外，阻碍哈萨克斯坦畜牧产业发展的主要因素还包括养殖设施和技术能力较落后，标准化、规范化的高效组织模式覆盖率低，畜牧业投资开放程度不高，金融体系不发达，政府的补贴政策力度有待加大。

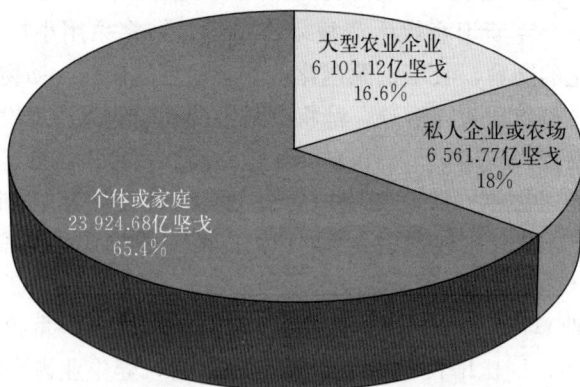

图8-11 2022年哈萨克斯坦畜牧业总产值结构

数据来源：哈萨克斯坦国家统计局。

哈萨克斯坦畜牧业增长主要源自产量的增加，肉类、牛奶产量增长比较明显。与此同时，哈萨克斯坦的畜牧生产力不断提高，农业企业每头奶牛的平均产奶量达到 4 320 千克，屠宰胴体重达到 418 千克。但哈萨克斯坦的畜牧业发展没有考虑饲料资源，按照养殖技术标准，国内饲料生产量低于需求量。在不同的地区，有 20%～60% 的牧场退化，加之缺乏灌溉条件，48% 的牧场没有被使用。私人养殖场的牲畜缺乏放牧草场，已成为当今最紧迫的问题之一。

5. 畜牧业科技与政策　哈萨克斯坦的主要畜牧业科研机构包括国家农业研究中心、畜牧与饲料研究所、动物学研究所、国家兽医研究所、国立农业大学农业工程及新技术研究所、阿尔法拉比大学、东哈萨克斯坦州农业科学研究所、南哈萨克斯坦州畜牧与生物研究所、科学与教育部生物安全科学研究所等单位。虽然近些年科研进步推动了哈萨克斯坦畜牧业发展进程，但因整体畜牧业科研的投入较少，畜牧业科技创新不多，加工技术和设备依旧相对落后，整个畜牧业科技还有很大的发展空间。

综合来看，哈萨克斯坦对畜牧业的支持政策包括：一是资金支持，包括价格和收入支持政策，根据牲畜存栏量给予价格或者收入支持；还有畜牧业补贴政策，对牲畜生产者给予饲料、种畜补贴。二是金融信贷优惠，由国有农牧业集团及其子公司实施优惠畜牧业信贷政策，政府通过向最后借款人提供利率补贴来降低债务成本，同时鼓励个人贷款，根据贷款提供补助。三是税收政策，哈萨克斯坦农业企业享受六大重点营业税（土地税、物业税、社会税、增值税、企业所得税和车辆税）70% 的折扣。四是农业保险机制，哈萨克斯坦为农民提供强制保险，保障畜牧业生产者在遇到自然灾害的年份也能有一定的收入。

（二）新疆与哈萨克斯坦畜牧业合作现状

1. 畜牧业合作环境　2022 年是中国与哈萨克斯坦建交 30 周年，两国关系升级为永久全面战略伙伴关系，中国与哈萨克斯坦两国元首签署并发表了《中华人民共和国和哈萨克斯坦共和国建交 30 周年联合声明》。在多边合作机制方面，中国与哈萨克斯坦在上海合作组织（以下简称上合组织）等多边合作框架下开展合作。截至 2022 年底，上合组织现代农业发展圆桌会议已举办 4 届，成为上合组织各成员国开展农业领域合作、交流经验做法的有效途径和平台。2022 年 9 月，习近平主席对哈萨克斯坦进行国事访问，充分彰显中国与哈萨克斯坦关系的高水平和特殊性，向国际社会发出构建中国与哈萨克斯坦命运共同体的明确信号。2023 年 3 月，中共新疆维吾尔自治区党委书记马兴瑞率中国新疆友好交流访问团出访哈萨克斯坦。2023 年 10 月，哈萨克斯坦总统访问新疆，双方愿认真落实两国元首达成的重要共识，进一步加强新疆同哈萨克斯坦地方间各领域合作，全面深化经贸务实合作，推动基础设施互联互通，加强人文交流，为打造中国与哈萨克斯坦关系下一个"黄金三十年"、深化中国与哈萨克斯坦命运共同体贡献力量。近年来，中国与哈萨克斯坦就"一带一路"倡议与"光明之路"新经济政策对接开展深度合作，双方将继续利用现有政府间、部门间、学术界、企业界双边务实合作机制，推动两国开展新形式合作。

新疆与哈萨克斯坦有 7 个陆路一类口岸，利用沿边口岸的区位优势，新疆与哈萨克斯坦共同探讨并推出了一系列通关便利措施，其中对哈萨克斯坦农产品贸易制定了一系列特殊政策，巴克图口岸是唯一开辟快速农产品"绿色通道"的陆路口岸。阿拉山口岸、巴克图口岸、吉木乃口岸和霍尔果斯口岸成为新疆进口粮食指定口岸。中国-哈萨克斯坦霍尔果斯国际边境合作中心是中国与哈萨克斯坦两国元首达成共识的国家项目，也是首个跨国界的经济贸易区和投资合作中心。过去 5 年，新疆中欧（中亚）班列货运通道能力稳步提升，累计过境 2.94 万列，年均增长 23.6%；累计始发 5 807 列，年均增长 9%。

2. 畜牧业贸易合作　中国目前是哈萨克斯坦第一大出口目的国和第二大进口来源国。商务部数据显示，2022 年中国与哈萨克斯坦农产品贸易额为 9.25 亿美元，同比增长 61.3%。其中，中国对哈萨克斯坦出口 3.52 亿美元，同比增长 9%；从哈萨克斯坦进口 5.73 亿美元，同比增长 128%，中国对哈萨克斯坦农产品贸易逆差为 2.21 亿美元。

中国向哈萨克斯坦出口的畜产品包括动物皮革制品、毛皮、羊毛及动物毛，中国从哈萨克斯坦进口的畜产品包括肉类、乳制品、生皮及皮革、羊毛等动物毛。2020—2022 年，因新冠疫情和哈萨克斯坦禁止出口部分畜产品的规定，中国从哈萨克斯坦进口的肉类及食用杂碎、其他动物产品明显减少，整体贸易额明显下降。如表 8-7 所示，2022 年中国与哈萨克斯坦畜产品贸易总额较 2019 年减少 37%。

表 8-7　2019—2022 年中国与哈萨克斯坦主要畜产品进出口额

单位：万美元

类别	2019 年		2020 年		2021 年		2022 年	
	出口	进口	出口	进口	出口	进口	出口	进口
活动物	—	10.45						
肉及食用杂碎	—	1 163.17		487.07	305.32	—		70.17
乳；蛋；蜂蜜；其他食用动物产品	0.10	18.39	17.37	406.00	—	252.18		240.53
其他动物产品	—	441.83	—	198.09	—	157.03	44.30	252.39

（续）

类别	2019 年		2020 年		2021 年		2022 年	
	出口	进口	出口	进口	出口	进口	出口	进口
羊毛脂	1.38	—	1.70	—	—	—	3.05	—
肉制品	—	—	1.74					
生皮（毛皮除外）及皮革	5.78	888.16	2.91	232.74	0.90	1 077.57	—	362.04
皮革制品；旅行箱包；动物肠线制品	33 836.03	0.10	26 243.11	0.04	27 291.28	9.27	22 586.65	1.16
毛皮、人造毛皮及其制品	21 093.41	15.55	12 856.44	10.51	9 302.94		8 983.29	3.82
羊毛等动物毛；马毛纱线及其机织物	681.30	155.93	2 491.97	125.26	10 255.67	568.30	3 601.97	648.06
总额	55 617.99	2 693.58	41 615.25	1 459.71	47 156.11	2 064.34	35 219.26	1 578.17

数据来源：根据中国海关数据整理所得。

中国从哈萨克斯坦进口的畜产品以未加工的基础产品为主，中国向哈萨克斯坦出口畜产品以深加工制品为主。两国畜产品结构存在很强的互补性，贸易潜力巨大。双方将不断加强检验检疫合作，为农产品准入创造有利条件，积极促进双边贸易发展。近期，哈萨克斯坦农业部部长同中国海关总署署长进行会晤，双方就扩大两国农产品贸易展开了深入讨论，为恢复哈萨克斯坦牛肉、猪肉和禽肉对华出口，进行风险评估和取消相关限制。

在畜产品贸易方面，新疆技术优势明显，劳动密集型产品和技术密集型农产品具有资源优势。据乌鲁木齐海关统计，2023 年前两个月中国新疆对中亚五国进出口总值达 351.7 亿元，占新疆外贸进出口总值的 79.2％。其中，哈萨克斯坦成为新疆第一大贸易伙伴。新疆作为中国与哈萨克斯坦的桥梁，利用区位优势和自然资源大力发展面向中亚的畜产品加工基地，丰富畜产品种类，提高畜产品生产规模，带动新疆畜产品"走出去"。

3. 中国对哈萨克斯坦投资　随着"一带一路"倡议的提出，中国对共建国家投资稳步增长，中国与哈萨克斯坦经济合作也经受住"疫情大考"，显示出强大韧性。据商务部统计，2021 年，中国对哈萨克斯坦直接投资流量 8.22 亿美元。截至 2021 年底，中国对哈萨克斯坦直接投资存量 74.87 亿美元。截至 2021 年 11 月 1 日，哈萨克斯坦境内共有约 1 400 家中资企业，其中包括

1 300多家小企业、15家中型企业和20家大型企业。新疆由于具有与哈萨克斯坦接壤的区位优势,对哈萨克斯坦直接投资持续增长。根据商务部境外投资企业(机构)备案结果公开名录,新疆在哈萨克斯坦投资企业多达69家,占其在中亚五国135家境外投资企业的一半以上。

中国与哈萨克斯坦的农业投资合作滞缓于农产品贸易,近年来,随着哈萨克斯坦国家战略调整,对投资环境的不断优化和改善,以及中国与哈萨克斯坦"双边投资保护协定""避免双重征税协定"的签署,投资合作有所发展。目前,中国在哈萨克斯坦开展农业投资活动的投资主体以民营企业为主,经营范围从贸易型向生产、加工等领域发展。这些农业企业产品以销往中国和满足当地市场为主,如植物油生产加工、药材加工和水产品生产主要销往中国,属于原材料供应基地,还有一部分满足当地市场需求,如蔬菜种植。据农业农村部统计,截至2020年底,中国对哈萨克斯坦农业投资存量为1.23亿美元,涉及在哈萨克斯坦中资农业企业16家。

新疆作为中国和哈萨克斯坦的商品物流中转基地,可以承接畜牧业相关产业转移,积极培育新的产品增长点,促进新疆畜产品深加工技术提高,使之具有国际市场竞争力,进而带动产业链发展,促进新疆畜牧业高水平发展。

4. 畜牧业科技合作 随着中国与哈萨克斯坦在农业科技、动植物检疫、病虫害防治、农业生产与贸易等多个领域建立了合作机制和平台,两国畜牧业科技合作在广度和深度上不断发展。2020年,国家重点研发计划启动中国-哈萨克斯坦跨境动物疫病防控联合研究及"一带一路"科技合作平台建设项目。2021年,中国与哈萨克斯坦农业科学联合实验室获得哈萨克斯坦贸易和一体化部颁发的认可证书。中国-哈萨克斯坦"一带一路"农业科学联合实验室设备先进,检测功能齐全,参照国际生物安全标准运行,可进行二级和三级动物病原研究及检测,能够满足中国与哈萨克斯坦农业科技创新合作需求。该生物安全实验室的建立,可帮助消除两国农产品贸易中出现的技术性障碍。

在科技合作方面,新疆的科研院校成为中国与哈萨克斯坦畜牧业科技合作的主力。新疆与哈萨克斯坦科研机构间开展了多个项目合作。新疆农业科学院、新疆畜牧科学院、中国科学院新疆生态与地理研究所等与哈萨克斯坦国家种植业与农作物生产研究所、哈萨克斯坦国家兽医研究所等建立了合作关系。新疆畜牧科学院依托地缘优势,立足研究技术优势和区域特色产业发展,通过客座访问、考察交流、出国留学、举办学术会议等方式,先后与哈萨克斯坦的相关科研机构建立了良好的合作关系,先后承担政府间科技合作项目、国际合作项目、引进智力及出国培训项目等合作项目研究,开展了多层次的广泛合作与研究交流。近年来,主要合作领域包括草食家畜的遗传资源利用、营养调控、生产管理、干旱区草地生态恢复与草地生态畜牧业、边境动物疫病防御、毛绒皮质量标准等。

（三）新疆和哈萨克斯坦畜牧业合作 SWOT 分析

为充分利用新疆与哈萨克斯坦畜牧业资源优势，应对现实问题，更好地开展畜牧业全面合作，本研究通过对哈萨克斯坦畜牧业发展现状、合作情况等方面进行分析，得出新疆与哈萨克斯坦畜牧业合作 SWOT 分析矩阵（表 8-8）。

表 8-8　新疆与哈萨克斯坦畜牧业合作 SWOT 分析矩阵

条件	优势（S）： S1：哈萨克斯坦有着独特的地缘优势，两国高水平政治互信，建立了永久全面战略伙伴关系 S2：畜禽养殖和畜产品结构互补性明显 S3：哈萨克斯坦地广人稀，有着优越的自然资源	劣势（W）： W1：中国与哈萨克斯坦经济发展水平差距大，互联互通水平不高，哈萨克斯坦基础设施不完善 W2：两地畜产品贸易结构单一，贸易壁垒较多，贸易规模较小 W3：缺少统一高效的管理协调机制，合作项目落地缓慢
机遇（O）： O1：2022 年是中国与哈萨克斯坦建交 30 周年，加上"一带一路"倡议的深入推进，中国与哈萨克斯坦务实合作展现出强大活力和韧性 O2：新疆凭借区位优势，是与"一带一路"共建国家合作的核心节点	SO 战略： 1. 抓住"一带一路"合作机遇，利用哈萨克斯坦畜牧业资源优势，提高畜牧业直接投资的数量及质量 2. 优化畜牧业产品结构，扩大畜产品贸易种类及规模	WO 战略： 1. 加强畜牧业基础设施建设 2. 减少贸易壁垒，简化通关程序，打造积极便利的畜产品贸易环境 3. 构建沟通平台，实现信息共享，增强两地间的互信，提高合作效率
威胁（T）： T1：哈萨克斯坦国家政策、金融、法律有变化，缺乏稳定性 T2：哈萨克斯坦处于中亚的核心位置，具有重要的战略地位，存在地缘政治不稳定因素	ST 战略： 1. 强化政府信息服务职能，为企业能及时掌握当地政策、法规、市场等信息提供支持 2. 深化政治互信，密切各行业的互通，加强顶层设计，创新两国合作形式	WT 战略： 1. 加强科技合作与人才交流，建立畜牧业科技多元协作机制，建立国际化人才队伍和前瞻性研究智库 2. 建立稳定有效的畜牧业合作运行机制，完善两国在贸易、经济等方面的运行机制和法律漏洞，形成畜牧业投资的有效保障和服务体系

1. 合作优势　一是在地理位置上，中国与哈萨克斯坦山水相邻，拥有

1 700 多千米的共同边界，是睦邻友好、合作共赢的国家关系典范。两国高层领导人互访密切，政治上相互支持，经贸上融通合作，有着共同的合作发展意愿。二是两地畜牧业合作互补性强，畜产品结构互补性明显。三是哈萨克斯坦自然条件优越，劳动力资源丰富，人文条件也好于其他中亚国家，对新疆畜产品贸易和投资企业具有一定的吸引力。

2. 合作劣势　首先，哈萨克斯坦畜牧业生产效率较低，基础设施不够完善，互联互通水平不高，产业协同性不足。其次，虽然新疆与哈萨克斯坦畜牧业贸易额近年来有所增长，但贸易结构单一，产品附加值不高，受政策等影响，贸易壁垒较多，贸易规模很小。再次，两地缺少统一高效的管理协调机制，在畜产品关税配额、双重征税、跨境金融服务、涉外保险、仓储物流设施服务等贸易畅通、资金融通、设施联通方面还存在一些制约因素，双方合作项目落地缓慢。

3. 合作机遇　首先，2022 年是中国与哈萨克斯坦建交 30 周年，两国合作全面开花，欧亚大陆两大东方民族的千年交往达到历史最高水平。"一带一路"倡议的深入推进，为两国带来了巨大的经济效益和社会效益，务实合作展现出强大活力和韧性，抓住时机，谋求共同发展，是两国人民的共同愿望。其次，新疆作为"一带一路"的重要通道，是中国与哈萨克斯坦合作的主要载体，得益于地缘区位和口岸绿色通关政策等优势，新疆将展现更多的机遇和潜力。交通运输部的数据显示，2022 年经霍尔果斯铁路口岸通行中欧（中亚）班列数量超过 6 000 列，中国江苏连云港成为哈萨克斯坦向东的出海口，新亚欧大陆桥将释放更多的贸易潜力。

4. 合作威胁　首先，受国际金融危机的冲击、世界经济增速放缓、国内政策调整、乌克兰危机等不利因素的影响，哈萨克斯坦有政策变动的风险，如经济政策、产业政策、关税等方面，给外商直接投资带来不可控制的风险和影响。其次，世界正处于新旧格局转换时期，中美贸易摩擦日趋激烈，上合组织周边地区不确定因素加剧，如 2021 年初的新疆棉花事件就是典型的政治因素对农业产业带来的影响。哈萨克斯坦处于大国相互博弈和竞争合作的战略性位置，国际百年大变局也可能会影响该国的政治、经济和社会发展。

（四）新疆与哈萨克斯坦畜牧业合作对策建议

1. 优化畜产品结构，扩大畜产品贸易　利用两地畜牧业优势互补，积极调整畜产品结构，增加高技术、高附加值的畜产品出口，提升畜产品的质量和竞争力。特别是提高双方畜禽养殖效能，发展局部精品化养殖工程，高水平发展畜牧业，生产高端有机畜产品，面向国际市场，打造出口优势。双方加强检验检疫合作，强化标准制定和品牌建设，提高检验检疫效率，为畜产品食品准入创造有利条件，积极打造畜产品贸易便利化环境，建设农产品跨境电子商务平台，让更多企业开展畜产品贸易活动，扩大畜产品贸易规模及辐射范围。

2. 深化投资合作，完善合作保障　用好中国与哈萨克斯坦两国合作对话会、地方合作论坛等机制，依托中国与哈萨克斯坦霍尔果斯国际边境合作中心等平台，深化新疆与哈萨克斯坦畜牧业投资合作，提高直接投资数量及质量。汲取双方畜牧业科技、贸易等合作经验，利用哈萨克斯坦自然资源及劳动力优势以及中国先进生产技术和市场需求，鼓励新疆企业，特别是大型涉牧企业对哈萨克斯坦在牲畜规模化养殖、畜产品加工、动物疫病防控等领域开展投资，建立多元化投资平台，与哈萨克斯坦涉牧企业开展长期稳定的畜牧业投资合作项目。完善畜牧业合作运行机制及畜产品进出口检验检疫、运输等相关政策，形成有效的畜牧业投资保障与服务体系。

3. 开展多元化科技合作　新疆与哈萨克斯坦应利用各自畜牧业优势建立畜牧业科技多元协作机制。一是推进畜牧优良品种培育，深度挖掘遗传资源开发方面的合作潜力。二是继续在动物选育、疾病防控技术、畜产品加工等重点领域开展科技合作，积极有序推进联合共建实验室。三是加大现代畜牧业科技研发领域的投资，如物联网技术、智慧畜牧业、生态绿色畜牧业等方面，加强生产和环境监测，优化畜牧业产业链条，用科技带动双方乃至中亚地区的畜牧业发展。四是为推动科技合作和科技"走出去"创造条件，围绕联合研究、科技人才互动培养、科企融合发展等构建多元化科技合作体系。

4. 构建沟通平台，加强人才交流与培养　新疆与哈萨克斯坦要加强畜牧业政策沟通，探索建立政府、科研机构、企业"三位一体"的对话平台，就畜牧业发展战略充分交流对接，共同制定推进畜牧业合作的规划和措施，实现跨境动物疫病联防联控。建立有效的畜产品信息发布机制，保持信息渠道的开放，实现信息及时有效共享。充分利用现有沟通机制和平台，建立更高层次的学术交流和人才培养，互派专家学者访问、交流，举办各种类型的畜牧业技术培训班，推广普及畜牧业新技术等。利用地缘优势和免签政策，开展及时有效的学习观摩和交流合作，培养国际化畜牧人才队伍。共同举办高端现代畜牧业发展论坛，建设前瞻性研究智库。

5. 抢抓发展机遇，切实加强合作　面对百年变局带来的机遇和挑战，中国与哈萨克斯坦作为永久全面战略伙伴关系应该深化两国政治关系，新疆要坚定不移落实中国与哈萨克斯坦两国领导人达成的重要共识，充分发挥哈萨克斯坦与新疆畜牧业资源优势互补特点，特别是在畜牧业生产、贸易及农产品加工等方面开展实质性的合作，促进两地畜牧业的合作发展。积极利用现有政府间、学术界、企业界双边务实合作机制，集中政策、资金和企业资源，优先布局，以点带线、以线带面推进合作的深度和广度，推动新疆与哈萨克斯坦开展新形式合作。

第二节　典型案例

一、其他省份肉羊产业发展典型案例

(一) 全国肉羊全产业链典型县——甘肃省环县牧草和肉羊产业发展

1. 发展概况　环县位于甘肃省东部、庆阳市西北部，处于黄土高原丘陵沟壑区农牧交错带，是甘肃省传统的半农半牧县、牧草生产大县。全县辖 10 镇 10 乡 251 个村。总人口 36.5 万人。土地总面积 9 236 千米^2，有天然牧草地 740 万亩，常年种植玉米、高粱、豆类等秸秆作物 200 万亩以上，紫花苜蓿留存面积 100 万亩以上，牧草资源丰富，发展肉羊产业具有得天独厚的资源优势。近年来，全县立足资源禀赋，坚持把牧草和肉羊产业作为巩固拓展脱贫攻坚成果、全面推进乡村振兴的第一抓手，全县上下一心一意兴羊业，千家万户发羊财，持续构建完善"三羊开泰"的产业体系、"七位一体"的经营体系、"五级二元"的生产体系、"五化并进"的服务体系，走出了"引育繁推一体化、种养加销一条龙"的全产业链、全价值链、全循环链高质量发展路子，被列入全国农业全产业链典型县和全国农业现代化示范区。2022 年，全县羊只饲养量 360 万只，出栏 190 万只，位居全省第一；养羊农户人均肉羊产业收入达到 7 000 元，带动农民人均可支配收入增长 7%，增速全市最高，牧草和肉羊产业成为群众旱涝保收的"铁杆庄稼"。

2. 经验做法

(1) 坚持"七位一体"，培育产业联合体。充分发挥各方优势，全面构建政、研、企、社、村、户、服"七位一体"产业联合体，促进小农户对接大市场。一是党委和政府定规划、出政策、抓统筹。坚持党政齐抓、县乡同频，成立肉羊产业发展工作领导小组，编制了《环县现代肉羊产业发展总体规划》，建立月度研究、季度评判、年度总结的工作机制，连续 5 年召开肉羊产业大会，表彰奖励先进集体和个人 1 300 多个，引导各方要素向牧草和肉羊产业集中。先后出台了 50 多项配套政策，使各类主体、各个环节都有政策保障和资金支持。二是科研团队搞开发、育良种、抓推广。与甘肃德华生物公司联合建设庆环肉羊制种基地，被甘肃省农业农村厅授予"甘肃省良种肉羊繁育基地"，技术团队被评为全国脱贫攻坚先进集体和"产业技术扶贫优秀团队"。加强与 10 多家科研机构院校深度合作，成立了"一院四所"(环县现代羊产业研究院、草产业研究所、奶山羊研究所、肉羊科技发展研究所、环州羊肉食品研究所)，组建了"三支队伍"(以 32 名外国高级专家为主的"国际队"，以 63 名国内权威专家为主的"国家队"，以 15 名市、县两级畜牧兽医工程师为主的"地方队")，全面加强良种繁育等技术研究，增强产业科技含量，逐步把环县建成国家级良种培育输出基地。三是龙头企业做链主、供良种、拓市场。引进3家龙头企业（中盛、伟赫、庆环），培育7家本土企业（荟荣草业、羊羔肉集团、牧康牧业、正丰农牧业、民顺牧业、奥华牧业、陇塬山羊牧业），打造上连市场、下接场户的"链主"企业。与圣农、华膳食品公司签订合作协议，筹划新建50万只羊肉精深加工厂。与山东水发集团达成合作意向，联合实施"百人万羊"进疆工程，让环县羊肉和种羊卖向全国、人才技术输出全国，逐步实现产业链上、中、下游龙头企业带动全覆盖。四是合作社当纽带、作示范、搞育肥。扶持建办养殖合作社368个、千只湖羊标准化示范社124个，以合作社为纽带，上与龙头企业签订单，从中盛公司购进种羊进行养殖，按照合同约定交售育成羊；下同农户结对子，推行"1帮1带100"技术帮带机制（1个示范社帮带1个一般合作社、引领100户群众共同发展），保护价收购，集中统一育肥，带动千家万户进行杂交生产，社户联合闯市场。五是村集体抓组织、搞协调、享红利。村党支部统筹抓好内外关系协调和要素供给，保障本村合作社规范运行、养殖户有序生产。在脱贫攻坚期间，按照深度贫困乡（镇）的深度贫困村每村260万元、其他乡（镇）深度贫困村每村200万元、一般贫困村每村150万元的标准，设立村集体经济发展基金，通过创办合作社或参股龙头企业、合作社，每年按不低于6%分红，村集体收入均达到6万元以上，实现集体享分红。六是养殖户抓扩繁、放心养、发羊财。出台"4项物化补助"普惠政策和"2项差异化补助"提标政策，全方位扶持农户自主发展、社带户养、壮大规模。累计投入4.3亿元，建成羊棚2万座、草棚1.24万座，投放种畜14.57万只、机械2043台，退股还羊1.6万户9.5万只，培育湖羊养殖专业户1.5万户，带动全县4.8万户发展肉羊产业。七是服务机构精准贷、防疫病、降风险。持续发挥金融杠杆作用，扩大投融资规模，解决好产业发展启动资金不足的问题。采用政府购买服务的方式，开展技术指导和防疫服务，解决好产业发展技术"卡脖子"的问题。探索推进四方联保（企业、合作社、农户、金羊产业基金）风险防控机制，为肉羊产业发展兜住底线。

（2）坚持"五好标准"，打造闭环产业链。实施种养加销各环节全面对标升级，延长产业链，提升价值链，畅通循环链。一是坚持好地种好草。按照"县北燕麦草、县南苜蓿草、全县青贮草"的布局，以荟荣草业公司为龙头，全县上下坚持立草为业，漫山遍野种好生态草，千家万户种好配方草，集中连片种好商品草。每年种草80万亩以上、收储干草40万吨、青贮饲草80万吨，实现了县域内饲草自给。二是坚持好草配好料。建成中盛全价配合饲料加工厂，生产各类精补饲料15万吨；成立牧康丰茂草产业联合社，加工作物秸秆5万吨；建成全日粮加工点27个，年生产全混合发酵日粮4万吨以上；新建颗粒饲料加工点 3 个，年生产颗粒饲料 5 000 吨以上，丰富饲料种类，完善营养体系，调优"环县配方"。三是坚持好料养好羊。持续完善肉用羊、奶山羊、黑山羊"三羊开泰"的产业体系和一级车间培育良种、二级车间杂交扩繁、三级车间专业育肥、四级车间屠宰加工、五级车间熟食开发的"五级二元"生产体系。引育推广肉用羊：以庆环公司为羊业"强科技"主阵地，引进纯繁良种肉羊 3.26 万只，"中环肉羊"新品种培育取得突破性进展；以 124 个千只湖羊标准化示范社为"主基地"，每年选育湖羊基础母羊 20 万只以上；围绕打造 2 条"百公里、百万只"育成示范带，支持 64 个合作社转育肥场，新建规模育肥场 41 个、二元杂交示范点 46 个，年出栏"同批同质同价"育肥羊 140 万只以上。进口纯繁奶山羊：建成毛井高家洼 2 万只奶山羊繁育基地和环城白草塬 10 万只奶山羊科技示范园一期工程，优质高产奶山羊存栏突破 3 万只。提纯复壮黑山羊：启动实施陇东黑山羊"五年保育计划"，建成黑山羊核心场 2 个、扩繁场 4 个，黑山羊存栏量达到 10 万只以上。四是坚持好羊出好品。聚焦开发生鲜产品，支持中盛公司 100 万只屠宰生产线扩能，累计屠宰肉羊 114 万只，开发"中盛环有"系列产品 85 种，成为百胜集团、海底捞等大型餐饮企业优质羊肉供应商，产品畅销全国、出口阿联酋，实现销售收入 16.5 亿元。聚焦开发羊乳制品，建成伟赫乳业 18 万吨乳制品加工厂，研发"甘慕"羊乳产品 20 多种，生产原奶及乳制品 3 万吨，产品远销北京、深圳、西安等地，被中国国际贸易促进会列为"国货出海"优选品牌，实现产值 3 亿元。聚焦开发预制菜品，依托乡村振兴投资基金，设立环县肉羊产业发展子基金 1.7 亿元。其中，1 亿元入股环县中盛羊业发展有限公司，启动实施万吨羊肉预制深加工项目，其余 7 000 万元用于肉羊产业发展其他项目。已完成预制菜项目运营公司注册（甘肃环有食品有限公司，系中盛羊业发展有限公司全资子公司，注册资金 1 亿元）、可行性研究报告编制和土地规划审批。五是坚持好品卖好价。每年列支 2 000 万元，大力实施品牌战略，开展"环县羊羔肉品牌十大宣传活动"，完成"环县羊羔肉"高铁冠名，中央电视台、人民网、新华社、《甘肃日报》等权威媒体先后报道环县牧草和肉羊产业上千次。创建的"环乡人"区域公用品牌位居 2021 年全国百强榜第 17 位，"中盛环有""山童牧歌""陇上刘叔叔"3 个品牌被列入"甘味"农产品企业上榜品牌，环县羊羔肉被列为国家地理标志保护产品、第五届中国农业（博鳌）论坛指定产品、国家体育总局训练局"国家队运动员备战保障产品"，先后荣获全国十佳羊肉品牌、全国绿色农业十佳畜牧地标品牌、世界地理标志品牌分销服务大会"示范品牌"，2022 年作为"甘味"系列十大地方公用精品品牌亮相中央电视台，品牌价值达到 20 亿元，带动羊肉线上大卖，全县培育羊肉电商企业 15 家，2022 年线上销售额 1.9 亿元，返乡大学生创办的"古耕农夫"公司斩获销售冠军，年度销售额达到 1.1 亿元。创建环州故城——中国羊肉养生城 AAAA 级景区，成功举办了甘肃省庆祝 2021 年中国农民丰收节大会暨中国·环县首届羊羔肉美食文化旅游周活动、环州烧烤美食周，累计接待游客 180 万人次，带动旅游收入 3 亿元，实现了农文旅融合发展。筹办 2023·中国（庆阳）农耕文化节、第四届世界绵羊大会、中国西北羊肉交易会等重要节会。

（3）坚持"五化并进"，建强产业服务队。一是标准化党建引领。"村社合一"抓生产，村民全部加入合作社，党支部带合作社，党员带社员，真正把党支部建在产业链上、把群众聚在产业链上。全面落实"任务分解到乡、合作社覆盖到村、干部包抓到社、服务蹲点到户、奖惩兑现到人"的"五到责任"，为每个合作社选派一名乡（镇）科级干部驻社帮扶，"十帮包抓"（一帮带贫机制建立、二帮合作社融资、三帮饲草种植、四帮良种调引、五帮科学管理、六帮疫病防控、七帮业务完善、八帮风险化解、九帮规范运行、十帮效益提升），一帮到底。二是多元化金融支持。深化"政银担"三方合作，创新全产业链金融服务模式，设立 3 000 万元担保基金，财政贴息 2 000 万元，撬动投放"金羊富民贷""金羊供应链贷""金桥贷款"等产业贷款 68.56 亿元。积极争取肉羊产业集群项目，获得中央财政补助奖励资金 3 020 万元，撬动社会投资 7 722 万元，设立 1.5 亿元保护价收购"资金池"，全力打通各类经营主体融资"最后一公里"。三是知识化团队养殖。扎实推进"百千万"人才引育工程，吸引 110 名国内外高端人才来环开展科研攻关；实施大学生养羊"三年千人计划"，培养 1 106 名大学生安下心、扎下根，干自己的羊事业、兴全县的羊产业；培育 2 万名高素质农民，投身全县肉羊产业开发中。与甘肃畜牧工程职业技术学院联合开办畜牧兽医"2+3"大专委培班，每村至少培养 2 名高水平技术人员，推动二元杂交、高效高产、高标准育肥等先进技术在产业链上加快普及。四是立体化风险保障。县财政每年列支 2 000 万元保险补贴，全面落实自然灾害和价格指数"双保险"兜底，每年购买羊只保险 100 万只以上，提供风险保障 11 亿元以上，累计理赔 9 500 万元。面对肉羊市场价格波动，及时启动"双保护"价格收购政策，以协议保底价收购屠宰肉羊 38.5 万只，有效化解了市场风险，稳定了收入预期。五是专业化疫病防控。健全县、乡、村三级动物防疫机构，建立村级兽医室 251 个，每村每年列支 5.5 万元工作经费，派驻产业指导员 254 人，对辖区内企业、合作社和养殖户开展集中免疫和补免措施，确保防疫无死角、全覆盖。在甘肃省率先开展"无规定动物疫病区"创建，已连续开展 6 轮检测净化，检测羊 465 万只，无害化处理 5.85 万只，布鲁氏菌病阳性率下降至 0.58%。建设"环县动物防疫指定通道"，设立公路动物防疫监督检查站，完成 228 辆贩运车辆登记备案及 GPS 系统安装，规范管理，严管重罚，有效阻断重大动物疫病区域传播途径。

（二）中国羊都——内蒙古巴彦淖尔市肉羊产业发展

1. 发展概况 巴彦淖尔市位于黄河流域农牧交错带，肉羊养殖历史悠久，发展肉羊产业具备得天独厚的条件。全市立足"黄金农业种植带"优势，积极打造从肉羊养殖到精深加工的全产业链，形成了一整套成熟的肉羊繁育和高效生产经营模式，已成为全国地级市中唯一能够四季均衡出栏的肉羊养殖与加工基地。

2022年，全市肉羊饲养量2 265.27万只，其中存栏1 007.01万只（能繁母羊存栏616.26万只），出栏1 258.26万只。绵羊饲养量1 884.39万只，存栏779.97万只，出栏1 104.42万只；山羊饲养量380.88万只，存栏227.04万只，出栏153.84万只。全市规模以上肉羊养殖场7 228家，其中存栏300～499只4 553家，存栏500～999只2 167家，存栏1 000只以上254家，存栏1 000～5 000只220家，存栏5 000～10 000只15家，存栏10 000只以上19家，肉羊规模化养殖比例达到75%。2022年，全市羊肉产量30.41万吨，羊毛产量1.23万吨，山羊绒（抓绒）产量854.3吨，羊皮产量约620万张。

2. 经验做法

（1）不断推进种源基地建设。全市有肉羊种羊场14家，种羊存栏2.24万只，包括湖羊、巴美肉羊、杜泊羊、萨福克、苏尼特羊、戈壁短尾羊等。以巴美、杜泊和萨福克等品种为父本，以小尾寒羊为母本，经二元杂交和三元杂交，形成了地域适应性较强的巴寒杂交羊、杂交代寒羊等品系。2007年，自主培育了我国第一个拥有自主知识产权的"巴美肉羊"新品种，成果获得国家科学技术进步奖二等奖、内蒙古科学技术进步奖一等奖，被中国畜牧业协会授予"中国肉羊（巴美）之乡"称号。近年来，金草原、青青草原等养殖龙头企业大力引进湖羊作为基础母羊进行纯繁，取得了良好的效果。全市湖羊存栏量近25万只，已成为全国最大的湖羊规模化养殖基地。从2011年开始，在"产学研"和"育繁推用"相结合的基础上，通过杂交培育而成的多羔肉用绵羊新品种"华蒙肉羊"已进入横交固定4世代，主要生产性能相对稳定，已完成中试。华蒙多羔肉羊是内蒙古富川养殖科技股份有限公司联合多家科研教学推广单位、企业以及养殖合作社，利用复杂育成杂交技术，历经12年培育而成的体型外貌一致、遗传性能稳定、生长速度快、繁殖力高、成年体重大、适应性强、耐粗饲、抗病力强、肉用性能突出、适合我国北方农区及农牧交错区气候条件舍饲和半舍饲的具有广阔应用前景与市场价值的多羔肉用绵羊品种。

（2）饲草料资源供给充足。2023年计划种植优质饲草172万亩（青贮玉米100万亩、苜蓿20万亩、饲用燕麦50万亩、羊草2万亩）。全市拥有青（黄）饲料收获机械1 821台、打（压）捆机械2 620台、饲料草粉碎机械2万多台、饲养机械2 600多台。全市现有饲料生产企业58家，2022年饲料总产量 111.78 万吨，培育了富川、科河等一批本土龙头企业，2021 年先后引进了全国第二大（广东海大）、内蒙古第一大（北辰）和全国民营 500 强（新希望六和）饲料生产加工企业，饲料产业集群已初具规模。

（3）基本建成防控体系。全市基本建成了市、旗（县、区）、苏木（镇）三级兽医机构服务网络，共聘用村级动物防疫人员 1 020 人，定期开展动物流行病学调查，通过兽医卫生综合信息平台上报动物疫情信息、动物疫病监测信息及动物疫病流行病学调查等情况。积极预防各类畜禽疫病的发生，同步开展畜禽养殖环境消毒灭源工作。全市设置 233 个产地检疫申报点，配备检疫协检员 430 名协助官方兽医从事检疫工作，并负责各检疫申报点产地检疫受理等工作，已全部实现电子出证。

（4）不断健全加工经营体系。一是羊肉加工企业。全市共有畜禽定点屠宰企业 75 家，其中羊屠宰企业 68 家，屠宰加工能力 2 030 万只，产品涉及 5 大类 160 多个羊肉产品、40 多个下货产品、260 多个规格。全市已认定市级以上肉羊养殖龙头企业 19 家、肉羊加工龙头企业 18 家，市级以上产业化联合体 12 家。培育了澳菲利、美洋洋、草原宏宝等一批加工龙头企业，产品遍布全国各大城市。二是羊绒加工企业。目前，建成以浩森、春雪等为代表的重点绒纺加工企业 35 家，已形成集水洗、分梳、染色、纺纱、编织于一体的产业链，具备年集散仓储和分梳加工原绒 10 000 吨、纺纱 750 吨、羊绒制品 930 万件的生产能力。2022 年实际集散仓储和分梳加工羊绒（剪绒）7 100 吨，其中，本地加工羊绒 600 吨，从外地集散到巴彦淖尔市仓储、交易和加工的羊绒约为 6 500 吨。三是羊毛集散、分梳加工企业。目前，全市从事羊毛收购加工的企业（场）主要集中在临河区和五原县，建成洗毛生产线 8 条，年洗毛能力 14 万吨，有羊毛分梳机 5 000 台，年分梳能力 12 万吨。2022 年，全市实际羊毛集散加工处理量为 7.1 万吨。其中，市内自产羊毛 1.1 万吨，市外集散羊毛 6 万吨；加工成分梳细羊毛的量约为 2.5 万吨，洗净羊毛销售量约为 4.6 万吨，销售方向为江苏、浙江、山东、广东、河北等地。

（5）专业合作组织蓬勃发展。全市现有农牧业专业合作社 5 749 家，其中从事肉羊养殖的专业合作社约 1 680 家，主要采用种植养殖大户和经纪人领办的合作社模式。这类合作社由从事同类生产的养殖户组成，关系密切，利益一致，凝聚力强，占合作社总数的 90% 以上，如临河区明诚养殖合作社等。龙头企业领办的产业化联合体模式，形成了"龙头企业＋合作社＋农户"的产业链，与农户结成利益共同体，共同抵御自然风险和市场风险。

（6）企农利益联结更加紧密。

"金草原模式"。一是"放母收羔"模式。金草原公司与农户合作，将高产母羊按"25＋1"（25 只母羊、1 只种公羊）的比例销售给农户，由农户自主经营，公司提供养殖技术指导服务，高于市场价回收繁育的仔畜。该模式有公司专业的养殖技术服务支持，同时高价收购仔畜，保障农户销路，有效带动养殖户快速发展产业。二是"1＋2羊联合体"模式。金草原公司利用自有高标准养殖棚圈，与养殖户合作购买基础母羊，公司提供养殖经营过程中所需的全部生产资料，养殖户投入劳力，所产仔畜销售收入按比例进行分成。该模式极大地减少了养殖户生物资产投入，并且公司承担了所有养殖经营支出，降低了养殖户经营风险，有效带动养殖户快速获得收益。三是"1＋3托羊所"模式。嘎查（村）集体经济合作社与金草原公司合作，购买1只基础母羊（湖羊），通过零负担的方式托管给金草原公司养殖基地统一经营管理，公司按每年每只母羊返还1只17.5千克体重（毛重）的断奶公羔作为托管收益，连续返还3年共3只。托管期结束后，返还合作社1只原托管母羊或8月龄定胎母羊。该模式下嘎查（村）集体养殖圈舍零投资、养殖经营零投入，同时由公司承担养殖经营风险，集体资产得到保值增值，有效推动集体经济稳步快速发展。

临河区富川公司"投资入股"合作模式。通过发展合作社、养殖场（户），富川公司通过股份合作方式带动农牧户增收，在合作方式上，农户以土地入股，投资人以资金入股，流动资金以贷款方式解决，富川以提供全方位的科技、管理和统一品牌参与，实现统一标准的饲养模式，形成利益息息相关的产业联盟，共同打造品牌。根据养殖需求，研发全日粮秸秆颗粒羊饲料高效新产品，显著降低成本，提高了养羊效益。规模养殖示范引领和合作带动，以"公司＋科技示范园区＋农牧户"的方式，通过集中签订技术服务承包合同方式，按保护价收购农畜产品，以保障农户最低收入。富川公司通过建设种羊场，进行公益性质的培育，提供优质种羊及优质高效终端公羊，并给予养殖户价格优惠、饲料补贴、免费培训等服务。富川公司以优质饲料、养殖示范、技术推广为支撑，通过建立农企与农牧民紧密的利益联结机制，推动地区牧业发展。

（三）肉羊生产示范园区典型案例——内蒙古五原县百万肉羊生产示范园区

1. 发展概况　内蒙古五原县百万肉羊生产示范园区总占地面积3 300亩，由力农、星海皓月、吉成、亿林、青青草原5家企业投资建设7家养殖场，目前建成圈舍290栋、30万米^2，存栏肉羊20万只（其中，基础母羊存栏1.2万只，育肥羔羊存栏18.8万只），年出栏肉羊60万只，园区积极打造农牧业产业化园区、农企利益联结机制示范园区、千户扶贫养殖园和百万肉羊生产联合体。目前，已吸引127户肉羊养殖户进园区养殖，直接带动141户282人进园区打工喂羊。

2. 经验做法

（1）强化资金投入。该基地从2011年开始建设，累计投入资金4.57亿元，其中县级财政投资 7 980 万元，争取上级专项资金 3 341 万元，企业自筹 34 400 万元，用于养殖园区圈舍建设、绿化、道路硬化、饲草料库房建设等。园区内通路、通水、通电和绿化全部由县政府投资。

（2）健全企农利益联结机制。在推进产业化进程中，园区着眼于搭建农户与市场的桥梁和纽带，狠抓企农利益联结机制，不断探索和发展多种行之有效的利益联结机制。一是力农公司采用"五统一分"管理模式，即统一圈舍、统一技术、统一供料、统一防疫、统一销售和分户饲养，公司租赁圈舍给养殖户到园区养殖，全部使用力农公司的饲料，由公司回收商品羊，力农 1～3 期养殖场共吸引 72 户养殖户到园区养殖，每户每批的存栏为 700～3 000 只，每户年出栏肉羊 2 100～9 000 只，每户年收入 16.8 万～72 万元。共雇用饲养人员 80 户 160 人，每户每年的工资为 5 万元。二是青青草原公司、亿林、星海皓月和吉成肉羊养殖场采用"公司＋养殖户"的模式，吸引养殖户进养殖园区养殖，并为养殖户提供饲料、养殖技术、防疫和肉羊销售服务，共吸纳 55 户养殖户进园区养殖，每户每批的存栏肉羊 500～3 000 只，每户年出栏肉羊 1 500～9 000 只，每户年收入 12 万～72 万元，共雇用饲养人员 61 户 122 人，每户每年工资 5 万元。

（3）注重延链补链。2019 年，力农公司投资 400 万元在百万肉羊养殖示范园内建成了有机肥加工厂，占地 15 亩，建成堆粪发酵池 5 000 米³、堆肥平台 2 000 米²、有机肥生产车间 1 000 米²、有机肥发酵车间 870 米²，并配套完善的有机肥加工设施设备。有机肥加工厂建成后，通过对羊粪进行发酵处理，将养殖场内的羊粪就地转化利用，加工成商品有机肥，年产能为 5 万吨，目前年实际生产有机肥 0.5 万吨，主要产品有生物有机肥，每吨有机肥售价在 1 000～1 800 元。通过加工转化，一方面，羊粪进行了深度发酵，各种虫卵、草籽等都被杀灭和破坏，还田后有较好的肥效；另一方面，羊粪加工成有机肥，经济效益显著增加，每吨利润 200～300 元。

（四）肉羊全产业链企业典型案例——内蒙古金草原生态科技集团公司

1. 发展概况 内蒙古金草原生态科技集团有限公司成立于 2016 年，注册资金 3 亿元，是一家集订单种植、饲料加工、种畜繁育、羔羊谷饲、屠宰加工、销售、冷链物流、有机肥生产于一体的科技型"自繁自育自养"现代化农牧业全产业链企业，总部位于巴彦淖尔市五原县天吉泰镇。公司先后获得国家级"畜禽养殖标准化示范场"和"肉羊产业技术体系试验示范基地"、自治区级"农牧业产业化重点龙头企业"和"产业化示范联合体"称号，也是天赋河套区域公用品牌唯一授权肉羊类产品企业。

2. 经验做法 公司致力于培育发展全新品种——金草胡羊，具有抗逆性好、产羔率高、出肉率高的核心优势。集团旗下有五原县、乌拉特后旗 3 处现代化高标准湖羊养殖园区，总建筑面积达 45 万米^2。存栏母羊 20.5 万只，年可出栏羔羊 60 万只，是全国单体规模最大的湖羊养殖基地。目前在建的占地 550 亩国家级核心种羊场可形成年输出 20 万只种羊规模的"金草胡羊"种质资源基地。集团同时拥有年屠宰加工能力 50 万只羊的国内先进冷鲜屠宰精分割加工厂、4 万米^2 饲草料加工厂、首家金草胡羊文化博物馆，牧草订单种植面积达 5 万亩，实现了"种养加"结合、"一二三产"融合的一体化循环经营。公司羊肉制品包括高级中、西式分割产品及精制羊副产品三大系列 200 多个品种，其中 18 款产品为绿色食品，销往北京、上海、广州、深圳等一线城市。公司在发展过程中，坚持自主创新与技术引进相结合的产学研运行机制，与中国农业科学院、中国农业大学等重点科研院校深度合作，搭建起"整合科研＋独立科研＋基层科研"三级全产业链科研架构，在繁育、养殖、饲喂等方面获得 10 项专利。建立良种繁育体系和标准化养殖体系，形成了一套独有的、完整的"金草胡羊"八位一体标准化全产业链生产管理运营模式。

公司业务覆盖内蒙古、新疆、安徽、山西、陕西等 13 个省份；与巴彦淖尔市五原县、乌拉特后旗，呼和浩特市，鄂尔多斯市以及新疆中泰（集团）有限责任公司等建立战略合作关系，并不断扩张覆盖范围。近年来，公司紧跟国家产业振兴步伐，加快构建集约化、专业化、组织化、社会化相结合的新型农牧业经营体系，不断探索与政府、村集体经济合作组织、农牧民建立多种稳定的农企利益联结机制，相继推行了"放母收羔""1＋2 羊联合体""1＋3 托羊所""1＋3＋N 管寄养"等利益联结新模式，在企业快速发展、产业规模不断扩大的同时，促进集体经济发展，带动农牧民享受更多产业发展红利。

（五）肉羊制种企业典型案例——甘肃庆环肉羊制种有限公司

1. 发展概况　甘肃庆环肉羊制种有限公司按照"政府投资建设、企业租赁经营"的轻资产模式，投资 2.4 亿元，引进甘肃德华生物股份有限公司创办的高科技肉羊制种企业，于 2018 年注册成立，秉持"科技创新、合作共赢"的发展理念，建成山城乡制种繁育和木钵镇羔羊繁育两大基地。积极争取天津援助资金 2 450 万元，联农带农壮大村集体经济，开展人才培育、科技开发、肉羊新品种等专精特新技术研究，提升产业科技含量，被农业农村部、甘肃省农业农村厅分别授予"畜禽养殖标准化示范场""甘肃省良种肉羊繁育基地"，为科技赋能肉羊产业发展搭建了"一平台、三基地"。

2. 经验做法

（1）采用先进设备，搭建产学研新平台。引入国际先进设备，与国际专家合作建成"两线四室两中心"（冻精生产线、胚胎生产线、基因组育种实验室、基因编辑实验室、营养分析室、疫病检测室、人工授精中心、胚胎移植中心）研发平台，运用机器人饲喂、自动称重分群、羊群管理等现代化、规模化舍饲肉羊的科学饲喂和管理系统，助力环县肉羊产业高新发展。目前，已取得国家实用新型专利 10 项，并在分子育种、生物育种等国际前沿领域实现了阶段性突破。实现生产效率提升 30%、质量提升 35%、经济效益提升 20%、生产成本降低 20% 的"三提升一降低"。

（2）引进顶尖人才，培植技术人才基地。坚持"高新技术突破"和"实用技术普及"相结合，紧盯国际先进制种和养殖技术，引进澳大利亚、英国、法国、美国等技术专家组建"国际队"，依托国内顶尖的 9 个研究所 14 支团队组建"国家队"，整合以庆阳市农业科学研究院、环县畜牧技术推广中心技术骨干组建"地方队"，三队同场献技、联合攻关，开展先进技术的引进和转化，并为全县养殖户传授先进技术，培养可以独立操作腹腔镜人工授精、胚胎制备与移植等核心技术作业的高精尖技术人才 74 人，培训养殖技术人才 1 000 人次以上，推动本地产业与国际技术全面接轨。

（3）引育良种肉羊，打造种质输出基地。从国外筛选引进肉质性能杰出的南丘羊、在甘肃适应性已经得到验证的陶赛特羊、羔羊生长速度极快的白萨福克羊等肉用种羊为父本，以高繁性能湖羊为主要母本，将良种父本与多羔基因母本的产肉基因相互匹配，示范推广具有全国领先地位的"四个一"（一只配一万，一天配一千，一变三十六，一扫三二一）生产技术，肉羊优秀基因得到大范围推广，优秀个体加速度复制，形成"双多双快"（产羔多、产肉多、赚钱快、脱贫快）效应，每年向全县输送肉羊良种 1 万只以上，推动优良基因向产业快速扩散。2021 年以来，在天津帮扶资金的支持下，公司与中国农业科学院兰州畜牧与兽药研究所、庆阳市农业科学研究院等单位正式启动"中环肉羊"新品种选育工作，已培育"中环肉羊"核心群 7 000 只，存栏良种肉羊2.8 万只。

（4）设施设备有基础，技术措施有支撑。

设施设备：配套有输送带饲喂系统、漏缝地板和清粪系统、母子栏、羔羊补饲栏、羔羊保温箱、育肥箱、羔羊补奶机、自动上料系统、机器人自动化饲喂系统，开展羊冷冻精液制作、羊冷胚胎液制作等，设备先进，为制种发展提供基础支撑。

"一只配一万"：挑选一只携带优良基因的顶级公羊，传统上是一只公羊配30 只母羊，顶级公羊不用于配种，而是每天采精，把含有优良基因的精液冷冻保存起来，用于母羊人工授精，每只公羊一年贡献的精液可用于 1 万只母羊的配种受胎。

"一天配一千"：将母羊群做同期发情处理，让 1 000 只母羊在同一天排卵、同一天配种、同时怀孕、同时产羔、同时断奶、同时育肥、同时出栏、同时屠宰，这种方式可以生产出均匀一致的育肥肉羊。屠宰加工成整齐、均匀、一致的优质羊肉产品，这是环县羊羔肉品牌的基础。

"一变三十六"：按照收集的数据对母羊进行对比和挑选，选出最好的母羊，不让其怀孕产羔，这个最好的母羊只负责排卵，而且使用激素让其超数排卵，然后给母羊输精，让卵子变成胚胎，应用充胚技术把体内的胚胎取出，检验合格的胚胎放置在受体母羊体内，受体母羊负责怀孕产羔，这种方式可以让一只母羊每年冲胚 6 次，一次生产出 6 枚合格胚胎。所以，一只最好的母羊，利用胚胎移植方式，一年之内可以生产出与自己一样优秀的 36 只羊。这种技术可以让羊群内部的优秀个体数量和比重获得快速增长，越来越多的优秀个体最终导致群体品质快速提高，就可以从中挑选出最好的重量。

"一扫三二一"：母羊怀孕之后，体内可能是单羔、双羔、三羔或者更多，怀胎数量不同，母羊和胎儿需要的营养差异很大。首先，在受精后 60 天给母羊做孕检，进口的精准孕检仪可以通过扫描判定母羊体内怀胎的数量，根据怀胎数量把母羊进行分群，如单羔群、双羔群、三羔群。然后，给予不同的营养待遇，从而在精准营养的支撑下，让母羊获得足够的营养，胎儿获得充分的生长发育，提高羔羊出生重和成活率。

（5）可持续发展有保障，科技联农带农效果好。县里每年通过项目或财政支持 1 000 万～2 000 万元，企业有经费支持保障，可以安心做种；企业下游有育肥场增收，可以形成互补。在天津帮扶资金的加持下，带动 181 个村集体发展经济（天津帮扶资金入股村集体经济 39 个），按照每村每年不低于 6％的标准进行固定分红，通过产业帮扶、示范引领、技术指导，大力推广"五级二元"杂交生产、全混合日粮精准饲喂等技术，免费检测饲草料营养成分 1 000 多份、提供优质种羊精液 2 万份，大力提高育肥羊的生产性能。与县内肉羊养殖场（户）结成技术帮扶"对子"，定期上门指导应用科学养殖新技术，增加养殖户的养殖经济效益 1 000 多万元。积极开展"社带户养""户托社养"，完成退股 450 户，退还羊只 2 178 只，继续带动 198 户脱贫户发展肉羊产业，用切实有效的行动助力乡村振兴，助推农业农村现代化。同时，大力开发就业岗位，吸纳 60 名本地低收入劳动力到企业就业，人均务工年收入在 4 万元以上，既壮大了村集体经济，又推动养殖户依托科技创新增收，走出了一条兴企富民发展新路。

（六）现代化羔羊育肥场典型案例——甘肃省环县车道 20 万只育肥场

1. 发展概况　甘肃省环县车道 20 万只现代化羔羊育肥场建于 2020 年，总投资 1.2 亿元，占地 265 亩，建有标准化羊舍 79 栋 8.7 万米^2，单批可存栏育肥羊 7 万只，目前存栏 4.2 万只（保护价收购育成公羊 2.2 万只、育成母羊 2 万只），是甘肃省养殖规模最大、养殖技术最优、养殖效益最高的现代化育肥产业园之一。

2. 经验做法

（1）有先进的设备。育肥场按照智慧化管理的标准给全场配置了全封闭自动供料系统、全封闭自动清粪系统、全封闭自动供暖系统和全封闭自动换气系统，在节省人力的同时，适应现代化养殖需求。

（2）有精准的配方。按照 5 千克的体重差对羊群进行整群分栏，以 10 天为一个单元设置了羊群过渡期、稳定期等饲喂单元，并对饲喂标准进行了细化和界定。通过严格饲喂标准和适时调整配方，迅速解决了保护价收购羊只体况不一、质量参差不齐的问题，确保进栏羊只能安全过渡，稳定期羊只能及时获取足够营养。

（3）有专业的团队。依托饲料企业派遣的动物营养研究生和兽医研究生，与公司自有的专业技术人员，组成核心技术团队，通过在生产现场教学、在科研一线教学，带动大学生羊倌不断提升专业技术，夯实业务基础，提高养殖技能。

（4）有规范的防疫。对进场羊只一律实行消毒预检、疫苗注射、病羊隔离等措施。消毒预检可初步剔除存在疫情风险的羊只，疫苗注射分进场、7 日、15 日 3 个阶段进行，分别对应口蹄疫疫苗、小反刍羊痘二联疫苗、三联四防疫苗和传染性胸膜肺炎疫苗。同时，坚持在成长过程中每天消毒并及时隔离具有发病症状的羊只，避免交叉感染。通过这些措施，全方位防范疫情风险，大幅度提高生产效率。

（5）有放心的产品。羊只饮食严格执行国家标准规范，食用纯天然、高营养的本地苜蓿、燕麦、麦草等有机饲草，饮用矿物质含量高的深井水，通过开展绿色标准化养殖，坚决杜绝瘦肉精、尿素等刺激生长的添加剂进入生产环节，全力保障"舌尖上的安全"。

（6）有稳定的效益。通过计算，羔羊购入价每只 720 元与 4 个月育肥成本 640 元合计后，总育肥成本为 1 360 元/只；按当前保护价屠宰后可收入 1 440 元/只，刨去生产成本后，净利润达 80 元/只，政府再补助奖励 70 元/只，以年出栏 20 万只羊标准计算，则总净收益达 3 000 万元/年。

（七）规模化屠宰加工企业典型案例——甘肃省环县中盛食品厂

1. 发展概况　甘肃省环县中盛食品厂位于环县绿色农产品加工园，占地 180 亩，投资 9 500 万元，2017 年 11 月建成投产，是中盛羊业发展有限公司围绕羊产业延链、补链、强链投资建设的核心项目。

2. 经验做法

（1）上接市场、下联农户，推动规模化生产。构建了从种羊繁育、肉羊育肥到加工屠宰、商品销售的全产业链，填补了陇东地区肉羊加工空白，是周边 500 千米范围内生产规模最大的肉羊屠宰加工厂。该厂上接市场，保护价敞开收购屠宰，推动肉羊产业稳定发展；下联社户，引导育肥场标准化生产，带动合作社和农户放心养殖。自投产以来，累计屠宰肉羊125万只，销售收入20亿元以上，位列育肥羊屠宰企业甘肃省第一名、全国前5名。

（2）科技引领、品牌增效，促进专业化加工。中盛食品厂拥有国内先进的肉羊屠宰水平预剥生产线和自动化褪毛生产线，建成10万级低温净化GMP标准的分割加工车间，新建3000吨羊肉产品冷链仓储设施，应用量子排酸、过冷保鲜、低温速冻等国内先进技术，最大限度地保留环县羊肉产品肥而不腻、瘦而不柴、不腥不膻的鲜美特质，羊肉产品被列入国家队运动员备战保障产品、第31届世界大学生夏季运动会和第19届杭州亚运会指定供应产品。

（3）多元开发、市场化销售，畅销国内外。根据不同层次、不同群体的市场需求，开发冷冻、冷鲜产品85种，依托电商冷链物流体系，探索国内外羊肉鲜销模式，产品畅销全国25个省份以及中国香港，并出口约旦、阿联酋等国家，累计出口创汇8391万元，其中2022年创汇1931万元，2023年上半年创汇1600万元。已成为香港五丰行、百胜（中国）、海底捞、月盛斋、阿西娅、上海大牧汗等知名餐饮企业的羊肉产品供应商，市场占有率持续扩大。

（八）肉羊加工出口企业典型案例——内蒙古草原鑫河食品有限公司介绍

1. 发展概况　内蒙古草原鑫河食品有限公司成立于1999年12月，公司注册资本金800万元，是一家设备齐全、技术力量雄厚、生产工艺先进的大型清真羊肉食品加工出口企业，是内蒙古农牧业产业化龙头企业。主营业务为活畜屠宰、肉食品加工、冷藏、销售及进出口贸易。

公司现有肉羊养殖基地4个，年出栏肉羊15万只，生产加工厂区3个，总占地面积120亩，总建筑面积50 000米^2，建成肉羊屠宰加工生产线2条，年屠宰加工能力为100万只，冷冻库2.4万米^3，冷藏容量3 000吨，新建熟肉制品加工车间2 000米^2，肉羊副产物深加工车间1 800米^2，并配套相应的加工设备和检测仪器，公司现有职工300多人。

2. 经验做法

（1）发展基础雄厚。公司先后被农业农村部授予"农产品加工示范基地"，被国家十部委授予"全国食品安全示范企业"，被中国肉类协会授予"全国肉类加工十大强势企业"，被内蒙古自治区授予"名牌农畜产品""内蒙古名牌产品""内蒙古著名商标""内蒙古自治区十大最具影响力品牌"。2010年底，公司的基地、产品通过了有机产品认证，是内蒙古西部地区第一家通过有机认证的企业，也是内蒙古最大的肉羊加工出口企业之一。

（2）发展历程悠久。2001年，公司第一块鑫河法排问世，打破国内高端羊肉产品依赖进口的局面。2005年，二期厂房投入生产。2006年，公司获得内蒙古自治区伊斯兰教协会颁发的清真监制证，通过ISO9001质量体系认证和 ISO22000 食品安全管理体系认证，公司通过了 HACCP 食品安全认证，同年取得国家质量监督检验检疫总局"卫生注册证书"，具有了自主进出口经营权。2007 年，在中国食品安全年会上，被授予"全国食品安全示范单位"。2008 年，公司成为北京奥运会羊肉供应商，荣获"内蒙古名牌产品"。2009 年，被内蒙古自治区人民政府评为"内蒙古自治区农牧业产业化重点龙头企业"。2010 年，公司成为上海世界博览会羊肉供应商，成为内蒙古西部第一家基地和产品通过有机认证的企业，被中国出入境检验检疫协会评为"中国质量诚信企业"。2011 年，被中国肉类协会评为"中国肉类食品行业强势企业"，获得科学技术部科学技术成果金桥奖；被内蒙古农牧厅评为"内蒙古无公害农产品"。2012 年，"草原鑫河"品牌被中国肉类协会授予"中国肉类产业影响力品牌"。2013 年，公司被评为"全国农产品加工示范单位"。2015 年，推出熟食系列、休闲食品系列和生物工程系列。2016 年，设立上海、广州分公司。2017 年，设立北京分公司，推出独具江南特色的羊肉熟食产品。2019 年，成立内蒙古草原鑫河生物科技有限公司，争创国内肉羊副产品精深加工高科技产业化示范园区。2022 年，公司成为北京冬奥会、冬残奥会以及卡塔尔足球世界杯羊肉供应商。

（3）产品市场广阔。公司产品分为八大系列 120 个产品，其中，冷冻法式羊排、羔羊肉卷、羔羊腿为公司主营产品，主营产品销售量占到总销售量的 97.4%。被中国肉类协会评为中国肉类产业影响力品牌，被内蒙古农牧业产业化龙头企业协会评为"名优特"农畜产品，产品远销北京、上海、广州等 30 多个大中城市，部分产品还远销阿联酋、科威特等国家。

（九）专业合作社典型案例——甘肃省环县毛井镇丁连掌村湖羊标准化养殖示范专业合作社

1. 发展概况　甘肃省环县毛井镇丁连掌村万只湖羊标准化养殖示范专业合作社，成立于 2019 年 4 月，该合作社总投资 1 267 万元，湖羊基础母羊存栏 4 000 只，年饲养量可达公司运营管理水平。

2. 经验做法

（1）党建引领聚合力。按照毛井镇党建引领"五联"机制（组织联建、跨村联动、产业联营、力量联帮、利益联结）要求，依托毛井镇产业联合社及下设的产业联合党支部，发挥政治引领、桥梁纽带、协调服务三大作用，按照"党支部抓规划、联合社拓市场、合作社包服务、农户搞生产"的发展思路，推动各环节衔接配套，产业链共担责任，共享利益，形成了群众跟着产业走、产业跟着合作社走、合作社跟着党支部走的发展格局。

（2）创新模式激活力。合作社按照"政府投资金建圈舍，企业出技术包运营"的模式，由国家级示范社恒基合作社牵头成立的产业联合社（甘肃陇塬三羊牧业有限公司）按照"五统一"（统一建设标准、统一良法饲养、统一团队经营、统一购销调度、统一资金管理）标准进行运营管理，主要开展湖羊母本良种纯繁选育，为全县提供湖羊良种基础母羊和养殖技术示范。

（3）辐射带动增动力。目前，羊存栏9 191只，累计出栏4 150只，总收益460万元。该合作社带动270户脱贫户（毛井镇175户、合道镇95户），已退股262户，按照退股不退社的原则，合作社依托甘肃陇塬三羊牧业有限公司，不仅为农户提供专业化、科学化的养殖技术培训，还全面开展保护价收购，完成收购4 321只，交售屠宰羊9 400只，极大地保证了农户养羊效益，推动产业健康稳定发展。该合作社入股8个村（山西掌、杨东掌、红糜湾、施家滩、红土咀、乔崾岘、丁连掌、马趟）集体资金1 267万元，实现年分红70万元，有力地支持了村级事业发展。

（十）肉羊专业村典型案例——甘肃省环县曲子镇西沟村种草养羊亿元专业村

1. 发展概况　甘肃省环县曲子镇西沟村为种草养羊亿元专业村，全村总面积56.7千米^2，辖9个村民小组，户籍人口675户2 579人，2019年被县政府命名为全县第一种草养羊专业村。户均养羊近百只，2022年底，全村养殖饲养量6.5万只（存栏3.1万只、出栏3.4万只），户均养羊97只；全村共9个合作社（饲草料种植专业合作社1个、全日粮饲料加工专业合作社1个、养羊专业合作社7个）；全村"3个超过70%"：70%以上的梯田种草、70%以上的农户养羊、70%以上的农民人均可支配收入来自草产业。

2. 经验做法

（1）工业思维优化组织模式，集群发展构建联合体系。

村社合一：联合社在西沟村党支部领导下，实现党建引领产业振兴。

九社联合：9个合作社形成联合社，作决策、建机制、搞服务。

组组建社：9个村民小组形成9个专业合作社。其中，7个养羊专业合作社，作纽带、保价收、搞育肥，上联联合社，下联养殖户，保护价收购全村养殖户的断奶羔羊，进行集中育肥、统一出售；1个饲草料种植专业合作社，保种植、保收割、保收购；1个全日粮饲料加工专业合作社，定配方、搞加工、供饲料。

户户入社：养羊户334户，全参与、放心养、搞扩繁。

（2）"1+10"抱成团，"强带弱"促振兴。反复宣传动员提信心，结对帮扶培训传羊经，上门保价收购除顾虑，统筹饲草收售强保障。11个星级户，联系其他村户，结对帮扶，通过微信等新媒体渠道，发送西沟村典型照片给农户学习。

（3）专业化生产，分工合作有动力。7个养羊专业合作社中，有1个育种合作社，选育农户后备母羊，收好羊养4个月配种，怀孕2个月给农户，每只羊纯收入在200元左右；有5个合作社开展专门育肥，有1个合作社专门育肥淘汰羊。1个饲草料种植专业合作社发展模式：合作社收购本村的优质饲草以高价销售到内蒙古、宁夏、山西等地的奶牛场，每吨挣100元左右，2022年挣17万元，80%用于合作社发展，20%给全体村民分红；本村养羊用的是从外面购置便宜的草。全村1.21万亩地种1.1万亩苜蓿，收3茬（350～400千克干草），种植户纯收入700元/亩。全日粮饲料加工专业合作社发展模式：浓缩料＋玉米＋草加工颗粒饲料，成本3300元/吨，给本村养殖户按3100元/吨销售，政府补助300～400元/吨，降低农户养殖饲料成本，确保合作社有效益。

（4）社会化服务底气足，政策支持有保障。村里有2名产业指导员负责配种、防疫、抽血化验、统计等工作，年工资5.5万元，社会化服务有保障。产业扩繁在农户，主导权在农户。链条全，政策好，以60元/千克的保护价收购，农户生产有保障。

（十一）羊文化典型案例——甘肃省环县羊文化展示馆

为充分展示环县羊产业繁荣发展背后所蕴含的深厚羊文化，以文化自信坚定产业自信，以文化沉淀滋养产业发展。2020年4月，环县在金羊大厦新建羊文化展示馆，2020年8月建成开馆，总投资650万元，占地面积2000米^2，由环县羊羔肉产业发展集团有限公司经营管理。

环县羊文化展示馆分两层，全面展示了环县羊文化悠久的历史发展过程。其中，一层设有"羊在环县——羊过长城窟""羊大为美——有羊心里甜""羊名天下——三羊齐开泰""羊的盛宴——味香飘九州"4个板块。以羊文化为视角，全景展示了环县的农牧文化和人文精神。二层设有羊产业会展中心，为羊产业企业设置展厅，现场展示和宣传推广企业的优质产品。目前，已入驻羊产业相关单位19家（环县羊羔肉产业发展集团有限公司、环县中盛羊业发展有限公司、甘肃庆环肉羊制种有限公司、庆阳奥华农牧业有限公司、环县民顺牧业有限公司、环县肉羊种质创新中心基因组育种实验室、甘肃古耕农夫生态农业科技有限公司、庆阳伟赫乳制品有限公司、金羊120平台直播室、环县陇羊实业有限公司、环县正丰农牧业发展有限责任公司、甘肃陇塬三羊牧业有限公司、环县鑫昕农牧业发展有限公司、环县羊产业联合会、环县畜牧兽医协会、大学生养羊协会、肉羊营销协会、环县常坪养羊专业合作社、环县畜牧业大数据处理中心），由环县羊产业联合会综合协调服务，随时协调解决企业发展过程中遇到的问题，为羊产业企业提供全方位的服务保障，营造优良的营商环境。设置业务洽谈区5处，方便企业和客商合作洽谈使用。设环县草畜产业分布模拟沙盘1处（长6.6米、宽4.6米），直观展现全县草畜产业发展分布情况。设环县金羊120平台直播室1间，供本地创业名人、畜牧兽医专家直播，答疑解惑，借助网络的力量普及养羊防疫知识，提升环县羊羔肉知名度。

随着环县羊产业不断发展壮大，全国各地慕名前来参观羊文化展示馆的人数逐渐增多。开馆以来，共接待全国各地参观游客 2 万多人次，成为环县羊产业观摩的亮点，受到了广大参观人士的高度赞赏。

二、新疆肉羊产业发展典型案例

（一）多胎肉羊养殖企业典型案例——和田地区津垦牧业科技有限公司

1. 发展概况 和田地区津垦牧业科技有限公司成立于 2018 年 11 月，总占地面积 1 424 亩，总投资 11 亿元，具有现代化羊舍 228 栋，年存栏基础母羊 10 万只，年产羔羊 20 万只。企业成立以来，先后获得"和田地区农业产业化重点龙头企业""和田地区民族团结进步模范单位""决战决胜脱贫攻坚党员先锋集体""天津市民族团结进步模范集体""和田地区城乡劳动力就业工作先进集体""自治区脱贫攻坚先进集体""自治区重点龙头企业"等荣誉称号。

公司积极助力和田地区于田县肉羊产业发展，形成集育种、扩繁、饲料、屠宰、种植于一体的肉羊全产业链，具有 2 个自治区级的龙头企业，拥有澳洲白羊、杜泊羊、湖羊、澳湖羊、策勒黑羊、皮山红羊 6 个品种，以澳湖羊为主线，具备高出肉率、出栏速度快、多胎性等经济特性，受到广大养殖户欢迎。公司为扩展市场，打响知名度，成立羊肉品牌"玉口鲜"，具备 ISO9001、ISO14001、ISO45001、HACCP、ISO22000 体系认证，代表性产品有羔羊小精卷、羔羊肉卷、羔羊红柳串、羔羊带腱肉腿骨等 15 种，通过开设专卖店、参加全国农副产品博览会等方式开展宣传，让品牌一步步深入人心。

公司积极承担国企责任，挽救濒临灭绝的地方品种，开展策勒黑羊保种工作，目前存栏策勒黑羊近 2 000 只。同时，改良当地肉羊优质品种，运用鲜精配送技术，为和田地区七县一市提供调配好的稀释精液，增强良种培育推广工作力度，助推新疆肉羊产业发展，已销售精液 13 644 头份。

公司于 2022 年底投资 5 000 万元成立和田地区津垦牧业肉羊研究院，利用分子育种技术大幅提高当地的肉羊育种能力和水平，应用基因精准性能测定、全基因组高通量测序等新技术，建成国内一流的肉羊遗传评估技术平台，建立肉羊繁育体系和育繁推一体化的育种体系，助力和田地区肉羊产业高质量发展。

2. 经验做法

（1）以"十化模式"促进规模化养殖场精益管理。公司立足现代化、科学化的养殖理念，结合实际，实行"十化模式"运营管理，减少疾病发生率，降低羔羊死亡率，提高母羊产羔率，提升公司竞争力，以下为"十化模式"的部分介绍。

养殖规模化：公司具有养殖舍共 228 栋，年存栏基础母羊 10 万只，年出栏肉羊 20 万只，养殖规模和生产效率均居于全国前列。截至 2023 年 7 月底，公司存栏哺乳羔羊 13 323 只、断奶羔羊 17 037 只、育成母羊 9 069 只、经产母羊 57 646 只、青年公羊 1 407 只、种公羊 2 123 只、育肥羊 32 939 只，总共存栏 133 544 只。

设施自动化：为提高生产效率，减少人员工作量，公司引进链条式刮粪设备、自动喷雾消毒设备等设施，实现粪污回收处理、消毒自动化，有效缩短员工工作时间，提升工作效率。

管理信息化：公司上线津垦牧业饲养管理平台，通过对养殖全过程的信息采集录入，完成人、羊、物全口径统计，实现羊只全成本核算和精益化管理。

饲喂精细化：为使羊只吃的每一口料都是精准可控的，公司引进智能饲喂中心系统。该系统可精准添加饲草料，按配方精准饲喂，保证羊只能够按计划生长，提高公司生产效率。

服务优质化：公司利用技术优势，积极向周边合作社、养殖户传输新技术与新知识，建立下乡服务队，为养殖户提供上门服务。做到第一时间赶到、第一时间解决，实现"农户不出门，便知养殖事"。

（2）以"希吾勒模式"助力乡村振兴。目前，公司配合政府高位推动"龙头公司＋乡（镇）级分场（合作社）＋养殖大户＋基础农户"的四级架构模式，成功扩建 15 个乡级扩繁场，开创可推广复制的"希吾勒模式"，以下举例说明主要情况。

总场带分场：以总场为核心，依托于总场运营的"十化模式"，向周边羊场推广优质饲养技术和良好防疫体系，并实行"五统一"的技术服务，即统一品种、统一饲料、统一饲养、统一防疫、统一保护价收购，成功带动 15 个分场，使各分场按要求进行养殖，实现生产模式标准化、防疫风险可控化，让农户获得长效收益。

托管代养：农户将自家羊只交由企业进行托管饲养，产权属于农户，其中农户的母羊所产羔羊归公司所有，公司每年向农户进行固定收益分红，使其拥有可靠的收入来源，实现农户零风险、快结"富果"的目标。

产业带就业：以产业促就业，实现一人就业全家增收。公司根据项目规划，为当地提供 380 多个就业岗位，岗位工资高于当地平均收入水平。员工入职后，还可获得相关技术培训，做到"授人以渔"。

互换种公羊：一些农户无能力购买优质种公羊，是造成品种退化的主要原因，公司通过回收劣质公羊互换种公羊的模式，对现有种公羊进行淘汰更新，从根本上解决了品种退化的问题。据统计，此模式生产的肉羊出肉率提高 20％，单次产羔数提高 0.4 只，促进了农户收入增长。

通过"代养模式"带动当地 2 420 户 8 209 人受益，每人每年分红收益达到 1 400 元；通过"公司＋合作社＋农户"辐射带动 15 068 户农户实现增收，取得良好的经济效益和社会效益；通过一人就业全家增收，带动当地农民 380 多人就业，就业农民享受"五险"待遇，平均每人每月不低于 3 200 元，实现长期稳定增收；同时，参与于田县壮大村集体项目，带动于田县 188 个村集体和 2 700 户农民实现稳定增收。

（3）以"科技强农"支撑肉羊产业发展。为响应国家种业发展战略，公司结合新疆地区特有优势，从国内外优质品种进行选择，引进澳洲白羊、杜泊羊、湖羊等优质肉羊品种，利用澳洲白羊、杜泊羊等肉用性能及其耐粗饲的生长特点，结合湖羊的多胎性能，杂交选育出澳湖羊这一优良后代，充分发挥生产速度快（平均日增重达 320 克）、产羔率高（单胎普遍产两羔）等优点，为新疆地区培育优良杂交品种。在选育过程中，利用津垦牧业肉羊研究院设施设备，通过基因检测，采用高通量全基因组测序等高科技手段，实现选种育种基因化。既缩短了传统育种时间，又极大地提升了效率。目前，澳湖羊已成功在和田地区全面推广，在生产实践中深得当地群众认可。

（4）地方特色品种资源保护。依托津垦牧业肉羊研究院，一是建设地方品种基因库，已建设和田羊、策勒黑羊、皮山红羊 3 个地方品种的种质资源基因库；二是强化品种改良和加快育种扩繁，建设育繁推一体化体系。近年来，由于品种改良和杂交育种观念的滞后，品种性能出现退化现象。因此，保护地方特色种质资源及种业自立自强是当务之急。利用分子育种技术选育一批优质品种后代，通过精液制备、胚胎移植等技术，达到快速扩繁扩群的目的。目前，已完成策勒黑羊冷冻胚胎 1 000 多枚。后续将对和田地区其他特色品种，如皮山红羊、和田羊等开展保种育种工作。

（5）种公羊入户推动良种化。为推进和田地区肉羊良种化发展，促进解决本地品种杂、品种性能差的问题，积极推动种公羊入户工作。2022 年良种补贴完成种公羊入户 2 000 只，置换种公羊 474 只，销售种公羊 334 只；2023 年销售种公羊 332 只。

和田地区津垦牧业科技有限公司将继续秉承"以产业为支撑，服务全面乡村振兴"的国家战略，坚持以肉羊产业带动当地农户增收致富，以肉羊产业高质量发展为目标，围绕肉羊产业发展补链、强链，全面助推乡村振兴，实现良种自立自强，做大、做优、做强现代化肉羊产业，履行国企担当，贡献国企力量。

（二）肉羊全产业链建设企业典型案例——巴楚安欣牧业有限责任公司

1. 发展概况　2019 年 7 月，围绕新疆畜牧业政策及资源优势，上海鹏欣集团旗下羊业板块公司安徽安欣牧业到相关地（州）考察调研，公司发展愿景充分契合了喀什地委振兴肉羊产业、大力发展多胎羊的决策。2020 年 1 月，安欣牧业同巴楚县人民政府签署协议，合作实施巴楚肉羊产业园项目，致力于打造百万只肉羊全产业链，创建"集约化示范养殖基地＋养殖小区＋家庭羊场"三级肉羊产业体系、优质饲草料生产加工基地、羊肉产品精深加工基地、粪污资源利用基地、活羊与羊肉产品交易基地、原生态观光基地、现代羊业技术研发基地，种养加一体，科工贸融合，全产业链经营，带动农户养羊增收致富，促进乡村振兴和社会经济发展。

2. 经验做法

（1）发挥技术创新优势，夯实产业链延伸根基。

技术支撑做基础。以良种选育、繁殖配种、营养饲料、疫病防控、工艺与设备、数字化管理的"工厂化"养殖六大技术体系，为肉羊产业在新疆农区实现标准化规模养殖提供技术支撑。公司现存栏湖羊 10.9 万只，良种性能与产出率、肉羊生产成本、劳动生产效率、科技贡献率等主要经济技术指标均居行业前列，巴楚基地建成投产后，将具备每年为新疆提供 20 万只优质多胎羊的供种能力。

研发投入做后盾。在产业发展中，坚持加大科技研发投入，选育育种核心群 4 000 多只，持续开发本地非粮饲料资源，羊群综合日饲料成本降至 2.1 元/天以下。通过开发 BI 大数据管理平台＋ERP 生产管理系统＋OA 协同系统＋仓储系统＋CRM 客户管理系统，打造全流程智能运营业务体系，推进畜牧业信息化建设。

创先争优做示范。在各级政府及行业部门大力支持下，公司先后获得国家级肉羊养殖标准化示范场、自治区羊核心育种场、自治区动物疫病净化场（布鲁氏菌病）、自治区农区高效肉羊品种选育推广技术体系示范企业（实训基地）、科技型中小企业、新疆畜牧科学院喀什分院合办单位、喀什地区农业产业化重点龙头企业等荣誉资质。

绿色发展做理念。通过吸收国内外羊企先进经验，贯彻工厂化养殖、立体化防疫、自动化生产、标准化操作、数字化管理、粪污全利用、种养加一体的现代肉羊产业理念，促进肉羊产业链绿色健康发展。

（2）健全联农带农机制，促进产业可持续发展。

创新机制带动产业。同政府相关部门研究制定《巴楚县肉羊产业工程项目三年发展规划》，创建"示范养殖基地＋养殖小区＋家庭羊场"的县域集约化、产业化养殖网络，创新乡（镇）政府、安欣牧业、养殖户、银行、担保公司、保险公司六方合作的放母收羔养殖机制，带动当地 4 000 多户肉羊产业化合作养殖农户增收致富。

联农带农让利于民。通过开展产业化合作养殖、免费技术培训、订单种植，扶持本地农户及合作社；优先吸纳本地可用劳动力就业；对青贮收割、运输、压窖、饲草料装卸，羊粪清理装运等进行劳务外包，并通过运费补贴、质量补贴等方式让利于民，形成多种企农利益联结机制，促进农牧民增收。目前，订单种植面积 6 万多亩，覆盖乡（镇）农民 5 000 多户，间接带动 1 万多人。

（3）推进肉羊全产业链建设，助力农区畜牧业振兴。

扩大产业化养殖体系。公司计划在项目区推广农户适度规模养殖模式，新增合作养殖户 1 万户，合作养殖多胎湖羊种羊 10 万只。持续开展技术培训及技术服务，引导区域产业发展。

建设优质饲草料生产加工基地。将投产年加工 12 万吨反刍动物饲料厂 1 座。至"十四五"末，计划逐步扩大订单种植面积至 34 万亩，年产青贮 20 万吨、干草 7 万吨。

建设羊肉产品精深加工基地。公司投产年屠宰 15 万只羊屠宰场 1 座，增加商品羊肉上市种类、规模，提高产品附加值。重点发展以小包装精分割肉加工、方便肉制品加工，打造、推广"巴尔楚克"高端羊肉品牌，探索动物脏器、血液、骨骼等精深加工技术，延伸产业链。

（4）建设畜禽粪污资源化利用基地。逐步配套有机肥场 2 座，年加工有机肥 10 万吨，通过产业链项目实施，种养结合，发展循环生态农业，实现"地种粮、粮结秆、秆喂羊、羊产粪、粪还田"的生态有机循环。

（5）建设现代羊业技术研发基地。在多胎肉羊选育育种、开发本地非粮饲料资源、经济杂交、智能化管理系统等方面持续投入，参与重大项目攻关。

巴楚安欣牧业将进一步完善产业布局，加速产业升级；同时，继续坚持研发投入，开展经济杂交，逐步引入多浪羊、哈萨克羊、东弗里生羊、杜泊羊，培育快长系、高繁系、肉乳兼用系等肉羊新品系，占领羊乳肉产业高地，助力新疆肉羊产业高质量发展。

（三）年出栏 20 万只湖羊养殖基地建设典型案例——乌什县振兴园牧业

1. 发展概况　乌什县年出栏 20 万只湖羊养殖基地建设项目于 2020 年开始实施，总投资 1.9 亿元，占地 428 亩，建有湖羊养殖圈舍 120 栋、存储量达 3 万吨的青储窖 6 个，采购基础母羊 3 万只，建成了屠宰场、排酸库、速冻库和有机肥生产车间，开发出"振兴缘""西域小羔羊"等羊肉产品品牌。目前，基地羊存栏 5 万只，2022 年出栏 8 万只，产值 1.2 亿元。该基地稳定带动 180 名农民就近就业，人均年收入 3 万元以上，每年收购干草 2 万吨、青储饲料 4 万吨左右，联农带农效益明显。

2. 经验做法　2022 年 6 月以来，采用"公司＋农户"的方式推广"借母还羔"托养模式，由企业向养殖户发放怀孕湖羊（20～30 只母羊配 1 只公羊）托养 3 年，养殖户每年返还企业新生产羊羔数量 20％（4～6 只）的断奶羊，其余羊羔归养殖户所有。3 年托养期满后，所有湖羊由企业按照商定的保底价收购，也可自行售卖后返还企业初始成本资金。"借母还羔"托养模式减少了企业饲养成本，扩大了养殖规模，增加了养殖户收入。湖羊2年3胎，30只湖羊2年可产羊羔140只左右（繁殖率1.65），返还20%后还剩余110只左右，除去养殖成本外，纯利润3万~5万元。企业还通过上门服务、集中培训等方式，培养大批农牧民掌握了科学配方、精细分类等饲养技术，定期开展防疫补免，降低了病羊保险赔付风险，提高了银行向养殖户放贷的信心。"借母还羔"托养模式使养殖户、企业、保险公司和银行形成了"利益共享、风险共担"的共同体，促进了湖羊养殖产业良性发展。

为进一步增强湖羊产业发展后劲，公司先后与新疆农业科学院、新疆畜牧科学院、塔里木大学达成合作意向，投资成立畜牧科技教学实习基地及科研实验室，大力推广秸秆揉丝与膨化饲料，积极开展工厂化养殖中疫病科学防治、科学饲养等配套技术，严格控成本、控风险，探索出企业独特的发展优势。同时，围绕肉牛肉羊产业，公司在发展上下游产业链上下功夫，逐步将业务范围拓展至家畜养殖、牛羊屠宰加工、沼气有机肥生产、温室及露天鲜食葡萄种植、饲草料种植、果品深加工等方面，积极打造"种、养、产、销"四位一体的农牧生态循环型发展的现代龙头企业，先后获得"全国先进民营企业""全国标准化示范场""自治区扶贫龙头企业""自治区农业产业化龙头企业""自治区小尾寒羊良种繁育中心"等荣誉称号。

（四）肉羊科技型企业发展典型案例——天下牧业（柯坪）有限公司

1. 发展概况　天下牧业（柯坪）有限公司成立于2021年7月1日，注册资金6 000万元。由中国民营企业500强上市企业湖州美欣达集团旗下全资子公司天下牧业（湖州）有限公司，联合柯坪县畜牧科技发展有限公司和湖州吴兴农业投资发展有限公司共同创建，公司坐落于环境优美的阿克苏地区柯坪县阿恰勒镇，是一家集养殖、良种繁育、饲料生产加工、牧草种植、有机肥生产、屠宰加工及肉制品销售等于一体的现代化科技企业。

2. 经验做法　公司践行"标准化、规模化、现代化"的产业化战略布局，坚持以"品种创新、技术创新、工艺创新、管理创新"打造核心竞争力，以湖羊的繁育、改良、推广为发展方向，创新"特色品种研发、特色品种养殖、羊肉精细加工"等全产业链经营。从养殖生产到生态环境保护，均采用大数据信息化现代科技。现有标准羊舍100栋，配套饲料加工中心1座、青贮窖4座、自动出粪系统100套和自动喂料车等，现代化养殖设施设备等投资1.05亿元。

公司充分发挥"湖州湖羊"和"柯坪羊肉"这两个国家地理标志产品优势，发展战略围绕乡村振兴和共同富裕展开，已建成产业帮扶基地，以"产业＋合作社＋农户"的模式不断推进乡村振兴，已合作多家合作社，带动周边养殖户1 000多户，有效解决就业岗位120多个，生产一线员工的年收入可达

6 万元左右，平均年增收约 2 万元。

同时，公司以浙江大学、中国农业大学、塔里木大学等高校科研单位为技术依托，借助中国农村专业技术协会"科技小院"等平台优势，以湖羊养殖为基础，探索"农作物秸秆—湖羊—有机肥—农作物"生态循环经营模式，通过大数据优选优育及人工授精进行良种繁育选育，孵化规模化标准养殖模式，逐步将疆外先进的畜牧技术、先进的自动化设备、先进科学管理及发展理念，植入新疆这块广袤的土地，扎实推进实施智能化数字牧场发展战略，率先积极融入"西部地区崛起"，加快战略布局，全力打造产业生态好、发展后劲足、员工幸福指数高、一流的柯坪绿色畜牧龙头企业。

（五）羊产品精深加工企业典型案例——和田琨泰农业科技有限责任公司

1. 发展概况　和田琨泰农业科技有限责任公司成立于 2020 年 1 月，注册资金 500 万元，是自治区级农业产业化龙头企业，2023 年入库新疆第一批科技型中小企业，其"琨泰"品牌荣获第六届中国农业品牌年度颁奖盛典"中国农产品百强标志性品牌"称号。目前，并购了原和田秋实昆仑雪生物科技有限公司的业务板块，主要产品为羊肠衣和粗品肝素钠。公司以羊肠采购技术服务站为基点，以初加工基地为辐射点，充分发挥龙头企业的带动作用，利用我国作为全球天然肠衣贸易主要出口国的优势地位，积聚资源，带动相关产业链中更多上、下游企业及农牧民共同发展，深入推进乡村振兴，走出一条既符合和田实际又符合企业自身发展优势的有效路径，发挥当地资源优势及公司技术优势，实现以牛、羊为主的高效现代化畜牧业发展新模式，以羊副产品精深加工为基础，逐步建成集采购、屠宰、加工、销售、冷链运输、生物科技提取于一体的全产业技术集群。

2. 经验做法　公司整合市场资源，以"公司＋合作社＋家庭农场＋农户"的运营模式，共计吸纳 126 人稳定就业，人均工资约 3 000 元，2023 年公司进行畜牧产业资源整合，目前搭建了交易平台 500 米^2，与羊皮、羊头（羊蹄）、羊杂、羊下水等收购大户建立了合作联盟机制。

（1）搭建畜牧产业园全产业链技术集成平台，实现科技生物提取技术转化。

（2）收集屠宰场以往被丢弃的羊血，进行超氧化物歧化酶（SOD）的提取、转化，使之成为高附加值产品，实现在食用、化妆品、药物等领域中广泛应用。

（3）从羊皮及羊血中提取羊皮蛋白粉、羊血蛋白等并进行转化。

（4）与各大科研院所建立产学研合作关系，在原有成熟的羊副产品生物提取技术基础上，拓展畜牧产业园内畜禽技术提取范围，进行成果转化，挖掘出更多优质的潜在产品。

公司将致力于高科技生物提取全产业链集群发展，开展从羊血中提取超氧化物歧化酶（SOD）、从刮制羊肠衣废旧黏膜中提取肝素钠、从羊皮羊血中提取蛋白等，增加高附加值产品，实现年出口创汇达 6 000 万元。

（六）"2 年 3 胎 6 羔"模式企业典型案例——新疆上品美羊科技有限公司

1. 发展概况　新疆上品美羊科技有限公司于 2020 年在园区建场，公司高度重视科技工作，坚信"科学技术是第一生产力"，践行"上品美羊　科技兴羊"的宗旨，提出并成功实践了农区养羊"2 年 3 胎 6 羔"模式。

2. 经验做法　公司紧紧围绕农区养羊事业高质量发展这一主题，旨在解决当前农区养羊存在单胎、产肉率低、生产性能低、饲草料转化率低等堵点和痛点。严格遵循"四良一规范"（良种、良舍、良料、良法、规范化防疫）要求，扎实做好湖羊育种、疫病防控、饲养管理、接羔育幼、有机肥加工等工作。运用同期发情、定时输精高效繁殖技术，积极推行"2 年 3 胎 6 羔"高频养殖模式，推进工厂化养羊，不断提高生产效率，有效降低养殖成本，实现了可持续、高效率、优质发展。

（1）基本指标。

供种能力：核心群能繁母羊的组建是扩群增量的源泉，养殖基地每年保持母羊 6 000 只、种公羊 1 000 只的生产规模。目前，育种基地存栏湖羊 9 100 只。其中，成母羊 4 139 只、育成母羊 1 218 只、后备公羊 1 367 只、种公羊 38 只、母羔羊 1 180 只、公羔羊 1 158 只。

繁殖指标：同期发情率达到 93.29%，腹腔深部输精单次受胎率 90.02%，单次输精受胎率高于常规人工授精 20 个百分点，种公羊利用效率提升 50 倍。

产羔指标：能繁母羊胎次产羔率达到 215.16%，年产羔率达到 303%；羔羊成活率 93.91%，以上指标在多胎羊养殖行业中居于领先地位。

（2）育种核心群建设。采用基因检测与表型选择相结合，开展湖羊本品种提纯复壮选育工作，湖羊父本、母本全部是纯合子，后代也全都是纯合子。现已建立湖羊核心育种群 3 500 只，胎次稳定产羔 2～3 羔的比例达到 92%，增重性能提高了 7%。

（3）其他主要措施。着力抓好优质玉米青贮、高蛋白苜蓿、精饲料的制作和品控，构建以牧草为主导的营养体系，科学制作 TMR 日粮，机械化投喂；高度重视绵羊疫病综合防治，推广使用联合防疫技术，最大限度地提高免疫效率和效果；认真做好母羊生产保育工作，确保"母子平安"；采用洁净化饲养管理，提升羊只福利，保证羊群良好的健康状况，延长使用年限；建立羊场智能数字化管理平台，促进管理科学高效；有机肥生产采用覆膜发酵及条垛式发酵两种生产方式。分子膜覆盖生产是将羊粪与麦秸混合粉碎，加入腐熟菌剂，覆盖德国进口分子膜，输氧发酵，保住氮、磷、钾等肥力元素，做成无臭、无环境影响的高肥效有机肥。条垛式翻抛堆肥采用翻抛车预翻抛，加入腐熟菌剂再翻抛，历经 18 天左右完成发酵。

（4）辐射带动。公司明确了自身的社会职责，用养羊技术和管理回馈社会，做好养殖关键技术培训和指导服务工作，切实使养殖户科技水平迈上一个新台阶。2022 年共培训昌吉州各县（市）及自治区畜牧兽医技术人员 252 人次，其中驻场实训 90 人，集中培训 162 人，分别接待新疆和昌吉州畜牧业现场会各 3 次。2023 年组织驻场实训班 12 期，实操培训专业畜牧兽医技术人员 116 人，养殖理念培训专业技术人员 300 人，组织肉羊高效养殖模式现场观摩会 2 次。

公司树立了"让牧羊人过上好日子"的愿景，充分发挥示范引领作用。2022 年以来，在昌吉州推广湖羊种母羊 2 500 只、种公羊 59 只，同昌吉州农业农村局确立了 25 户多胎肉羊养殖示范户，并进行了上门指导服务 40 多次，切实使养殖户科技水平迈上了新台阶，为昌吉州进一步发展多胎肉羊养殖产业打下了一定的基础。

附　录

附录 1　调研问卷

一、新疆肉羊养殖企业（经营主体）基本情况调查表

说明：本调查问卷是实施新疆农区高效肉羊品种选育技术体系农区肉羊产业经济岗研究任务所需，望能如实填写，谢谢您的合作！

调查地点及企业名称：_____地区_____县_____公司

被调查者姓名及职务：_____联系电话：_____

调查员姓名：_____调查时间：_____年___月___日

序号	调查内容	结果或选项	备注
1	单位基本概况	/	/
	单位名称		
	单位地址		
	法人代表		
	单位性质		
	注册资金		
	成立时间		
2	单位人员情况（截至目前）		
	人员数/人		
	其中：管理人员数/人		
	畜牧兽医技术人员数/人		
	生产人员数/人		
	其中：大专及以上学历人数/人		
	是否有兼职或专职会计（请选择）	1. 是　2. 否	如是：1. 兼职　2. 专职
	是否有兼职或专职出纳（请选择）	1. 是　2. 否	如是：1. 兼职　2. 专职
	是否有专门兽医（请选择）	1. 是　2. 否	如是：（　　）人
	是否有专门配种人员（请选择）	1. 是　2. 否	如是：（　　）人
	是否有档案或资料员（请选择）	1. 是　2. 否	

	单位财务状况		_____年	_____年
	资产总计/万元			
	固定资产合计/万元			
	流动资产合计/万元			
3	肉羊养殖收入/元			
	肉羊养殖成本/元			
	净利润/万元			
	负债合计/万元			
	资产负债率/%			

4　基础设施情况

序号	工程名称	单位	数量	总面积/米²	总造价/万元	建造年份	预计使用年限/年	结构	利用率/%
	职工生产生活	/	/	/	/	/	/	/	/
	职工宿舍	间							
4.1	办公室	间							
	食堂	间							
	其他	间							
	羊舍情况	/	/	/	/	/	/	/	/
	种公羊舍	栋							
	哺乳母羊舍	栋							
4.2	育成羊舍	栋							
	待售及隔离羊舍	栋							
	其他（　　）								
	生产辅助建筑	/	/	/	/	/	/	/	/
	青贮池	个							
	胚胎移植室	个							
	兽医室	间							
4.3	药房	间							
	消毒室	间							
	人工授精室	间							
	锅炉房	个							
	其他（　　）								

	其他基础设施	/	/	/	/	/	/	/	/
	运动场及围栏	个							
	供水设施（请选择）	1. 有				2. 无			
	配电设施（请选择）	1. 有				2. 无			
	排水设施（请选择）	1. 有				2. 无			
4.4	场内道路（请选择）	1. 水泥路（占　　%）　　　　2. 柏油路（占　　%） 3. 沙石路（占　　%）　　　　4. 土路　（占　　%） 5. 其他　（占　　%）							
	粪肥处理场	1. 有（数量及面积：　　）　　2. 无							
	其他（　　）								
	其他（　　）								
	其他（　　）								

5　设备情况

序号	设备名称	单位	数量	总价格或造价/万元	购买年份	利用率/%	购买意愿
5.1	主要生产设备	/	/	/	/	/	/
	饲槽	米					
	饮水槽	个					
	青贮铡草机	台					
	饲料加工设备	套					
	运输车辆	辆					
	场内运输车	辆					
	高压清洗消毒机	台					
	其他（　　）						
	其他（　　）						
5.2	胚胎移植及实验室设备	/	/	/	/	/	/
	显微镜	台					
	冷冻仪	台					
	B超机	台					
	腹腔镜	台					
	干燥箱	台					
	环氧乙烷消毒柜	件					
	液氮罐	个					
	超纯水机	台					

	超净工作台	台				
	保温板	件				
5.2	冰柜	件				
	计算机	台				
	其他（　　）					
5.3	其他设备					

6　畜牧业生产情况

6.1	生产方式（请选择）	A. 全舍饲　　B. 半舍饲（放养　个月＋舍饲　个月） C. 放牧（　个月）＋舍饲（　个月）　D. 其他（　　）
	养殖模式（请选择）	A. 自繁自育　　　B. 育肥　　　　C. 自繁自育＋育肥
	经营模式（请选择）	A. 合作社模式　　B. 公司模式　　C. 协会模式　　D. 其他

	自繁自育生产情况				
	项目	本地羊	多胎羊	其他	合计
	品种				
	年初存栏数				
	其中：种公羊				
	生产母羊				
	后备母羊				
	年内繁殖数				
6.2	年内繁殖死亡数				
	年内买入数				
	年内死亡数				
	年内卖出数				
	自宰数				
	年末存栏数				
	其中：种公羊				
	生产母羊				
	后备母羊				

	育肥生产情况		
	项目	内容	备注
6.3	羊的来源（外购地点）		
	羊的价格/（元/只）		
	年育肥批数/（批/年）		

	批育肥数量/(只/批)				
	运输成本/(元/批)				
	购羊产生的其他费用/(元/批)				
6.3	育肥天数/(天/批)				
	羊死亡情况/(只/100 只羊)				
	活羊售价/(元/千克)				
	年育肥数量/只				
	年育肥生产利润/万元				

7　饲草料及配方情况

	粗饲料使用情况				
	饲料种类	饲料来源（请选择）		日消耗量/千克	单价/元	备注
7.1	玉米秸秆	1. 自产	2. 外购			
	麦草	1. 自产	2. 外购			
	高粱秆	1. 自产	2. 外购			
	苜蓿	1. 自产	2. 外购			
	青、黄贮	1. 自产	2. 外购			
	杂草	1. 自产	2. 外购			
	其他 1.	1. 自产	2. 外购			
	2.	1. 自产	2. 外购			
	3.	1. 自产	2. 外购			
	日粗料饲喂总量/千克	1. 自产	2. 外购			

	精饲料及其他				
7.2	玉米	1. 自产	2. 外购			
	麸皮	1. 自产	2. 外购			
	棉籽壳	1. 自产	2. 外购			
	棉粕	1. 自产	2. 外购			
	豆粕	1. 自产	2. 外购			
	葵粕	1. 自产	2. 外购			
	甜菜渣	1. 自产	2. 外购			
	添加剂	1. 自产	2. 外购			
	其他 1.	1. 自产	2. 外购			
	2.	1. 自产	2. 外购			
	3.	1. 自产	2. 外购			
	日精料饲喂总量/千克	1. 自产	2. 外购			

	日粮配方情况		
7.3	有无日粮配方	1. 有（　　种）　　2. 无	
	日粮配方参照标准		
	日粮精粗比		

8　技术应用、需求情况

	已应用技术		
8.1	技术名称	应用效果	遇到的问题

	年度畜牧业生产指标		
	项目	指标（数量）	备注
	年自繁自育出栏羊/只		
	带动牧户自繁自育出栏羊/只		
	自繁自育单胎羊繁殖成活率/％		
8.2	自繁自育多胎羊繁殖成活率/％		
	自繁自育羊死亡率/％		
	年外购育肥出栏羊数/只		
	带动牧户育肥出栏羊数/只		
	外购育肥羊死亡率/％		
	外购育肥羊单只净利润/元		

二、新疆肉羊养殖企业产业技术经济效益分析调查问卷

说明：本调查问卷是实施新疆农区高效肉羊品种选育技术体系农区肉羊产业经济岗研究任务所需，望能如实填写，谢谢您的合作！

调查地点及企业名称：_____地区_____县_____公司

被调查者姓名及职务：_____联系电话：_____

调查员姓名：_____　调查时间：_____年____月____日

1. 肉羊核心群建设

序号	项目	单位	肉羊品种		企业肉羊合计	备注
				小计		
1	种公羊	只				
1.1	其中：后备种公羊	只				
2	母羊	只				
2.1	其中：后备母羊	只				

（续）

序号	项目	单位	肉羊品种		小计	企业肉羊合计	备注
3	产羔率、产羔数	%、只					
4	繁殖成活率、死亡数	%、只					
5	繁殖模式（如2年3产）	—					
6	个体重量	千克					
7	供种情况（出售）	—					
7.1	种公羊	只					
7.2	母羊	只					

2. 肉羊杂交核心群建设

序号	项目	单位	种公羊1	母羊1	种公羊2	母羊2	备注
1	数量	只					
2	产羔率、产羔数	%、只					
3	繁殖成活率、死亡数	%、只					
4	繁殖模式（如2年3产）	—					
5	杂交1代个体特征	千克					
5.1	产羔率、产羔数	%、只					
5.2	繁殖成活率、死亡数	%、只					
5.3	繁殖模式（如2年3产）	—					
5.4	个体重量	千克					
5.5	抗病能力	—					
6	杂交2代个体特征	—					
6.1	产羔率、产羔数	%、只					
6.2	繁殖成活率、死亡数	%、只					
6.3	繁殖模式（如2年3产）	—					
6.4	个体重量	千克					
6.5	抗病能力	—					

3. 调查问卷

（1）是否制定品种选育方案？

（2）是否建立企业生产性能测定中心，包括多胎羊繁殖性能、生长速度等，还有哪些方面的测定？

（3）公司采用的生产经营模式是什么？如"农户＋合作社＋企业""羊联体""委托养殖""种植＋养殖"等模式；带动农户多少户，双方是否签订合同等？为小规模养殖户改良遗传基因采取的措施有哪些？如推广 BB 基因型种公羊等，推广数量有多少？推广方式是怎样的？

（4）羊肉品牌有多少个？主要销往哪里？采用的销售方式是什么？直销点有多少个？雇用当地人员有多少人？

（5）肉羊的主要传染病有哪些？排名前 3 位的是哪些？

（6）技术体系中，企业使用的有哪些？①采用适度规模高效养殖技术体系示范应用，提高繁殖成活率，达到多少？②品种选育方案，明确选育目标及技术路线；③多胎基因检测；④优化繁殖模式，缩短产间距，如建立光控发情调控羊舍等措施；⑤专用高效饲料推广，如绵羊生长调控剂的应用（胍基乙酸、瘤胃保护性甜菜碱），羔羊胃肠道发育调控剂（植物乳杆菌、枯草芽孢杆菌、植物乳杆菌＋枯草芽孢杆菌混合菌），秸秆微生物调控剂（棉籽壳微生物发酵-糙皮侧耳微接种菌），羔羊、妊娠母羊精补料配方；⑥肉羊传染病流行病学调查，羊传染性胸膜肺炎和羊口疮疫病防控技术，种羊场免疫程序，羊联合免疫技术等；⑦环境控制技术；⑧羊肉品质评定及产品加工工艺开发。

三、新疆肉羊生产成本调查表

1. 基本信息

调查地点：_____ 市（县）_____ 乡（镇）_____ 村（场）

被访者姓名：_____ 民族：_____ 年龄：_____ 性别：_____

文化程度：_____ 联系电话：_____

2. 牧户（场）基本情况

（1）人员基本情况

家庭总人口_____人，其中，男性_____人，女性____人；家庭总人口中，外出打工____人，工资收入____元/月，留守人口_____人；留守人口中，老人_____人，学生_____人，小孩_____人，有劳动能力的____人；有劳动能力的人中，从事农牧业劳动的_____人。家庭雇用劳工_____人，雇工天数_____天；雇工工价_____元/月，雇用劳工所需其他费用_____元。当地雇工平均工资_____元/（月·人）。

（2）畜群结构

年初总数____只，其中，种公羊____只，生产母羊____只，后备母羊____只，产羔数____只，成活数_____只；年出售____只，其中，出售当年羔羊____只，价格_____元/只，出售淘汰母（公）羊____只，价格_____元/只，出售其他羊____只，价格_____元/只；自宰自食____只，送礼____只，每只羊重量＿＿千克。出售羊毛＿＿＿＿千克，价格＿＿＿＿＿元/千克，出售羊粪＿＿千克，价格＿＿＿＿＿元/千克。年末存栏羊＿＿只，其中，种公羊＿＿只，生产母羊＿＿只，后备母羊＿＿只。

（3）草场、耕地情况

草场情况：面积＿＿＿＿＿亩，其中，春秋场面积＿＿＿亩，夏草场面积＿＿＿＿亩，冬草场＿＿＿＿亩，产干草量＿＿＿＿＿千克，出租草场面积＿＿＿＿＿亩，草场出租费＿＿＿＿＿元；租用草场面积＿＿＿＿＿亩，支付租金＿＿＿＿＿元。当地租草场价格＿＿＿＿＿元/亩，当地代牧1只羊的费用＿＿＿＿＿元/月。

耕地情况：面积＿＿＿＿＿亩。

（4）种植结构及产品产量

种植结构	面积/亩	单产/ （千克/亩）	主产品总 产量/千克	其中： 出售数/千克	副产品 产量/千克	其中： 出售数/千克
玉米						
小麦						
苜蓿						
棉花						
复播面积						

（5）棚圈等建设情况

名称		数量	面积/米²	造价/元	一般使用年限	备注
羊舍						
牛舍						
青贮窖						
其他	1.					
	2.					
	3.					

说明：基建主要包括青贮窖、羊舍、配种室、消毒室、饲料储藏室、草料棚等。

（6）设备机械及运输车辆情况

名称	数量	单价/（元/个、元/辆）	一般使用年限	备注
拖拉机				
汽车				

（续）

名称		数量	单价/(元/个、元/辆)	一般使用年限	备注
打草机					
粉碎机					
其他	1.				
	2.				

说明：机械设备主要包括青饲料收获机、铡草机、粉碎机、饲料搅拌机、混合机、药浴机械、饮水机械等；运输机械主要为拉运羊、粪便的车辆。

3. 饲草料自产和外购量

项目		自产量/吨	外购			
			购买量/(吨/年)	费用/(元/吨)	运费/(元/吨)	来源地
1. 天然打草场产草						
2. 粗饲料						
玉米秸秆						
麦草						
高粱秆						
苜蓿						
青、黄贮						
杂草						
棉籽壳						
甜菜渣						
其他	1.					
	2.					
	3.					
3. 精饲料及其他						
玉米						
麸皮						
棉粕						
豆粕						
葵粕						
添加剂（牧盐）						
其他	1.					
	2.					
	3.					

4. 饲养方式

（1）牧区

暖季放牧时间：＿＿月＿＿日至＿＿月＿＿日，共＿＿个月零＿＿＿＿天；如有补饲，请填写补饲天数、饲料种类及补饲量：＿＿＿＿＿＿＿＿＿＿＿＿＿

冷季舍饲时间：＿＿月＿＿日至＿＿月＿＿＿日，共＿＿个月零＿＿＿天；其中，全舍饲羊＿＿＿＿只，牛＿＿＿＿头，冬牧场放牧羊＿＿＿＿只。请填写补饲天数、饲料种类及补饲量：＿＿＿＿＿＿＿＿＿＿＿＿＿＿＿＿＿

（2）农区

放养时间：＿＿＿＿月＿＿＿＿日至＿＿＿＿月＿＿＿＿日，共＿＿＿＿个月零＿＿＿天；放养地收费＿＿＿＿元/亩或者收费＿＿＿＿元/只。如有补饲，请填写补饲饲料种类及补饲量：＿＿＿＿＿＿＿＿＿＿＿＿＿

全舍饲时间：＿＿月＿＿日至＿＿月＿＿日，共＿＿个月零＿＿天。

5. 饲草料消耗

饲料种类		种公羊平均日消耗量/千克	生产母羊平均日消耗量/千克	育肥羊育肥期所需量/千克	年各种饲草料总消耗量/千克
1. 粗料					
玉米秸秆					
麦草					
高粱秆					
苜蓿					
青、黄贮					
杂草					
其他	1.				
	2.				
	3.				
日粗料饲喂总量/千克					
2. 精饲料及其他					
玉米					
麸皮					
棉籽壳					
棉粕					
豆粕					
葵粕					
甜菜渣					

（续）

饲料种类		种公羊平均日消耗量/千克	生产母羊平均日消耗量/千克	育肥羊育肥期所需量/千克	年各种饲草料总消耗量/千克
添加剂					
其他	1.				
	2.				
	3.				
日精料饲喂总量/千克					

6. 劳动力消耗

从事养殖生产总劳力数_____人，其中自家_____人，雇工_____人，雇工_____天，雇工工价_____元/月。总劳动力人口中，养羊_____人，养殖天数_____天，平均1人可养羊_____只。

7. 其他支出情况

（1）电费：1个月用电____度，单价_____元/度，年总费用_____元。其中，生活用电_____度，家中电器有_____；生产用电_____度。

（2）煤炭费：年消耗煤炭____吨，单价____元/吨，煤炭总费用____元。棚圈是否采用取暖设备：A. 否；B. 是。取暖方式：____；消耗煤炭量：____吨/年。

（3）其他燃料动力费：_____元。

（4）水费：年总用水量_____米^3，单价_____元/米^3，用水总费用____元。其中，生活用水_____米^3，畜牧生产用水_____米^3，农业灌溉用水_____米^3。

（5）饲料加工费：加工饲料种类：_____；其中：_____吨，加工成本_____元/吨；其中：_____吨，加工成本_____元/吨；其中：_____吨，加工成本_____元/吨。

（6）防疫费：每年_____元/只。

（7）疫病治疗费：每年疫病治疗费_____元/只。

（8）死亡损失费：死亡羊_____只，损失费_____元。

（9）技术服务费：参加技术培训_____次，费用_____元；购买技术资料费_____元；咨询费_____元；辅导费_____元；配种费_____元。

（10）工具材料费：指用于畜牧业生产且金额小于1 000元的工器具购置费用。分别说明种类及单价：_____

（11）修理维护费：用于修理改造圈舍所需费用_____元，修理拖拉机、饲料粉碎机等机械所需费用_____元，合计_____元。

（12）草场使用或保护费：_____元。

（13）代牧费：_____元。

（14）转场费：_____元。

（15）保险费：牲畜参加保险数量_____只，单价_____元/只，年总保费_____元。

（16）管理费：养殖场（企业）用于管理人员的相关费用_____元/年。

（17）财务费：年支付贷款利息_____元，年支付民间借贷利息_____元。

（18）销售费：羊销售过程中发生的运输费_____元，产地检疫费_____元/只，交易场地费_____元/只。

四、新疆肉羊产业融合情况调查问卷

说明：本调查问卷是实施新疆农区高效肉羊品种选育技术体系农区肉羊产业经济岗研究任务所需，望能如实填写，谢谢您的合作！

被调主体地址及名称：_____地区_____县_____

被调查者姓名及职务：_____联系电话：_____

调查员姓名：_____调查时间：_____年___月___日

1. 产业融合基本情况

（1）产业融合模式：

　　A. 农业内部融合型　　B. 产业链条延伸型　　C. 农业功能拓展型

　　D. 新技术渗透型　　E. 多业态复合型　　　　F. 产业集群型

　　G. 其他_____

（2）经营主体性质：

　　A. 个人独资企业　　B. 合伙企业　　C. 个体工商户

　　D. 集体所有制企业　　E. 有限责任公司　　F. 股份有限公司

　　G. 国有投资公司　　H. 企业集团　　I. 家庭农场　　J. 合作社

（3）经营产业链（可多项组合）_____

　　A. 种植　　B. 养殖　　C. 加工　　D. 物流　　E. 销售　　F. 餐饮　　G. 旅游

（4）经营组织形式及联结方式（可多项组合）_____

　　A. 公司　　　a. 自己　　　　b. 外挂

　　B. 基地　　　a. 自己　　　　b. 外挂

　　C. 合作社　　a. 自己　　　　b. 外挂

　　D. 农户　　　a. 资金入股　　b. 产品收购　　c. 技术服务　　d. 劳务
　　　　　　　　　e. 其他

　　E. 脱贫户　　a. 扶贫资金入股　　b. 产品收购　　c. 技术服务　　d. 劳务

（5）请描述您的生产要素（土地属性、资本来源、劳动力来源及结构）组

合模式：_____

  (6) 您与产业链其他主体的融合方式：

     A. 稳定的购销关系　B. 统一生产标准　C. 打造联合品牌

     D. 共同技术开发　E. 资助订单农户参加农业保险　F. 贷款担保

     G. 提供技能培训　H. 提供就业岗位　I. 农户承包土地经营权入股

  (7) 利益分配机制：

     A. 按投入要素分，以作价入股的方式，保底收益＋按股分红的分配机制

     B. 按农产品订单分　　　　a. 价格契约　　　　b. 二次返利

  (8) 请详细描述您与产业链内其他融合主体的利益联结、利益分配：____

_____

  (9) 您属于：A. 自治区级农业产业化龙头企业　B. 示范合作社_____

C. 其他（请填写）_____

2. 若有种植业，请填写

  (1) 土地面积_____亩，其中 A. 自有____亩 B. 租赁____亩 C. 承包____亩

  (2) 种植作物种类及面积：_____

  (3) 产品产量：_____

  (4) 种植业年收入_____元，种植业成本_____元，种植业利润_____元

  (5) 加工情况（种类及数量）：

     A. 原料出售_____

     B. 初加工_____

     C. 农产品精深加工_____

  (6) 销售渠道：

     A. 批发（交易）市场　品种及数量_____

     B. 专卖店　　数量及设置地点_____

     C. 互联网　　销售平台及数量_____

     D. 农村淘宝　销售产品及数量_____

     E. 微商　　　销售产品及数量_____

     F. 其他　　_____

  (7) 产品品牌及商标：_____

  (8) 种植品种选择：_____

  (9) 应用的先进实用技术情况及效果：_____

_____

  (10) 种植业制约因素：_____

  (11) 种植业下一步打算（投入、品种、土地、技术等）：_____

_____

3. 若有养殖业，请填写

（1）养殖的畜种及数量：

　　A. 羊品种及数量＿＿＿＿＿＿＿＿＿＿＿＿＿＿＿＿＿＿＿＿＿＿＿＿＿

　　B. 其他品种及数量＿＿＿＿＿＿＿＿＿＿＿＿＿＿＿＿＿＿＿＿＿＿＿＿＿

（2）养殖基础设施及配套：

　　棚圈＿＿＿＿＿＿＿栋＿＿＿＿＿＿米²

　　青贮窖＿＿＿＿＿＿＿个＿＿＿＿＿＿米³

　　草料库＿＿＿＿＿＿＿个＿＿＿＿＿＿米²

　　养殖机械化设备有哪些：＿＿＿＿＿＿＿＿＿＿＿＿＿＿＿＿＿＿＿＿＿

（3）繁殖成活情况：＿＿＿＿＿＿＿＿＿＿＿＿＿＿＿＿＿＿＿＿＿＿＿＿＿

（4）养殖业年收入＿＿＿＿＿＿元，种植业成本＿＿＿＿＿＿元，种植业利润＿＿＿＿＿元

（5）加工情况（种类及数量）：

　　A. 活畜出售＿＿＿＿＿＿＿＿＿＿＿＿＿＿＿＿＿＿＿＿＿＿＿＿＿＿＿

　　B. 屠宰胴体出售＿＿＿＿＿＿＿＿＿＿＿＿＿＿＿＿＿＿＿＿＿＿＿＿＿

　　C. 屠宰分割包装＿＿＿＿＿＿＿＿＿＿＿＿＿＿＿＿＿＿＿＿＿＿＿＿＿

（6）物流情况：

　　A. 自有　　　　　a. 普通运输车　　b. 冷链运输车

　　B. 物流公司　　　a. 普通运输车　　b. 冷链运输车

　　C. 托运　　　　　a. 普通运输车　　b. 冷链运输车

　　D. 带货　　　　　a. 普通运输车　　b. 冷链运输车

（7）销售渠道：

　　A. 批发（交易）市场　品种及数量＿＿＿＿＿＿＿＿＿＿＿＿＿＿＿＿

　　B. 专卖店　　数量及设置地点＿＿＿＿＿＿＿＿＿＿＿＿＿＿＿＿＿＿

　　C. 互联网　　销售平台及数量＿＿＿＿＿＿＿＿＿＿＿＿＿＿＿＿＿＿

　　D. 农村淘宝　销售产品及数量＿＿＿＿＿＿＿＿＿＿＿＿＿＿＿＿＿＿

　　E. 微商　　　销售产品及数量＿＿＿＿＿＿＿＿＿＿＿＿＿＿＿＿＿＿

　　F. 其他　　　＿＿＿＿＿＿＿＿＿＿＿＿＿＿＿＿＿＿＿＿＿＿＿＿＿

（8）产品品牌及商标：＿＿＿＿＿＿＿＿＿＿＿＿＿＿＿＿＿＿＿＿＿＿＿

（9）养殖品种选择原因：＿＿＿＿＿＿＿＿＿＿＿＿＿＿＿＿＿＿＿＿＿＿

（10）应用的先进实用技术情况及效果：＿＿＿＿＿＿＿＿＿＿＿＿＿＿＿

（11）养殖业制约因素：＿＿＿＿＿＿＿＿＿＿＿＿＿＿＿＿＿＿＿＿＿＿

（12）养殖业下一步打算（投入、品种、土地、技术等）：＿＿＿＿＿＿＿

4. 若有休闲观光业，请填写

（1）观光业融合产业：A. 种植业　B. 养殖业　C. 销售　D. 餐饮

（2）观光业年收入＿＿＿＿＿万元，年接待游客＿＿＿＿＿人次

（3）观光业经营时间＿＿＿＿月

（4）是否有采摘：＿＿＿＿＿＿＿＿＿＿＿＿＿＿＿＿＿＿＿＿＿＿＿＿

（5）结合观光，是否有农畜产品销售及种类：＿＿＿＿＿＿＿＿＿＿

（6）存在问题及下一步打算：＿＿＿＿＿＿＿＿＿＿＿＿＿＿＿＿＿＿

5. 经营主体运营情况（可提供审计报告）

分类	指标	2019 年	现在
人员情况/人	年末从业人员人数		
	本年平均职工人数		
	固定职工人数		
	临时聘用人员人数		
利润情况/万元	资产总额		
	营业总收入		
	营业总成本		
	营业利润		
资产情况/万元	流动资产		
	非流动资产		
科技资金/万元	年度科技资金合计		
	1. 政府拨款		
	2. 企业自筹		
	3. 其他		
科技支出/万元	年度科技支出合计		
	1. 购买新技术、科研设备等支出		
	2. 研究开发费用		

6. 示范带动及融合发展方面

指标	2019 年	现在
带动合作社、基地		
带动专业户、大户、贫困户		
利益联结方式（订单、协议、松散）		
利益联结内容		
产业融合产生的效益		
利益分配		
产业链延伸		

（续）

指标	2019 年	现在
农业多功能性发挥方面		
农业服务业融合发展方面		
带动就业/人		
农产品电商交易额/万元		
贷款情况/万元		

7. 存在问题及建议

附录 2 相关数据

附表 1 2016—2023 年 16 个价格监测点活羊价格

单位：元/千克

地区	2016 年	2017 年	2018 年	2019 年	2020 年	2021 年	2022 年	2023 年
天山区	—	—	—	—	—	34.75	33.83	35.76
克拉玛依区	16.55	16.10	20.13	27.15	28.95	29.00	27.73	27.74
高昌区	17.61	21.96	24.28	26.51	29.47	34.53	28.82	27.00
伊州区	17.35	21.82	23.96	26.93	32.91	34.10	30.07	27.77
巴里坤县	15.53	16.60	20.82	23.65	30.02	31.48	27.45	24.28
昌吉市	18.74	21.64	26.41	28.46	33.62	34.20	28.63	26.79
博乐市	21.63	23.66	25.09	26.98	29.90	29.20	26.41	24.90
库尔勒市	21.36	20.00	20.97	25.78	28.41	29.41	27.04	26.68
阿克苏市	23.54	26.40	26.70	28.49	32.73	34.75	29.50	28.00
阿图什市	22.12	22.69	26.40	30.78	32.78	39.30	34.05	32.27
喀什市	22.48	23.42	27.77	31.30	32.54	36.47	32.54	29.18
和田市	21.85	23.01	27.59	31.69	34.40	37.30	32.16	28.95
伊宁市	20.52	20.40	25.00	30.14	31.49	31.85	25.99	26.72
塔城市	27.56	26.60	28.25	29.70	32.94	33.97	27.89	27.01
阿勒泰市	14.93	15.94	19.10	19.96	25.00	29.89	27.94	27.35
石河子市	13.32	19.33	23.82	32.27	33.59	34.07	31.87	30.40
新疆	19.67	21.31	24.42	27.99	31.27	33.36	29.50	28.18

数据来源：根据新疆 16 个农业农村部价格监测县（市）数据整理计算。

附表2 2013—2023年16个价格监测点羊肉价格

单位：元/千克

地区	2013年	2014年	2015年	2016年	2017年	2018年	2019年	2020年	2021年	2022年	2023年
天山区	63.35	60.30	50.98	41.78	48.98	56.29	65.10	68.34	74.84	68.99	64.98
克拉玛依区	60.36	58.39	42.71	42.01	45.22	52.40	62.10	69.38	73.20	70.02	64.87
高昌区	59.64	60.02	48.10	42.67	46.78	56.29	63.06	68.19	76.06	71.95	69.50
伊州区	60.91	61.18	48.68	42.92	47.34	57.02	63.30	73.26	77.67	71.09	66.12
巴里坤县	—	—	—	41.12	45.30	55.38	59.82	71.27	74.00	67.72	63.52
昌吉市	60.91	62.02	50.61	46.67	48.80	54.11	66.56	74.94	74.77	70.20	64.31
博乐市	57.98	55.41	45.35	42.52	44.80	51.90	60.25	68.44	71.92	65.84	62.87
库尔勒市	61.84	62.88	49.71	44.29	51.03	58.35	65.69	72.99	77.75	69.25	64.84
阿克苏市	62.75	61.48	47.11	41.13	48.60	59.36	66.11	71.90	75.48	66.70	63.25
阿图什市	63.78	61.01	53.13	48.13	51.68	57.05	67.16	72.09	77.23	70.20	69.04
喀什市	63.83	63.25	53.06	48.39	51.55	56.17	67.04	71.75	77.87	72.55	65.33
和田市	64.13	62.87	50.45	48.73	53.27	63.29	64.84	69.31	75.33	69.63	65.98
伊宁市	60.02	59.55	49.70	45.38	51.83	57.03	63.51	71.25	74.82	67.63	64.74
塔城市	58.55	54.08	42.62	38.98	45.02	53.69	61.97	73.54	74.94	65.92	62.98
阿勒泰市	54.87	53.63	37.78	35.15	41.96	47.18	55.15	64.85	67.80	62.52	59.83
石河子市	62.24	60.02	52.83	47.59	48.00	57.95	64.75	74.59	78.50	72.27	67.27
新疆	61.01	59.74	48.19	43.59	48.14	55.84	63.53	71.01	75.12	68.91	64.97

数据来源：根据新疆16个农业农村部价格监测县（市）数据整理计算。

附表3 2013—2023年饲料价格情况

单位：元/千克

年份	玉米价格	豆粕价格	小麦麸价格
2013	2.27	4.81	2.03
2014	2.16	4.65	2.02
2015	2.19	4.05	1.92
2016	1.95	3.94	1.77
2017	2.02	3.83	1.83
2018	2.01	3.88	1.83
2019	1.93	3.81	1.78
2020	2.21	3.81	1.96
2021	2.74	4.22	2.54
2022	2.74	4.93	2.57
2023	2.77	4.91	2.64

数据来源：根据新疆16个农业农村部价格监测县（市）数据整理计算。

REPERENCE

主要参考文献

阿米妮古丽·阿不来孜，玛尔孜娅·亚森，周喜荣，等，2022. 新疆畜产品加工现状与发展对策 [J]. 畜牧兽医科学 (19)：148-150.

巴特尔，2012. 发挥畜产品加工业引领作用提高畜牧业产业化经营水平 [J]. 新疆畜牧业 (6)：5-9.

柴贵宾，李健云，张微，等，2011. 不同能量蛋白水平对舍饲辽宁绒山羊产绒性能和营养物质代谢率的影响 [J]. 中国畜牧杂志，47 (11)：5.

蔡伟，2014. 新西兰的农业改革和科技创新 [J]. 世界农业 (8)：169-171.

陈俊科，马永仁，李捷，等，2018. 畜牧业产业化经营模式典型案例分析：以伊吾县为例 [J]. 黑龙江畜牧兽医，564 (24)：28-30.

陈涛，杨琪，2021. 新时代下乡村振兴战略实施路径研究：以新疆南疆麻扎窝孜村为例 [J]. 农业开发与装备，234 (6)：3-4.

陈甜，肖海峰，2016. 中国羊肉消费状况及影响因素研究 [J]. 中国畜牧杂志，52 (12)：15-20.

陈永福，2001. 加入 WTO 对我国蔬菜贸易的影响 [J]. 中国农村经济 (1)：6.

程国强，朱满德，2014. 中国农业实施全球战略的路径选择与政策框架 [J]. 改革 (1)：109-123.

程辉，2021. 脱贫攻坚与乡村振兴有效衔接问题研究：以新疆生产建设兵团 165 团为例 [J]. 南方农机，385 (21)：80-82，85.

程苏蕊，2022. 饲草产业高质量发展路径探析 [J]. 产业创新研究 (23)：51-53.

戴越，吕恒涛，2022. 进口牛肉和国内羊肉价格对我国国内牛肉价格传导机制的研究 [J]. 黑龙江畜牧兽医 (2)：18-25，133-134.

邓蓉，张存根，郭爱云，2006. 中国肉羊生产与贸易的现状及其发展对策 [J]. 北京农学院学报 (3)：69-73.

迪娜·加尔旦别克，苏洋，唐洪松，等，2018. 新型农业经营主体养殖技术培训需求及影响因素研究：以新疆 345 户养殖大户为例 [J]. 黑龙江畜牧兽医，550 (10)：21-26.

丁存振，肖海峰，2017. 我国羊肉价格波动特征及替代品价格冲击效应分析 [J]. 农林经济管理学报，16 (3)：316-322.

丁存振，肖海峰，2018. 中国肉羊产业时空演变的特征分析 [J]. 华中农业大学学报 (社会科学版) (1)：58-64，158-159.

丁丽娜，2014. 中国羊肉市场供求现状及未来趋势研究 [D]. 北京：中国农业大学.

丁艳艳，2020. 新疆伊犁州草原畜牧管理的问题与思考 [J]. 吉林畜牧兽医，41（5）：
　　124，127.

董娜，刘秀洁，刘雪凌，2023. 我国主要畜产品价格波动及影响研究 [J]. 饲料研究（22）：
　　180-184.

多杰，娘杰吉，等，2018. 我国畜牧兽医人才培养、管理的问题及对策研究 [J]. 中国畜牧
　　兽医文摘（2）：39.

樊慧丽，付文阁，2021. 交易模式对肉羊养殖户质量控制行为的影响分析 [J]. 农业经济与
　　管理，67（3）：114-124.

甘春艳，李军，金海，2022.2021 年我国肉羊产业发展概况、未来发展趋势及建议 [J]. 中
　　国畜牧杂志，58（3）：258-263.

高海秀，王明利，石自忠，等，2019. 中国牧草产业发展的历史演进、现实约束与战略选
　　择 [J]. 农业经济问题（5）：121-129.

耿宁，李秉龙，2013. 中国肉羊生产技术效率的影响因素及其区域差异分析：基于随机前
　　沿分析方法 [J]. 技术经济，32（12）：25-32.

苟佳鸿，2002. 肉羊产业化建设势在必行 [J]. 中国牧业通讯（9）：2.

谷红阳，2023. 自然灾害对中国羊肉生产及价格的影响研究 [D]. 呼和浩特：内蒙古大学.

国家畜禽遗传资源委员会，2011. 中国畜禽遗传资源志·羊志 [M]. 北京：中国农业出版社.

国家发展和改革委员会价格司，2023. 全国农产品成本收益资料汇编（2016—2023）[M].
　　北京：中国统计出版社.

国家肉牛牦牛产业技术体系遗传育种繁育功能研究室张杨岗位专家团队，环境设施功能研
　　究室冯斌岗位专家团队，2020. 新冠肺炎疫情对新疆肉牛养殖合作社生产的影响 [J]. 中
　　国畜牧业（14）：29-30.

韩振兴，牛文静，常向阳，2019. 中原肉羊优势区肉羊产业发展问题研究：以安徽省为例
　　[J]. 黑龙江畜牧兽医，578（14）：1-5.

何晓红，马月辉，2005.21 世纪的中国及世界养羊业的现状和发展趋势 [J]. 黑龙江畜牧兽
　　医（1）：1-4.

江激宇，2017. 安徽省农村一二三产业融合发展模式研究 [J]. 区域经济（3）：112-114.

康海琪，肖海峰，2020. 畜禽禁养政策下我国肉类供给反应：基于产品异质性的实证分析
　　[J]. 中国农业大学学报，25（10）：166-174.

李秉龙，2011. 我国肉羊业发展的新特点 [J]. 农村养殖技术（3）：9.

李会芳，2022. 新疆草原畜牧业高质量发展路径探析 [J]. 甘肃畜牧兽医，52（10）：7-10.

李捷，张艳康，苏尤力，等，2013. 新疆肉羊规模养殖与羊肉生产的发展现状分析 [J]. 草
　　食家畜（1）：1-8.

李军，金海，2021.2020 年我国肉羊产业发展概况、未来发展趋势及建议 [J]. 中国畜牧杂
　　志，57（3）：223-228.

李军，金海，2023.2022 年我国肉羊产业发展概况、未来趋势及建议 [J]. 中国畜牧杂志，
　　59（3）：294-299.

李明贤，2017. 地域特点、资源整合与农村一二三产业深度融合：来自湖南省涟源市的经

验 [J]. 农业现代化研究，38 (6)：963 - 970.

李芸，2011. 新西兰羊毛产业发展经验及启示 [J]. 世界农业 (1)：19 - 24，42.

李紫琪，于明雪，洪天诺，等，2023. 我国羊肉标准发展现状及对策建议 [J]. 中国标准化 (23)：160 - 169，174.

刘芳，2006. 中国肉羊产业国际竞争力研究 [D]. 北京：中国农业科学院研究生院.

刘娜娜，杨会国，2023.2022 年新疆农区肉羊产业发展概况及 2023 年趋势 [J]. 草食家畜 (2)：54 - 62.

刘娜娜，马永仁，鲁云峰，等，2023. 新疆农区肉羊产业发展形势与对策建议 [J]. 草食家畜 (1)：59 - 66.

刘清，程勤阳，2017. 关于农村一二三产业融合发展的认识思考 [J]. 农民科技培训 (3)：43 - 46.

刘山水，肖海峰，2022. 我国羊肉价格的季节波动特征及替代品价格冲击效应：基于 HE-GY 检验和 SVAR 模型的实证分析 [J]. 中国农业大学学报，27 (7)：264 - 274.

刘国勇，2014. 新疆羊肉价格持续波动上涨的成因及对策 [J]. 农业现代化研究，35 (3)：313 - 316.

卢全晟，张晓莉，2018. 美英澳新四国肉羊产业发展经验与启示 [J]. 黑龙江畜牧兽医 (6)：35 - 38.

芦千文，2016. 关于推进农村一二三产业融合发展的分析与思考 [J]. 江淮论坛 (1)：12 - 16.

鲁云峰，曹宏斌，刘娜娜，2022.2021 年新疆羊肉市场形势分析及 2022 年展望 [J]. 草食家畜 (4)：58 - 61.

鲁云峰，李捷，王惠，等，2019. 新疆羊肉价格波动分析 [J]. 草食家畜 (1)：1 - 8，28.

鲁云峰，沙旦提·阿布都外力，刘娜娜，2022.2022 年第一季度新疆羊肉市场价格分析报告 [J]. 新疆畜牧业，37 (3)：26 - 29.

罗兰，王梅，2023. 新疆肉羊产业生产形势分析报告 [J]. 新疆畜牧业，39 (3)：19 - 21.

罗鹏辉，刘琦，2019. 新疆肉牛肉羊产业发展情况分析及建议 [J]. 新疆畜牧业，34 (6)：17 - 19，11.

吕岩威，2017. 推动农村一二三产业融合发展的路径探究 [J]. 当代经济管理，39 (10)：38 - 43.

努尔古再丽·阿力木，刘威，2022. 新疆肉羊产业发展现状分析与对策建议 [J]. 中国集体经济 (23)：18 - 20.

潘丽莎，李军，2022. 我国肉羊产业"十三五"时期发展回顾及"十四五"趋势展望 [J]. 中国畜牧杂志，58 (1)：262 - 267.

潘文卿，2018. 中国国家价值链：区域关联特征与增加值收益变化 [J]. 统计研究，35 (6)：18 - 30.

浦亚斌，马月辉，2008. 我国养羊业发展道路探讨 [J]. 农村养殖技术 (2)：2.

生浩，李志强，2016. 实行养殖—屠宰无缝监管，全面提升畜产品质量探讨 [J]. 中国畜牧兽医文摘 (1)：1.

史志诚，2000. 国外畜产经营［M］. 北京：中国农业出版社.

石自忠，王明利，刘亚钊，2019. 逆全球化背景下我国牧草产业发展的战略选择［J］. 中国农业科技导报，21（2）：1-8.

石自忠，王明利，2021. 中国牧草产业政策：演变历程与未来展望［J］. 中国草地学报，43（2）：107-114.

孙晓萍，肖西山，2003. 我国羊肉产销现状与消费市场［J］. 中国食物与营养（3）：36-37.

唐莉，王明利，石自忠，2019. 竞争优势视角下中国肉羊全要素生产率的国际比较［J］. 农业经济问题，478（10）：74-88.

田露，王军，张越杰，2012. 中国牛肉市场价格动态变化及其关联效应分析［J］. 农业经济问题，33（12）：79-83.

王娥，柴军，陈彤，2008. 国际有机畜牧业发展目标与现实困境［J］. 世界农业（10）：4.

王丽娟，刘莉，叶得明，2013. 甘肃省肉羊产业组织模式选择的影响因素［J］. 干旱区地理，36（6）：1170-1176.

王士权，王文义，常倩，等，2015. 中国肉羊主产区比较优势分析［J］. 中国畜牧杂志，51（22）：3-9.

王雪娇，肖海峰，2017. 规模养殖场肉羊生产的经济效率及其影响因素分析［J］. 新疆农垦经济，293（7）：57-66.

王兆丹，魏益民，郭波莉，等，2009. 中国肉羊产业的现状与发展趋势分析［J］. 中国畜牧杂志，45（10）：19-23.

魏华，2022. 新疆和田地区肉羊产业发展思考与建议［J］. 畜牧兽医科学（18）：180-183.

魏金义，祁春节，2015. 农业技术进步与要素禀赋的耦合协调度测算［J］. 中国人口·资源与环境，25（1）：7.

乌力吉，2011. 坚持富民强旗并重 实现边疆民族地区跨越式发展［J］. 实践（思想理论版）（3）：3.

夏晓平，李秉龙，2012. 中国肉羊产业发展特征、矛盾及对策［J］. 农业经济与管理，11（1）：54-63.

熊海谦，程蕾，刘文凯，等，2023. 中国南方地区肉羊产业情况及展望［J］. 中南农业科技，44（11）：166-171.

徐秋艳，2017. 新疆居民羊肉消费行为研究［D］. 北京：中国农业大学.

旭日干，2017. 中国肉用型羊主导品种及其应用展望［M］. 北京：中国农业科学技术出版社.

杨秀春，2014. 澳大利亚畜牧业发展现状、特点及其启示［J］. 畜牧与饲料科学（3）：63-64.

杨军，黄季焜，2013. 国外农产品价格变化对国内价格的影响［J］. 农产品市场（11）：55-57.

杨奎花，刘娜娜，王锡波，等，2013. 新疆肉羊生产成本及羊肉价格影响因素分析［J］. 草食家畜（2）：16-20.

姚桂荣，2022. 浅析乡村畜牧兽医队伍人员老龄化问题原因及对策［J］. 吉林畜牧兽医
（12）：131－132.

余红，李秉龙，2012. 新疆羊肉价格持续上涨的原因及解决对策［J］. 中国畜牧业（22）：
51－53.

余红，李红波，谢佳丽，2020. 肉类产品价格波动特征及其替代品价格冲击效应实证分析：
以新疆为例［J］. 天津农业科学，26（9）：28－32.

于平，2001. WTO与世界肉类贸易［J］. 世界农业（11）：3.

曾树霖，曾荣，2022. 新疆羊肉产业现状及未来发展趋势［J］. 食品安全导刊（36）：
147－152.

曾滔，巴提玛·努尔巴合提，张俊瑜，2023. 新疆哈密市伊州区饲草产业发展现状及对策
研究［J］. 草食家畜（5）：61－65.

张晶，李晓敏，2019. 新疆北疆农区畜牧业饲草料供给存在的问题及发展潜力［J］. 草食家
畜（5）：48－53.

张立中，2005. 肉羊生产及贸易趋势与中国牧区肉羊业［J］. 世界农业（3）：17－20.

张蕾，王琦，2019. 我国畜产品价格波动影响因素分析：以四种主要肉类产品为例［J］. 西
部金融（6）：30－37.

张林萍，2023. 肉羊产业还有很大发展空间［N］. 中国畜牧兽医报，09－24（001）.

张晓莉，赵紫光，卢全晟，2019. 新疆肉羊产业养殖模式比较分析［J］. 中国农业资源与区
划，40（1）：182－189.

张延寿，惠立峰，张旭峰，等，2017. 从陕西看农村一二三产业融合如何发力［J］. 农产品
市场（17）：22－25.

张永江，黄琪，陆铭宇，等，2022. 肉羊养殖技术效率测算与地区差异研究［J］. 中国农业
资源与区划，43（12）：75－83.

张永强，2017. 供给侧改革背景下推进中国农村一二三产业融合发展［J］. 世界农业，457
（5）：44－50.

郑江平，2005. 新疆羊产业发展研究［D］. 乌鲁木齐：新疆农业大学.

郑爽玉，潘丽莎，李军，2023. 近10年来我国肉羊产业发展特征与未来挑战［J］. 中国畜
牧杂志，59（11）：317－322.

中国人民银行宁城县支行课题组，陈旭，张国春，2013. 龙头企业与农民利益联结机制实
证研究：以宁城县为例［J］. 内蒙古金融研究，394（4）：83－86.

周应恒，耿献辉，2003. 发达国家的畜牧业产业组织结构特征［J］. 世界农业（1）：3.

ALYOUSEF R，ALABDULJABBAR H，MOHAMMADHOSSEINI H，et al，2020. Utilization
of sheepwool as potential fibrous materials in the production of concrete composites［J］. Journal
of building engineering（30）：101216.

ANDREW M，2004. Source diversification and import price risk［J］. American journal of ag-
ricultural economics（3）：801－814.

PARLATO M C M，PORTO S M C，2020. Organized framework of main possible applica-
tions of sheep wool fibers in building components［J］. Sustainability，12（3）：761.

PÉREZ J P, GIL J M, SIERRA I, 2007. Technical efficiency of meat sheep production systems in Spain [J]. Small ruminant research (69): 237 - 241.

THEODORIDIS A, RAGKOS A, ROUSTEMIS D, et al, 2012. Assessing technical efficiency of chios sheep farms with data envelopment analysis [J]. Small ruminant research (107): 85 - 91.

WILLIAM F H, 2004. Hungarian and Romanian agri - food trade in the European Union [J]. Management, 3 (1): 3 - 13.